삶과 사람

[하]

삶과 사람

[하]

문 성 호

KSI 한국학술정보[주]

차 례

삼과 사람 [상]

대마초의 정치경제학
The Political Economy of Cannabis / 11

삼과 사람 [하]

삼 비범죄화, 범죄화와 합법화의 변증법

The Decriminalisation of Cannabis

삼과 사람 [하]

삼 비범죄화,
범죄화와 합법화의 변증법

The Decriminalisation of Cannabis

하권 차례

삼과 사람 [하]

삼 비범죄화, 범죄화와 합법화의 변증법
The Decriminalisation of Cannabis

서 문

우리나라에서 삼의 비범죄화는 터부시되고 있는 주제이다. 하지만 해방 후 미군이 남한을 점령하여 1957년 법에서 삼(한국산 대마 아닌 인도 대마)을 범죄로 규정한 이래 50여년, 그리고 대마관리법이 제정된 1976년 이래 30여년이 지난 2004년 하반기가 되어서나마 영화배우 김부선 씨의 법정투쟁 등을 통하여 이 문제가 공론화되기에 이르렀다. 물론 유럽 대부분의 국가와 다른 많은 나라들은 이미 삼사용은 물론 삼의 소지에 대해서까지 비범죄화 하고 있다. 우리나라는 이처럼 최근에 들어서서야 삼 비범죄화론이 제기되었으며 일부 관련 도서도 뒤늦게나마 나와 있다(소설가 유현, 『대마를 위한 변명』; 시인이자 화가 정현우, 『대마초는 죄가 없다』 등). 그런데 삼의 비범죄화와 합법화를 위한 사회적 공론화가 이 정도나마 이루어진 것은 영화배우 김부선 씨의 위헌소송을 비롯한 법정투쟁 덕분이다. 2005년 3월 MBC '손석희의 100분 토론' 에서도 이 문제를 주제로 다룬 바 있다.

이처럼 삼 비범죄화 문제에 대해서 우리나라 문화계나 '민주화를 위한 전국교수협의회' 등 극히 일부에서 이 문제에 대해 목소리를 내기는 했으나, 보건복지부 정책당국이나 경찰 · 검찰 · 법원 등 사법당국은 확고한 삼 금지 정책 및 강력한 사법처리 자세에서 전혀 미동도 하지 않고 있다. 정책학, 범죄학, 법학, 사회복지학 등의 사회과학계와 의약학계 및 국민보건 전문가와 일선의 사회복지사들 역시 삼 합법화 내지 비범죄화 문제에 대해 전혀 목소리를 내지 못하고 있다. 그리고 어느 국회의원도 삼사용이나 단순 소지의 비범죄화를 위한 법 개정안을 준비하거나 발의한 적이 없다. 그리고 우리나라에는 2004년과 2005년 '문화연대'의 활동이 돋보이기는 했지만, 아직 이렇다 할 삼 내지 마약의 비범죄화나 합법화 운동에 전념하는 시민단체 혹은 웹 사이트조차도 전혀 존재하지 않는 실정이다.

한편, 우리나라의 유일한 마약관련 민간기구(?)라고 일컬어지는 한국마약퇴치운동본부는 외형상 NGO라고 내세우고는 있다. 그러나 실제로 이 단체는 거의 대부분의 활동예산을 정부로부터 지원받고 있다. 나아가 이 단체는 마약단속 주무부서인 대검찰청 마약조직범죄부의 산하 '마약류대책협의회' 소속으로 자리매김 되어 있으며, 이 단체의 간부는 보건복지부나 식품의약품안전청의 퇴직공무원이 맡고 있다. 예산도 대부분 정부예산 지원을 받으며 일부는 제약 회사 등으로부터 지원받고 있으며, 법정단체로 되어 있다. 따라서 이 단체는 순수한 시민단체로 보기 힘들다. 과거 새마을운동 단체와 같은 관변단체 혹은 시민단체의 아류에 머물러있다고 보아야 한다. 삼 내지 삼 범죄에 관한 각종 학회들도 삼 금지론자 일색으로 이루어져 있다.

2005년, 저자를 포함하여 여러 전문가들이 모인 간담회에서 식품의약품안전청 마약과장은 삼을 계속해서 범죄로 규정하는 것은 사회적 약속 및 합의에 따른 것으로서, 우리나라는 아직 삼의 비범죄화나 합법화 수준에 도달하지 못했다고 밝힌 바 있다. 물론 이는 당연한 말이다. 그러나 이 사회적 약속 및 합의를 변경시키도록 하기 위하여 세계 각국의 시민들과 민간 시민운동단체, 전문가, 각국의 정부 당국 등이 공론화를 통해 비범죄화를 위해 각종 논의와 노력을 경주하고 있는 것이다. 이들은 실제로 삼이 술이나 담배 이상으로 유해한 것인지 여부에 대한 여러 과학적 연구들을 통하여 오히려 삼은 술 담배보다 유해하지 않다는 사실을 입증하였으며, 많은 국가와 지방과 지역에서 정부의 정책결정 혹은 주민투표 등을 통하여 실제로 삼 비범죄화 내지는 합법화 정책을 시행하기에 이르렀다.

2005년 11월 가장 강력한 삼 억압 및 처벌 일변도 국가인 미국에서도 콜로라도주 주도(州都)인 덴버시가 주민투표를 통해 삼을 비범죄화한 것도 그 한 사례이다. 당시 삼 비범죄화 방안을 추진한 측에서는 덴버시에서 술로 인한 중대 범죄 발생들로 인해 여론이 악화되어 있는 상황을 최대한 활용하여 주민투표에서 승리를 이끌어낼 수 있었으며, 이들은 여세를 몰아 2006년 8월 콜로라도 주 전역에서 삼을 비범죄화하기 위한 주 차원의 주민투표를 실시하는데 필요한 서명인원수 요건(6만 8천명)을 두 배나 초과달성하고 연말에 주 차원의 주민투표가 실시될 수 있게 되었다. 유럽은 물론 미국, 캐나다, 오스트레일리아 등 전세계적으로 삼사용과 소지 그 자체에 대해서는 진즉부터 비범죄화에 대한 논의가 이루어졌으며, 최근 단순 소량의 삼소지 혹은 의료용 삼 소지나 재배 등에 대해서까지도 실제로 비범죄화하는 추세가 확대되고 있다.

삼사용 인구의 비율이 우리나라보다 수십 배도 더 되는 서구 국가들과 미국 등은 삼 비범죄화 내지는 합법화 운동이 이처럼 매우 활발하다. 예컨대, 영국의 '릴리즈'(Release)와 리버티(Liberty), 트랜스폼(Transform), 미국의 '노멀'(NORML)과 'ACLU' 'MPP' 'DPA' 등과 같은 유수한 시민단체들이 이 운동을 지원함은 물론, 삼사용자들에 대한 인권보호 및 법적 지원활동을 활발하게 전개하고 있다. 각국에서 삼사용자들 자체적인 협회나 모임도 활발하게 전개되고 있다. 각국의 의약학계와 사회과학 분야에서 삼 합법화에 필요한 전문적인 연구 활동 또한 매우 적극적으로 진행되고 있다. 잘 알려져 있다시피 네덜란드 암스테르담과 이베리아 반도의 여러 도시들, 캐나다의 밴쿠버 등은 삼을 관광자원으로 크게 육성하고 있으며 이를 통해 막대한 수입을 올리고 있다. 이들 도시에서와 같이 즐거움을 위한 기호품 용도의 개인적 삼사용의 관광자원화는 말할 것도 없고, 각국에서는 제약, 섬유, 에너지, 식량자원 등의 산업분야에서 고수익을 보장하는 비즈니스로도 유력한 투자대상이 되고 있기도 하다.

저자는 이 책에서 우리나라보다는 주로 서구의 실태를 중심으로 논의를 전개하였다. 하지만 이 책에서 다룬 일본의 삼사용 못지않게 아니 역사적으로는 우리나라도 삼을 산업용이나 의료용뿐만 아니라 종교의식이나 개인적 용도로 사용했을 것으로 짐작되며 이를 일본에 전수했을 것으로 이해가 되고는 있지만, 현재 우리나라에서 이 부분에 대한 연구는 거의 전혀 이뤄지지 않고 있는 실정이다. 삼은 마약의 하나라는 인식이 세계적으로 확고하게 자리 잡고 있으며 형사처벌하는 국가가 많다. 그러나 삼을 범죄로까지 규정하는 잘못은 바로잡아야 한다며 삼 합법화 논쟁과 추진노력들이 세계 각지에서 말 그대로 풀뿌리 지역 수준 및 각급 지방자치단체 수준에서 치열하게 전개되고 있다. '관용이라는 유럽적 기풍'은 삼 금지 분야에서도 전세계로 확산되어가고 있는 시점이다. 다만, 삼 비범죄화 운동에서 한걸음 더 나아가 이 마약 전반의 비범죄화 내지 합법화 운동에 대해서는 이 책과는 별도의 논의가 필요하다고 생각한다.

우리나라 약물학계의 권위자인 강원대학교 주왕기 교수처럼 삼도 잘 쓰면 훌륭한 의약품으로서 가치가 있다는 미국과 서구에서는 보편화되어 있다시피 한 과학적 사실에 비추어 보았을 때, 우리나라는 아직도 40년 전 이창기라는 분과 미국 연방정부의 공식적인 입장에만 얽매여 삼이 의약품 가치가 전혀 없다는 정반대 주장만이 법제화되어 있는 현재 상황을 돌파해내지 못하고 있다는 점은 매우 안타깝다.

유엔이나 미국의 일방적인 삼 금지 내지 억압정책도 시점이 문제이지 필경 퇴조할 수밖에 없게 되어있다. 그것은 삼사용자가 너무 많아서가 아니라 과학적으로 그리고 본래부터 삼이 술 담배보다는 오히려 덜 해로우며 의약품으로서 나름대로 훌륭한 효능이 있다는 점이 입증되고 있기 때문이다. 사실 삼 금지나 억압 등의 불법화와 범죄화 등은 삼이 개인과 사회에 해악을 끼친다는 과학적 근거에 의한 것이 아니라, 미국 측의 패권의 확보 유지 강화라든가, 용납될 수 없으며 지탄의 대상인 비합리적이며 비윤리적인 인종차별주의 등에 의거한 것이었다. 이미 지금으로부터 110여 년 전 영국 정부(인도식민지정부)가 작성한 '인도삼약물위원회 보고서'가 이를 입증해주고 있다.

이 책의 대부분은 삼범죄화의 역사와 금압 실태, 미국과 영국, 네덜란드, 덴마크, 독일, 프랑스, 포르투갈, 스위스 등 유럽권과 일본, 오스트레일리아, 캐나다 등 비유럽권의 삼 비범죄화나 합법화 정책에 대한 논의에 할애

되어 있다. 마지막 장에서 우리나라의 삼사용 실태를 정리 소개하며 관련 논쟁에 대해서도 평가해보았다. 이 책 말미에는 우리나라 자료 및 국내외 삼 관련 단체 및 인터넷 자료 사이트를 실었다. 이 책에 잘못된 부분이 있다면 저자의 몫이며 독자 여러분의 질정을 바라마지 않는다. 같이 출간하는 『삼과 사람 상권』이라는 책에는 삼 연구가 활발한 외국의 자료들 목록을 덧붙였다

우리나라에서 통용되는 '비범죄화'라는 용어는 'decriminalisation'을 일본식으로 번역한 것이다. 그런데 이는 '비범죄화'보다 '탈범죄화'가 보다 더 정확한 번역어이며 개념상으로도 '탈범죄화'라는 용어가 보다 적합하다고 볼 수 있다. '탈근대' '탈이데올로기' '탈정치' '탈규제' 등과 같은 용례와 마찬가지이다. 그러나 우리나라에서도 어느 정도 '비범죄화'라는 용어 사용이 정착되어가고 있으므로 이 책에서는 그대로 사용하였다. 다만 그 의미에 있어서는 범죄로 규정된 체계(법과 정책과 제도)에서 벗어나도록 하여 삼이 형사범죄가 아닌 것이 되도록 개혁한다는 뜻을 가지고 있음을 유의하면 된다.

삼 '합법화'라는 용어도 '완전 자유화'나 '방임'을 뜻하는 것이 아님은 두말할 필요가 없다. 삼이 형사상 범죄만 아니도록 할 따름이지 얼마든지 규제와 제약을 가할 수 있는 것이다. 줄기세포 복제도 난자기증도 안락사도 낙태도 동성애도 합법화되어 가고 있지만 나름대로 일정한 조건 속에서만 가능하도록 규제를 가하고 있으며, 술과 담배도 허용은 되고 있으나 나날이 그 규제가 대폭 강화되고 있는 점을 상기할 필요가 있고, 이런 규제와 제약의 틀에서 벗어난 행위에 대해서는 일정한 부담을 지우도록 하고 있다. 요컨대 삼 비범죄화란 삼사용이나 소지 거래 등에 대하여 형사범죄가 아닌 것으로 하되, 일정한 규제와 제약을 가하도록 하며 이를 어기는 경우 형사처벌 아닌, 교통법규 위반 등과 같이 벌금이나 다른 행정벌을 가하는 정도에 그치도록 하자는 것이다.

우리나라와 한 핏줄이며 똑같은 우리말을 쓰고 오랜 역사를 같이 해온 북한이 적이 되었으며 지금도 평화협정도 맺지 못한 채 전쟁상태(휴전중)에

서 벗어나지 못한 상태에 머물러있다. 반공법이 폐지되었다고는 하나 아직도 국가보안법을 통해 북한을 적으로 규정하고 있음에도 불구하고 북한의 일반 민중도 지도자도 모두 우리 한 민족이라며 일제 때 그들과 함께 용맹스런 항일투쟁을 벌였으며 1970년대 초만 해도 우리나라보다 오히려 경제가 앞섰다고 '말'하면 찬양 고무죄 등으로 과거에는 엄격하게 처벌받은 적이 있으며, 북한 사람들은 마치 뿔 달린 것처럼 가르치기도 했다. 지금도 강력한 수구세력은 이런 시대착오적인 구조의 온존과 강화를 고집하고 있는 실정이다. 우리 민족과 고락을 함께 해온 삼도 마찬가지이다. 오랜 세월 샤머니즘 세계와 친숙한 우리나라 민족과 생활 깊숙한 곳에서 삼과 함께 해왔으며 죽을 때까지도 삼과 삼베옷을 입고 가는 입장임에도 불구하고, 우리 의지와는 아무런 상관도 없이 그리고 정부 기관의 과학적이거나 체계적으로 그 유해성을 조사하거나 입증하는 과정도 생략한 채 오로지 미국의 압력에 휘둘린 유엔조약이라는 이름을 앞세워 삼을 금지하고 불법화한 것은 하루빨리 시정되어야 한다. 남북분단이나 한국전쟁이 궁극적으로는 우리 민족의 책임이지만 외세에 의한 측면이 있음을 부인할 수 없는 것과 마찬가지로 삼 금지주의 역시 마찬가지이다.

그리고 우리나라 삼을 산업용으로 보급하려 해도 원천적으로 삼 재배에 대한 규제로 인하여 우수한 우리나라 삼 생산이 저지당하고 있는 실정이다. 국가보안법이 폐지되지 않았으면서도 사문화의 길을 걷고 있는 것처럼 우리나라 삼 금지법도 어쩌면 그와 유사한 경로를 밟게 될지도 모른다. 그리고 오히려 삼을 뒤늦게 도입했다가 먼저 불법화한 서구에서 이제는 먼저 삼 비범죄화 정책을 활발하게 논의 시행하고 있는 점에 비추어 보았을 때, 우리나라도 이를 위한 준비를 서둘러야 할 것으로 본다. 과거 우리나라는 헌법개정을 주장하면 이른바 긴급조치를 통해 무지막지한 형사처벌을 가하며 반공법이나 국가보안법 폐지를 주장하면 바로 그 반공법과 국가보안법 위반으로 내몰리기도 하던 역사가 있었다. 삼 금지법도 마찬가지이다. 이 책은 삼을 비범죄화 내지는 합법화 하자는 이성적 논의와 공론화 및 삼 정책의 변화를 추구하고 있다.

『삼과 사람』 상·하권은 우리나라의 척박한 풍토에서 지난 몇 년 동안 삼 비범죄화 운동을 전개해온 분들, 그 중에서도 다음카페 '해리부선' 사이트를 통해 영화배우 김부선 씨의 삼 비범죄화 법정투쟁을 지원하는 치열한 활동을 전개해온 분들과 온오프 대화를 통해 제기하여 토론하며 나름대로 일정한 입장들을 도출해낸 부분들에 기초를 두고 있으며, 그런 의미에서 이 책은 상당 부분 저자가 이들과 함께 삼 비범죄화의 기초를 닦기 위한 집단적 활동과 운동의 산물이라는 성격도 함께 가지고 있음을 명확히 밝혀두고자 한다.

이 책을 쓰면서 영국의 시민단체 '릴리즈'와 '트랜스폼', 미국의 '마리화나 금지법개정을 위한 전국연합' 등으로부터 좋은 글을 접할 수 있었던 점에 대해서도 감사드리고 싶다. NORML 캐나다 지부 자문위원인 로버트 클라크의 따뜻한 격려에 대해서도 감사드린다. 세계적인 삼과 마약 연구 성과를 내고 이를 인터넷 홈페이지를 통하여 저자가 접할 수 있게 해준 국내외의 유수한 연구재단이나 시민단체에 대해서도 진심으로 감사드린다. 저자가 당초 영국 런던정치경제대학 연구교수로서 삼과 마약 합법화라는 주제에 대해 관심을 갖고 연구할 수 있도록 기회를 제공해준 한국학술진흥재단 측과 런던정치경제대학의 레이너 교수에게도 따뜻한 감사의 마음을 전하고 싶다.

어려운 출판 사정에도 불구하고 이 책을 선뜻 내준 한국학술정보 채종준 사장님에게도 감사드린다. 마지막으로 이 책을 쓰는 동안 격려를 아끼지 않은 아내 이영미 님과 일평, 일재 두 자식에게도 고마움을 전한다.

2006년 여름

북한산 자락에서 저자 씀

외국 전문가가 본 한국 삼

2005년 여름 서울에서 문성호 소장을 만나 매우 즐거웠습니다. 저는 문 소장과 같이 건강한 정신의 소유자가 한국의 삼 정책 개혁을 위해 노력하고 있다는 점을 듣게 되었습니다. 저 역시 한국의 전통문화 속에 나타나는 삼 제품과 삼 산업 분야에서 만들어진 제품들을 적극 연구조사 해보았으며, 삼이 지금 한국에서 의료용이나 개인사용 측면에서 던지고 있는 충격파에 관한 소식을 듣고 매료를 금치 못했습니다. 다음은 한국에서 만들어지고 있는 여러 가지 삼 제품 및 그 사회적 역할 측면에서 한국 삼의 현재와 미래에 대한 제 생각과 인상들을 나름대로 적어본 것입니다. 이런 제 생각을 한국의 관심 있는 이들과 공유하면 좋겠습니다.

한국은 현대를 지향하면서도 그 문화적 뿌리는 매우 깊습니다. 중국 및 일본과 이웃하고 있는 한국은 급격한 변동을 겪으면서도 전통보존을 위해 노력하고 있습니다. 한국의 21세기 초 삼은 전통에 확고하게 뿌리를 두고 있으면서도, 선조들의 전통을 이어받아 미래에 걸맞은 새로운 사용처를 찾기 위해 새로운 가지와 줄기들을 펼쳐가고 있습니다.

다른 나라들과 마찬가지로 한국의 삼나무의 수많은 용처들은 대략 세 가지 형태로 대별됩니다. 첫째 각 가정이나 산업체들이 줄기에서 나오는 강한 섬유로 만들어내는 각종 제품들이 있습니다. 둘째 삼 씨앗에 들어있는 귀중한 단백질과 오일 영양소를 활용하는 제품들입니다. 셋째 향기 있는 수지로 만드는 약물(삼)입니다.

대마금지법개정운동과 관련하여 대마초 약물 문제를 의료용과 개인적 즐거움 용도로 나누어 대처하는 것이 필요합니다. 물론 이 두 측면은 때로 서로 중첩되기도 합니다만. 의료적 측면에서 치료받고자 하는 상당수 환자들은 의료용으로 삼을 쓰다가 예기치 않게 정신적으로 가벼운 '하이' 효과를 경험할 수도 있으며, 다른 상당수 환자들은 이런 '하이' 효과를 단지 매우 유용한 의료용 삼의 극히 지엽적인 부수효과 쯤으로 치부하기도 합니다. 삼은 세계적으로 가장 안전한 '소프트' 약물로서 건강이나 전체사회에 대해 나쁜 측면은 전무하다시피 하며, 개인적 선택에 따른 레크리에이션 용도의 사용은 세계적으로 급증하는 추세입니다.

삼은 이로운 측면들이 무척 많기 때문에 올바른 삼 합법화 내지 비범죄화를 위해 노력하는 한국의 사회과학자들을 매우 복잡 미묘한 상황에 빠뜨리고 있습니다. 삼 금지법은 결국은 각기 다른 상황들에 대해 타당한 내용을 담아내도록 해야 하기 때문입니다. 각기 다른 삼의 온갖 이슈들을 올바로 이해하는 가장 효과적인 접근방법은 이런 삼의 각기 다른 용처들에 대해 신중한 자세를 견지해야 합니다. 각각의 용처들은 각기 다른 역사를 가지고 있으며 이 점은 향후 복잡다단한 정치경제적 지형들을 확정하는데 도움을 주게 될 것입니다.

현대의 삼 산업 제품들은 한국의 전통적인 삼사용법들을 잘 반영하고 있습니다. 한국은 세계적으로 유명한 삼 직물 생산국가로 발돋움하고 있습니다. 이것은 한국에서 고래로 편안한 여름옷이나, 상복과 수의로 애용되었던 것이기도 합니다. 현재 산업용 삼 재배는 각 지역 농업기관으로부터 통제받고 있습니다. 이들은 인허가권을 가지고 있으며 수확물을 감독합니다. 최근 한국에서 삼 섬유와 삼 씨앗 생산이 증가하고 있습니다. 이것은 현대적인 기업들이 고래로부터 전해오는 삼산업의 부흥을 위해 노력한 덕분입니다.

한국의 삼섬유와 삼 직물 분야의 오랜 역사와 깊은 문화적 맥락을 보건대, 그리고 인허가 및 감독 제도의 완벽한 운영상황을 감안하건대, 이 삼 산업 측면에 대해서는 더 이상의 규제들이 추가로 이루어질 가능성은 없다고 볼 수 있습니다. 향후 한국 삼 규제의 주된 요인은 경제적인 측면이 될 수밖에 없습니다. 한국에서 재배하여(혹은 재배하거나) 가공처리를 거친 삼

섬유가 국내외 시장에서 아마, 모시, 면섬유 등과 같은 다른 섬유들과 과연 경쟁력을 갖출 수 있겠는가 하는 점이 관건이 될 것입니다.

삼 씨앗이 필수지방산과 쉽게 소화되는 단백질 등의 공급원으로서 훌륭한 영양가치가 있다는 측면은 한국의 전통문화에서 그다지 부각되고 있진 않습니다. 하지만 삼 씨앗은 THC 성분이 없으며 삼 금지법 개정과는 아무런 관계도 없으므로, 지금의 한국 삼금지법이나 전통과 아무런 모순이 발생하지 않습니다. (바디샵 측은 한국 전역에서 삼 씨앗에서 추출한 오일로 만든 바디케어 화장품 시장을 개척하고 있습니다.)

삼의 세 번째 용처는 현재 및 미래의 한국의 삼금지법개정 당국이나 삼 운동가들에게 가장 커다란 도전이 될 수밖에 없습니다. 삼으로 만든 의약품은 유럽과 북미 지역에서 급증하고 있으며 광범위한 질환에 대해 약으로 쓰이고 있습니다. 삼이 어떤 질환을 '고친다'고 입증되기까지 하지는 않았지만, 수많은 질환에 대해 증상 완화제 효능은 매우 탁월한 것으로 되어있습니다. 예컨대 암과 에이즈 화학치료에서 대두하는 식욕부진 증상을 치료하는데, 녹내장에서 문제되는 높은 안압을 낮추는데, 다양한 경화증에서 나타나는 통증과 발작증세를 다스리는데, 그리고 만성통증 치료 중 사용된 모르핀 양을 감소시키는데 삼은 매우 유용하게 쓰이고 있습니다.

삼은 제약회사에게 '마법의 탄환'(박테리아, 바이러스, 암세포만을 골라 파괴하는 약품)인 것은 아니며, 따라서 전통적 서양의학에서 삼의 실제 효능에 대해 제대로 주목해오지 못했던 게 사실입니다. 한국의 한의학에서 삼이 사용되어온 오랜 역사를 보건대, 그리고 현대의학에서 수많은 증상들에 대한 완화제로 쓰이고 있다는 사실들을 보건대, 삼은 향후 그 의약상의 가치가 충분히 입증되고도 남음이 있게 될 것입니다.

삼을 개인적 즐거움을 위한 약물 용도로 쓰는 문제야말로 삼금지법 개정 운동에서 가장 논란이 분분한 대목입니다. 현재 한국에서 개인의 즐거움 용도로 쓰기 위해 삼을 소지한 행위는 최고 5년형이라는 무거운 처벌을 받을 수 있습니다. 최근 한국에서도 경찰, 검찰, 판사 중 소수에서나마 별도 피해자를 만들어내지 않을 뿐만 아니라 사용자 본인에 대해서도 아무런 해가 없는 삼의 개인적 사용 행위에 대하여 이토록 가혹하게 처벌하는 것이, 담배나 술에 비해 너무도 심한 것 아니냐며 고민하기 시작했습니다. 그럼에도 불구하고 한국의 현행 삼 금지법은 여전히 아무 것도 아닌 즐거움을 누리려는 한 시민의 삶을 근원적으로 뒤집어엎는 막강한 힘을 보유하고 있습니다.

한국에서 삼금지법 개정을 담당해야 하는 정부당국이나 합법화나 비범죄화 운동진영 모두, 삼의 수많은 용도와 관련 이슈들을 각각 명확하게 구별해야 한다는 점을 명심해야 합니다. 물론, 영화배우 김부선 씨가 일련의 삼 비범죄화 운동에서 막중한 교육적 역할을 하고 있는 사례에서 볼 수 있는 것처럼, 삼사용 실상에 대한 교육과 홍보야말로 시민들이 바른 판단과 결정을 내리는데 결정적인 기여를 하고 있습니다.

저는 서울에 있는 국립민속박물관 및 안동 지방 박물관 등을 방문해보면서 손쉽게 한국의 삼 역사를 배울 수 있었습니다. 한국의 국민들은 전통적으로서 삼이 섬유, 음식, 의약품 등에 두루 쓰이는 측면과 오늘날 개인적 즐거움을 위해 삼을 약물로 사용하는 측면을 서로 혼동해서는 안 됩니다. 삼사용에 대해 문화적으로 용인하는 형태가 다른 각국에서 삼은 그야말로 각국 나름의 진가를 가지고 있는 것이기 때문입니다.

로버트 클라크

국제삼연합회 이사 겸 미국 삼금지법

개정운동협의회(NORML) 캐나다지부 자문위원

제1장

삼 범죄화의 역사

현재 세계 각국은 삼의 재배, 소지, 공급, 사용 등에 대해 규제 법규를 시행하고 있다. 정신에 작용하지 않는 삼 제품(섬유, 씨앗 등)이 합법적인 나라들도 많이 있으며, 이 경우 라이선스를 통해 재배를 허용한다. 약물이나 약초로서 삼은 대부분 국가가 금지하고 있으며 의료용으로 사용하는 경우 일부 지역에서는 이를 관용 내지는 용서해주는 경우도 있다. 포르투갈은 약물로서 삼이 개인적으로 사용되는 경우 합법적이며 단 판매와 공급 등은 규제하고, 개인적 사용의 경우에도 25g이 한도로 정해져있다. 많은 국가에서 삼 소지나 공급, 혹은 영리 목적으로 남에게 제공하는 경우 불법이지만, 삼을 하는 것 그 자체는 합법적인 경우도 많다. 삼 소지량이 '미미하다'고 인정되는 경우 처벌하지 않는 경우도 많다. 미국의 경우 2004년 기준 42초마다 1명꼴로 삼 사범이 체포되고 있으며, 대부분 국가들이 삼 소시나 사용에 대해서까지도 금지하는 엄격한 법규를 시행하고 있다.

세계 각국 대부분이 20세기 초반 삼을 범죄화 하였으며 그 이유라든가 범죄 규정의 내용이나 접근태도는 나라마다 다르다. 하지만 이렇게 전세계적으로 삼을 범죄로 다스리게 된 것은 역대 미국 연방정부와 연방마약청(1930년의 FBN과 1973년의 DEA)의 위세 때문이다. 1930년대 이후로 미국은 국내외적으로 삼 및 삼사용에 대한 범죄화를 위해 총력을 기울여왔으며 미국의 이런 의도는 지금까지도 거의 그대로 관철되고 있다.

1. 영국에서 시작

삼이 최초로 불법화된 나라는 영국이다. 우리나라에서는 흔히 미국이 삼을 금지하고 불법화한 최초의 국가로 알려져 있으나 실제로는 영국이 먼저다. 영국이 삼을 금지한 이후 나머지 국가들도 삼을 금지하게 되었다. 즉 영국에서 삼은 '1925년의 위험약물금지법'이 발효에 들어간 1928년 9월 28일부터 세계 최초로 불법화된 것이다. 1925년 '국제아편조약' 개정을 위한 회의석상에서 이집트와 몇 개 국가가 해쉬쉬 남용문제를 제기하고 회원가입 국가들이 의료용이나 과학연구용이 아닌 약물은 금지하는 방안을 제안한 바 있다. 이들은 전통적 약물 사용 및 야생 약물의 유행 사례들을 제시한 결과, 국내법으로 삼사용을 금지한 국가 쪽으로는 삼 수출을 금지하기로 하는 규정을 새로 마련하는데 성공할 수 있었다. 영국은 1928년 일반인의 삼의 재배와 사용을 불법화하였다.

하지만 당시 영국이 삼을 불법화해야 할 국내적 요인은 전혀 가지고 있지 않았으며, 찬반 운동이나 공론화 과정도 전혀 거치지 않았고, 영국 의회에서조차 아무런 토론도 이루어지지 않은 채 금지법이 통과되었다. '인도삼과 인도삼으로 만든 모든 수지와 약품 등'을 규제하는 이 법안이 통과된 것은 당시 국제연맹측이 주최하여 열린 '1925년 제네바 국제마약류통제조약'에 영국이 서명하였기 때문에 영국 정부는 그 직후 이 법안을 통과시키기에 이른 것이다.

당시 영국 의회에서 젊은 국무부 담당차관은 의원들로부터 불경기 시대에 도대체 왜 그런 조약이 필요하며 도대체 어떤 내용을 담고 있는가에 대하여 질문을 받고 나서야 비로소, 이 조약을 비준해야만 다른 '중요하긴 하지만 사소한' 법률이 통과될 수 있다고 해명해야 할 정도였다. '이 조약이 규정하는 내용은 과거 법률에서는 코카 잎으로 되어 있는 것들도 망라하게 됩니다. 코카 잎은 코카인의 실제 원재료입니다. 새로운 조약에서는 이를 생아편과 똑같은 범주로 묶었습니다.' 삼에 대한 대목 그 자체는 큰 소리로 언급되었다. 이상과 같은 영국의 삼 금지 역사에 대해서는 숀 블랜차드(Sean Blanchard.)가 쓴 "영국에서 삼이 범죄로 규정되게 된 과정과 역사"(How cannabis was criminalised, www.idmu.co.uk/historical.htm)라는 글에 잘 나타나 있다.

당시 영국에서 삼에 대한 이와 같은 무관심은 전혀 새삼스러운 것은 아니었다. 1920년의 아편과 코카인 통제법이 통과될 때에도 의원들은 위원회 심의 단계에서 여러 가지 문제점들을 지적하였다. 엄청난 분량으로 이루어져있는 1893년 '인도삼약물위원회(IHDC) 보고서'(이 책의 제1장 말미의 자료 참조)에서 결론은 적절한 삼사용은 실제로는 전혀 나쁘지 않은 것으로 결론이 내려진 바 있었다. 이 보고서는 인도에서 '약물을 되도록이면 쓰지 못하도록 하는 가장 좋은 방법은 거기에 세금을 매기는 것'이라고 입장을 정한 점을 근거로 하여, '불법 사용을 부추기지 않을 정도로 고율의 세금을 징수'하게 되면 약물 사용을 막으며 적정 과세를 통한 조세수입을 올릴 수 있다고 권고하였다. 당시 인도에서 삼 세금은 이미 일상적인 것으로 되어 있었다. 벵골 주정부는 1860년대 동안 연간 약 10만 파운드(현재 화폐 단위로 셈하면 약 5백만 내지 1천만 파운드, 한화 약 1백억 원 내지 2백억 원)씩 삼에서 조세수입을 올리고 있었다. 당시 영국 제국에서 발간된 이 보고서에 대해 영국 본토에서는 전혀 공개적으로 논의된 바 없으며, 영국 정부 당국은 당시 이 보고서가 나온 이후에도 30여 년 동안씩이나 더 삼 통제에 관한 법률이 전혀 없었어도 아무런 문제가 없을 정도였다.

영국에서는 1920년대 동안 내내 삼 지지자는 거의 없었다. 로프와 종이를 만드는 유럽산 삼은 통상 약물과 연관이 아예 없는 것은 아니었으나 그러나 마치 전혀 별도의 식물인 것으로 받아들여졌었다. 근현대적인 의료적 삼사용은 극히 드물었으며, 영국의학협회 측의 전통적 삼약 반대운동 이후에 해당하는 당시 세기의 전환기 시기에는 전통적 삼약과 특허약 둘 다 별반 유행하지 않았으며 인기가 있는 것도 아니었다. 요컨대 당시 모험을 즐기는 몇몇 시인과 음악가들 외에는 당시 유럽에서 삼을 약물로 사용하는 이들이 전무하다시피 했다.

하지만, 이렇게 삼에 대한 지지 움직임이 별로 없었지만 그렇다고 해서 삼 사용에 대한 반대 움직임도 거의 없거나 전무하다시피 했다. 당시 영국 국내적으로 술과 코카인 금지운동, 대외적으로는 아편금지운동이 고작이었다. 일부 인사들은 아편 공급이 차단되면 대신 삼을 하게 될 것이라고 보기도 했다. '약물'이란 추악한 외국산 물품으로서 그들 외국인 자신을 위해서라도 억제해야만 하는 것이라고 보았던 깃이다. 코카인이나 아편을 하는 외국인들, 이들이 망쳐놓았다는 영국 아가씨들 등등에 대한 1920년대 몇몇 신문들의 약물 스캔들 기사들이 있긴 하지만 이는 사실 '유색인종' 및 섹스에 대한 두려움과 경멸적 태도가 눈에 띌 정도로 기본적인 동기를 이루고 있었다.

그렇지만 당시 세계적으로 삼 그 자체가 비난의 대상이 되는 경우란 거의 없었다. 삼이 1925년 국제마약류통제조약 회의 당시 의제로 추가되었던 이유 역시 이집트와 터키 측이 그렇게 하자고 제안했기 때문이었을 따름이다. 이집트와 터키 양국은 나름대로 이미 이슬람법 해석에 따라 역사적으로 삼을 금지해오고 있었다. 이들 국가는 세속화를 추구하면서 '근현대화'를 꾀하고 있었다. 당시 이집트 대표는 자국의 정신이상자 중 30% 내지 60%는 '해쉬쉬 사용'으로 인한 것이라고 주장하였다. '이 주장을 뒷받침하는 근거로서 여성보다 남성에게 세 배나 되는 정신적 질환이 있다는 점을 들 수 있으며, 남자가 여자보다 해쉬쉬 중독자가 더 많다는 사실이 확인되고 있다는 점을 들 수 있습니다.' 그는 해쉬쉬 중독자는 아무 쓸모없는 사회적 낙오자로 간주된다고 주장했다. '해쉬쉬 중독자의 눈은 야생의 사나운 모습을 하고 있으며 얼굴 표정은 멍청한 모습입니다. 중독자는 아무런 말이 없이 조용하며 근육에 힘이 하나도 없고 몸이 병들어 있으며 심장에 문제가 있고 소화에도 문제가 있으며 지적 능력은 점차 약화되고 몸이 전체적으로 망가지게 됩니다. 중독자가 신경쇠약증에 빠지는 경우가 매우 흔하며 마침내 이들은 정신이상에 이르게 됩니다.'

그러나 삼이 금지된 10년 후(1935년)까지만 해도 국제연맹 측은 1925년 삼이 매우 위험하다며 금지해야 한다는 위와 같은 주장에 대해 전혀 조사조차 하지 않은 채로 줄곧 방치해왔다. 그러다가 다시 10년이 더 지난 후에 가서야 비로소 시작하게 된 그 연구조사라고 하는 것조차도 도대체 그 마무리가 전혀 이루어지지도 않았다. 결국 과거 삼에 대해 제대로 이루어진 조사란 1898년 '인도삼약물위원회 보고서'(Indian Hemp Drugs Commission Report)가 고작이었다. 하지만 이 보고서 내용을 보건대 이집트 대표의 연설은 도대체 사리에 맞지 않는 일방적 주장에 불과했으며, 그럼에도 불구하고 국제연맹이나 이집트 대표 측은 이 보고서를 전혀 언급조차 하지 않았다. 당시 인도 정부 측은 삼을 금지하는 조약에 반대했으며, 그 이유에 대해 인도 대표 측은 인도에서 삼 약물은 역사적으로 유사시대 이전부터 해오던 것이며, 야생에서 무수히 자라고 있고, 도대체 금지정책이 과연 시행 자체가 가능이나 한 것인지 지극히 회의적이라는 등등의 이유와 입장들을 밝혔다. 영국 정부 대표는 계속해서 더 심의가 이루어져야 한다고 말하면서도, 막상 투표에 들어가서는 기권하고 말았다. 그러나 당시 회의의 마지막 국면에 가서 영국은 다른 57개국과 함께 여기에 서명하고 만다.

2. 미 국

미국의 마약금지법 역사는 영국과는 매우 다른 경로를 보여주고 있다. 미국은 국제연맹에 가입한 적이 없으며, 따라서 1925년 조약에도 서명하지 않았다. 이유는 미국은 다른 어느 나라보다도 강력한 마약금지정책을 펼치자는 입장을 견지하고 있었기 때문이다. 미국의 제안은 아편사용은 10년 이내에 전세계적으로 완전 금지하여 완전히 제거까지 해버리도록 하자는 것이었으며, 삼 금지 문제가 거론되기 이전 시점에서 벌써 그와 같은 자신들의 주장이 거부당하자 당시 회의장을 박차고 퇴장해버리고 말았던 것이다.

미국에서 술은 1920~33년 기간 동안 금지되었으며, 1911년 초 연방 마약류 금지법안 청문회에서 삼 통제와 금지에 대해 논란이 벌어졌다. 미국은 1912년 헤이그 국제회의에서 아편 금지를 주장은 하였으나 관철에까지 성공하지는 못했다. 미국의 마약금지정책에 대한 열정은 윤리주의와 국가이익 관점이 마구 뒤섞여있는 것이었으며, 미국의 국제적 영향력 확대를 꾀하기 위한 것이었다. 당시 의료용 마약 대부분을 수입에 의존해야 했던 미국으로서는 이를 통제한다는 게 미국의 국내정책에 대해서는 별 관련성이 없었으며, 오히려 미국 측의 마약 금지 주장이라고 하는 것은 당시 의료용 마약의 대부분을 생산하던 국가이던 영국과 독일에 대하여 윤리적이며 경제적 측면의 지렛대를 미국이 쥐어보기 위한 것이었다. 하지만 삼은 의료용 마약에서 제외되었으며, 따라서 미국에서도 제약업계, 가축업계와 수의학계, 삼기름 업계 등에서 상당수의 삼 지지자들이 있었다. 그러나 삼은 멕시코계 이민사회와 독자적 흑인문화 등에 대해 공격을 퍼붓고자 하는 언론과 정치인들 중에 속해 있는 자들의 공격대상이 되어 있었다. 요컨대 미국의 삼 금지 분위기를 앞장서서 조성한 것은 당시 인종차별주의를 빌미로 영향력을 확대하려는 정치인들이었다고 보아야 할 것이다.

멕시코 사투리이던 '마리화나'(marijuana)라는 말을 영어의 단어로 받아들인 것은 윌리엄 랜돌프 허스트가 소유한 신문에서였다. 이 '마리화나'라는 말은 삼을 마귀의 풀로 오인하게 만들었으며, 당시 매우 친숙한 삼(hemp)이라는 농작물과는 전혀 다른 것이라는 인상을 심어주었다. 물론 이는 마리화나와 삼은 동일한 식물이라는 사실을 왜곡한 것이다. 허스트는 유색인 남성들이 마약을 하고 백인 여성들을 농락하는 온갖 이야기들을 날조하여 신문을 많이 팔아먹는데 활용하였다. 대부분 기사들이 삼을 하면 마치 큰 칼을 들고 날뛰며 조금만 건들어도 매우 사나워진다는 식이었다. 다른 날조 이야기들은 성 도착자들에 관한 것이었다. 단지 문제가 되는 마약과 악당이 속해 있는 인종만 몇 년에 한번씩 바뀌는 정도였지 스토리 구조 그 자체는 그대로였다. 지금도 일부 마약퇴치운동에서는 아무런 근거도 없는 그런 이야기를 동원하고 있는 실정이다. 1920~60년대 기간 동안 마리화나는 일대 전환기를 맞게 된다. 이 기간 동안 허스트는 엄청난 목재 펄프와 목재 종이를 생산하여 막대한 이익을 냈으며, 이와 같은 막대한 이윤은 삼섬유가 널리 쓰였다면 불가능한 것이 될 수밖에 없었다.

미국 연방정부는 1914년 '해리슨 마약류금지법'과 1925년 국제조약 등에서 기회를 놓친 이후, 1937년까지는 삼에 대한 통제나 금지를 법제화 할 수 있는 기회를 가지지 못했다. 물론 멕시코계 이민들이 많은 남부의 몇 개 주 정부들이 연방정부에 대해 삼을 금지해달라고 촉구하기는 했다. 당시 뉴올리언즈 디스트릭트 검사국 자금 지원으로 이루어진 연구조사는 마리화나가 문명사회의 금기를 해치며 강간, 살인, 호모섹스 등으로 귀착된다는 식으로 억지를 썼다. 당시 미국 언론들은 바로 이런 '과학적 연구'를 포장으로 뒤집어쓰고 불순한 정치적 동기에 바탕을 두고 있는 이야기들을 열광하며 퍼트리기에 바빴다.

1931년, 전직 미국 연방 알코올금지청 청장이던 해리 J 안슬링거가 연방마약청 청장으로 임명되었다. 그는 처음엔 국가권력을 삼에 대해서까지 행사하는 것을 싫어했다. 그는 삼이 나쁜 것이긴 해도, 삼은 극히 국지적인 문제일 따름이며, 정당한 삼사용자들이 상당수 있으며, 야생에서 '마치 민들레처럼' 자라나는 하나의 식물에 대해 법으로까지 금지하는 정책을 시행하고 집행한다는 게 현실적으로 불가능하다고 보았다. 그래서 하나의 연방법이 실효성을 갖고 제대로 집행되기 위해서는 이 식물에 대한 모든 사용도 동시에 전적으로 금지되지 않으면 안 되는 것이었다. 하지만 그는 이런 연방법 대신, 각급 주별 주법과 마약퇴치 캠페인과 프로파간다를 촉진하고 여기에 의존했다.

하지만, 1930년대 대공황이라고 하는 어려운 시기가 닥치자 상업적 삼 생산의 증대로 인해 나무 종이와 셀룰로오스 생산 회사에 대해 위협적인 존재로 부각되기 시작했다. 삼이 사악하다든가 여성을 훔치는 마약쟁이 외국인이라든가 하는 식의 허구 조작을 통하여 승자는 이미 정해지고 말았다. 이런 과정을 통해 삼은 이제 새로운 적으로 설정되고 말았다. 악의적이며 인종차별적인 언론의 허구적인 기사 조작, 과학의 탈을 뒤집어쓴 연구 보고서, 온갖 정치적 압력 등이 급증하기 시작했다. 1935년경 안슬링거는 연방마약청이 집행기관이 되는 연방법을 추진하기 시작했다. 이를 준비하는 의회 청문회에서 삼을 좋게 혹은 긍정적으로 보는 모든 진술이나 증언들은 모조리 배제당하고 말았다. 미국의학협회와 오일용 씨앗연구소 측은 이 법에 반대 입장을 주장했으나 무시당하고 말았다. 안슬링거는 신문기사 조각에서 뽑아낸, 삼이 '지구상에서 가장 폭력 유발적인 약물'이라는 내용을 증거로 인용 제시하였다. 마침내 1937년 10월 1일부터 '마리화나세금법'이 발효되어 세금 증지를 부착하지 않으면 어떠한 형태의 삼도 재배하거나 거래할 수 없게 되었다. 여기서 말하는 세금 증지란 일반 개인들은 전혀 이용할 수 없었다. 다만, 삼의 소지 금지 측면에 대해서는 1970년까지도 주마다 천차만별이었다.

안슬링거는 이 '마리화나세금법'을 연방마약청 조직 확대에 적극 활용했다. 그는 영화와 포스터를 동원하여 삼을, 재즈음악(voodoo music: 미국 남부 및 서인도 제도의 흑인 사이에 행해지는 원시 종교인 부두교의 주술음악), 다른 인종끼리 이뤄지는 섹스, 미침, 죽음 등과 결부시키는 등과 같은 추악하기 짝이 없는 캠페인을 전개하기 시작했다. 미국 연방마약청은 삼이 극도의 위험한 상황과는 아무런 상관도 없음을 입증하는 연구조사 결과는 없애버리거나 억압하거나 그렇게 할 수 없는 경우엔 극도의 비방을 퍼부어댔다. 특히 주목되는 것은 1944년 뉴욕시장이 연구용역을 맡겨 나온 '라 구아르디아 보고서'(La Guardia Report)였다. 당시 뉴욕시장이던 라 구아르디아는 1961년 케네디 대통령이 그를 해임할 때까지 미국 대표단을 모든 국제

마약통제기구에 파견했다. 1960년대까지만 해도 세계 거의 모든 국가들은 도대체 삼에 아무런 문제도 없다고 판단하고 있었다. 그럼에도 불구하고 안슬링거는 세계 각국에 대해 삼이 나쁜 것이라는 점을 납득시키기 위해 온갖 역할을 다했던 것이다.

미국의 경우 1930년 십자군과 같은 자세로 삼 금지론을 견지한 해리 J. 안슬링거가 책임자를 맡게 된 연방마약청 설립 이후 삼과 다른 약물의 사용에 대해 조사를 강화해나갔다. 미국정부와 연방마약청 측은 술을 포함한 모든 약물의 불법화 조치를 시행하기 위해 약물의 해악에 대한 시민교육을 크게 강화했으며 이를 위해 삼에 대한 악마화 내지는 삼의 악마화에 대한 공포심을 최대한 활용하기 위하여 엄청 센세이셔널한 프로파간다 영화들을 숱하게 제작하였다. 가장 악명 높은 영화는 '삼으로 미쳐버린 사나이'(Reefer Madness, 1936)였다. 이 영화는 원래 교회신자들 단체가 만든 교육용 영화로서 본래 타이틀도 '여러분 자식들에게 말해주세요'(Tell Your Children)였다. 이 영화는 기억에서 아주 사라지고 말 하찮은 영화에 불과했으나, 관객동원을 위해서는 원래 영화에 물불을 가리지 않고 극도로 센세이셔널 한 장면들을 삽입하는 것으로 악명 높은 미국의 해적영화제작자인 두웨인 에스퍼(Dwain Esper)의 혁명적인 완전재편집을 통해 완전히 새롭게 거듭나게 되었다.

이렇게 전혀 새롭게 만들어진 이 튀기 영화는 삼을 하면 온갖 타락과 음란행위와 심지어는 살인행위까지 온갖 만악의 근원이 된다고 묘사하였다. 이 영화들이 그 당시 실제로 대중들에게 설득력 있는 것으로 진지하게 먹혀 들었는지 여부는 논쟁거리로 남아있기는 하다. 어쨌든 '삼으로 미쳐버린 사나이'라는 이 영화나 이를 본뜬 영화들은 최초 개봉 이후 거의 완전히 사라지고 말았다. 미국인들 뇌리에서 사라져있던 이 영화는 그러나 1971년, 삼 비범죄화 및 합법화 운동 단체인 NORML 측이 이 영화가 원래 전혀 의도하지는 않았지만 풍자적 성격이 들어있음(원래 삼이나 삼사용이 이 영화가 보여주는 그런 해악이 거의 없음을 잘 알고 있는 이들이 보기에)을 깨닫고 '삼 비범죄화 운동을 위한 축제'의 일환으로 이 영화를 복원하여 재상영 하게 되면서 오늘날과 같은 이 영화의 유명세를 만들어내기에 이르렀다. 1971년 당시 이 영화는 미국 전역의 각 대학가 상영을 위해 배급이 이루어지자 일약 컬트가 될 만한 공전의 대히트를 기록하게 되었으며, 당시 이를 담당한 '뉴라인시네마' 배급사 측의 초기 대히트작으로 기록되었다.

미국의 중요한 삼 금지법은 '1937년 마리화나세금법'으로서 그 이전 여러 해 동안 여러 주들의 별도 주법들을 연방정부 수준으로 끌어올린 성격을 갖는다. 앞서 지적한 것처럼 일각에서는 미국의 이 삼 금지법이 삼과 경쟁을 벌여야 하는 합성섬유 제조회사들 로비로 인한 것이라고 주장하기도 한다. 하지만 삼은 당시 주요 경쟁상대는 아니었으며 오히려 예컨대 목화나 양모를 훨씬 더 손쉬운 타깃으로 삼을 수 있었다. 미국의 삼 금지주의에 대한 비판자들은 저변에 인종차별주의가 깔려있다는 점을 지적하기도 한다. 왜냐하면 당시 미국에서 아프리카계나 라틴계 사이에서 삼이 레크리에이션용으로 널리 인기 있었던 것이다. 헨리 안슬링거(해리 안슬링거와 동일 인물)는 이 문제에 대해 수도 없이 "양질의 뮤지션들이 아닌 엉터리 같은 재즈 뮤지션들에 불과한 이들"이나 삼을 한다거나 백인 여성이 삼을 하면 흑인 남자와 섹스 충동을 느끼게 된다거나 하는 등의 지적을 한 것으로 알려져 있다. 그러나 삼 금지정책은 그 후 30여 년 동안 끈질긴 저항에 직면했으며, 피오렐로 라 구아르디아 뉴욕시장의 경우 이 삼 금지법에 대한 가장 저명하며 공개적인 비난을 가하였다.

마침내 1961년 '유엔 마약금지 단일조약'을 통해 의료용이나 과학연구용이 아닌 삼의 전면 금지가 시작되었다. 그러나 그 후에도 영국에서는 여전히 삼 팅크제류가 처방약으로 쓸 수 있었으며 이런 상황은 당시로서는 전혀 새로운 '1971년의 약물오남용금지법' 때가지 계속되었다. 레크리에이션용 삼 사용에 대한 국제적 차원의 규제는 1988년 '유엔 마약 및 향정신성 약물의 불법거래 금지조약'에 의해 한층 더 강화되었다.

통상 삼 금지법은 개인적 사용을 위한 공급, 재배, 소지 등을 규제하고 있다. 하지만 법집행은 국가마다 천차만별이다. 경찰은 공급 측면을 분쇄하며 시장의 확산을 막기 위해 대규모 삼 재배 쪽을 단속하는데 집중하는 경우가 흔하다. 하지만 실제로 감옥을 가득 메우고 있는 삼 사범의 절대다수는 단순 삼소지자이거나 아주 소량의 삼 거래자로 되어있다.

1994년 이후 2003년까지 10년 동안 미국의 삼 사범 체포자 수는 7백만 명 이상에 달했으며 2003년에만 755,186명의 삼 사범이 체포되었다. 42초마다 삼 사범 1명씩 체포된 셈이다. 삼 사범 체포자의 88%는 삼 제조나 삼 공급 아닌 단순 소지혐의였다(FBI 범죄백서). 상당수 국가들은 소량의 개인적 사용 목적의 삼 소지를 처벌하지 않거나 허용하고 있다. 그러나 이것이 삼 구입이나 재배는 여전히 불법인 상태에서 "합법적 소량"의 삼을 어떻게 구하는가 하는 문제를 해결해주진 못하고 있는 실정이다.

3. 다시 영국과 전세계로

1945년 영국에서 삼 사범 기소자는 불과 4건이 고작이었으며, 아편 사범은 206건이었다. 1950년 처음에는 삼 사범 기소건수(86건)가 아편 사범(41건) 및 제조마약사범 기소(42건) 총 건수(합계 83건)를 능가하게 되었다. 같은 해 재즈클럽 등에 대한 연쇄적인 경찰기습작전을 통해서 마약을 한 흑인남성과 백인여성간의 영국판 이야기 구조들을 낳는 계기가 마련되었다. 마침내 삼은 영국에서도 미국에서처럼 소름끼치는 국지적인 공포 대상의 범주에 끼게 되었다. 하지만 이때까지만 해도 삼은 세계적인 불법화 대상으로까지 되어있진 않았으며 그로부터 수년이 지나서 그렇게 되기에 이른다.

해외에서 즉 유엔을 통해 세 차례의 계기가 만들어진 이후 장기간에 영향을 미치게 되는 시발점이 되었다. 1961년 유엔단일마약조약이라고 하는 새로운 조약이 만들어졌다. 이 조약은 그때까지의 모든 마약류 조약을 업데이트 했으며 해악정도에 따라 마약을 분류토록 하였다. 삼은 아편, 코카인 등과 같은 리스트에 포함되었으며, 이는 '강한 중독성을 갖고 있으며' '국민 건강에 위험'이 되는 범주에 속하도록 분류했다. 의료용이나 과학적 연구용으로만 사용하는 것을 허용하며, WHO는 삼은 의학적 가치가 전혀 없다는 판단을 내리게 되었으며, 이는 안슬링거의 권고에 따라 이루어졌다. 전통적 사용 및 약물이 아닌 것으로의 삼사용은 정부 측이 강력하게 단속하기로 했다. 당시 '25년 안에 삼사용을 절멸시키도록 한다'는 내용의 결의안을 통과시켰다. 미국 측은 해리 안슬링거의 지침에 따라 이 단일조약 성안 및 집행에 매우 적극적으로 관여하였다. 1964년 안슬링거 해임 및 THC라는 '활성 성분'의 정체가 최초로 확인된 것을 계기로 하여, 다시금 삼에 대한 제대로 된 연구가 가능해지기에 이르게 된다. 하지만 좀더 현실주의적인 법안이 통과되기에는 너무 때가 늦은 것으로 판명되고 말았다.

1960년대 초반 교외지역에 사는 백인계급에서 삼사용이 급증했으며 이는 미국의 비트족 작가, 포크송 가수, 블루즈 뮤지션 등의 영향에 의한 것이었다. 이들 예술은 인종분열 구조와도 어느 정도 궤를 같이 하는 것이었다. '삼'은 인습에 얽매이지 않는 자유분방한 예술가들 사이에 유행하게 되었으며 이유는 프로파간다가 부분적으로 먹혀들었기 때문이었다. 삼은 재즈, 섹시함, 흑인적 요소 등을 뜻하는 것으로 간주되었으며, 유럽에서는 삼이 미국적인 것으로 이해되었다. 영국의 부르주아로서 최신 유행에 민감한 이들(히피나 비트족)은 겁을 집어먹기는 했으나, 런던의 건달이나 혹은 식민지로부터 벗어난 카리브해 연안 국가들이나 인도 등지에서 이민을 온 사람들로부터 삼을 얻는 것을 매우 자랑스럽게 생각하기도 했다. 삼은 심오한 정치적 운동과 결부된 아주 재미있는 요소가 되기도 했다. 미국의 민권운동과 반전운동 및 영국의 핵무기 반대운동 등에서 수백만 명에 달하는 성실하며 자유주의 정신을 소유한 젊은이들이 유능한 운동가, 저명한 철학자, 무정부주의적 급진운동가, 삼을 흡연하는 쾌락주의자 등과 함께 만나 합류하여 커다란 하나의 물줄기를 이루었다. 이처럼 개인의 성장과 성숙의 정치 및 타인에게 아무런 해악도 끼치지 않으면서 즐거움과 쾌락을 추구하는 권리 등등에 대한 사상이 발전하기 시작한 것은 어쩌면 너무도 당연한 것이었다. 이윽고 중산층에 속하는 백인 청년계층들이 자신의 욕구를 위해 삼 밀거래에 빠져들기 시작했다. 이들은 자신이 새로우며 보다 더 행복하고 조용한 사회로 나아간다는 이점을 누려야 한다고 생각하는 경우가 허다했다.

영국에서 1964년도라고 하는 해는, 백인이 흑인보다 더 많이 삼 사범으로 유죄평결을 받게 된 최초의 해였다. 그와 동시에 이 해는 유죄평결을 받은 사람 중 절반 이하가 감옥형을 받게 된 최초의 해이기도 했다. 544명이라는 유죄평결 총 인원수는 그보다 전의 2년 동안보다 약간 감소한 숫자였다.

마치 신화처럼 전해져 내려오는 어느 한 이야기가 있다. 즉 삼이 정말 대중의 의식 속에 기호품으로서 자리 잡기 시작한 것은 1964년 미국의 한 공항에서 비틀즈가 밥 딜런을 만났을 때부터였다. 즉 당시 VIP 대기실에서 밥 딜런은 비틀즈에게 삼 한 조인트를 제공했으며, 당시 링고만 삼을 했으나 이후 이들은 금방 삼에 매우 열광하게 되었다. 다른 많은 팝스타와 팬들도 오랜 재즈와 블루즈 뮤지션들, 그리고 시인 알렌 긴스버그 같은 비트족들로부터 삼을 배웠다. 긴스버그는 전세계 문학계 인사, 예술가, 귀족계층, 정치인, 팝스타, 삼 흡연가 등을 하나로 묶는 살아있는 연결고리 역할을 다했다. 그는 시위 도중 자유연설을 하다가 최루탄 가스 세례를 맞으면서도 불교 찬미가를 불렀다. 영국에서 당시만 해도 불법적인 것으로 규정되어 있던 호모에 빠져있던 그는 상류사회에 속하는 그의 애인과 함께 박해 당하는 반체제 세계에 입문하기에 이르렀으며, 부당한 삼 금지 관련 법률을 개정할 수 있다는 희망을 버리지 않았다. 긴스버그는 『마리화나 수상집』(*The Marijuana Papers, 1966*)이라는 최초의 대중적 삼 관련 도서에도 글을 기고했다. 이 책은 삼 금지법 개정과 개혁을 위한 대중적 지지를 호소했으며, 바로 이 책을 통하여 영국의 어느 한 하원의원은 하원도서관에서 문제의 바로 그 '인도삼약물위원회 보고서'를 거의 70년 만에 처음으로 찾아내도록 이끌어내는 성과도 거두는 계기를 만들어냈다. 이 보고서의 성격을 잘 파악할 수 있는 보고서 해제 발문은 바로 이때 썼으며, 이 책 제1장 말미에 자료로 소개하였다.

영국의 '1965년 위험마약금지법' 제정은 영국 삼 관련 법체계를 유엔단일마약금지조약과 체계를 일치시키기 시작한 계기가 되었다. 마약중독자문위원회(ACDD)가 설치되었으며, 우톤 여남작이 위원장인 한 소위원회는 여전히 아편과 똑같이 되어 있으면서 단순 소지와 공급도 구분하지 않는 삼의 법적 지위에 대한 조사에 착수했다. 이때 마약복용을 위해 동원되는 건물(공간) 제공이라는 새로운 범죄유형이 만들어졌다. 삼 사범에 대한 유죄평결 비율은 1966년 1년 사이에 79% 급증했다. 1967년 들어서서는 다시 113% 증가했다. 이 유죄평결이 난 사건 중 90%는 개인 소지혐의자였다. 우톤 보고서에 따르면 30g 이하 소지혐의로 유죄평결이 난 사람의 15%(13%는 전과가 없는 초범)가 감옥형을 선고받았다.

상당수 경찰관들은 자신들이 마약을 가지고 있다는 혐의가 있다고 보는 사람이면 아무에게나 정지수색권이라는 경찰권을 행사했으며, 특히 흑인이나 장발의 시민들을 대상으로 마구잡이로 정지수색권을 행사해대곤 하였다. 특수마약수사대가 만들어지기도 했다. 이들은 월드뉴스 가십란 기사를 근거로 하여 흑인들이 모이는 장소나 팝스타들의 저택을 급습했다. 롤링 스톤즈와 비틀즈가 경찰 급습작전의 단골 대상이 되곤 했다. 여러 신문과 정치인들도 센세이셔널 기사를 퍼뜨렸으며 이는 우톤 위원회 측에 대하여 보다 더 가혹한 처벌이 필요하다고 압력을 행사하기 위한 것이었다.

1967년 초 '리버티'('시민적 자유수호를 위한 전국연합'의 약칭임, National Council for Civil Liberties) 측은 차별적 법집행 관행, 부당한 수색의 증가, 함정수사를 근거로 한 고소, 가혹한 형벌선고 등의 문제점들에 대해 팸플릿을 만들어 발표했다.

런던의 언론사들이 밀집해 있는 플리트 스트리트에서 언론의 이런 나쁜 버릇으로 부추김을 받은 경찰 악폐의 급증사태를 반대하는 시위들이 벌어졌으며, 당시 시위가 끝난 후 마침내 서로 긴밀한 유대관계를 맺는 두 개의 시민단체가 출범하기에 이른다. 하나는 '릴리즈'(Release)라는 시민단체로서, 이 단체는 마약이나 마약금지법 등으로 인해 고통 받는 젊은이들에게 자문과 도움을 주기 위해 만들어졌으며, 릴리즈가 창립한 지 불과 몇 달이 채 안되어 수백 명이 이곳을 찾을 정도가 되었다. 다른 한 시민단체는 '소마'(SOMA)로서 이 단체는 삼 금지법 개정을 위해 각종 운동을 전개하였다. 소마가 벌인 최초의 행동은 1967년 7월 24일자 더타임즈에 전면광고를 게재한 것이다. 당시 이 성명서 제목은 '삼 금지법은 원리상으로는 비윤리적이며 현실적으로는 도저히 집행될 수 없다'였다. 소마의 광고문은 제목에 이어 맨 앞에서 다음과 같은 철학자 스피노자의 말을 인용하고 있다. "어느 누구에게도 아무런 상처나 피해도 입히지 않았는데도 불구하고 그런 행위가 법을 어긴 것이 되고 마는 그와 같은 법제도가 있다고 한다면, 이러한 법들은 모두 조롱의 대상일 따름이다. …… 따라서 모든 것을 법에 따라 결정을 내리려는 사람들은 모름지기 범죄를 감소시키려 하기보다는 오히려 범죄를 조장하고 선동하는 사림임에 틀림없다." 광고문의 나머지는 삼 자체가 아무런 해악이 없다는 점에 비추어보았을 때 이 삼 금지법 자체야말로 얼마나 커다란 해악을 가져왔는가를 설명하는 내용으로 되어 있다. 이어서 여러 현대 의학자들 입장이 인용되었다. 예컨대 '삼은 사람을 퇴행시키지 않으며, 뇌세포에 대해 악영향을 주지 않고, 습관성 약물이 아니며, 헤로인 중독에 빠뜨리지 않는다'는 등의 내용이었다. 이 의견광고는 당시 영국의 저명인사 72명이 서명했으며, 여기에는 예술가, 작가, 두 명의 노벨상 수상자, 두 명의 의회의원, 언론인, 의사, 비틀즈 등이 서명했고, 이중 비틀즈는 광고료까지 부담하였다.

소마는 삼 금지법을 폐지하라거나 삼을 완전히 합법화하라고 주장하지는 않았다. 소마의 제안 내용은 삼에 대해 연구와 의료용으로 사용하는 것을 허용하며, '삼사용을 위해 건물이나 공간을 제공하는' 삼 사범 죄목을 폐지하고, 위험 마약류 등급에서 삼을 제외하며, 삼소지 행위를 허용하든지 아니면 최소한의 벌금만을 과하도록 하고, 삼소지 사범에 대해 감옥형을 폐지하며, 삼 사범으로 감옥에 가있는 이들을 모두 석방하라는 등과 같은 정도였다. 이들은 우톤 위원회에 속한 상당수 위원들과 대화를 통해 정부가 수용할 수 있도록 하기 위해 신중한 어휘선택에 대해 합의했으며, 우톤 위원회의 한 위원은 이 소마의 더타임즈 광고에 서명까지 했을 정도이다. 소마의 이 삼 비범죄화 운동은 최종적으로는 자유주의 여론의 지도층 인사들 특히 당시 로이 젠킨스 국무부장관을 목표로 하고 있었다. 젠킨스 장관은 당시 남성 호모섹스를 금지하는 법률에 대해서도 이를 자유주의적으로 전향적인 개정을 추진하고 있었던 것이다.

언제 끝이 날지 전혀 알 수 없는 이 삼 논쟁에 관한 광고가 나간 지 4일 만에 마침내, 그간 묻혀있던 '인도삼약물위원회 보고서'가 1894년에 발간된 지 실로 73년이 지난 그때서야 비로소 최초로 의회에서 언급되어 세상에서 처음으로 빛을 받는 기회가 오기에 이른다. 영국 의회에서는 경찰비리와 비행 및 과거 삼을 한 바 있는 헤로인 중독자들에 대한 여러 가지 비화들에 대한 논의들이 오갔다. 하지만 영국정부 측은 삼 금지법을 완화하기 위해서는 더 많은 지식과 정보들이 필요하며 당시 국제조약 등으로 인해 그런 완화조치들을 시행하기가 어렵다고 주장했다. 이런 입장은 그 후 40여년이 지난 지금까지도 영국 국무부측이 고수하고 있는 입장이기도 하다.

우톤 보고서는 1968년 초 마무리되었으나 1969년 1월이 되어서야 공개되어 발표되기에 이른다. 그 사이 우톤 보고서 내용이 언론에 유출되었으며, 언론은 이 우톤 보고서 내용에 대해 '마약중독에 이르는 치명적인 경로를 열다'는 식으로 제목을 뽑아가며 거의 적대적인 태도를 취하였다. 당시 신임 국무부장관 짐 캘러헌은 자신은 우톤 보고서가 발표되기 벌써 수 주 전부터 그 보고서 내용에 동의하지 않는다고 발표했다. 우톤 보고서의 권고 내용들을 보면, 삼을 다른 마약 종류들로부터 법적으로 명확하게 분리해내도록 하며 삼 사범에 대해서는 처벌을 크게 완화하도록 촉구하고 있다. 우톤 위원회 측은 매우 신중한 표현이기는 했지만, '삼 적정량을 장기간 동안 사용하는 경우에도 해악이 전혀 없다는데 동의한다'고 밝혔다. 삼을 보다 널리 하도록 장려하자는 것은 절대 아님에도 불구하고, 그간 삼사용의 위험성은 너무 과장되어왔으며 당시 삼 사범에 대한 무거운 처벌 수위는 결코 정당성을 갖고 있지 못하다고 밝혔다. 우톤 위원회는 삼소지 사범의 경우 누구도 감옥형을 받아서는 안 된다는 입장을 명확하게 밝혔던 것이다.

의회의 최종 토론과정은 극도로 미미한 것이 되고 말았다. 우톤 위원회 측이 벌여온 연구와 결론은 마치 아예 존재조차 하지 않았던 것처럼 내팽개쳐버리고만 꼴이 되었다. 캘러헌 장관은 우톤 위원회 보고서는 '악랄한' 더 타임즈 광고문 내용 및 '삼 지지파들의 로비'에 압도당한 것에 불과하다고 주장하였다. 그는 '삼이 헤로인에 빠지게 만든' 이야기를 거론하면서 '이른바 관용이라는 엄청난 물결을 멈추게 하는데' 자신이 보탬이 되어 매우 기쁘다고 밝혔다. 실상은 의회 사회자나 의장은 우톤 보고서를 읽은 경우가 거의 없으며 오히려 오래 전의 일화들이나 언론에 취사선택 되어 나오는 관점과 기사들을 읽고 접하는 게 고작이었다.

어쨌든 마약금지법은 여전히 궁지에 빠져 있었다. 캘러헌은 부분적으로는 적대적인 언론에 우톤 보고서 내용이 사전에 유출된 탓에 이를 잠시 동안은 차단해야만 했다. 하지만 '1971년의 마약오남용금지법' 그 자체는 보수당이 1970년 선거에서 승리하기 이전에 벌써 노동당 내각의 입법위원회에서 미리 통과한 이후에 이루어진 것이다.

삼 지지 운동은 이후 3년 동안에 걸쳐 서서히 사그라져 갔으며 그때 가서야 비로소 우톤 보고서의 여러 내용들이 실행에 옮겨지기 시작했다. 지하에서는 치열한 투쟁이 계속되었으며 인습적인 자세를 고수하는 정치권에 대해 환멸감이 극대화되어갔다. 소마 측은 결국 1970년 해소되기에 이르렀으며 우톤 위원회 권고내용은 더타임즈 지의 소마 광고문안과 흡사한 형태로 작성되었음이 밝혀지기에 이르렀다. 소마 창립자인 스티브 아브람스는 새로운 삼 금지법이 과거의 규정보다는 훨씬 더 진보적이며, 개인의 삼 소지에 대해 감옥형 선고는 결국 불가능해지게 되었다고 보았다. 릴리즈 및 리버티 측이 설립한 다른 삼 운동단체로는 카로(CARO)라는 시민단체가 있었다. 그러나 이 역시 1973년 4월 4일 새로운 삼 금지법이 발효하게 되면서 사그라지고 말았다.

당시 새로운 이 법률은 부분적으로는 우톤 보고서의 권고를 매우 편의주의적인 방식으로 수용하였다. 삼은 이제 B등급 마약으로 분류되기에 이른다.

B등급은 암페타민과 같은 등급으로서, 헤로인이나 LSD보다 처벌 수위가 낮다. 삼을 재배하거나 공급을 위해 활용되는 공간이나 건물을 제공하는 경우에 대해서는 최고 처벌 수위가 감소된 게 아니라 거꾸로 강화되었으며, 삼을 공급하거나 공급 목적으로 삼을 소지하는 행위에 대해 새로운 죄목을 신설하였다. 그러나 삼 사범 대부분은 치안판사법원에서 처리되도록 했으며 이 치안판사법원 단계는 '단지 6개월 이하 감옥형'만 내릴 수 있으며 절대다수는 벌금형 위주로 되어 있다.

이 '1971년의 마약오남용금지법'은 삼 줄기로 만든 섬유나 씨앗까지 금지하진 않았으며, 의료용과 연구용 삼사용을 허용하였으나, 이 모두가 오랫동안 극소수 관변 연구자들에게만 그 라이선스를 발급해온 국무부 측의 라이선스가 있어야만 가능한 것이 되도록 했다. 1993년 EEC 측의 어느 한 규정은 몇몇 삼 농장들에서 THC 함량이 매우 낮은 삼을 라이선스를 받아 재배할 수 있도록 허용한 바 있다. 상당수 의사들은 연구용 합성 카나비노이드를 사용하는 라이선스를 가지고 있음에도 불구하고, 자연 삼을 의료용으로 처방할 수 있도록 하는 특허 삼 제품은 허용되지 않고 있었다. 삼소지 혐의에 대해 처벌을 우톤 보고서 상의 권고수준으로까지 낮추자는 노력이 여러 차례 경주되었으나, 1971년의 법이 여전히 효력을 갖고 있으며, 부분적으로는 그 처벌 수위가 오히려 더 강화되고 말았다.

1971년의 법에서는 정부정책 입안을 지원하기 위하여 상설기구인 마약오남용문제자문위원회(ACMD)를 설립토록 했다. 하지만 이후 역대 영국정부는 ACMD의 삼 관련 정책자문 내용을 무시해왔다. 즉 법정기구인 ACMD는 통상 '삼은 사람에게 의미 있는 해악이 전혀 없으며(하지만 필요한 경우 이에 대한 연구가 더 이루어져야 한다)', 삼 사범에 대한 처벌은 너무 가혹한 것이며 따라서 처벌 수위를 크게 낮춰야 한다고 정책변화를 줄곧 제시해왔던 것이다.

1977년, 『형법』 개정안은 치안판사법원이 삼 소지사범 초범에 대해서는 감옥형을 내리지 말도록 규정하고 있었다. ACMD 측은 원칙적으로 여기에 동의하면서 즉각 그렇게 시행하도록 해야 한다는 입장을 밝혔다. 그러나 광범위한 청문위원회가 설치되었으며 이 청문위원회 측은 보고서를 마무리하는데 18개월이나 소요하였다. 아마도 이것은 '1971년의 마약오남용금지법'에 대해 그저 최소한의 개정에 불과한 것이었으며, 1976년 치안판사법원 측이 삼 소지사범에 6개월 이하에 불과한 감옥형을 내린 사건은 그나마 6명에 불과했었다. 그런데 청문위원회 구성과 운영 및 보고서 작성 과정은 이마저도 구제하지 못하게 가로막은 결과를 초래했던 것이다. 최고 처벌수위를 대체로 우톤 보고서가 제시했던 수준으로까지 실제로 낮추는 것과 같은 약간이나마 적극적인 개정 조치는 모두 회피하고 만 것이다.

마침내 삼 금지정책 50주년(1975년)이 되기 불과 몇 달 전, 일상적인 삼 사범 혐의자들이 모여 준 정당 조직을 설립하기에 이른다. 이는 '삼 합법화 운동 단체'(the Legalise Cannabis Campaign: LCC, 나중에 정당인 '삼 합법화당 LCA'과 연계되어 있다)를 가리킨다. LCC는 단지 처벌수위를 낮추는 것만으로는 삼 금지법이라는 악법에 대해 윤리적 정당성이나 시행의 실효성을 부여해줄 수 없다고 주장하였다. 이들은 삼 금지법이 초래한 해악이라고 입증된 것들이야말로, 법적으로 합법적인 삼이 초래했을 수 있는 입증되지 않은 손해나 피해보다 오히려 훨씬 더 크다고 보았다. 삼소지 및 재배에 대해 가해지는 모든 처벌은 폐지되어야 한다. LCC가 창립된 수년 동안 상당한 대중적 지지와 저명인사들의 동참에도 불구하고 법개정에까지는 성공하지는 못했으며, 지금은 겨우 최소 인력과 자원만을 가지고 투쟁 전선에 임하고 있을 따름이다.

1970년대 전기간을 통하여 세계 각국의 정부 보고서들은 삼의 잠재적 위험이라고 하는 것은 극히 미미하거나 무시해도 좋을 정도라는 점을 밝혀냈다. 금지정책에 목매고 있는 미국조차도 카터대통령 시절 그런 입장이 크게 흔들린 것도 사실이다. 당시 '비범죄화' 정책이 연방 수준에서 매우 진지하게 고려된 바 있으며, 많은 주에서 삼 관련 주법을 진보적으로 개정한 것이다. 그리고 국제적인 차원에서도 유엔단일마약금지조약을 개정해야 한다는 운동이 열화와 같이 시작되었다. 그러나 영국과 미국에서만은 익히 알려져 있는 것처럼 대처정부나 레이건 등 우익 포퓰리스트들이 정권을 잡게 되었으며,

이들은 상식은 물론 자신들 정부 측 전문가들이 제시하는 정책 변화 요청들 마저도 짓밟으면서 이른바 '법질서 수호' 논리를 따라가기에 바빴다.

1979년 중반 무렵 ACMD측은 삼을 C등급으로 낮추며 삼소지 사범에 대한 처벌수위를 낮추자고 제안하였다. 위원들은 원칙적으로 감옥형은 더 이상 삼 사범 초범에게 적용해서는 안 되며, 삼소지 사범에 대해 실제로 2년까지 감옥형을 내릴 수 있도록은 하되 기본적으로는 그냥 즉심에서 처리토록 하고 말아야 한다고 제시했다. 통상 C등급 불법마약 중에는 삼처럼 일상적으로 널리 사용되는 게 없으며, 이것은 삼에만 해당하는 규정이었다. 하지만 이런 ACMD측 제안이 실제로 실현된 것은 아무 것도 없는 것이 되고 말았다. 이는 훨씬 나중 시대인 2002년에 가서야 비로소 실현되기에 이른다.

ACMD 측은 삼사용이 건강에 미치는 영향을 연구하기 위해 '전문가 그룹'을 설치했으며, 그로부터 18개월이 지난 1981년 11월 그 결과를 발표하였다. 영국 정부의 공식 기구인 이 전문가위원회 측은 결론을 뒷받침할 만한 증거가 충분하지는 않지만 삼이 '사람에게 해가 있다는 점을 입증하진 못했으며', 그러나 '어떤 경우 해로운 영향이 있을 수는 있다'고 밝혔다. 결국 이들은 삼 사범 형 선고에 대해 자신들이 5년 전 말했던 바를 그대로 다시 말한 것이 되었다. 그러나 이들은 수만 회에 달하는 기존의 과학적 연구결과들에도 불구하고 여전히 좀더 연구가 필요하다는 입장을 고수하는 모습을 보여주었다.

1986년 이후 삼사용이나 소지를 제외한 거의 모든 삼 사범 유죄평결을 받은 사람들은 엄청난 벌금 혹은 감옥형 외에도 '마약밀거래사범단속법'이라는 명목 아래 민사상으로 자신의 재산이나 돈까지도 몰수당하게 되었다. 재배자나 밀거래자의 불법수익으로 추정되는 소득을 박탈한다는 미국적인 처벌개념은 1988년 불법 밀거래 행위 처벌에 관한 유엔조약을 계기로 하여 세계 거의 모든 국가들에서 은행거래 프라이버시를 무력화시키고 말았다. 금융기관은 세관측이 밀거래에 관련이 있는 것으로 혐의를 둔 고객에 관한 정보를 알려주도록 권고 받거나 흔히는 그렇게 하도록 법적으로 강제를 받고 있는 실정이다. 만일 법원이 불법수익액으로 추산하는 만큼의 재산이나 돈이 적발되지 않을 경우 감옥형 형기가 그 만큼 연장되기도 한다.

1981년 영국에서 새로운 보수당 정부가 들어서서 마약사범 처벌수위를 낮출 생각이 전혀 없으며 삼에 대해 합법화 내지는 비범죄화 할 생각은 더더욱 없다고 밝힌 바 있다. 1997년 노동당 정부가 들어서서 약간의 변화가 생길 때까지도 이런 정부입장은 전혀 변함이 없었다. 삼소지 사범 초범 중 보다 더 큰 비율의 사범들이 이제 훈방조치로 끝나게 되는 것이 현실임에도 불구하고 최고 처벌규정 그 자체는 1994년 오히려 더 강화된 바 있다. 벌금 역시 250%까지 강화되었다. 1994년, 이 해는 영국에서 유죄평결 혹은 훈방조치를 받은 삼 사범이 7만 2천 명 이상에 달하였다.

삼 금지법이 통과되어 지금까지도 이 삼 금지 제도가 효력을 발휘하고 있는 이유는 첫째 정부의 무관심, 둘째 인종차별주의, 셋째 한 줌도 안 되는 극소수 직업적인 마약퇴치운동가들의 아무 짝에도 쓸모없는 광적인 주장 등등에 있다. 온갖 증거들에도 불구하고 고의적으로 과학적 무지 및 사회학적 무지를 애써 고수해오고 있는 경우가 다반사인 실정이다. 정부정책은 모든 불법마약의 공급과 수요 둘 다 줄이는데 그 목표를 두고 있다.

하지만 이런 정책은 애처롭게도 실패만을 거듭하고 있는 실정이며, 오히려 수십 만 명에 달하는 영국 국민들에게 엄청난 피해를 입히고 있을 따름이다. 즉 1994년까지 50년 동안 영국에서 단속된 삼 사범은 총 65만 명 이상에 달하며 이중 80% 이상이 단지 단순한 삼소지 사범에 불과하였다. '1971년의 마약오남용금지법'(The 1971 Misuse of Drugs Act: MDA)은 1973년 4월부터 발효되었다. 아래 표와 그림에서 볼 수 있는 것처럼 당시 외형상 단기적으로 삼 사범이 감소한 것으로 되어있는데, 이것은 부분적으로 통계상의 변화 때문이었으며, 이후 엄청난 증가추세로 반전되어 지금까지 계속되어오고 있는 실정이다. 그리고 1993년 영국 범죄서베이조사(BCS)에 따르면 삼을 포함하여 전체 마약사용자는 4백만 명 정도인 것으로 나타났지만, 실제 단속된 인원은 2%도 채 안되는 7만 명 선에 불과했으며, 이중 7만 1천 명 정도만 감옥형을 받았으며 나머지는 모두 훈방조치 되었다.

〈표 1〉 영국의 삼 사범 통계 1945~94

연 도	사범수	연 도	사범수
1945	4	1971	9,219
1946	11	1972	12,611
1947	46	1973	14,119
1948	51	1973	11,111
1949	61	1974	9,517
1950	86	1975	8,987
1951	132	1976	9,946
1952	98	1977	10,607
1953	88	1978	11,572
1954	144	1979	12,409
1955	115	1980	14,910
1956	103	1981	15,388
1957	51	1982	17,410
1958	99	1983	20,066
1959	185	1984	20,746
1960	235	1985	21,337
1961	288	1986	19,286
1962	588	1987	21,733
1963	663	1988	26,111
1964	554	1989	33,669
1965	626	1990	40,194
1966	1,119	1991	42,209
1967	2,393	1992	41,353
1968	3,071	1993	56,417
1969	4,683	1994	72,392
1970	7,520		

출처: http://www.idmu.co.uk/historical.htm
(1999년까지의 통계는 www.idmu.co.uk/pdfs/cannotes.pdf 참조)

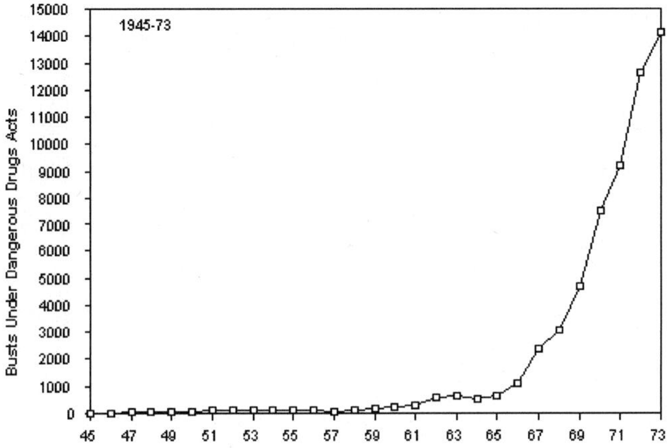

〈그림 1〉 1973년 4월 이전 '위험마약금지법' 에 따른 삼 사범 단속인원수

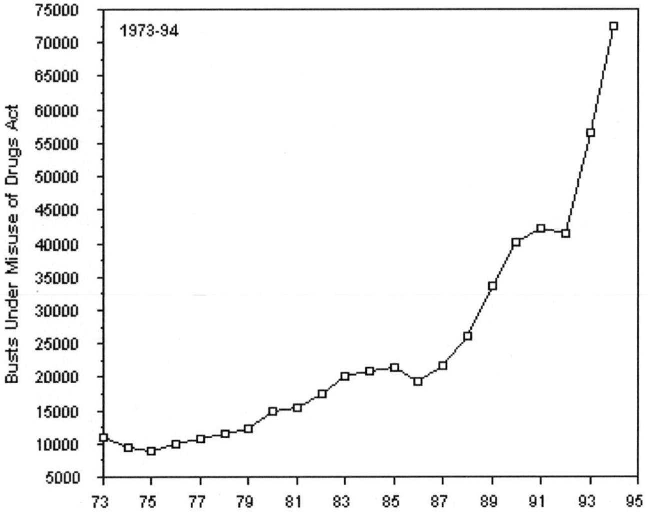

〈그림 2〉 1973년 4월 이후 '마약오남용금지법' 에 따른 삼 사범 단속인원수

4. 대영제국시대 삼의 사회정치사(자료)

1890년대 인도삼약물위원회(Indian Hemp Drugs Commission: IHDC) 보고서가 작성되어 인도 식민지정부 측으로부터 영국 본국에 당도했을 당시, 영국정부와 영국시민들은 이에 대해 완전히 무관심한 상태였다. 당시 영국 정치권도 이에 대해서는 일체 논의하지 않았다. 인도삼약물위원회 보고서는 영국에 당도하자마자 망각의 늪에 빠져버렸으며, 일체 공개되지도 않았다. 요컨대 당시 "인도삼 즉 가니아는 해롭지 않다고 평가된다"는 뉴스와 소식은 삼 제품으로 의료상 도움을 받고 있던 삼사용자 절대다수에게 아무런 관심대상도 주목대상도 되지 않았던 것이다. 그리고 당시 대부분 예술가이던 비의료 목적의 삼사용자들 역시 미미한 해로움 정도는 전혀 괘념치 않았던 것이다. 당시 마약금지론자들의 정서 역시도 국제적으로는 인도와 중국 사이의 아편무역 문제에, 그리고 영국 국내적으로는 술이라는 마약에만 온통 관심이 집중되어 있었을 따름이며, 삼에 대해서는 전혀 신경조차 쓰지 않고 있었다. 이렇게 영국의 삼사용은 당시 전혀 신경 쓰지 않아도 되는 극히 사소한 수준에 불과했으며 영국 본국의 정부 당국 역시 인도삼약물위원회 보고서를 받고도 이후 30년여 동안 삼 규제법안을 전혀 만들려는 생각조차도 하지 않았던 것이다.

이 글은 숀 블랜차드와 매튜 아타(Sean Blanchard & Matthew J.Atha)가 쓴 "인도삼과 근대영국의 마약쟁이들: 삼의 사회정치사와 영국제국 1840~1928"(Indian Hemp and the Dope Feinds of Old England: A sociopolitical history of cannabis and the British Empire 1840~1928)이라는 글을 중심으로, 영국에서 삼이 사회정치적 차원에서 어떻게 인식되었으며 법적으로 어떤 제약을 받게 되는가에 대해 역사적으로 살펴보고자 한다. 원래 블랜차드와 아타의 이 글은 'Centennial Thoughts on Indian Hemp & the Dope Fiends of Old England'라는 제목으로 『인도삼약물위원회 보고서』

(*Indian Hemp Drugs Commission Report*, Tod H. Mikuriya, M.D.(ed), Last Gasp of San Francisco, 1994)라는 책에 수록되어 있으며, 『인도삼약물위원회 보고서』의 해제 형식으로 쓴 글이다. 이 글은 웹페이지(www.idmu.co.uk/indian.htm#From)에서도 볼 수 있다.

'인도삼약물위원회'보고서를 수중에 가지고 있으면서도, 이 보고서를 입수한 지 수십 년 후인 1925년에 가서야 비로소 삼 금지법이 발의되었을 때에도 영국 정부 측은 매우 귀중한 증거자료인 이 보고서가 있다는 사실조차 전혀 모르고 있었으며, 이에 대해 아무런 주의조차도 기울이지 않았다. 인도의 경우, 인도삼약물위원회 보고서에서 여러 권고방안들 중의 하나로 제시된 금지조치보다는 오히려 다른 권고방안으로 제시된 조세부과를 통한 통제방식을 조용하게 시행에 들어갔으며 각 주별로 삼 관련법들에 대해 통일성을 기하며 세율 등을 조정하여 통일시켜나갔다. 1895년 3월 인도정부는 이 보고서를 검토한 후 삼 관련 각종 결의안과 해결책을 통과시켰다. 이에 따르면 과거 20년 동안 인도정부의 삼 정책은 "적정한 조세부과를 통해 삼의 적정한 사용 수준을 유지하며 재정수입을 개선할 수 있었다"고 지적했다. 이때 "세율은 불법 사용을 유발하지 않도록 적정수준을 유지했으며" 그렇게 한 이유는 "삼 약물 소비를 제한하는 가장 좋은 방식은 그 약물에 대해 세금을 매기는데 있다"고 보았기 때문이라고 밝혔다. 결국 "인도 총독은 결코 흔들림 없이 이런 조세부과 정책을 견지해나가기로 결정했다"고 한다.[1)]

반면 영국에서는 그와 같은 규정을 적용토록 하자는 어떠한 제안도 나온 바 없으며 실제로 그렇게 작동하지도 않았다. 인도 총독인 랜즈다운경(Lord Landsdowne)은 영국 정부로부터 임명을 받았다. 영국 정부가 인도총독에게 그와 같은 보고서를 작성하도록 용역을 수행하도록 지시하였을 때 총독은 이를 받아들였으며, 보고서가 작성된 이후 총독은 이를 항목별로 수

1) Resolution 1369, Finance and Commerce Dept (Separate Revenue), Government of India, 21/3/1895. p.23.

용했거나 아니면 거부했고, 필요한 경우 해당 규정들을 새로 만들어 통과시켰으며, 영국 본국에 대해서는 자신이 인도에서 해온 바를 이 보고서를 통해 그대로 빠짐없이 모두 보고했던 것이다. 총독은 "인도 국민들이 자기 분수를 지키도록 하며", 영국에 대해서는 무역이 잘 이루어지도록 하고, 영국 본국 정부 일에 대해서는 간섭하거나 어떠한 자문을 하지 않도록 하는 것이 자신의 임무였던 것이다.

1) '엄마들의 벗'인 약물에서 아편전쟁으로

삼은 19세기 영국과는 실질적으로는 거의 무관한 존재였다. 당시 약물은 아편이었다. 아편은 영국 국민들이 자유롭게 이용하고 있었으며 하도 대중적이다 보니 영국정부 측은 이를 금지하는 중국이 아편무역을 분쇄시키지 못하게 막기 위해 전쟁까지 해야 할 정도였다. 아편은 1990년대에도 대중국 관계사에서 다시 한번 더 역사의 전면에 나오게 되었다. 즉 영국은 중국과 아편전쟁에서 승리하면서 조차에 성공했던 바 있는 영토인 홍콩을 조차기간 150년이 만료된 1997년 되돌려주어야 했던 것이다.

토마스 드 퀸시는 자신이 쓴『한 영국인 아편쟁이의 고백록』에서 "쾌락 혹은 고통을 위해 기적과 같은 아편제"에 대해 최초로 대중적이며 인기 있는 작품을 썼다. 그는 이 약물의 환각효과에 대해 최초로 매혹적인 힘을 간파하여 소개한 인물로 알려져 있다. 하지만 당시 대다수 사람들에게 아편은 20세기의 아스피린이나 발륨처럼 매우 친근한 친구거나 필수 의약품이었을 따름이다. 고드프리의 강심제 혹은 약제사가 집에서 빚은 인기 있는 특허의 약품 등은 엄마들이 어린이들 경기를 멈추게 하는데 쓰였으며, 집집마다 아편팅크제가 없는 집들이 없을 정도였다. 아편이 콜레라 전염병 치료에 최초로 쓰인 것은 19세기 초였으며, 이후에도 계속해서 위생환경이 불비한 당시에 흔히 발생하던 설사와 온갖 질병들 치료에도 함께 쓰였다. 당시 진통제

효과가 있는 아편제가 십분 활용된 것은 크림전쟁 때였다. 한 병에 1페니에 불과하던 콜리스 브라운의 혼합제인 아편팅크제 혹은 아편으로 만든 다른 여러 의약품들이야말로 가난한 보통사람들이 당시 디킨스 시대의 험난한 영국 현실을 이겨내는데 크게 그리고 널리 활용된 것은 확실한 사실이었다. 영국정부 측 입장에서 본다면, 가난한 민중들이 길거리로 뛰쳐나와 소요사태를 일으키게 방치하기보다는 약을 써서 편안한 혼미상태에 빠지도록 하는 쪽을 훨씬 더 선호했을 것이라는 점을 의심할 여지는 전혀 없다.

당시 인도는 영국 국내시장에 아편을 공급하는 주요 국가는 아니었다. 영국 국내시장용 아편의 대부분은 터키와 페르시아(이란) 산이었으며, 이유는 이들 나라의 아편이 전반적으로 품질이 더 우수했으며, 나폴레옹전쟁 이후시대에 이들 나라와 영국간 무역이 번성했기 때문이다. 특히 볼타 리몬조약(1838년) 이후시기에는 더욱 그러했으며, 이는 이 조약이 오토만제국에 대해 무역 차원의 "최혜국" 대우를 해주도록 했기 때문이다.[2] 그러나 인도산 아편은 인도를 통치하는 영국정부에 대해 19세기 후반 전세계 최대의 약물거래 신디케이트 국가가 되게끔 해준 바로 그 장본인 국가가 되게 만들었다.

아편과 차는 영국의 동인도회사에게 대들보와 같은 품목이었으며 동인도회사는 벵골주에서 생산된 아편에 대해 독점권을 가지고 있었다. 1772년 동인도회사 사장이던 워렌 해스팅스는 인도산 아편을 중국에 수출함으로써 외부로부터 막대한 수익을 올릴 수 있다는 사실을 알게 되었다. 중국에서 아편은 수백 년 전부터 잘 알려져 있었지만 1729년 황제포고령에 의하여 수입이 금지되었다. 중국의 모든 대외무역은 광동항에 집중되었으며 아편은 영국 상선에서 합법적으로 위탁 판매되는 형태로 밀거래 되었고 부패한 중국관리들을 경유하여 불법 시장으로 팔려나갔다. 다른 상인들은 육로를 통해 아편을 중국에 밀수출했으며 중국의 아편소비는 사회 전계층에게 퍼져나갔고 심지어는 황제 개인 수행원들에게까지 퍼져나갔다. 대중국 아편수출량은

2) T.M. Parssinen, *Secret Passions, Secret Remedies-Narcotic Drugs in British Society, 1820~1930*. Manchester University Press 1980.

1820년 1만 상자에서 1840년 4만 상자로 급증했다. 1836년 광동항의 슈 내치(Hsu Nai-chi)라는 한 중국 관리는 금지정책의 실패상들을 직접 목격하고 황제에게 아편무역의 합법화를 청원하였다. "아편 금지령이 엄하면 엄할수록 그 나쁜 아편은 더욱 더 널리 널리 퍼져나가기 때문"이라는 것이다. 하지만 그는 즉각 해직되었으며 린 쩌슈(Lin Tse-hsu)라는 "마약과의 전쟁"에 대한 투철한 의식으로 무장된 인물이 대신 임명되었다.

린은 영국 상인들에 대해 차 무역조차 금지 당할 수 있다고 위협을 가함으로써 아편무역을 일소하려는 단호한 자세를 취했으며, 1839년 영국 상인들에게 압력을 가하여 2만 상자에 달하는 마약을 포기하고 양도하도록 했다. 영국의 찰스 엘리오트 사령관은 모든 영국 상선들을 광동항 어귀에서 철수하도록 지시하면서, 차 무역을 미국상선에 옮겨 싣도록 명령함으로써 중국의 조치에 보복을 가하였다. 미국상선은 홍콩으로 화물을 실어 날라야 하는 불편을 겪긴 하였지만, 그렇다고 해서 이것이 차 무역 그 자체가 불가능한 장애물인 것은 전혀 아니었다. 밀수업자들은 광동항을 이용하는 대신 해안가를 오르내리는 소형선박들을 통해 아편밀수를 계속했으며 이 소형선박은 세관추적선박을 피하기에 충분한 속력을 갖추고 있었다. 그 사이에 엘리오트 사령관은 해군증기선으로 이루어진 원정군 출동을 명령하였으며 이는 1840년 현지에 당도하여 직접 북경 중앙정부에 대해 압력을 가했다. 중국의 항복으로 린은 해직되었으며 아편무역은 아무런 방해를 받지 않은 채 재개되었고 제1차 아편전쟁은 1842년 끝났다. 영국 국내적으로 팔머스톤 총리는 이 전쟁을 중국 측에 대해 자유무역을 받아들이도록 압력을 가하기 위한 것이라고 설명하였다. 하지만 실제 현실에 있어서는 이 자유무역에 직접 연루된 유일한 제품은 아편이었으며 영국 식민지인 인도정부에 대해 그 중요성이 매우 커진 아편조세 수입 문제가 그 동기였다.[3)]

영국의 야당인 보수당은 당시 팔머스톤의 해명을 납득하지 않았으며

---

3) B. Inglis, *The Forbidden Game*, London Hodder & Stoughton, 1975.

1840년 하원 토론회에서 아편무역에 반대했다. 1841년 정권을 획득했을 무렵 이번에는 보수당의 입장이 변화하게 되었으며 아편무역은 오히려 팽창일로로 치달았다. 영국은 중국정부에 대해 영국 상선은 일체 수색해서는 안 된다고 경고하였다. 중국정부는 새로이 마약을 금지한다는 칙령을 내렸지만 난징조약에 따라 아편무역을 중단하여 금지시킬 만한 힘이 없었다. 난징조약은 영국에 홍콩을 할양하며 이후 계속적인 아편 공급의 교두보가 되었다. 중국에서 반영(反英) 분위기와 정서가 점증하자 1856년 중국은 영국정부에 대해 중국 범죄자들로 이루어진 선원들을 태우고 광동항에 정박 중인 애로우호를 나포함으로써 전쟁의 빌미를 제공하였다. 팔머스톤은 애로우호의 등록이 취소되어 법적으로는 중국의 조치에 정당성을 제공하였다는 사실을 무시하였다. 당시 팔머스톤은 정부여당이 야당의 전쟁 비난 결의안에 패배하여 어쩔 수 없이 총선을 치러 여당으로 복귀한 자유당 소속 총리였으며 애국심의 열기에 힘입어 총선에서 승리하였다.

이때 엘진 경이 원정군으로 급파되었으며 이들은 북경의 여름 궁궐을 불태워버리고 황제를 압박하면서 조약준수를 강요하였다. 제2차 아편전쟁의 결과로서 중요한 것은 중국이 아편무역을 합법화하도록 강요당했으며, 중국은 영국정부가 수용할 만한 수준의 세율만을 아편제품에 부과토록 허용 받았을 따름이라는 점이다. 아편소비량은 1860년 6만 상자에서 1880년 10만 5천 상자로 급증했다. 아편무역은 영국령 인도정부에 대해 총 재정수입의 절반을 넘는 조세수입을 올려주었으며, 이는 모든 공직자와 군대 재정을 충당하고도 남는 액수였다. 이런 분위기 속에서 흔히 그런 것처럼 재정상의 편의성이야말로 마약거래를 금지해야 한다는 점증하는 윤리적 주장들을 압도해버리고 말았던 것이다.

아편무역을 중단하라는 영국 국민들 압력이 증대되자 그리고 이에 따른 의회 측의 요구가 있게 되자 영국정부는 아편 생산과 소비에 대한 왕립조사위원회를 구성하였으나 이 기구는 충분한 조사를 마친 후 여러 정책대안들 중 하나로서 아편금지정책을 심의하였을 따름이었다. 바로 이런 분위기와 여러 가지 조치들이 취해지는 가운데 그 일환으로 '인도삼약물위원회'라고 하는 것도 설치되기에 이르렀던 것이다. 인도총독이던 랜즈다운 경은 아편무역사업에 장애가 되는 어떠한 조치들에 대해서도 반대하였다. 글래드스톤 총리는 마약에 대해서는 반대하는 입장 이상으로 훨씬 더 아편무역을 지지하였다. 이들은 왕립아편조사위원회라는 기구가 '인도공무원부' 부처 출신의 실용주의자, 경제적으로 좀더 유식한 폐지론자 등으로 채워지게 했으며, 대부분의 조사를 돈 문제에 집중할 수 있도록 보장하였다. 이 위원회 제1차 회의는 1893년 9월 개최되었으며, 1894년 2월까지 2천 5백 명에 달하는 진술인의 진술내용을 들었다.

1895년 위원회 보고서가 발표되었을 때 아편은 "아편은 일반적으로 적정하게 사용되고 있으며 명백히 드러나는 잘못된 부작용은 나타나지 않았다"고 밝히는 내용이었다. 심지어 상당수 아편금지주의자 중진위원들조차도 이 보고서 내용을 양해하였다. 마약에 대해 매우 우호적이던 인도 측 진술자들과는 대조적으로 중국선교사들은 아편의 악폐에 대해 압도적으로 비판적인 입장을 취했다고 하는 사실조차도, 인도에서 마약은 통상 구강을 통해 먹거나 마시는 형태로 되어 있는 반면, 중국에서 마약은 통상 흡연 형태로 이루어진다는[4] 핑계로 억압당하고 말았다. 유일한 반대편은 조셉 로운트리에 불과하였다. 해당 왕립조사위원회 위원이던 그는 나중에 동 위원회 보고서가 여론 진정용 속임수에 불과하다고 비난하였다. 이 무렵 다시 총선이 진행되고 있었다. 보수당 정부에서 금지정책의 시행은 기대난망이었으며, 1905년까지 자유당 정부는 정권을 잡을 기회가 없을 것으로 보였다.[5] 여론과는 반대로 영국정부 측은 아편무역을 계속하겠다는 의지를 다졌다. 영국 국내정치에서 이루어진 이런 치열한 아편 논쟁과 비교해보면 영국에서 인도삼 문제는 지극히 사소한 문제에 불과했던 것이다.

---

4) B. Inglis, *The Forbidden Game*, London Hodder & Stoughton, 1975.

5) *Report of the Royal Commission on Opium*. Parliamentary papers 1895.

2) "가니아 흡연자로 가득 찬 정신병원"

당시 영국에서 삼 문제는 아편 무역과 사업 반대를 위한 오랜 입법투쟁의 온갖 충돌과정에서 단지 우발적인 이슈로 이따금 불거져 나왔을 따름이다. 1840년 초 아편을 지지하는 은행가인 윌리엄 빙햄 바링 하원의원은 의회에서 만일 아편무역이 금지되면 아편 사용자들이 "아편보다 신체건강과 힘에 있어서 막대하게 더 해로운" 약물에 눈을 돌리게 될 위험이 생길 것이라고 지적했다. 정파를 초월하여 똑같이 자유무역주의를 지지하는 가문 출신의 10명의 하원의원 중의 한 사람이던 바링 의원은 특별히 "양귀비 사용보다 모든 면에서 더 해로우며 특정 계절에 매우 쉽게 수확되는 삼 식물"에 대해 우려를 표명했다.[6] 이는 정부 측의 공식적이거나 비공식적인 격려와 지지 분위기 속에서 번영을 구가하던 수지가 많이 남는 아편무역을 정당화하기 위한 또 하나의 논리이자 핑계거리에 불과했다. 그러나 이런 자세는 점차 바뀌어나갔다. 과거 1875년, 마크 스튜어트 의원은 인도 총독에게 "점진적으로 아편무역을 중단토록 한다는 관점에서" 아편무역에 대해 조사하도록 지시하자는 방안을 발의한 바 있으며 당시에는 37표차로 부결된 바 있었다. 유사한 요구들이 거의 매번 제기되었으며, 그 후 20년 동안 아편무역 금지론이 제기될 때마다 부결되고 말았던 것이다. 1891년 4월, '아편무역금지추진협의회'(the Society for Suppression of the Opium Trade: SSOT) 대변인은 아편을 통한 영국 정부 재정수입은 "윤리적으로 도저히 변명의 여지가 없다"는 결의안에 대해 30표차로 다수를 확보하기에 이르렀다.

1891년 9월 16일 스튜어트 의원은 가니아에 대해 3개의 질의를 하였다.[7] "첫째, 영국령 인도 담당 장관은 5월 10일 아편과 매우 똑같은 방식으로 재배하여 팔리며 세금을 거두는 가니아가 훨씬 더 해로우며, '벵골주 정신병원에 가니아 흡연자로 꽉 차있다'라고 되어 있는 한 보고서를 본 적이 있습니까?

6) B. Inglis, *The Forbidden Game,* London Hodder & Stoughton, 1975.

7) Hansard, Parliamentary Questions, 2/3/1893.

둘째, 장관은 가니아가 버마 서해안 지역에서 불법화되었으며 세관보고서는 이 조치가 '주민들에게 엄청난 이득'이 되었다는 점을 알고 있습니까?

셋째, 장관은 인도총독에게 그와 같은 금지조치를 다른 주들에 대해서도 확대 시행하는 것이 바람직하다는 사실에 대해 주의를 환기시키도록 할 용의가 있습니까?"

이에 대해 '그렇습니다' 일색인 답변이 있었으며 "소비를 제한하기 위해 추가적인 조치들이 취해져야 하는가 여부에 대해서도 연구 검토할 것"이라는 답변도 있었다. 1892년 8월 7일 이 연구검토는 상당히 길게 추가 답변이 이루어진 바 있다. 총독 관청 측은 런던 영국정부 측에 대해 1871~73년 기간 동안 전반적인 문제가 논의되었다고 밝혔다. 영국령 인도 중앙정부는 인도 각 주정부들로부터 174건에 달하는 과거의 해당문건들을 급히 전달받았으며, 이는 다시 영국의 런던으로 보내게 되었다. 이를 검토한 인도 총독은 다음과 같은 의견을 붙였다. "가니아는 인도에서 일상적으로 사용하는 도취제 중에서 가장 유해한 것에 속할지는 모릅니다. 그러나 극도로 강력한 금지조치가 취해진다 할지라도 결과는 더욱 더 유해한 약물, 예컨대 다투라(흰독말풀, datura) 사용으로 번져나가는 것으로 나타날 수밖에 없을 것입니다. 금지정책의 집행이 불가능하다는 점을 차치하고라도, 소비를 제한하도록 하는 것이야말로 인도정부의 소임이며, 1873년 확립한 정책을 유지하는 것 이상의 새로운 다른 조치를 취하는 것은 전혀 불필요합니다." 이 문건들은 런던에 도착하였으나 전혀 읽혀지지 않은 채 뇌리에서 사라져버리고 말았다. 그 이유는 당시 영국에서는 총선이 진행되고 있었기 때문이라고 보는 게 온당할 것이다.

1873년 문건들에 나타난 영국 식민지 행정당국의 실용주의 입장은 '인도 삼약물위원회' 보고서에서도 매우 유사한 어투로 되풀이되고 있음을 보여주고 있다. 당시 인도 총독은 가니아 사용을 제한하는 노력은 해야 하겠지만 전반적으로 아예 금지시키는 것은 아예 불가능한 노릇이라고 지적하였다. 그 이유에 대해 특히 상당수 계층에 퍼져있는 종교적 정서에 기인하며, 인도에서 삼 식물은 많은 지역에서 아무렇게나 야생으로 잘 자라고 있기 때문이라고 밝히고 있다. 따라서 아예 시행조차 못할 것을 명령하는 것은 심히 부당한 일이 될 수밖에 없다고 지적했다. "인도 총독 입장에서 보았을 때 삼이 특별히 다른 약물이나 술에 비해 범죄를 더 유발한다는 점을 입증하지는 못하고 있습니다." 그리고 "보통은 꽤 유해하다"고 여겨지는 삼이 의료용으로 매우 유용하게 사용되고 있다는 증거도 상당히 많은 실정이었다. 삼을 상습적으로 사용하면 정신이상을 유발할 가능성이 없지 않긴 하지만 정신이상자 중 절대다수는 삼과는 상관없다는 점 역시 의심의 여지가 전혀 없다고 밝혔다.[8] "인도 총독의 전반적인 의견은 삼의 나쁜 점들이라고 일컬어지는 것들이 실상은 너무 과대포장된 것에 불과하고 보는 것입니다."

각 주정부들이 보내온 문건들은 훨씬 더 솔직하게 되어 있다. 편잡주 총독 대리는 현실적 측면을 거론하면서 만일 삼사용을 제한하려 한다면 삼이 범죄와 직접 관련성이 있다는 증거가 있어야 한다며 이를 반대하는 문건을 작성하여 보내왔다. 당시 영국령 인도정부의 공무원, 경찰, 보건관계자 등은 세부사항에 대해서는 견해를 달리 했으나, 다음과 같은 점에 대해서는 견해를 같이 한다고 밝혔다. "주민들이 삼이나 아편 조제약 사용을 금지 당하게 된다면 십중팔구 이들은 남용하면 삼이나 아편보다 훨씬 더 엄청난 범죄가 유발될 수밖에 없는 술과 같은 다른 각성제에 의존하게 될 것입니다. 가니아에서 기인하는 범죄는 폭력범죄든 아니든 지극히 미미한 수준에 불과한 것으로 되어 있습니다. 따라서 만일 가니아가 이렇게 범죄에 대해 아무런 영향도 미치지 않으며 기껏해야 가니아를 사용하는 사람 자신에게만 해롭다는 정도에 불과하다고 하면, 정부가 아편 독점권을 가지고 있는 국가에서 과연 삼(=가니아)을 어떤 방식으로 제한토록 할 수 있는가 짐작하기는 지극히 곤란한 일입니다. 아편은 과량으로 사용하게 되면 그 결과는 삼 못지않게 해롭습니다."

---

8) Resolution 3773, Finance and Commerce Dept, Government of India, 17/12/1873.

마이소레, 하이데레바드, 우드, 버마 등지의 지방정부들은 삼 약물은 해당 지역에서 거의 쓰이지 않기 때문에 삼과 정신이상이나 범죄간 상관관계에 대한 신빙성 있는 의학적 보고가 없는 실정이긴 하지만, 당시 상황에서 한 걸음 더 나아가 금지조치를 취하는 것은 전혀 불필요하다고 지적했다. 중부 지역 주정부들은 많은 자료들을 보내면서도 의견은 전혀 달지 않았다. 삼이 나는 주산지인 북서부 주정부(나중에 파키스탄이 됨) 측은, 마치 그렇다고 하는 확실한 컨센서스가 있기라고 하는 것처럼 상황이 매우 안 좋은 지역의 경우조차도, 삼으로 인해 범죄가 발생한다는 증거는 혼동에 불과한 것이라고 지적했다. 삼 생산을 중단하기는 거의 불가능에 가까우며 따라서 소비를 제한하거나 중지하도록 정책을 펼치라고 권고할 수 없다고 밝혔다. 봄베이, 마드라스, 벵골 등지의 주정부는 이미 시행되고 있는 제약과 과세조치가 유지되어야 한다고 지적했다. 주정부들은 모두 과도한 삼사용이 신체적으로 해로우며 아마도 정신적으로 영향을 입힐 수 있는 측면이 없지 않다는 점을 인정은 하였지만, 그렇게 해악을 입은 사용자들은 극소수에 불과하다고 지적했다. 벵골 주정부 측은 가장 많은 데이터 자료를 전달해왔다. 해당 지역에서 특별히 인기가 많은 가니아 품종이 다른 삼보다 더 유해한지 여부에 대해 답변을 요청받은 것과 관련하여, 각 주정부 측은 『이코노믹 프러덕츠』(*Economic Products*) 지의 인도특파원인 의사 와트 박사가 기록한 모든 삼 제품들에 대한 재배, 사용, 이윤폭 등에 대한 장문의 보고서를 제출하기에 이르렀다. 이에 따르면, 각 주의 특산 제품들은 단순한 순도보다는 삼 나무 품질과 전통적 생산기술 등의 요인 때문에 인기가 있었던 것이다. 각각의 삼 제품 샘플들에 대한 "삼수지 추출물이나 카나빈" 분석표에 따르면 1.4%(북서부 주 지역)에서 12%(마드라스 지역)에 이르기까지 매우 다양했으며 통상적으로는 4% 대였다.[9] 이런 삼의 모든 합법적 거래는 인도 내부에서 이루어지고 있었다. 벵골주의 경우 1860년대 이후 가니아

9) In full IHDC report. India (Ganja) 97 in House of Commons papers 1893~4 LXVI.79.

상점에 대한 세금수입 및 정부 측 경매에 대한 세금 수입이 연평균 1백만 루피에 달했으며, 이는 오늘날 화폐가치로 환산하면 약 1십만 파운드(한화 약 2억원)에 달한다.

이 문건들이 작성된 지 20년 만에 산더미 같은 서류뭉치에서 추려져 나와 보고서 형태로 영국 본국으로 보낸 1892년 8월은 총선이 진행 중이던 시기였다. 보수당은 정권을 상실했으며, 자유당 정부가 들어섰다. 약물통제는 자유당이 내건 공약에서는 그리 우선적인 정책사항이 아니었다. 그러나 신임 국무부장관, 외무부장관, 영국령 인도담당부장관 등은 모두 저명한 아편 반대론자들이었으며, 총리도 과거 아편 반대론을 주장하던 인물이었다. 이제 금지론자들은 자신들이 어떤 형태로든 아편통제정책에 합의할 수 있게 되었다. 물론 이 아편통제정책은 자유당의 핵심 강령인 자유무역정책에 배치되지 않는 한도 내에서라야 했다. 하지만 이렇게 자신들 입장을 관철할 수 있게 되었다고 생각하면서도, 이들은 내부적으로 분열하여 서로 싸우기 시작했다.

3) 아편, 범죄로 규정하자!

알렉산더 우드가 피하주사기를 최초 개발하기 전까지 아편에 대한 커다란 우려사항은 중독(addict) 문제가 아닌, 독성(poisoning) 위험에 대해서 제기되었다. 의존위험 문제가 의학계의 커다란 우려를 자아내게 된 것은 1860년 이후에 가서야 발생했을 따름이다. 확실한 것은 주민들이 약물에 습관이 되어 있었다는 점이지만 약물 중독의 스테레오타입은 그 당시 영국에서는 아직 받아들여지질 않고 있었다는 점이다. 당시 심지어 30년 동안 모르핀을 사용한 약제사 아내가 자신의 경험을 전혀 아무런 수치심도 없이 사실로서 서술하면서 가장 큰 우려는 다른 데 있는 게 아니라 약물로 인해 단지 체중이 는다는 느낌이라고 말한 사례에서 볼 수 있는 것처럼, 누구든지 자신의 기호나 습관에 대해 글을 남겨 놓고 있다. 200년여 전 토마스 사이데남은 의존증에 대해 기록해놓은 바 있긴 하지만, 절대 다수 의사들은 의존증의 위험성에 대해 그다지 신경조차 쓰지 않았다. 1860년 이후 의존증에 대한 보고가 증가되었으며, 1870년 『개업의사』(*The Practitioner*) 지에 아편에 대한 자유로운 접근을 허용하는 게 과연 현명한 일인가에 대한 논쟁을 게재한 연재기사에서 그 절정을 이루었다. 1878년 독일의 에드워드 리빙스타인은 아편이 사용자의 성격에 대해 미치는 영향에 대한 "윤리적" 논쟁을 최초로 시작하였으며, 그는 중독자 치료방법으로서 최초로 절제 방식을 진작시킨 사람이 되었다.[10]

1840년대 이후 여러 개의 아편 반대 단체들이 활동하였다. 모두 조그맣고 대부분 무일푼이었다. 이들 단체 회원들은 서로 중복되었으나, 아편반대운동 단체 회장들은 그마저도 제대로 이끌어가질 못했다. 이중 어느 단체들도 대중의 지지를 얻으려 하진 않았다. 아편무역을 반대하기 위해 출현한 최초의 단체는 '버밍햄 퀘이커교도 모임'(the Birmingham Quakers)이었다. 1869년 샤프츠베리경은 인도정부 측에 대해 아편무역 독점권을 철회하라고 촉구했다. 1884년경 노만 커 경이 설립한 '음주벽 치료연구협회'(the Society for the Study and Cure of Inebriety) 측은 "무절제에 따른 위험에 대해 전문가와 일반 국민들을 교육"하는 것을 목표로 했다. 당시 절제운동의 주 타깃은 술이었으며, 반면 다른 외국산 약물들에 대해서는 존경받는 영국인에 대해 그다지 위협이 되진 않는 것으로 받아들였다. 외국산 약물들은 노련한 영국신사들에게는 위협이 될 것으로는 보지 않았으며, 중국인이나 다른 나라 사람들의 습관화는 일종의 '추잡한 외래 기호'일 따름이며 그들 자신을 위해서도 그런 기호를 단절해야 하는 것이라고 보았다. 노만 커 경은 십자군과 같은 열정으로 아편의 위험성을 날카롭게 인식하고 아편 사용에 대해 격렬하게 매도했으며, 상당수 사람들에 대해 도대체 아편 사용을 적정량으로 제한할 수 있을 것이라는 점에 대해 추호도 인정하지 않았다. 1874년 설

10) T.M. Parssinen, *Secret Passions, Secret Remedies-Narcotic Drugs in British Society, 1820~1930.* Manchester University Press 1980.

립된 '아편무역금지협의회'(the Society for Suppression of the Opium Trade: SSOT)는 아편반대운동 단체로서는 가장 잘 알려있는 단체가 되긴 했지만, 항상 한 가문으로부터만 자금 지원을 받으면서 기사작위가 있는 퀘이커교도 기업인의 영향력 하에 놓여 있는 엘리트주의 운동단체에 불과하였다. 이 단체의 가장 나은 논리는 경제적 이해관계와 인도주의를 결합시킨 것이었으며, 아편 외에 중국에 대한 수출품목들이 아편무역으로 인한 부패상 때문에 타격을 입었다고 주장하였다. 1860~80년 기간 동안 대중국 무역은 정체상태를 면치 못한 반면, 대일본 무역은 3배나 급증했다. SSOT 측은 인도와 중국간 아편무역의 종식 및 돈을 더 잘 벌 수 있는 대안마련을 위한 조사의 착수를 신청하였다. 이들은 다른 로비스트들과 이 제안을 합의 성사시키는데 너무 오랜 시간을 허비해야 했으나, 영국 정부 측에 압박을 가하여 마침내 1893년 '왕립아편조사위원회' 구성과 운영에 착수하도록 만드는데 가까스로 성공할 수 있었다.[11]

그러다가 1893년 2월, 윌리엄 카인 의원(브랏포드 이스트 선거구)이 그보다 1년 전에 수집된 가니아 관련 문건들을 하원도서관에서 가지고 들어와서 의제로 꺼내들었다. 같은 해 3월 2일 카인 의원은 인도담당부 차관에게 다음과 같은 공개질의를 하기에 이른다. "벵골주의 모든 삼의 재배와 삼 제품 무역, 삼 소비가 전체사회 및 주민들의 윤리적 측면 등에 미치는 영향, 삼의 재배와 판매를 금지하는 것이 바람직한 것인지 여부 등등에 대한 조사 및 보고를 위해 전문가위원회를 설치하도록 인도정부에 훈령을 내릴 용의가 있습니까?" 카인 의원은 벵골주 외의 다른 모든 주에 대해서도 삼 문제에 대한 서면보고서를 제출해주며 이 위원회에 정부 측이 아닌 인도 원주민도 포함시켜주도록 요청하였다. 영국 내각의 인도담당부 장관은 인도총독에 대해 그렇게 하도록 요청했으며, "이 조사 결과가 과연 삼의 판매와 소비에 대해 추가적인 제한을 가하도록 해야 하는 점을 입증할 수 있다면 좋겠습니다"고 입장

11) V. Berridge & J. Griffith Edwards, *Opium and the People*, Yale 1982.

을 밝혔다.[12] 내각 측이 매우 고분고분하게 이런 요구를 받아들였기 때문에 찰스 슈완 경(바트 선거구)의 두 번째 질의는 하지 않아도 되게 되었다.

이 '인도삼약물조사위원회' 위원들은 1893년 7월 3일 지명되었으며 제1차 회의는 '아편조사위원회' 회의가 개최되기 한 달 전인 8월 2일 개최되었다. 회의는 4월까지 계속되었으며, 8백 명의 진술인 진술을 들었고, 3천 쪽에 달하는 회의와 진술내용들이 7권으로 묶여졌으며, 군대 내부의 삼 약물 사용에 대해서는 추가로 한 권이 더 만들어졌고 이는 비밀로 다뤄졌다. 당시 영국령 인도정부의 재정상무부 측은 이 보고서를 검토 심의하였으나, 영국 총선이 코앞에 닥쳐왔다. 당시 카인의원과 슈완의원이 재출마했는지 여부는 확실치 않다. 두 사람 모두 자유당 소속이자, 절제운동가였으며, 추정컨대 아편반대론자였다. 슈완의원은 당선이 확신한 선거구였으며 거부이자 급진적 견해를 가지고 있었다. 카인의원은『청년 인도』『아름다운 인도』『세계 일주기』등과 같은 책을 냈다. 그는 아일랜드 문제가 매듭지어지기 6년 전 자유당을 탈당하고 무소속으로 나와 낙선한 뒤 다시 치른 선거에 재당선되었으며 1895년 선거에서는 다시 낙선하기에 이른다. 당시 정부 측 인사가 아닌 인도 원주민들을 위원회에 포함시켜달라고 요구한 것은 인도 원주민들이 아편 반대파에 속해 있었으며 이들이 좀더 대담한 요구나 보다 더 신속한 행동을 하도록 움직이려 했음을 암시하는 대목이다. 이들은 아마도 단순히 승자 편에 서려 했을 가능성도 있다. 하지만 이후 이들이나 다른 누군가가 다시금 공개적으로 삼을 거론한 기록은 전혀 남아 있지 않다.

4) 옛 영국의 마약쟁이들

국제 약물거래는 영국 국내소비 측면과는 전혀 별개였다. 예컨대 영국 제

---

12) In full IHDC report. India (Ganja) 97 in House of Commons papers 1893~4 L XVI.79.

국이 세계 아편의 많은 부분을 생산하지만 영국 국내에서 소비되는 아편의 80% 이상은 터키산 및 페르시아산으로 되어 있었다.[13] 국제적 금지를 요구하는 경제적 압력은 라이벌이 되는 제품을 취급하는 무역업자 및 국가들로부터 유래하기 마련이었다. 영국의 경우 약물통제는 의료계가 사회정책에 대한 관여 폭이 커지면서 제일 먼저 요구한 정책 사항이었다. 역사적으로 보면 전문 의료인의 처방이 자가 치료를 대신토록 한 연후에야 비로소, 완전한 약물금지가 가능할 수 있었던 것이다.

빅토리아 시대 영국에서는 술 외에는 레크리에이션 약물이 그다지 공공연하게 사용되진 않았다. 전통에 얽매이지 않는 일부 젊은 예술가와 신비주의자들은 세속적 물질주의를 거부하면서 내적체험을 추구하였다. 그러나 절대다수의 약물남용자들은 지금처럼 당시에도 벌써 자신들은 일하거나 쉬는데 도움을 받으려고 약(마약이 아닌)을 쓰는 것이라고 생각했던 것이다. 당시는 말 그대로 세련과 품위를 요구하는 시대였다. 이들은 인도삼이나 아편 같은 전통적인 약초의 추출물, 팅크제, 증류물, "활성성분" 등을 복용했다. 이때 양은 현대의 중독자들조차 감당할 수 없는 엄청난 양이었다. 이는 오로지 자신들의 건강을 위해서였으며 윤리적으로 아무런 나무랄 데가 없는 행위였다. 이들은 망가지기 위해 마약을 한 것이 아니며 그렇다는 점을 인정하지도 않았다.

세속적 물질주의는 올바른 삶의 스트레스에서 벗어나 쉴 수 있는 보다 더 순수하며 정화된 안식을 제공해주었다. 이것은 마치 아편이 용해되어 아편팅크제로 되었으며 더욱 농축하여 모르핀이 되고 이를 다시 더 농축하여 헤로인이 된 것과 유사하였다. 당시 일부 인사들은 아편을 씹고 다니면서도 음주 행위를 비난하였다. 이것은 오늘날 저명한 마약퇴치운동가들이 신경안정제 중독자들인 것과 흡사하다. 이런 분위기 속에서 인도삼 역시 자연 상태로는 크게 적합하지 않긴 하나 일종의 약으로 농축 정제할 수 있는 매우 유용한 식물의 후보였다. 당시에도 약물 사용과 오용을 구분하기는 매우 어

13) T.M. Parssinen, *Secret Passions, Secret Remedies-Narcotic Drugs in British Society, 1820~1930*. Manchester University Press 1980.

려웠다. 당시 의사들에게 진찰 치료받기는 매우 비용이 많이 들었으며 그다지 신뢰도 없었다. 따라서 가난한 이들은 구할 수 있는 치료제라면 무엇이든 스스로 구해서 복용해야 했다. 사이비 의료용 아편 사용은 감소해나가긴 했지만 여전히 매우 훌륭한 약으로 사용되었다. 예컨대 당시 엘리자베스 바렛 브라우닝과 플로렌스 나이팅게일도 아편을 썼으며, 노예해방운동의 성인인 윌리엄 윌버포오스 역시 30년 동안 매일 12알씩 복용했다. 자가 치료는 비의료적 사용과 구분하기 힘들었다. 음주는 저급하면서 여성적이지 않았으며, 그래서 존경받는 여성들은 "강장제"를 마셨다. 벌써 당시에도 흔히 술, 아편, 삼 등으로 만든 특허 의약품들은 엄청난 사업 대상이었다.

정제된 모르핀, 코카인, 바르비투르산염 등의 판매는 1868년의 '독물 규제 및 약제법'의 규제를 받고 있는 것으로 되어 있었지만, 가짜약과 특허 의약품은 그런 법의 규제를 받지 않았으며, 1884년 이 법을 확대 적용하려는 시도는 좌절되고 만다. 그리고 이 법은 사용자에 대해서는 적용이 안 되고 단지 상점에만 적용되었을 따름이다. 특히 위험천만했던 대중적 치료제로서 콜리스 브라운즈 제인 클로다인이라는 것이 있었다. 여기에는 클로로포름과 모르핀이 들어있었으며, 영국의학협회 측이 1890년대 내내 줄곧 금지운동을 벌였던 약품이었다.

5) "삼, 인류 역사상 가장 귀중한 약들 중 하나"

윌리엄 오쇼네시(William O'Shaughnessy)가 인도삼을 약인 동시에 도취제로 쓴다고 규정한 이래로 삼에 대한 의학계의 관심이 고조되고 있었다.[14] 그의 이런 설명은 인도에서 그 자신이 관찰한 결과일 뿐만 아니라 고

14) O'Shaughnessy W.B., On the preparations of Indian Hemp, or Gunjah. Transactions of the Medical and Physical Society of Bengal 1838~40, 1839, pp.421~461.

대 페르시아와 아랍 문헌들에 나타나는 해쉬쉬 사용에 대한 글에 바탕을 두고 있었다. 그는 삼을 류머티즘, 광견병, 콜레라, 파상풍, 아기의 경기 등을 치료하는데 쓰고 있으며 연용으로 인해 생기는 무아경 현상에 대한 설명도 곁들여 놓았다. 1839년 오쇼네시는 몇 가지 예외가 있기는 하지만 "필자는 삼약이 유럽에서 사용된 흔적을 전혀 찾을 수 없었다"라고 쓴 바 있다. 그러나 그는 서구인인 에인슬리와 폰 에스테벡의 글을 인용했음에도 불구하고 하나의 고전적인 삼사용 사례 설명을 일부러 빼먹었다.

즉 중세시대 저명한 약초학자 니콜라스 쿨페퍼(1616~1654)는 염증치료, 진통제, 구충제 등과 같은 유럽 삼의 공통된 여러 가지 의학적 쓰임새들 목록을 열거해놓은 바 있다.[15] 쿨페퍼는 환각제 측면에 대해서는 아무런 언급도 하지 않았다. 물론 그가 설명한 온대지방 삼은 주로 통상 마약 성분이 적게 함유되어 있으며 섬유를 얻기 위해 재배하는 작물이긴 하였다. 그의 저작은 영국의 여자 무당 혹은 여자 현인들이 쓰던 민간약초학에 힘입은 바 컸다. 이 여자 무당이나 현인들은 기독교로부터 박해당할 때까지만 해도 농촌지역 주민들 및 자신들을 대신한 수도원 치료사들에게 가장 친근하며 우선적인 건강보호(의료) 제공자였다. "이성의 시대"인 빅토리아 시대 무렵 가장 전통적인 삼사용이 금지되기 시작한 것은 약리학자들이 인간의학을 분석하여 거기서 활성성분을 정제하여 추출하기 시작하면서부터였다. 1840년대 런던 교외지역인 밋참이라는 곳에서 의료용 삼을 재배하려는 시도가 행해졌으나 성공하지는 못하였다. 당시 천식, 여러 가지 가슴 부위 질병, 특히 아편이나 술을 끊을 때 나타나는 금단증상의 일종인 불면증 등등을 삼으로 치료하는 실험이 이뤄졌다. 그리고 아편과 브롬화칼륨을 삼과 함께 써서 정신이상을 치료하는 실험도 행해졌다.

삼이 아편 제품이나 최신 화학치료제처럼 널리 쓰이지는 않은 한 가지 이유는 삼에서는 "활성성분"을 정제해내는 일이 매우 어려웠기 때문이다. 신뢰

---

15) *Culpepper"s Complete Herbal*. London, W. Foulsham & Co.

할 만한 세기(강도)의 삼 제품 확보 문제, 똑같은 삼 식물에서 분명히 다른 제품이 나오는데 따른 혼란과 혼동, 몸에 미치는 효과의 불확실성 등등의 문제들도 있었다. 그럼에도 불구하고 삼은 여러 가지 질병을 치료하는데 쓰였다. 1889년 의사 버치(Dr E. A. Birch)는 란싯(*Lancet*)이라는 의학 잡지에 클로랄 마취제 및 아편 금단증상 치료에 있어서 삼이 매우 잘 듣는다고 지적하면서, 갈망 제거 및 구토억제 효과, 그리고 통상 음식을 먹지 못하거나 음식이 받지 않는 환자들의 식욕촉진 효과 등에 특효가 있음을 주목하였다.16) 빅토리아 여왕의 주치의인 레이놀즈(J.R. Reynolds)는 1890년 삼을 "인류 역사상 가장 귀중한 의약품 중 하나"라고 지적했다. 그는 1890년 란싯 의학잡지 기고문에서 노인들 불면증, 술 숙취, 신경통, 편두통, 경련성 마비, 경기 등을 치료하는데 삼이 탁월하다고 밝혔다.17) 그는 빅토리아여왕의 생리통 치료에 삼 팅크제를 처방했던 것으로 알려져 있기도 하다. 삼 팅크제와 삼수지 추출물 등은 1864년 런던의 옥스퍼드 스트리트 피터스콰이어라는 곳에서 구할 수 있었으며, 1871년 무렵 '약제사협회'를 통해 도매가 이루어지고 있었다. 약제사들은 자신들이 카나벤, 카나빈 탄닌, 카나비넨 등으로 부르는 재료를 추출해냈으나 그런 것이 과연 삼속에 들어있는 "활성성분" 바로 그것인가에 대해서는 전혀 알지 못했으며, 카나비놀은 1885년이 되어서야 비로소 분리할 수 있게 되었으며, 오늘날 삼 효능의 주성분인 THC가 분리된 것은 1964년 들어서서야 비로소 그 추출이 가능해지게 되었다.

같은 시기에 약물 흡수를 일종의 중독이라고 보는 견해가 일각에서 제기되었으며 일부 연구자들은 약물 흡수가 일종의 정신이상 혹은 그 원인이 된다고 주장하였다. 아일랜드(W.W. Ireland)는 삼사용자의 정신상태를 시

16) Birch E. A., Indian hemp in the treatment of chronic choral & opium poisoning. *Lancet* 30-3-89, 1889, p.625

17) Reynolds Sir J. R., Therapeutic Uses & Toxic Effects of Cannabis Indica, *Lancet*, 22-3-90, 1890, pp.637-638.

간과 공간의 변화 및 시각적 환각 등이 수반되는 무아경(delirium)에 비유하였다. 1894년 카이로 정신병원에서 일하는 영국계 의사들의 보고에 따르면 폭력적인 정신이상 증상을 "해쉬쉬 중독"에 따른 것이라고 연결지었다.[18] 상당수 의학연구는 다른 맥락에서 보면 레크리에이션 용도에 불과하였을 것으로 보았을 법하다. 월터 딕슨은 1899년 삼사용 효능이 섭취 방식뿐만 아니라 어떤 형태로 조제되었는가에 따라 다양하게 나타남을 입증한 바 있는데, 이는 그가 모피 동물들뿐만 아니라 본인 스스로에 대해서도 실험을 해본 것임에 틀림없었다. 그는 곧바로 효과를 보기 위해서는 흡연 방식을 권장했으며, 다음과 같은 내용의 글을 『영국의학저널』(*the British Medical Journal*) 지에 기고도 했다. "삼의 흡입 사용 방식에 따른 효과는 커피, 차, 코카 등과 똑같은 유형에 속한다고 볼 수 있다. 삼 흡입은 위험하지 않으며, 그 효과는 결코 걱정스러운 것은 아니고, 필자는 삼 흡입 방식이 매우 유용하며 원기를 돋우는 자극성 음식 액세서리라고 보며, 이것이 열광적 심취라는 습관성으로 빠뜨리지는 않는다는 점을 지적해두고 싶다." 그는 1920년대 '모르핀과 헤로인 중독 조사를 위한 롤스톤 위원회' 위원이기도 했으며, 이 위원회에서 마약을 범죄로 규정하는 마약정책에 반기를 들었다.

19세기말 세기의 전환기 시기에는 삼 팅크제가 다시 경련, 편두통, 아편중독, 아편 금단증상, 불면증 등의 치료제로 커다란 인기를 누렸다. 그렇지만 이것도 한동안의 유행으로 사그라지고 만다. 1900년 초 영국의학협회가 "신비한 치료제" 퇴치를 위한 캠페인을 벌이면서 대부분의 아편, 코카인, 삼약 등이 강장제 및 처방전 없는 의약품 분야에서 사라지게 되고 말기에 이른다. 소비자 음료약물산업이 퇴출됨에 따라 대다수 약물 공급에 대해서는 의사들이 담당하게 되었다. 약물 공급이 의사 등 전문가 영역이 되어감에 따라 자가 치료용 마약 등은 이제 보다 정제되며 의료인의 통제를 받는 약물로 대

---

18) V. Berridge, Origins of the English Drug "Scene" 1890~1930, *Medical History* 32, 1988.
Walsh J.T. Hemp Drugs and Insanity. *Journal of Medical Science* 40, 1894.

체되어가기 시작했다. '인도삼약물위원회' 보고서는 이런 명확한 구분들은 전혀 하고 있지 않으며, 당시 의료계 구성원 중 누구도 이 보고서를 읽어보았을 가능성도 전무 하다시피 했다고 보아야 한다. 이 보고서는 매우 과학적인 데이터 등을 많이 수록하고 있음에도 불구하고, 보고서의 목적 그 자체는 의학적인 데 있다기보다는 정치적인 데 있었다. 영국의학협회 측의 정치적 경제적 이해관계란 사실 영국령 인도정부와는 매우 다를 수밖에 없었다.

6) 마약쟁이는 코스모폴리탄

그 당시 나온 대부분 문헌들이 힌두어 이름인 차라스, 가니아, 방 등 보다는, 주로 아랍어 이름인 "해쉬쉬", 인도삼, 카나비스 등과 같은 용어를 쓰고 있다는 점은 눈여겨보아야 할 대목이다. 북아프리카에 있던 프랑스제국 역시 인도에 있던 영국제국과 마찬가지로 유럽 삼에 대해 막대한 영향을 미쳤다. 예컨대 19세기 초반 아편팅크제를 마셔대던 콜러리지와 드 퀸시 등이 만들어낸 '망가진 예술가'(The Wasted Artist)라는 약물사용 타입은 1845년 이후 빠리에서 의사인 장 모로우 박사에 의해 다시 유행하기도 했다. 정신이상을 치료하기 위해 해쉬쉬로 실험을 한 장 모로우는 의료실험 분야가 아닌 쪽의 실험을 담당할 작가인 떼오필 고띠에와 공동으로 '해쉬쉬 클럽'을 설립했다. 회원들 중 일부는 약간의 무아경 경지에 대해 매우 흥미를 가졌다. 고띠에는 명석한 친구들이 있는 하청 문사(文士)였다. 이들은 상징주의 시인들을 격려해마지 않았던, 죽음을 주제로 하는 판타지를 좋아하는 낭만파의 "예술을 위한 예술"을 지향하였다. 랭보와 베를렌느는 고띠와와 함께 약물을 했다. 보들레르는 고띠에에게 "악의 꽃"이라는 작품을 헌정하였으며 이들의 예술적 태도를 설명하는 "개성을 자극하고 확대해주는 수단으로서 해쉬쉬와 와인에 대하여"라는 수상록을 쓰기도 했다. 이들은 이상야릇하며 감각적인 예술을 창조하며, 낭만적인 동양에 대한 자신들 생각에 바탕을 둔 이국적인 태

도를 만들어내고, 부르주아 사회를 중상하고 모략하였다.[19)]

1890년대 무렵 이 클럽은 런던에서 그대로 모방되기에 이른다. 1890년대에는 오늘날과 같은 레크리에이션 약물 사용과 같은 '하위문화'가 없기는 했지만 여기에 가장 근접한 당시의 형태는 바로 이 클럽이었다. 이 클럽은 시인, 심령술 치료사, 작가, 자칭 마술사 등이 런던의 바로 이 '라이머스 클럽'(the Rhymers Club) 및 '황금빛 여명의 연금술협회'(the Hermetic Order of the Golden Dawn)에 모여들었다. 이들은 자신들의 모임을 약물을 함께 사용하는 것으로 규정하진 않았지만, 확실한 것은 이들이 각자 판단에 따라 약물실험에 참여했다는 점이다. 비술연구, 약물, 최면술, 정신병 치료법 원조, 새로운 예술 스타일 추구 등은 모두 런던 중심가에 있는 서로 중복되어 교제하는 클럽회원들 사이에 대유행이었다. 1888년 '황금빛 여명' 클럽 창립은 몇몇 프리메이슨에 속해있던 비술연구자들이 '크리스천 비밀결사' 모임에 의한 것이었다. 회원 중에는 예이츠, 알거논 블랙우드, 런던 수석검시관 등이 있었다. 1890년 예이츠와 다른 두 명이 함께 일종의 문필가 단체인 '라이머스 클럽'을 만들었는데, 이는 프랑스 상징주의에서 영감과 영향을 받은 것이다. 예이츠와 별도로 라이머스 클럽 회원 누구도 프랑스의 상징주의 예술가들처럼 무언가 인정받을 만한 업적을 남기지는 못했다. 하지만 이들은 나름대로 자기들 스타일이 있었다. 이들은 멜랑콜리하며 자신을 생생하게 극화하고 시인 바이런처럼 되고자 했다. 이들은 성생활에 빠져들었으며 신경과민으로 몰락했고 대부분 젊어서 사망하였다. 이들이 전통적이며 인습적인 사회에 도전한 형태는 예컨대 블랙커피를 마신다거나 알기 쉬운 프랑스어를 사용하는 것은 물론이고, 마술을 시도한다거나 예절을 갖춰야 하는 모임에서 하지 않는 성(性) 이야기를 구사한다거나 약물을 엄청나게 많이 한다거나 하는 등으로 표현되었다.

예이츠와 연인 모드 곤느는 텔레파시 능력을 증진하기 위하여 해쉬쉬를

---

19) P. Haining(ed.), *The Hashish Club*, Peter Owen, 1975

하였다. 다른 회원들은 보다 더 편하며 긴장을 푸는 레크리에이션 접근방법을 택했다. 아서 사이몬스는 1930년대 "극도로 긴장하며 신경질적이고 과민한" 인물로 묘사되었던 라이머스 클럽 회원이었다. 그는 "고백록: 병리학 연구"로 가장 유명하며, 이 고백록은 그 자신이 이탈리아의 한 정신병원에서 2년간 지낸 경험 및 1909년 치명적인 폐결핵 치료 등의 경험 등을 담고 있다. 사이몬스는 『아편 흡연』(*The Opium Smoker*)을 쓰기도 했다. "난 물속에 가라앉아 향기롭게 익사한다네 / 좋은 향수처럼 부드러운 음악이 흐르며 감미로운 빛이 보이네 / 귀에 들리는 향기로운 황금빛 절묘함이여 / 영원함의 수의 속에 내가 감기네." 동료 라이머스 클럽 회원이던 어네스트 도우슨에 대한 전기에서 사이몬스는 어느 날 오후를 다음과 같이 묘사하였다. 몇 명의 발레 댄서와 시인 한 명이 들어오자, 주인은 차, 케이크, 시가 등을 내놓았으며 그 다음 해쉬쉬를 내놓았다는 것이다. "그토록 서서히 취하며 그토록 정교한 실험이 이루어졌다. 그는 앉아서 마술을 기다리며 그토록 명랑한 젊은이들 모임 속에서 반쯤은 수줍어한다." 도우슨은 죽을 운명인 연인들에 대한 라틴어 제목의 시들을 썼으며, 부둣가 사창가의 "가장 천한 여자"와 교제하였다. 그는 1896년 섹슈얼리티 연구자인 해블록 엘리스와 공동으로 메스칼(용설란의 액을 발효시켜 만든 멕시코의 증류주)로 실험을 했다. 그는 1900년 32세 때 폐결핵으로 사망했다. 해쉬와 차 파티장에서 메스칼 실험을 했던 다른 시인은 존 아딩톤 시몬즈였다. 그는 범죄자의 정신세계를 연구한 역사가이며 여러 차례 몸져눕고 폐결핵 등으로 인해 눈이 멀었다. 동료 중에 에릭 스텐보크 백작은 『죽음의 그림자와 죽음에 대한 연구』(*The Shadow of Death and Studies of Death*)를 썼으며, 살아 있는 뱀을 목에 두르고 다닌 것으로 유명하다. 그는 35세 때 술 혹은 아편 등으로 인해 사망했다.[20)]

'망가진 예술가' 모임은 그림같이 아름답고 극적이었으며, 이들의 스타일은

---

20) V. Berridge, Origins of the English Drug "Scene" 1890~1930, *Medical History* 32, 1988.

약물 남용자들의 대중적인 모습으로 굳어졌다. 이들의 이미지는 딴 세상에 가있는 것 같으며 매우 건강이 좋지 못하고, 창조적인 듯하면서도 명확히 창백한 얼굴 모습이었다. 의사 지시에 따른 합법적 약물 사용과 남용일 수밖에 없는 약물 사용의 구별에 대한 인식은 이들의 사례로 인해 더욱 확대되어나갔다. 이들이 복용한 것은 모두 자신들 건강에는 분명히 아무런 유익이 되지 않는 것이라고 인식되기에 이르렀던 것이다. 당시 영국에서는 여전히 공포스러운 약물과 그에 대한 반대운동은 전무했다. 약물은 여전히 영국인 아닌 외국인처럼 행세하고 싶어 하는 사람들이나 쓰는 것에 불과한 것으로만 여겨졌다. 윌키 콜린스에서 오스카 와일드에 이르는 인기 있는 작품들을 통해 퍼져나간 아편중독이나 아편굴, 예민하다 못해 과민하며 고통 때문에 볼이 푹 들어간 중독자, 구식인 로코코식 스타일에 겉치레가 요란하며 악덕한 중국인과 타락한 귀족이 있는 사창가 등과 같은 당시 신화적인 기존 스토리들에다가 바로 이런 예술가들 이미지가 추가되어 덧칠해졌을 따름이다.

7) 공포의 시작

최초의 악마와 같은 마약쟁이 이야기는 1890년대 중반 미국에서 먼저 만들어졌다. 코카인을 한 흑인, 아편을 한 중국인, 코카인과 아편을 한 멕시코인, 그리고 마리화나까지 더 곁들인 이들 유색인종들 수가 점점 더 증가했던 것만은 분명하다. 그런데 이들 유색인종에 대해 악마 같은 마약을 사용하고서는 백인 여성의 육체를 차지하려 하며, 이들 유색인종 중에서 많은 이들이 뜻대로 되지 않을 땐 칼을 들고 나와 미쳐 날뛰게 된다는 식의 근거 없는 주장들이 난무하기 시작했다. 영국 언론들은 처음엔 이런 이야기들 중 불과 몇 가지만 소개했다. 이때부터 40년여 동안 미국 신문들의 병리적 상상력은 절정을 이루게 되었으며, 가끔씩 약물의 종류와 악당의 피부색깔만 바꾸어 스토리를 만들어냈을 따름이다. 헤로인은 1898년 마침내 정제에는 성공하였지만 처음 몇 년 동안 헤로인은 기적 같은 진통제 및 모르핀중독 치료제 정도로 간주된 적이 있었다. 가장 무지막지하게 추잡한 이야기는 당시로선 불과 몇 년 전까지만 해도 기적 같은 치료제로 간주되던 코카인에 대해서였다. 의료계에서 이런 코카인에 열광하던 이들은 이것이 도대체 레크리에이션 용도로 적합한 것이 되리라고는 도저히 상상조차 할 수 없었다. 레크리에이션 용도로 사용하는 이들은 생각이 달랐다. 술 금지 정책은 엄청난 추종자들을 끌어 모았으나, 미국이라는 나라에 대해 이는 그야말로 엄청난 사회적 재앙을 초래했다. 술 금지법이 폐지되었을 때, 당장은 아무런 약물통제가 없었다. 엉뚱한 신화들이 몇 년 동안은 눈에 띄지 않았다. 그러나 이제는 인종차별주의가 약간은 희석된 형태로나마 오늘날에도 매스컴에 과거와 유사한 그런 이야기들이 나타나는 경우들이 있다.

미국에서 금주정책과 금주법이 시행되는 동안 그리고 그 전후로 미국은 경제적 이해관계 및 윤리주의를 뒤섞은 입장을 가지고 국제마약금지법 시행을 위해 국제사회에서 매우 열심히 뛰어다녔다. 1912년 헤이그 회의는 몇몇 약물들에 대해서는 엄격하게 "합법적인 의료상의 목적"인 경우에 한한다는 원칙에 합의한 바 있었다. 그러나 이는 국제사회에서 전혀 실효성이 없었으며, 그 이유는 영국의 아편산업계 및 독일의 코카인 산업계의 방해 때문이었다. 헤이그 회의는 삼에 대한 연구조사를 제시하긴 했지만 지켜지지 않고 실행에도 옮겨지지 않았다. '1913년의 앗쌤 아편 및 가니아(=삼) 위원회' 기록을 보면 '인도삼약물위원회' 기록들이 인도의 해당 주에서 잊혀져 버렸거나 무시되었다는 점을 여실히 보여주고 있다. 예컨대 인도의 해당 주는 아무런 증거도 들지 않은 채 가니아가 정신이상을 초래한다는 점을 인정하고 마는 모습을 보이고 만다. 이 앗쌤위원회는 가니아 가격이 상승하면 사용자는 아편으로 사용처를 돌리게 되며, 아편가격이 상승하면 술이나 놀랍게도 모르핀으로 돌리게 된다고 지적했다. 앗쌤지방에서 가니아 상점 라이선스가 있는 총 숫자가 1878년 1,116개소에서 1911년 347개소로 감소하였으며, 이 위원회는 추가로 더 줄이게 되면 소요사태가 발생할 수밖에 없다고 판단하였다.[21)]

1890년대 영국 문필가 집단에 국한되어 있던 레크리에이션 약물사용 범위는 그 후 20년 동안 런던의 웨스트 엔드 지역의 보다 광범위한 자유분방한 보헤미안 문화권 속으로까지 퍼져나갔다. 이곳에서는 향락주의를 추구하는 계층이 극장계와 예술계와 뒤섞여 있었다. 코카인 사용 역시 제1차 세계대전 무렵 상류층에게 급속히 퍼져나갔다. 관료세계에서는 휴가 나온 병사들에 대해 크게 우려하기 시작했다. 휴가 나온 병사들은 흔히 자신들 건강이 망가지는 것을 전혀 두려워하지 않는 경우가 많았다. 이유는 이들이 전쟁터로 돌아가 살아남을 가능성이 희박했기 때문이다. 상류층이 마치 야수처럼 처신하는 모습을 보면 병사들 사기는 도저히 올라갈 수 없다고 판단되었으며, 보통의 병사들이 이를 모방하기까지 하게 된다면 사태는 그야말로 걷잡을 수 없이 더욱 크게 악화될 수밖에 없었다. 전쟁에서 온갖 것들을 갈취하면서 약물과 매춘부를 동원하고 있는 독일에 대해 영국 언론에서는 크게 우려하였다. 도저히 있을 수 없는 이런 이야기와 다른 윤리적 타락상에 관한 스토리들이 육군최고회의 측의 상상력을 움직이게 만들었으며, 그 결과 1916년 중엽 군 수뇌부는 군인들에 대해 모든 도취제 판매를 금지시키는 조치를 내렸다. 7월이 되자 영국에서 최초로 약물소지금지법 제정 소식이 유출되어 나왔다. 이는 '국토방위법' 제40B조에 해당 규정을 포함하는 형태로 이루어졌다. 여기에는 코카인과 아편은 포함되었지만, 삼은 심의는 했으나 금지목록에서는 제외되었다. '국토방위법' 제40B조는 "맬더스의 인구조절 수단"(피임약)과 가짜 의약품도 금지시켰다. 동법은 술집 폐점시각도 법으로 정하도록 했다. 당시 술집이 너무 늦게까지 열어 많은 싸움과 소란들을 유발시켰기 때문이다.

8) 제1차 세계대전 이후 비방 급증

제1차 세계대전이 끝난 직후 영국 언론은 최초로 미국식 마약쟁이 이야

21) Assam Opium & Ganja Committee 1913.

기를 내보내기에 이른다. 즉 여배우 빌리 카렐톤이 술을 취급하지 않는 '빅토리 볼'이라는 클럽에서 코카인으로 추정되는 약물로 인해 사망한 것으로 알려졌다는 것이다. 그녀에게 코카인을 준 자는 과실치사 혐의로 재판은 받았으나 무죄로 풀려났다. 수면제인 '베로날'로 인해 이 여배우가 사망했을 가능성이 컸지만, 이 점에 대해 해당 신문인 데일리 익스프레스 지는 전혀 개의치 않았다. 이 신문에는 타락한 약물 세계에서 해쉬쉬를 하는 이들에 관한 기사도 들어 있었다. 신문에 따르면 이들은 귀엽고 순진무구한 여성을 파멸에 빠뜨린다는 것이다. 1920년 9월 전시 약물소지금지법을 명확히 하며 약물거래를 의료용과 범죄용으로 제대로 구분토록 한 '위험약물금지법'이 통과되었다. 이 법안에 대해 의회 측은 무관심으로 일관했으며 일부 상임위 심의단계에서는 정족수조차 채우기 힘들 지경이었다. 이때에도 삼은 금지 대상이 아니었다.

국제적으로 보면 영국 정부는 당시 국내에서 여러 차례 발생한 약물 스캔들을 겪고 있었으며, 모르핀과 코카인 중독이 영국령 식민지 국가들에서 번져나가고 있다는 보고서를 접한 후, 약물통제 정책 시행에 대한 방해공작들을 중단하기에 이른다. 더군다나 섹스 마약과 외국인 마약 이야기들로 인해 제1차 세계대전 이후 약물 사태들에 대한 우려가 크게 고조되었다. 예컨대, 1922년 댄서인 프레다 켐프톤 사망사건은 1917년 이후 중국식당 소유자이자 코카인은 말할 것도 없고 모르핀, 아편, 해쉬쉬 등을 취급한 마약왕이라는 소문이 자자하던 브릴리언트 창 씨로 인하여 쓸데없는 명성을 떨치게 되었다. 여러 차례 경찰 급습작전이 이뤄지게 되고 언론에 오르내린 그는 14개월 형을 선고받았으나, 이는 그토록 엄청난 악당에 대한 형량치고는 그리 많지 않은 것이었으며, 마침내 1924년 추방되었다. 1923년 자메이카계 재즈 드러머이자 마약왕으로 소문난 에디 매닝은 아편과 코카인을 거래했다는 혐의로 유죄평결을 받았다. 당시 둘 다 영국 여성과 친밀해지기 위해 마약거래관계를 활용했다는 의미가 강력하게 시사되었다. 1922년 세 자매가 반라 상태로 의식을 잃은 채 중국 남성 시신 곁에서 발견되었다. 이

중국 남성은 영국의 한 지방 도시인 카디프의 한 세탁소 위층의 아편 연기로 잠긴 방에서 이싱(Yee Sing, 조니 홉이라는 별명으로 부름) 씨라는 이름의 시신으로 발견된 것이다. 이 여성들은 어떤 일이 벌어졌는지 일체 진술하지 않았으며 그러자 언론은 이 사건을 가지고 소설 쓰기에 여념이 없었다. 백인 여성을 제압하기 위하여 해쉬쉬로 만든 어떤 한 중국제 미약(媚藥)을 썼으며 제라늄으로 만든 해독제도 같이 사용했다고 쓴 것이다.22) 삭스 로머(Sax Rohmer) 류의 갱지에 인쇄한 싸구려 통속소설들도 타락한 귀족과 중국계 마약음모 이야기들을 널리 확산시키는데 일조했다.

이런 온갖 선전공세에도 불구하고 그때까지만 해도 아직은 노동계급이 약물문화에 빠져들었다는 징후나 이야기는 전혀 없었다. 1920년대 고급품 시장인 마약 사용자들은 상류사회와 예술가들이 중첩된 그런 부류들에서 재즈와 코카인이라는 미국의 유행이라고 간주된 것들을 모방하려는 계층에서 계속 발각되었던 것이다. 1922년 알레이스터 크롤리의 소설 『어느 마약쟁이의 일기』(Diary of a Drug Fiend)는 런던 웨스트 엔드 지역의 리젠트 스트리트에 있는 '카페 로열'을 무대로 실제로 벌어진 일들을 살짝 포장한 내용으로 되어 있었다. 크롤리는 전에 '황금빛 여명' 클럽 회원으로서 자신은 "세상에서 가장 사악한 자"라고 선전하고 다녔으며 대체로 섹스에 바탕을 둔 블랙매직(나쁜 목적의 검은 마법)을 예찬하였다. 그는 이따금씩 복사 앞에서 갑작스럽게 모르핀 상습을 끊어 자신의 의지가 대단함을 과시하기도 하였다. 그는 대중들에게 마약상습이란 위험하며 허세에 불과한 시시한 짓이라는 점을 입증하기 위하여 여러 가지 일들을 하였다. 클로르포름과 모르핀은 소설속의 여러 야성적인 귀족들과 짝이 되는 모델인 귀족부인 다이애나 쿠퍼와 캐더린 아스퀴드에게 인기 있었다. 모르핀은 위험이 크며 비윤리적인 것으로 비쳐질 수도 있었지만, 그보다 훨씬 더 안 좋은 술 마시기는 매우 흔하디흔한 일이었다. 이런 마약들과 비교해 보았을 때 삼사용자들은

22) Marek Kohn, *Dope Girls*, Lawrence & Wishart, London 1992.

그야말로 멋진 것이었다. 화가 아우구스투스 존은 전에 삼을 해보고 전혀 아무렇지도 않았다가, 햄스테드라는 곳에서 친구들과 함께 정어리를 곁들인 와인을 마신 후 해쉬쉬 과일이나 해쉬쉬 잼을 먹어보았다. “우리들은 무지개 여신인 이리스의 눈을 마주치면서 동시에 모두 도대체 아무 것도 아닌 일에 대해서조차도 주체할 수 없는 웃음보를 터트리게 되었다.” 이렇게 해서 마약이 널리 알려졌으며 1922년에 들어서서는 처벌 수준이 높아졌음에도 불구하고, ‘위험마약금지법’에 따른 연간 기소건수는 코카인 60명, 아편 65명으로 꾸준히 안정적인 수준에 머물러 있었다.

영국에서 최초로 삼이 불법화된 것은 영국 정부가 1925년 제네바 국제마약통제조약에 동의한 이후였다. 이 조약에는 아편류와 코카인류가 포함되어 있었다. 그 이유는 이집트와 터키 측의 주장 때문이었다. 이집트 대표는 자극적인 화법을 동원해가며 자신이 이집트 내 정신이상 질환의 대부분을 초래하게 만들었다고 주장하는 “고질적인 해쉬쉬 하기”를 비난해 마지않았다. 이집트 대표는 삼이 사용자들을 허약하게 만들며 심장과 소화기 질환을 야기하고 눈에 핏발이 서며 멍청하게 만든다고 주장하였기도 했다. 인도 측은 당시 1925년 제네바 국제마약통제조약에 삼을 포함시키는 것을 반대해 마지않았다. 인도 대표가 주장한 반대 이유는 삼이 인도에서는 태고 적부터 사용되어 왔으며 야생으로 자생하고 있는데다가 삼 금지정책이라는 게 도대체 현실적으로 시행되기는 불가능한 노릇이기 때문이라는 것이다. 당시 영국정부 대표는 투표에서 기권했으나 마지막에 결국 서명하기에 이르렀다. 1928년 9월 28일 ‘위험마약금지법’ 개정안 형태로 삼 금지조치가 법제화될 당시 영국 의회에서는 거의 아무런 토론도 이뤄지지 않았다. 그러나 이렇게 삼 금지 조치가 내려졌음에도 불구하고 삼사용은 제2차 세계대전이 끝난 후까지도 그다지 큰 우려 대상은 아니었다. 1945년 한 해 동안 삼 사범 기소 건수는 총4건에 불과했으며, 아편사범은 206건이었다. 1950년 삼 사범 기소 건수(86건)가 처음으로 아편(41건)과 다른 제조 마약사범(42건) 합계보다 더 많아졌다. 같은 해 재즈클럽에 대한 경찰의 일련의 급습작전 등으로 인해 흑인마약사범과 백인여성 관계에 대한 이야기들이 새로 불거지게 되었으며, 당시 마리화나와 벤제드린 등이 문제가 되기에 이른다. 이렇게 해서 마침내 삼은 신문의 선정적인 기사 리스트에 합류하게 되고 말았다.

9) 에필로그

'인도삼약물위원회' 보고서는 영국 정부 측이 '약물의존조사자문위원회'(ACDD)를 설치한 직후인 1967년 7월 마침내 의회에서 그 모습을 드러내는 계기를 맞이하게 된다. 과거 인도 앗쌤지방 경찰청장겸 교도소감독관이던 J. J. S. 드리버그는 1890년대 당시 '인도삼약물위원회'에 출석하여 진술과 증언을 한 바 있다. 그런데 이 드리버그의 아들인 톰은 나중에 노동당 소속의 하원의원이 된다. 바로 이 톰 의원의 자서전에 따르면, 시인 알란 긴스버그는 자신에게 그 옛날의 '인도삼약물위원회' 보고서를 하원 도서관을 뒤져 찾아 달라고 요청했다고 한다.[23] 긴스버그는 그러면서 톰 의원에게 다음과 같이 부탁한다. "나(시인 긴스버그)에게 그 인도삼약물위원회 보고서를 하원 도서관을 뒤져 찾아 주기 바랍니다. ……제 아버님(드리버그)은 그 축축하며 추운 기후인 지방에 사는 주민들은 고래로 가니아를 하면서 커다란 위로와 편안함을 누려왔다는 입장을 인도삼약물위원회에서 강력하게 증언했던 바 있다고 합니다. 이때 여기서 말하는 그런 기후란 영국 본토의 기후가 아닌 인도 앗쌤 지방의 기후를 말합니다. 그러나 내가 영국에서 삼 합법화 입법을 요구하는 더 타임즈 전면광고 문안에 서명한 것은 자식으로서 응당 효도해야 하는 도리라고 생각했기 때문입니다."[24]

영국에서 도대체 삼이 합법화되지 못한다는 게 확실해지자 당시 톰 의원은 의회 토론회 석상에서 자신이 속해 있는 정부여당 측을 비난해 마지않았

23) Tom Driberg, *Ruling Passions*, Cape 1977.

24) Tom Driberg, *Ruling Passions*, Cape 1977.

다. 톰 의원은 아버님이 자신에게, '인도삼약물위원회'에 출석하여 정신이상인 주민들이 체포되어오면 진술서는 도대체 왜 자신들이 정신이상이냐고 반문하며 정신이상이 아니라고 주장한다는 내용들로 가득 채워져 있었으며, 삼이야말로 가장 안전하다고 말할 수 있다면서 당시에도 인도식민지 경찰 측은 이미 더 이상 추가적인 위원회 조사가 필요 없음을 잘 알고 있다고 말해 주었다고 지적하였다.

당시 '인도삼약물위원회' 청문회 조사에서 정부 측 여성 대변인이 드리버그(톰 의원 아버지)에게 "모든 사람이 현실에서 도피하려 하는 경우 도대체 우리는 어떤 사회를 만들어야 합니까?"라고 질문하자, 그는 "주민들은 우리가 만든 이토록 무섭고 오싹한 사회현실에서 그저 도피하고 싶어 하는 것입니다" 라고 답변한다. 1968년 영국의 우튼위원회 측은 삼에 대해 "인도삼약물위원회 측이 도달했던 결론에 동의합니다. 그것은 장기적으로 삼을 적량으로 쓰면 전혀 해롭지 않다고 하는 것입니다"라고 밝혔다.

당시 인도삼약물위원회 보고서에 대한 이런 점들이 일반 국민들에게 널리 알려지게 되자 영국 정부 측은 새로운 이들 연구결과를 전혀 무시할 수만은 없었다. 하지만 당시 영국정부 측은 우튼 보고서가 권고한 것과는 정반대 조치들을 취했으며, 마침내 '1971년의 마약오남용금지법'에서 영국정부측은 모든 삼 사범들에 대한 처벌 수위를 오히려 더 강화하는 쪽으로 나아가고 말았다. 삼사용은 획기적으로 증가일로에 처해 있다. 1990년 영국에서 유죄평결 및 경고를 받은 삼 사범은 40,194명이었으며, 이는 모든 기록된 마약사범의 90% 이상을 차지하는 것이었다.

제2장

유럽의 삼 비범죄화

최근 유럽을 중심으로 각국은 마약 사용이란 범죄나 형사상 문제 아닌 건강문제로 다시 규정하도록 해야 한다는 관점에 서서, 미국식 '마약과의 전쟁' 이데올로기에서 점차 벗어나고 있다. 이런 추세를 반영하여 유럽각국은 마리화나 소지와 사용에 국한해서나마 이를 자유롭게 하는 법안들을 승인해 나가고 있다. 세계적으로 보면 미국의 12개주 비범죄화, 9개주 의학적 이용 허용, 영국, 독일, 프랑스, 러시아, 일본, 중국(단순 삼 사용자의 경우-과태료), 네덜란드, 룩셈부르크, 포르투갈, 덴마크, 스페인, 벨기에, 스웨덴, 노르웨이, 핀란드, 이태리, 스위스, 오스트리아, 그리스, 아일랜드, 캐나다, 오스트레일리아, 라오스, 체코, 헝가리, 폴란드, 불가리아, 페루, 우루과이, 브라질, 베네수엘라, 콜롬비아, 아르헨티나 등이 삼 비범죄화 또는 합법화정책을 펴고 있는 나라들이다.

유럽각국은 진작부터 삼사용이나 사용자에 대해 관용적인 정책과 태도를 보여 왔다. 일부 국가에서 마리화나 소지가 범죄인 경우도 있긴 하나 대부분 유럽 국가들은 단순히 벌금만 내면 되는 민사상의 가벼운 위반 사항 정도로 규정하는데 그치고 있다. 삼 금지법 집행 분야에 엄청난 국민혈세를 쏟아 붓지는 않기로 작정한 나라들의 경우, 삼 금지라는 실정법은 엄연히 존재함에도 불구하고 삼사용이나 소지에 대한 관용정책은 이처럼 더욱 더 크게 확대 실시해나가고 있다.

유럽 각국의 마약정책은 대체로 1961년 유엔단일마약금지 조약에서 규정한 조문들을 중심으로 하고 있으며, 현재 이 조약기구에는 벨기에, 덴마크, 프랑스, 독일, 그리스, 아일랜드, 이탈리아, 룩셈부르크, 네덜란드, 포르투갈, 스페인, 영국 등 유럽의 12개국 대표들이 파견 나와 있다. 이 유엔단일마약금지조약에 서명 비준한 국가는 마약 오남용 및 국제밀거래의 법률을 통하여 금지하기로 서약했다. 각 조문들은 각국이 지역특성에 맞는 입법조치를 취하도록 허용하면서도, 여전히 유엔단일마약금지조약상의 요건을 따르도록 했다.

국제밀거래 관련 금지조항은 구체적으로 "이 조약이 열거한 마약의 재배, 생산, 제조, 추출, 조제, 소지, 제공, 판매목적의 제공, 공급, 구입, 판매, 운반, 중개, 급송, 통과 중 급송, 수송, 수입, 수출"을 금지하며 위반하면 처벌토록 되어 있다. 이 조항에 관한 한 각국 정부의 해석상의 재량권이 전무하다시피 하다. 반면, 마약 사용 관련 조문은 마약사용에 대한 각국의 태도가 각기 다르게 되어 있다는 점을 반영하여 매우 애매모호하게 되어 있다. 유엔단일마약금지조약의 이 조항은 각국은 자국민들의 마약사용을 억제하기 위하여 "모종의 조치를 취하도록" 규정하고 있을 따름이다. 유엔단일마약금지조약의 마약사용 조항은 이처럼 구체적이지 않은 용어와 언어로 이루어져 있어서 각국은 기본적으로 자국 사정에 맞게 자유롭게 자체적인 마약관련법을 시행하고 있다. 단지 법상으로만 유엔단일마약금지조약에 어긋나지만 않으면 되는 것이다. 예컨대 네덜란드의 관용적 태도, 스페인의 비범죄화, 독일의 형사처벌제도 등은 나라별로 법제도에 따라 다르게 나타난다. 하지만 이런 유럽 국가들의 삼 규제는 삼 소비와 사용에 대해서는 거의 아무런 제재를 가하지 않도록 하고 있다는 점에 주목할 필요가 있다.

1. 삼 비범죄화 추세

1972년은 마약정책에 대한 새로운 접근법이 도래한 시대였다. 유럽은 전체적으로 불법마약 사용을 억제하기 위한 수단으로 형사제재를 줄이기 위한 방안들을 추진했다. 즉 1972년 '유엔단일마약금지조약 개정 의정서'를 통해 가입국가들에 대해 '향정신성 물질의 오남용을 막기 위하여, 그리고 해당 관련자들에 대한 조기발견, 치료, 교육, 치료 후 갱생지도, 사회복귀, 사회적 재통합 등을 위하여 실천가능한 모든 조치들'을 취하도록 하라고 통보함으로써 1961년 유엔단일마약금지조약에 규정된 조항을 확장하는 쪽으로 개정코자 했다. 이 조항은 각국으로 하여금 마약사용에 대항하는 조치들을 취하도록 했다. 그러나 형사처벌 측면에 대해서는 확정하지 않았다. 스페인과 네덜란드 같은 국가들은 마약사용 관련 행위에 대해 관대한 정책을 채택하였다. 여기서 말하는 마약사용 관련 행위라 함은 개인적 사용을 위해 소량을 사용, 구입, 소지하는 비상업적 행동 혹은 친구에게 바로 그 친구만의 개인적 사용을 위해 비상업적으로 제공해주는 행위 등과 같이 광범위한 범위에 속해 있는 것으로 규정되었다. 이것은 사실상의 비범죄화를 가져오는 결과를 낳게 되었으며, 경찰과 법원 측은 레크리에이션 삼사용자에 대해 되도록 기소하지 않는 방향으로 방침을 정하게 만들었다.

그럼, 이상과 같이 유럽에서 삼을 비범죄화 하고 처벌을 느슨하게 하는 이유가 과연 삼사용자가 워낙 많아져서 그 수를 줄이고 치료하기 위해서인가? 하지만 그렇게만 보는 것은 역사의 왜곡이라고 보아야 한다. 즉, 미국은 당초부터 삼에 대해 거짓말로 일관하며 탄압해왔고, 그러다가 이 거짓말이 탄로나 밀리다 밀리다 못해 하는 수 없이 유럽 국가들이나 미국 각주나 지방자치단체 쪽에서부터 먼저 비범죄화 하고 있는 것이지, 삼사용자 수가 늘어나 하는 수 없이 비범죄화 하는 것만은 결코 아니라고 보아야 한다는 시각이 있다. 중용 입장에서 말한다면 삼사용자의 급증과 미국 등의 거짓,

둘 다 맞다고 보는 게 타당한 것으로 보인다.

한편, 현재 유럽에서 스위스만 삼 소비를 여전히 형법에 의해 처벌하며, 포르투갈은 소량의 삼 소비를 명확히 비범죄화 한 케이스가 되고 있다. 나머지 국가들도 소량의 삼 소비를 법률로까지 처벌하진 않는다. 삼의 판매와 재배는 스위스를 비롯한 모든 국가에서 형법에 의해 처벌하지만, 네덜란드만은 예외적으로 처벌하지 않고 있다.

삼사용과 관련하여 포르투갈은 2001년 7월 1일 이후 삼 소비는 더 이상 형법상 범죄가 아니며, 행정법 위반사항이 되었다. 스페인은 1992년에 제정된 '시민안전 보호' 법률에 의해 공공장소에서의 마약류소비는 중한 행정법상의 벌칙을 부과하도록 하고 있다. 이 벌칙은 형법과는 무관한 행정법상 벌칙에 불과하며, 예컨대 운전면허 정지 같은 것이다. 하지만 실제로 공공장소의 단순 삼 흡연은 이 벌칙마저 적용하지 않고 있다. 독일, 영국, 덴마크, 네덜란드의 경우 삼사용은 금지사항조차 아니다. 영국의 경우 '아편사용'이 금지될 따름이다.

삼 소지와 관련하여 포르투갈은 소량의 삼소지 비범죄화를 명문화한 유일한 국가이다. 그러나 다른 나라도 이에 대해 각종 법규를 통해 처벌하지 않도록 하고 있다. 덴마크, 네덜란드의 경우 검사는 정상참작의 원칙에 따라 모든 마약류범죄에 대해서 형사처벌하지 않을 수 있다. 검찰총장은 지침으로 마약류 범죄의 형사처벌 방향을 결정한다. 네덜란드의 검찰총장 지침은 대단히 상세하다. 개인 소비량에 해당하는 5g까지는 무혐의 처리하며, 아편류 소지혐의의 경우 반드시 형사처벌이 내려지는 것은 아니지만 형법에 의해 5~30g에 대해 벌칙을 내릴 수 있다. 덴마크의 검찰지침은 소지량에 대한 규정이 없는 반면, 마약금지법이 소비를 처벌하기 위한 것이 아니라 공급을 막기 위한 것이라는 점을 강조한다. 따라서 일정 양까지 개인적 사용은 처벌하지 않는다. 일반적으로 삼은 10g까지 소지할 수 있다. 독일은 소량의 마약류 소지의 경우 형사처벌하지 않으며 재판에 가도 형벌은 선고하지 않는다. 스페인은 관련 법률에 따라 소량의 삼 소지자를 처벌하지 않는다. 소량이 과연 어느 정도인가 하는 기준은 명확하지 않으며 상당히 유동적으로 변한다. 일반적으로 50g 이하인 경우 어떠한 처벌도 받지 않는다. 게다가 1992년 '시민안전 보호' 법은 삼을 포함한 마약류 소지를 행정법상의 위반으로 국한토록 했다. 공공장소에서 사용과 마찬가지로 공공장소에서의 소지행위만 벌칙을 받을 뿐이다. 영국의 경우 일반적으로 소량의 삼소지 행위에 대해 어떠한 처벌도 하지 않는다. 스위스는 제3자의 약물소비를 초래할 가능성이 없는 개인적 소비를 위한 삼 소지행위에 대해 비범죄화 하는 법안을 추진하고 있다.

삼의 판매와 재배는 모든 나라에서 형법상 범죄로 간주된다. 그러나 네덜란드는 예외이다. 포르투갈과 스위스의 경우 개인적 소비목적의 삼 경작을 훨씬 가볍게 처벌한다. 네덜란드의 경우 삼 판매와 재배는 형법상 범죄로 되어있긴 해도 용인하고 있는 실정이다. 네덜란드 검찰총장은 심지어 소매상들에게 영업조건을 지킬 경우 처벌하지 않는 구체적 기준까지 발표하였다. 즉 삼 공급자들은 특히 위험한 약물판매 금지사항을 준수해야 한다. 이는 네덜란드 마약정책이 삼 소비자가 위험한 마약 공급자와 접촉하는 것을 막는데 중점을 두고 있기 때문이다. 이 지침은 삼 경작의 경우 비록 범죄구성요건이 되긴 하지만, 특별히 사방 5피트를 넘지 않는 소규모의 비상업적 재배인 경우 형사처벌하지 않는다고 명시하고 있다. 스위스의 경우 삼 제품들을 취급하는 전문매장 네트워크가 있으며 이 매장은 삼도 판매하고 있다. 삼 판매는 이렇게 대체로 용인되고 있다. 이와 같은 현실적 용인을 법적으로 승인하기 위한 개정법안을 보면 경찰 등 법집행기관으로 하여금 관계법규에 따라 결정된 일정한 기준을 준수하는 경우, 삼 판매 네트워크의 삼 판매행위에 대해 형사처벌을 극히 제한하도록 규정함으로써 비범죄화 수준을 한층 더 확대하는 방향으로 나아가게 될 것이다.

2. 프랑크푸르트 결의안

현대 유럽각국의 마약정책에 가장 커다란 영향을 미친 계기는 1990년 11월 프랑크푸르트 결의안이다. 당시 암스테르담, 프랑크푸르트, 함부르크, 취리히 등 유럽의 각 도시 대표들이 모여 마약정책 이슈를 대처하기 위한 정보와 경험을 교환하는 회의를 개최하였다. 이 결의안은 문명세계에서 마약과 마약소비를 근절하려는 시도들은 실패하고 말았으며 유럽의 각도시의 마약사용 문제에 대해 보다 더 잘 대처하기 위해서는 새로운 모델이 필요하다는 입장을 천명하였다. 이 프랑크푸르트 결의안의 핵심내용은 마약사용자를 상대로 한 전쟁은 실패로 귀착되었으며 '마약정책은 기껏해야 마약사용이 초래한 결과만을 규제하며 제한하는 정도'라는 사실을 공개적으로 천명한 대목이다. 이 결의안은 계속해서 다음과 같이 밝히고 있다.

"마약사용자 절대다수에게 있어서 마약사용은 일생동안 단지 일시적인 현상이며, 이는 성인이 되면서 중독으로부터 자연스럽게 벗어난다. 마약정책이 이 과정을 매우 힘들게 만들어서는 안 된다. 마약정책이 중독을 막기 위해서라는 명분 아래 전적으로 아예 마약을 하지 못하게 금지하는 형법과 강제 수단에만 의존해온 것은 지금까지 실패만을 거듭해왔을 따름이다. 범죄화란 마약치료과 상극을 이루는 다른 한 짝이며, 동시에 경찰과 법원 측에 대해서는 도저히 수행할 수 없는 짐을 지워주는 것이기도 하다. 마약사용자를 위한 지원과 도움은 더 이상 형법상 형사처벌을 통한 위협을 당해서는 안 된다. 해악감소를 강조해야 하며, 형사처벌과 같은 억압적인 개입 방식은 극히 적은 필수적인 수준으로 국한해야 한다."

프랑크푸르트 결의안은 유럽 각국에 대해 삼의 구입, 소지, 소비 등의 비범죄화를 규정한 법률을 시행토록 제시하면서, 삼과 각종 삼 제품들에 대하여 합법적 거래라는 통제방식을 지지하였다. 이는 각국으로 하여금 마침내 형사치벌이나 특히 감옥형 등이 아닌 디른 대안들을 검토하며, 삼 금지법

위반을 민사상 규정과 규범에 대한 위반행위 정도로 취급하는 방향으로 나아가도록 만드는데 일조하였다.

3. 다이버전제도

일부 마약사범은 의료적 회복 치료를 받는 대신, 감옥형의 감경 혹은 대체를 받기로 하는 경우가 있다. 이런 다이버전(diversion) 조치는 스스로 마약을 근절토록 하는데 적극적인 개입과 지원이 필요한 중독적 사용자에게 매우 귀중한 기회가 될 수 있다. 하지만 불행히도 이 접근법은 대부분의 경우 전혀 중독성이 없이 레크리에이션 목적만을 가지고 있는 삼 사용자에 대해서는 꼭 적용하지는 못하고 있는 실정이다. 이 점은 법원 측에 대하여 적지 않은 문제를 야기시키고 있는 대목이기도 하다.

삼 사범에 대하여 치료 대안을 거부하는 정책은 법원 측으로 하여금 가혹한 감옥형을 부과하여 마약 그 자체보다 훨씬 커다란 해악을 초래토록 몰아가고 있다. 다른 한편 삼 사용자에 대해 감옥형 대신 치료를 받도록 강요하는 것은 결국 의료치료를 받아야 하는 심각한 마약중독 부문에 대해 배정된 자원을 낭비하는 형국을 초래하고 있다. 기본적으로 형사처벌과 의료치료 양자 모두 치료가 전혀 필요하지 않다는 점을 너무도 잘 알고 있는 삼사용자들에겐 이 다이버전 제도에 대해서조차도 신뢰를 완전 상실한 상태이다. 대부분 유럽 국가들은 이와 같은 어려움들을 해결하기 위하여 삼사용자와 다른 마약사용자를 법적으로 구분하여 치료를 해오고 있다. 그 결과 삼 사범에 대해서는 형사처벌 대신 '민사적 제재'로 나타나며, 흔히는 즉심에 의한 벌금 사범이나 다른 행정벌 형태로 이루어지고 있다.

4. 벌금제도

삼 소지혐의로 붙잡힌 개인을 정식 체포하거나 구금하는 대신 가능한 다른 대안을 논의할 때 단골로 제시되는 정책은 경찰이 해당 사범에 대해 벌금을 부과토록 하는 방법이다. 이 정책의 논리적 바탕은 해당 개인 입장에서는 체포되어 경범 마약사범 전과를 갖게 되는 것을 피하며, 경찰 등 형사사법기관 입장에서 보면 역시 사건서류작업과 구속절차 등에 소요되는 엄청난 인력과 예산을 절감할 수 있는 장점이 있다고 본다. 이는 다시 경찰로 하여금 경찰력을 기본적으로 피해자 없는 범죄에 투입하는 대신 더욱 폭력적이며 약탈적인 사범 쪽에 보다 더 집중 투입할 수 있게 해준다.

이 벌금제도에서 경찰은 어떤 사람이 삼을 불법 소지한 것을 적발한 경우, 교통위반 딱지를 떼는 것처럼 반드시 즉석에서 벌금딱지를 발부해야 한다. 개인은 유죄를 인정하고 즉석에서 벌금을 물거나, 아니면 벌금 고지서를 받아 지적된 기일 내에 경찰서에 낼 수 있다. 위반 내용에 대하여 이의를 제기하고자 하는 경우에만 법원에 출두하여 자기주장을 펼 수 있다. 그렇지 않은 경우 일단 벌금을 납부한 이후에는 아무런 전과기록이 남지 않으며, 경찰의 추적도 전혀 이뤄지지 않는다. 이런 관행의 모델은 교통위반 경범에 대한 즉석벌금부과제도를 시행하는 스위스 제도에 그 기원을 두고 있다.

이 벌금은 경찰이 위반행위를 적발한 즉시 경찰이 걷어 들이도록 되어 있다. 위반자는 최고 약 25달러에 해당하는 현금을 벌금으로 내고 번호가 적힌 영수증을 받는다. 경찰은 매일같이 발급한 영수증 숫자만큼 현금을 결산하게 되어 있다. 위반사범은 조사표를 볼 권리를 가지고 있으며, 이 경우 즉시 벌금을 낼 필요가 없으며 10일 이내에 우편으로 벌금을 내거나 아니면 법원에 출두해서 자기주장을 펼 수 있다. 벌금이 SF50(20달러) 이하인 경우 그리고 위반 사범이 벌금을 납부한 경우엔 이 모든 절차는 오로지 익명으로만 이루어지도록 하고 있다. 외국인들은 현장에서 벌금을 내야하며 그렇지 않으면 보증인을 세워야 한다. 스위스 경찰은 벌금내기를 마치 라이선스 수수료 내듯 하는 상습사범에 대해서는 즉심에 의한 벌금 부과 대신 법원소환장을 발부토록 하고 있다. 스위스가 현재 교통사범 분야에서 활용하고 있는 이 방식은 삼소지 같은 민사적 위반 사범에 대해서도 적용이 가능하다. 우리나라의 경우 단순 삼사용이나 소량의 삼 소지에 대해 벌금 10만원 정도가 적당하다는 견해가 있다.

5. 비범죄화

비범죄화(decriminalisation)란 어떤 행동이나 행위에 대해 범죄자의 신분이나 위상으로부터 벗어나도록 해주는 것을 가리킨다. 그러나 이렇게 단순하기 짝이 없는 개념정의로는 통상 삼이나 마약 금지법개정 문제를 돌파해 내는데 있어서 거쳐야 하는 사회적 그리고 정치적 과정과 논란이라고 하는 매우 뿌리 깊은 절차들을 제대로 드러내지 못하고 은폐하고 말 수도 있다. 이 점은 이제는 범죄가 아닌 것이 되었거나 아니면 지금 비범죄화 해야 한다는 논란이 벌어지고 있는 범죄들이 어떤 것들이 있는가 하는 점을 살펴보면 금방 명확해진다.

예컨대 지금은 통상 법적인 사항이 아닌 개인적인 것으로 치부되는 종교와 신앙의 문제를 보자. 과거 대부분의 국가들에서 그러했던 것처럼, 어느 한 특정 종교를 믿거나 믿지 않을 권리는 누리기가 매우 힘든 것이거나 커다란 제약을 받았으며 지금도 여러 국가들에서 그러고 있는 실정이다. 언론과 결사의 자유 역시 바로 이 종교의 자유와 밀접한 관계를 맺고 있다. 지금도 여러 국가들은 적어도 법규정에 따른다면 표현이 용납되지 않는 주장이나 불온시 되는 의견들에 대한 범위가 설정되어 있으며, 어떤 단체나 결사체 유형은 아예 법적으로조차 용납조차 되지 않는다. 최근 민주화가 크게 진척된 우리나라 경우를 보면 세계적으로 유례없다시피 한 국가보안법이 제한을 가하고 있는 여러 형태의 사상, 언론, 표현, 결사의 자유 등에 대한 제한이나 금지 등이 대표적인 사례가 될 것이다.

이런 사례들은 일부 독재국가에서나 나타나는 게 명확한 것이긴 하지만, 민주주의 국가에서도 여전히 여러 가지 많은 사례들이 잔존하고 있음을 쉽게 찾아 볼 수 있다. 예컨대 미국의 몇몇 주들 및 아시아의 여러 국가에서 남색 행위를 금하고 있으며 (공공연한) 동성애 표현 행위도 불허하고 있다. 그리고 몇몇 유럽 국가들의 경우에도 나치의 유태인 대학살을 부인하거나 인종차별주의를 선동하는 행위 역시 범죄행위로 규정하고 있다. 하지만 통상 역사가 흐르면서 그리고 지역을 더욱 더 많이 넘나들면서 더욱더 많은 시민과 단체들이 그러한 법적 규제에서 벗어나게 되었다. 요컨대 표현과 언론의 자유 및 정치적 결사체 등에 대한 비범죄화가 점점 더 확산되기 마련이다.

원칙적으로 공식적인 비범죄화 과정과 절차는 매우 오랜 세월이 걸리며 매우 치열한 논쟁과정을 거치기 마련이다. 즉 그 동안 범죄로 규정된 행위나 행동으로 인해 고통을 당한 사람들은 그렇게 오랜 세월 치열한 논쟁 과정을 거치고 나서야 비로소 그와 같은 법적인 범죄규정 배후에 깔려있는 전제들에 대해 의문을 표시하기 시작할 수 있게 되는 것이다. 이들은 어느 한 성적 권리, 민주적 권리, 사용자 권리 등이 법과 충돌하며 따라서 법개정을 해야 한다고 주장하고 나서기 시작한다. 이들이 이처럼 이런 식으로 의문을 표하여 마침내 법개정 관철에 성공하느냐 마느냐 여부는 대체로 그러한 권리가 작동하는 맥락에 있어서 지배적인 신념 체계가 무엇인가에 따라 좌우되기 마련이다.

그와 같은 행위에 대하여 비범죄화론을 제기한다는 것은 일반적으로는, 신체의 보전과 통일성 및 개인의 자기결정권이 가지는 가치에 대해 광범위한 공감대가 형성되어 있어야만 가능한 세계관과 매우 밀접한 관계가 있다. 이 가치관과 세계관이 폭넓은 공감대를 형성해야만 비로소 소수자 단체나 법규를 일탈한 개개인들이, 다수 여론이나 무조건 고래로부터 내려온 법규가 그런 행위를 '바람직하지 않다'고 규정하고 있으니까 처벌받도록 해야 한다는 식의 논리에 대해 이의를 제기할 수 있게 되는 것이다.

타인에게 해를 끼치지 않는 행위는 점점 더 법적 제재나 규제 대상에서 벗어나오게 된 것은 서구세계의 전반적인 역사 흐름이며, 나머지 비서구 국가들도 그런 흐름이 대세로 자리잡아가고 있다. 보다 더 적절한 용어를 찾기 힘들어 그냥 이런 행위 유형을 '라이프스타일 상의 위반행위' 범죄 정도로 이름을 붙이도록 하자. 그런데 이런 종류의 위반행위는 물질적 이득을 얻어내기 위해 범해지는 것은 아니며, 그 행위자들이 의도하지 않은 결과가 무엇인가와 상관없이, 실상 그 무엇보다도 문화적 정치적 사회적 지위 혹은 그런 행위자의 아이덴티티를 표현하는 것들이기 마련이다. 결국 여기서 비범죄화란 당국이 그 사회에서 타인에게 신체적 해악을 끼치지 않는 개인적 행위, 라이프스타일, 신앙이나 신념 등에 대해 간섭하거나 개입하는 권한이나 범위의 폭을 줄여나감으로써, 신체의 보전이나 통일성 및 개인의 자기결정권 등의 가치를 제도화해야 한다는 특정 세계관의 바로미터이자 지표가 된다고 할 수 있다.

크게 보아 이런 류의 행위에 대해서는 바로 이렇게 비범죄화하는 것이야말로 자유주의 원리에 속한다. 즉 개인은 모두 동등한 권리를 가지고 있으며, 누구도 타인 및 타인의 재산에 대해 해를 끼칠 권리는 없고, 당국은 타인이나 사회에 대해 직접적인 위협이 되지 않는 한 개인의 라이프스타일 문제에 대해 끼어들어서는 안 된다. 위에서 지적한 행위들에 대한 비범죄화의 역사를 조망해보면 정확하게 자유주의의 원칙이 전세계적으로 확산 관철되어온 것으로 정리해볼 수 있다. 특히 이런 현상은 유럽의 민주주의 국가에서는 매우 강하게 나타나며 독재국가에서는 매우 미미한 것으로 나타난다. 그렇지만 아직도 자유주의 신념체계와 라이프스타일 상의 위반행위에 대한 비범죄화 사이에는 엄격한 연관성을 주장하기 어렵게 만드는 예외적인 건들이 적지 않게 남아있는 게 사실이다. 예컨대 일부다처제 혹은 일처다부제는 당사자들이 모두 그와 같은 결혼형식에 동의했다면 타인에 대해 직접적인 해를 끼친다고 말할 수는 없다. 하지만 아직도 유럽의 자유주의 국가들에서 일부다처제나 일처다부제는 금지되어 있으며 오히려 자유주의 국가가 아닌 중동 국가들에서 그와 같은 결혼형식이 허용되고 있다.

뿐만 아니라 가장 자유주의에 입각해 있는 국가조차도 라이프스타일에 관한 여러 행위들을 범죄로 규정하고 있다. 가장 좋은 예는 아마도 통상 엄정한 법적 제재를 가하고 있는 약물사용 분야 관련 행위들에 대해서일 것이다. 즉 마약범죄를 일컫는다. 전세계 모든 국가들은 각각 서로에 대해 헤로인, 코카인, 엑스터시, 암페타민, LSD 등의 금지 대상 약물 리스트를 공유하며 단속하여 처벌하고 있다. 역사적으로 비범죄화라는 용어가 사용된 기간의 거의 대부분 동안 '비범죄화'라는 이 단어는 이들 마약을 범죄로 규정하기 보다는 대신 어떻게 합법적으로 규제하도록 해야 하는가 하는 방법론을 지칭하는데 사용되어왔다. 이 논쟁의 쟁점은 대체로 다음 두 가지로 대별된다.

첫째, 마약 사용이 과연 타인에게 해를 끼치며 전체 사회에 대해서도 위협이 되는가? 만일 그러하다면 이는 마약 사용을 범죄로 규정한 법을 시행하거나 유지해야 할 충분한 이유가 된다. 마약 사용자가 공격성을 띠며 복지제도에 의존할 수밖에 없고 치료 등 건강상 보호를 크게 해주어야만 하는 바로 이 점이 타인에게 해를 끼치는 근거라고 말한다면, 마약 사용을 가능한 한 최대한 억제토록 하는 것이야말로 사회에 대해 가장 좋은 이익이 된다고 주장할 수 있다. 마약 사용은 내재적으로 보더라도 잘못된 것이라고 볼 수도 있다. 예컨대 마약 사용이 종교적 신앙과는 맞지 않는 경우가 그러한 예에 속한다. 일반적으로 비범죄화론에 대해 반대파는 이 문제에 대해 그렇다고 본다. 따라서 이들은 마약 사용을 제한하는 것이야말로 전체 사회나 종교적 원칙에 대한 정당한 방어진지가 된다고 본다. 반면 비범죄화론 지지자들은 통상 마약 사용의 영향과 마약금지법의 영향, 이 두 가지를 함께 지적한다. 비범죄화론자들은 어떤 한 행위에 대해 위험하거나 이의가 있을 수 있다는 사실이 곧바로 범죄로 규정되어야 하는 근거가 되는 것은 아니라고 본다. 이들은 마약 사용에 대한 합법적 억압이 정말 마약 사용이나 마약 오남용에 대해 직접적인 효과가 있는지 묻는다. 이들은 이런 종류의 특정 행위를 금지시킬 것인가 하는 여부에 대해서, 이를 마약의 악영향에 대해서보다는 오히려 범죄화로 인한 악영향 문제라고 하는, 윤리적으로도 적실성이 있지만 보다 더는 실용주의적인 문제 차원으로 고쳐 말하며 주장하고 있다.

둘째, 마약 사용이 과연 마약 사용자에게 위험하거나 해로운가 하는 문제이다. 낙태, 안락사, 남색행위, 매춘 등과 같이 자유민주주의 국가가 비범죄화한 대부분의 행위들은 직접적으로 타인에게 영향을 미치는 것은 아니기 때문에 이 측면은 매우 중요하다. 이 행위들이 과거, 범죄로 규정되었던 이유는 사회적인 측면이 아닌 윤리적인 이유에서였다. 즉 불법행위란 곧 윤리적 타락을 뜻하는 것으로 간주되었던 것이다. 법적 제도란 곧 사회의 윤리적 차원을 반영해야 한다고 보았기 때문에 그와 같은 논리의 연장선상에서 개인의 윤리적 고결함을 타락시키는 행위들은 법적으로 금해야 한다고 보았다. 범죄화론 반대파는 다시금 이를 반박하는 두 가지 유형의 논리를 제시하고 있다. 한편으로, 이들 비범죄화론자들은 정부가 타인을 대변하려 한다거나 개인적인 문제에 개입하려 드는 것은 정부가 할 일은 아니라는 윤리적 근거를 내세운다. 다른 한편으로, 이들은 그와 같은 법적 제재를 가한다고 해도 통상 도대체 아무런 효과도 없다는 실용주의적인 근거를 내세운다. 문제의 행위를 하는 사람들은 이미 사회적 한계 계층에 속하거나 문화적으로 일탈한 위치에 있기 때문에 법적 강제를 가하면 이들의 윤리적 사회적 배제 과정을 무력화시키기보다는 오히려 더 강화시킬 가능성이 더 크다고 본다. 따라서 과도한 단순화를 약간 더하여 말한다면 예컨대 삼사용 비범죄화론자들은 개별적인 삼사용자들에게 법적 강제력을 가하는 것은 불필요하며 만일 그와 같은 법적 강제력이 집행된다면 이는 억제하고자 하는 행위를 무력화시키기보다는 오히려 더욱 더 조장하며 강화시킬 것이라고 주장한다.

이와는 대조적으로 반대파는 삼사용에 대한 자유주의적 법규는 정부나 사회가 삼사용에 대해 진지하며 윤리적인 반대는 하지 않는다는 잘못된 메시지를 전달할 수 있다고 주장한다. 이에 덧붙여 이들은 억압적인 법규를 엄격하게 집행하며 각종 캠페인과 사회적 압력까지 더하게 된다면 삼사용에 따른 부정적 측면들을 부각시킬 수 있다면서 이런 억압적인 법규야말로 실효성이 있거나 있을 수 있다고 주장하는 경향을 보이고 있다.

여기서 꼭 지적하고 넘어가야 할 점은 비범죄화가 곧 완전한 방임나 탈규제 그 자체는 아니라는 점이다. 앞서 비범죄화 사례로 든 것들을 보면 정부는 비범죄화 조치 이후에도 계속해서 비범죄화 조치를 취한 해당 개별 행위들에 대해 여전히 우려를 표명하며 계속해서 어떤 형태로인가 개입하고 있음을 볼 수 있다. 다시 가장 좋은 사례가 되는 마약 사용 문제로 돌아가 보자. 이 문제에 관한 한 네덜란드는 비범죄화론에 대한 찬반 양측에게 동시에 평가와 판단 기준이 되고 있다. 네덜란드의 마약법은 비교적 자유주의에 가까우며 형식상 불법으로 되어 있는 마약 사용에 대해 당국은 일반적으로 보아 비교적 자유주의적인 접근법을 채택하고 있다.

네덜란드 마약정책 중 가장 유명한 것은 확실히 개인적으로 사용하도록 소량의 해쉬쉬와 마리화나를 팔 수 있도록 한 커피숍 제도일 것이다. 하지만 삼을 팔고자 하는 사람 누구나가 모두 그렇게 할 수 있게 되어 있는 것은 아니다. 실제로 대부분의 지방자치단체들은 관할지역에 이런 커피숍 자체를 불허하고 있으며, 상징적으로나마 이를 허용하는 지방자치단체도 그 커피숍 총수를 극히 제한하고 있다. 이에 덧붙여서 개인 손님들에게 팔 수 있는 삼의 양이나 팔기 위해 재고로 보유할 수 있는 삼의 양도 제한을 받도록 하고 있다. 개인 손님에게는 최고 5g까지만 팔 수 있으며, 커피숍 업소 1군데당 어느 때를 막론하고 불시에 조사했을 때 삼을 최고 500g 이상은 보유해서는 안 되도록 규제하고 있다. 그리고 삼은 18세 이상인 성인에게 팔 수 있게 되어 있다. 이와 같은 규정들은 여러 해 동안의 오랜 시행착오를 거쳐 확립되기에 이르렀다. 네덜란드의 삼 비범죄화 정책에 대한 국내외

반대 압력들이 급증하자 네덜란드 정부는 더욱 더 엄격한 규정을 만들었으며 이를 더욱 더 엄정하게 집행하고 있다.

예컨대 암스테르담에 최초로 커피숍이 허용되었을 때만 해도 거의 아무런 제한 규정이 없었다. 커피숍 업소 수가 꾸준히 증가했으며 여러 시민들이 이들 중 몇몇 업소가 범죄 장소로 화했으며 소란사태가 발생하고 삼 말고도 다른 마약까지 판다고 민원을 제기하였다. 이런 민원들에 대응하여 암스테르담 시정부는 삼 판매와 삼사용 분야에서 범죄적인 요소를 척결하기 위해 여러 가지 조치들을 취하게 된 것이다. 커피숍에 대한 공식적인 관용(게도겐 gedogen) 정책은 1980년이 되어서야 비로소 시작되었다. 그 전까지 당국은 커피숍이 30g 이상의 삼을 보유하고 있다는 이유로 폐쇄시킬 수 있었으며 실제로 그런 사례가 있었다. 하지만 1980년부터는 이런 자의적인 법집행은 줄어들게 되었다. 커피숍에서 범죄행위가 적발되거나 18세 미만인 자에게 삼을 팔거나 소란사태가 발생하게 되면 즉 법규를 위반하게 되면 일시적으로 혹은 항구적으로 폐쇄하도록 했다.

코카인, 헤로인, 엑스터시 등과 같이 사용자에게 수용하기 힘든 위험을 초래한다고 판단되는 하드드럭으로 분류되어 있는 마약 사용에 대한 네덜란드 정부의 태도는 더욱 더 억압적이지만, 그렇다고 해도 통상적으로 보면 네덜란드 정부는 이들 사용자들에 대해서도 기소까지 하지는 않는다. 더욱 더 중요한 것은 네덜란드 정부 측이 불법마약 사용에 대해 이를 엄연히 현실적으로 주어진 사실 및 정보로 받아들여 인정하며 사용자들에게 위험을 줄일 수 있도록 각종 설비와 장비들을 제공하고 있다는 사실이다. 예컨대 네덜란드 정부가 마약 사용자들에게 제공하는 시설이나 장비 중에는 마약 테스트 서비스 제공, 마약에 대한 안내문과 홍보물 제공, 안전하며 사적인 마약 사용 장소를 마련할 수 없는 소수의 마약 사용자들에게 편안한 공간('마약 주사실' shooting galleries) 제공 조치 등이 포함되어 있다. 하지만 마약 사용자에게 이런 서비스들을 정부가 직접 제공토록 하는 것이 통상적인 형태인 것은 아니며, 정부가 지원하는 시민단체를 통해서 그런 서비스들을 제공하는 방식을 취하고 있다. 이런 접근법은 통상 '해악감소' 접근법이라고 불린다. 이 경우 '비범죄화' 조치란 곧 마약 사용자에 대해 억압적이며 관용 제로적인 접근법으로부터 벗어나, 마약 사용이 초래하는 해악이 되도록이면 많이 감소할 수 있도록 하는 상황을 만들어가는 쪽으로 바꿔나가는 것을 뜻한다. 마약 사용을 전혀 규제하지 않고 방임하기 보다는 오히려 각종 제도, 시민단체, 규제 등을 통한 여러 가지 그물망 구조를 정비해나가는 것을 가리킨다.

이것은 통상적으로 다른 형태의 여러 가지 비범죄화 방식들을 뒷받침하는 것이 되기도 한다. 예컨대 안락사를 범죄로 규정하고 있지 않은 국가들 사례를 들어본다면, 안락사를 잘못 적용하지 않도록 하기 위하여 전체적 규제 시스템을 갖추고 있음을 볼 수 있다. 두 가지 사례 모두, 법적 기소를 당하지 않도록 하기 위해서는 구비해야 하는 여러 가지 조건들을 해당 법률은 열거하여 규정해두고 있다. 낙태와 안락사를 하려는 사람들은 통상 처음에는 그렇게 하고 싶어 하지 않는다. 하지만 그렇게 결정해야 하거나 할 수 있는 합당하며 좋은 조건들을 갖춘 것이 명확해지면 그렇게 할 수 있도록 지원하며 카운슬링을 받을 권리까지 부여된다.

이렇게 각종 사례들에서 드러나는 것처럼 비범죄화를 단순히 법규정 문제로 보는 것은 올바르지 않다. 통상 비범죄화 정책이란 지극히 논쟁적일 수밖에 없다. 비범죄화 조치나 정책이란 보통은 간단명료하며 일순간 즉석에서 이루어지는 정책이나 조치가 아니며, 오히려 우연과 무계획으로 점철된 장기적인 과정을 통하여 비로소 이루어질 수 있다는 것이 상례이다. 그런 점에서 호모(동성애)에 대한 비범죄화 과정은 전형적인 사례가 될 수 있다.

마지막으로 비범죄화란 통상 중층적인 과정과 절차를 통해 이루어진다는 점을 지적할 필요가 있다. 한편으로, 억압적인 각종 정부 정책들은 더욱 더 많은 여러 가지 억제수단들을 함께 동원하곤 한다. 억압정책은 억압을 통해 완화시키고자 하는 문제들을 해결하기보다는 오히려 더욱 더 조장하는 것으로 인식되기 때문이다. 다른 한편, 일탈 행위가 초래하는 과도함이나 위험을 규제하기 위한 정책들도 동원하기 마련이다. 결국 이렇게 본다면 비범죄화 정책이란 곧 문화적으로 일탈해 있거나 사회적으로 주변화된 계층이 경험하는 사회적 문제에 대하여 온정주의적 책임감을 갖고 이를 받아들이는 방식이라고 할 수 있다. 이상과 같은 비범죄화 개념에 대해서는 Uitermark, Justus, & Peter Cohen, Decriminalisation: A short description, and the social process behind it. In: *Encyclopedia of Law and Society*. London: Sage Publications, 2005.를 참조하였다.

6. '국제 삼회의' 개최

1998년 9월 4일 런던에서는 마약전문가들이 제1회 국제 삼회의를 개최하였다. 즉 150여명에 이르는 과학자, 의사, 학자, 법조인 등이 모여 세계적으로 금방 닥쳐올 삼 비범죄화 문제를 논의하였다. 마약 합법화를 지지하는 운동가들이 조직한 당시 국제회의는 각국별로 정부 측에 대해 향후 10년 이내에 실질적인 비범죄화가 이루어질 것이므로 새로운 삼 규제 방안을 강구해야 한다고 촉구했다. 런던 중심가에 있는 리젠트 대학에서 개최된 당시 회의는 영국의 마약시민단체 '릴리즈'와 미국 뉴욕에 본부를 둔 마약정책 연구소 '린드스미스 센터' 공동주최로 개최되었다. 당시 회의는 영국마약의존문제연구소 소속 니콜라스 돈 박사 및 암스테르담 대학의 피터 코헨 교수, 캘리포니아 대학 크레이그 레이너만 교수 등이 연사로 나섰다.

영국의 마약문제에 대해 법적 자문을 해주는 시민단체인 '릴리즈'(Release)의 사무총장 마이크 굿맨 씨는 "대다수 저명 과학자, 의학자, 정책전문가들은 추가적인 마약피해를 예방하는 동시에 개인의 시민적 자유를 보호하기 위해서 삼 금압 정책에 대한 대안이 개발되어야 한다는데 의견들이 일치하고 있습니다. 전세계 수준의 여론조사 결과들을 보더라도 비범죄화 지지도가 급상승하고 있기 때문에 국제 삼회의의 목적은 삼 보급과 확산을 규제하는 최선의 방안이 무엇인가를 정하는 데 모아지고 있습니다"라고 지적했다. 미국 대표단의 한 사람인 타이 트리펫(Ty Trippet) 씨는 "삼 금압 정책은 이롭기는커녕 오히려 더 해롭다고 보아야 합니다. 달리 보면 전혀 범죄자가 아닌 사람들을 범죄자로 만들어버리고 있으며, 우리는 이것이 공정하지 않다고 보며, 시민적 자유와 인권에 대한 침해와 다름없는 것입니다. 실제 무슨 일이 벌어지고 있는지를 논의하는 것이 중요합니다"라고 지적했다. 그는 각국 정부 측에 대해 삼 규제에 대하여 새로운 접근법으로 전환토록 요청하면서, 각국 정부는 삼이 오남용되지 않으며 엉뚱한 사람들 수중에 들어가지 않도록 하고 시민들이 이로 인해 고통 받지 않도록 보장하기 위하여 삼을 책임지고 규제할 수 있는 방안을 강구해야 한다고 지적했다. 그는 당시 네덜란드에서 삼은 금지 일변도의 대상이 아니며 비범죄화의 선두를 달리고 있으며 그 다음 영국이 바짝 이를 뒤쫓고 있다고 지적했다.

당시 회의에 참석했던 많은 사람들은 삼이 의료목적으로 허용되어야 한다고 주장했으며, 타이 트리펫 씨는 "영국에는 국민적 정서가 크게 작용하고 있으며, 삼을 비범죄화 해야 한다는 여론이 크게 고조되고 있습니다"고 말했다. 그는 인디펜던트지 일요판에서 삼을 비범죄화하기 위한 캠페인을 벌이는데 대하여 여론이 크게 호응하고 있는 사실을 들어, 향후 영국이 이 문제에 관한 한 다른 나라의 등대 혹은 봉화불과 같은 역할을 할 것이라고 강조했다. 그러나 영국의 상원이 1998년 후반기 이 문제를 검토하겠다고 밝히기는 했지만, 그동안 영국정부는 일관되게 삼의 비범죄화 정책을 반대해왔다.

한편 2002년 5월 첫 주 토요일인 5월 3일, 영국 맨체스터에서는 6백 명 이상에 이르는 사람들이 모여 삼 합법화 시위를 벌였다. 그러나 영국 언론에 따르면 당시 시위와 행진 등을 벌인 사람은 주최 측이 기대했던 것보다 그 수가 적었다. 당시 행사는 '세계 삼 합법화를 위한 행동의 날'을 정한데 따른 것이었다. 전세계 각지에서 같은 행사를 갖도록 계획하였으며 '백만 명의 마리화나 합법화 행진의 날'이라는 전단을 만들어 홍보하기도 했다. 이들은 지금도 마리화나 합법화를 위한 행동의 날 행사를 다시 2003년 5월 첫 토요일 전세계 각지에서 개최하고 있다. 매년 5월 첫주 토요일 수십 개 국가의 200여개 도시에서 이 행사를 벌이고 있다. 물론 우리나라에서는 이 행사를 개최할 단체가 만들어지지 않은 탓에 아직까지는 이 행사를 열거나 동참하고 있지는 못하고 있다(millionmarijuanamarch.org 및 www.schmoo.co.uk/cannabis)

2002년 5월 행사 때 영국경찰은 이에 강력 대처했다. 그 이유는 경찰이 부분적으로는 실제 모인 것보다 훨씬 많은 시민들이 집결할 것으로 예상했기 때문이다. 경찰은 심각한 충돌을 피하기 위해 시위자들이 삼을 피우더라도 곧장 체포하지는 않는 대신 피우던 삼을 끄라고 정중하게 요구하는 수준에 그치겠다는 입장을 미리 밝혔다. 실제로 당일 행진은 만체스터 시내 중심지의 교통을 막히게 했지만 다른 불상사나 체포된 사람은 발생하지 않았다. 행진이 끝난 후 시위자들은 인근 휘트워어드 공원에 집결하여 음악과 여흥 프로그램을 진행했으며, 당시 감옥에 갇혀있던 '스토크포오트' 삼 카페 주인인 콜린 데이비스를 지지했다. '만체스터 삼합법화 연대회의' 소속의 존조 낼리씨는 대중들에게 자신들은 삼을 피우는 것 이외에 의약품으로 사용하거나 삼으로 만든 옷을 입는 것과 같은 측면에 대해서도 관심을 기울여주기를 바란다고 밝혔다. 그는 나아가 삼을 소재로 한 획기적인 산업 육성도 가능하다는 점에 대하여 주의를 환기시켰다. 이날 행진은 미국, 뉴질랜드, 캐나다, 네덜란드, 독일, 스위스, 프랑스 등 30여개 국가에서 개최되었다.

당시 삼 합법화 시위는 영국경찰이 '유연한 삼 단속'을 실험적으로 벌이고 있는 런던 남부의 람베트 버로우 지역에서도 동시 개최되었다. 그리고 당시 영국정부는 삼 등급을 B급에서 C급으로 낮추기로 하는 방침을 결정했다. 즉 삼을 공개적으로 피우더라도 체포될 걱정은 하지 않아도 되게 되었다. 행사 주최단체인 '백만 명의 마리화나 합법화 행진의 날' 조직위원회 측은 영국정부의 마약 비범죄화 정책 수준에 대해 삼 등급 완화 정책만으로는 충분치 않다고 지적했다. 이들은 영국이 사실상의 삼 비범죄화 정책 추진은 환영하지만 등급 완화만으로는 충분한 해결책이 되지는 못하며, 완전하고 전면적인 마약금지정책의 철회만이 해법이 된다고 보았다. 그렇지 않은 미봉적인 비범죄화 정책은 영국 국민들을 제대로 보호도 할 수 없는 타협 술책에 불과하다고 비판하였다.

7. 범죄화, 비범죄화, 합법화

유럽은 사용자를 책임 있는 시민으로 대우하는 개선된 마약정책 접근법을 운용하고 있다. 유럽마약정책의 핵심은 마약사용에 대해, 완전히 박멸해야 하는 범죄행위이기보다는 오히려, 개인 및 사회 전체적으로 역효과를 최소화하는 방식으로 가장 잘 처리해야 하는 인간본성의 한 부분이라고 다룬다. 개인을 둘러싼 사회 환경, 가족의 지원, 교육차원 등 사람들이 마약을 해보게끔 만드는 요인들이 무엇인지 연구 검토하는 여러 시도와 노력이 경주되고 있다. 유럽 각국은 대체로 마약사용에 대한 접근 방식은 프로파간다보다는 오히려 진실성 있는 교육을 더 강조하며, 억압적인 법집행보다는 오히려 자기개발의 진작을 더 강조하고 있다. 대부분의 유럽 국가들은 형사사법기관이 사용자에 대해 사회적으로 오점을 남겨주며 커다란 좌절감을 안겨주고 자존심에 상처를 입힘으로써 단지 마약과 연관되어 있는 각종 문제들을 더욱 더 악화시킬 따름이라는 점을 잘 인식하고 있다. 그 대신 마약사용을 억제하는데 있어서 역사적으로 실패한 것으로 입증된 바 있는 반작용적인 접근법 대신 보다 더 능동적이며 전체론적인 접근법을 활용하고 있다.

유럽 각국은 불법마약 사용과 관련하여 나름대로 정책을 개발하고 있으며 소비관련 행위에 대하여 관용하는 정도 및 법집행을 하는 수준 등에 있어서 다양한 편차가 있다. 최근 거의 모든 유럽 국가들은 전국 수준의 입법형태로든 아니면 사실상의 비범죄화 정책의 형태로든 간에 삼 관련 법규들을 개정했거나 개정해나가고 있다. 소비자는 이제 더 이상 범죄자가 아니며 삼은 통상 담배와 술 같이 다른 레크리에이션 습관과 같은 것으로 인식하고 있다. 현재의 유럽 각국의 추세는 삼에 대해서는 완전한 비범죄화로 나아가고 있으며, 어떤 경우에는 정부가 승인하는 라이선스 제도를 통해 상업적 거래에 대한 합법화와 규제 조치도 취해지고 있다.

유럽 각국 대부분 개인이 자신의 신체에 대하여 어떻게 할 것인가 하는 행동의 자유를 금지하는 합법적 토대는 존재할 수 없다는 확고한 신념을 갖고 있다. 유럽국가 대부분은 어느 한 성인이 자기 집에서 책임지고 삼을 사용하는 것은 국가적 범죄문제 차원은 전혀 아니라고 인식하고 있다. 다른 사람의 권리를 존중하는 동시에 각자에게 속한 문제에 대한 각자의 행위의 자유를 보장한다는 이 '유럽적'인 정신자세는 우리나라나 미국, 기타 국가들과는 확연히 대비된다. 마약사용 및 마약사용자에 대한 관용적이며 동정심을 갖춘 견해가 실현되는 날이 오면 각국은 필연적으로 시민들 삶의 질에 있어서 획기적인 진전을 이룩하게 될 것이다.

마약금지정책은 세계적 현상이며 유엔마약조약(1961, 1971, 1988)에 따라 실행에 옮겨지고 있다. 이 조약은 특정마약의 생산과 제조, 공급, 사용에 대해 형사적 제재를 가하도록 하고 있으며, 190개에 이르는 국가와 지역에서 국내법으로 비준되어 시행중이다. 하지만 마약정책 개혁운동 역시 세계적 현상이며 점점 더 많은 국가들이 보다 더 실용주의적인 해악감소정책을 채택하고 있으며 이에 필요한 정책과 합법화 정책을 수용해나가고 있다. 세계적으로 마약금지정책은 최고정점을 지나 퇴조기에 접어들었으며, 영국에서 내외적으로 개혁의 추진에 힘이 되는 풍부한 경험과 증거들을 제공해주고 있는 것은 청신호가 아닐 수 없다.

하지만 아직은 어느 국가도 유엔마약조약이 규정하고 있는 마약에 대한 합법화를 시행하는 나라는 존재하지 않는다. 물론 유엔마약조약을 무시하고 일방적으로 마약합법화 조치를 취한다면 미국과 유엔의 마약기관이라고 하는 막강한 정치세력은 말할 것도 없고, 해당 국가 국내적으로도 마약금지주의 정책 기득권 세력으로부터도, 엄청난 분노와 반발을 초래할 가능성이 크다. 그러나 세계적으로 마약의 개인적 소지와 사용에 대해서는 사실상의 비범죄화라고 하는 중요한 조치들이 취해지고 있는 실정이다. 이때 유엔의 명목상 엄격한 마약금지조약에 대해 편리한 대로 수정 해석하는 편법들을 동원하고 있으며, 이 유엔마약조약을 거의 파기하는 수준에까지 이른 경우들도 적지 않은 실정이다. 이와 같은 비범죄화 추세는 가장 흔하게는 삼에 대해 시행되고 있으나, 점점 더 많은 국가들이 모든 마약에 대해서 확대 적용하려 하고 있다.

이것은 마약금지주의 입법문서 및 그 정신에 대한 엄청난 도전이며, 이것은 결국 마약공급 측면의 개혁에 대해 보다 합리적이며 이성적인 접근으로 귀착될 수밖에 없음을 뜻한다. 합법화를 위한 보다 폭넓은 조치들이 취해지기는 아직 저 멀리에 있는 상황이긴 하지만, 비범죄화 추세 그 자체는 진보적 국가들 연합이 유엔마약조약을 재개정하거나 폐지하기 위한 전초전 성격을 띠고 있는 것으로 볼 수 있다. 결국 최종 목표는 개별 국가들이 마약규제 시스템을 결정할 수 있도록 하며, 쌍무적 무역협정을 체결토록 하는 방향에서 찾을 수밖에 없다.

유럽 각국의 정책에서 초점은 다음과 같다. 첫째 삼의 사용, 소지, 취득, 거래 등에 관한 공식적인 마약법규 내용은 무엇인가, 둘째 삼과 다른 마약을 구분하고 있는가 여부, 셋째 마약사범에 대한 처벌은 전반적으로 어느 수준인가, 넷째 삼 사범을 다루는데 사용되는 법집행절차는 어떤가 하는 등의 측면에 중점을 두었다. 그리고 마약정책 전반에 대해서도 각국의 실태를 망라하고자 했다. 네덜란드, 덴마크, 스위스, 프랑스, 독일, 포르투갈, 영국 등을 주로 다루었으며, 미국, 일본, 아태국가 등은 따로 다루었다. 자료의 출처는 'EC 위원회' 및 '유럽 마약 및 마약중독 모니터링 연구센터' 및 삼 관련 각국의 시민단체 등의 자료, 그 외 마약전문 연구기관의 성과물들도 참고하였다. 필요한 경우 각국 대사관이나 영사관을 통해 자료를 입수하였다.

제3장

네덜란드, 덴마크, 스위스

1. 네덜란드

네덜란드의 마약정책 접근법을 제대로 이해하려면 네덜란드의 사회적 특성들을 염두에 두어야 한다. 네덜란드는 세계적으로 인구밀도가 매우 높으며 도시화된 국가이다. 인구는 1천 5백 5십만 명이며 국토 면적은 4만 1,526평방킬로미터이다. 네덜란드 국민들은 개인의 자유에 대해 확고한 믿음을 갖고 있으며, 정부는 종교나 윤리 문제에서 단지 배경역할만 하고 있다. 네덜란드 사회의 특성은 이런 종교나 윤리문제에서 자유롭고 열린 토론을 벌인다는 점이다. 광범위한 사회보장제도와 및 모든 국민이 의료와 교육혜택을 받고 있는 데서 알 수 있는 것처럼 사회 전체의 복지에 커다란 가치를 부여하고 있다.

1970년대 기간 동안 폭력이 난무하는 헤로인 시장으로 인해 네덜란드 정부는 반 위원회라고 하는 마약정책 실무기구를 발족시켰다. 당시 반위원회 권고사항들은 대체로 보아 그 후 네덜란드 마약정책의 진로를 결정하다시피 했다. 반위원회가 확립한 네덜란드 마약정책의 핵심은 모든 마약의 진압보다는 해악감소 즉 마약사용에 따른 위험과 장애의 최소화 개념에 뿌리를 두고 있다.

네덜란드에서는 해악감소를 위한 개입이 폭넓게 이루어지고 있다. 메타돈 유지법 방식은 수요 요청에 따라 활용되고 있다. 1998년 여러 도시들이 의학적 근거에서 메타돈과 결합시킨 처방 헤로인 정책을 실험적으로 실시하였다. 메타돈 치료와 메타돈-헤로인 치료의 비교 실시 사업에는 750명의 중독자들이 참여했다. 이 실험은 지금도 계속되고 있으며 포괄적인 평가분석이 발표되기도 했다. 1980년대 에이즈와 B형과 C형 간염을 예방하기 위하여 주사기 교환해주기 정책이 발달했다. 오늘날에도 네덜란드에서는 60여개 도시와 타운에서 130개의 해당 프로그램들이 실시되고 있다.

마약시장의 공급측면에서 네덜란드 마약정책은 국제 차원의 억압적 규범을 따르고는 있으나, 수요측면에서는 네덜란드의 독특한 접근법이 분명하게 드러난다. 네덜란드 마약정책은 마약사용이란 한때 젊었을 때 철없고 경솔한 짓일 수 있다고 인정하고, 그러나 마약사용에 따른 문제가 크게 불거진 사람들을 위해서는 동정심과 치료를 크게 강조하고 있다. 네덜란드 정부는 이와 같이 실용주의 접근법을 동원해가며, 이미 감지하고 있는 특정 마약의 위험성들에 대하여 명확한 우선순위를 갖고 대처해나가고 있다. 국민건강이야말로 무엇보다도 앞선 관심사가 되고 있다. 네덜란드 마약정책의 핵심요소는 다음과 같다.

- 가장 중요한 목표는 마약사용이 사회와 개인에 대해 초래하는 위험을 예방하거나 완화시키도록 하는데 두고 있다.
- 이 위험과 정책수단간 관계는 합리적이라야 한다.
- 합법적인 레크리에이션 마약과 의료용 마약의 위험도 고려하여 다양한 정책수단을 동원해야 한다.

○ 삼 밀거래 외의 마약 밀거래를 금지하는 억압적인 조치를 우선시한다.
○ 밀거래와 별도로 다른 측면의 마약문제에 대한 형법은 적절치 못하다는 점을 인식해야 한다.

1) 시장분리 및 비범죄화 정책

네덜란드 마약정책의 핵심은 시장분리 개념이다. 제기되는 위험 정도에 따라 마약을 분류하고 각각의 마약시장을 고립화시키는 정책을 추진함으로써 소프트마약 사용자는 하드마약 사용자를 접촉하지 않도록 할 수 있다고 본다. 결국 이론상 소프트 마약 사용자는 하드 마약을 하게 될 가능성이 훨씬 작아지게 된다. 네덜란드에서는 개인적 사용을 위한 소량의 삼 소지는 비범죄화 되어 있으며, 삼의 판매 역시 법적으로는 아편법 위반이 되지만, 기소지침에 따르면 실제 기소는 오로지 특정 상황인 경우만 이루어질 수 있다.

삼의 경우, 커피숍 운영자나 주인은 알코올 판매는 할 수 없게 되어있을 뿐만 아니라, 다음 다섯 가지 기준을 지키면 기소를 당하지 않게 되어 있다.

첫 째, 어떤 경우에도 1회 거래에서 1인당 5그램 이상 팔 수 없다.
둘 째, 하드드럭을 팔 수 없다.
셋 째, 마약을 광고할 수 없다.
넷 째, 커피숍은 어떠한 소란행위도 야기해서는 안 된다.
다섯째, 18세 미만 미성년자에게 마약을 팔아서는 안 되며 미성년자를 입장시켜서도 안 된다.

이런 조건을 지키면 해당 지방자치단체는 커피숍을 폐쇄시킬 수 없다.

하드드럭이 지배하는 지하범죄문화에 노출되지 않도록 되어 있는 환경 속에서 소프트마약을 구입할 수 있도록 허용함으로써 시장을 분리하는 정책은 결국 국민들이 헤로인, 코카인, 메타암페타민 등과 같이 '용인할 수 없는 위험'이 있는 것으로 간주되는 마약을 호기심 삼아 해보는 것을 막는 사회적 장벽을 설치해놓도록 하기 위한 것이다. 개인적 사용 목적의 소프트마약 소지 행위를 비범죄화 하며 통제된 환경에서 판매 행위를 용인하는 것은 젊은 층의 마약소비를 우려할 만한 수준으로까지 증가시키지는 않았다. 소프트드럭 사용 수준과 성격은 다른 서방국가들 유형과 크게 다르지 않다. 하드드럭의 경우 네덜란드의 중독자 수는 다른 유럽국가에 비해 적은 편이며, 프랑스, 영국, 이탈리아, 스페인, 스위스 등보다 훨씬 적다. 네덜란드의 마약 사용률은 모든 마약종류에서 미국보다 낮다.

이처럼 네덜란드에서 마약사용은 기본적으로는 형사범죄가 아니다. 뿐만 아니라, 개인적 사용 목적의 마약 취득도 형사범죄가 아니다. 법에서는 소지행위를 범죄로 규정하고는 있으나 실제로 이 규정은 집행되지 않고 있으며 형사상 조치는 결코 고려대상이 아니다. 네덜란드 마약정책은 용인할 수 없는 위험을 수반하는 마약(헤로인, 코카인, LSD 같은 하드드럭)과 헴프제품(마리화나와 해쉬쉬 같은 소프트드럭)을 구분하고 있다. 의료와 교육 목적 이외 모든 마약의 소지, 밀거래, 생산 등은 형사범죄이다. 그러나 네덜란드 검찰청은 하드드럭 수출입 단속과 규제에 대해 최우선순위를 두며, 대신 개인적 사용을 목적으로 소량의 소프트드럭이나 하드드럭과 관련된 사범에 대해 수사하거나 기소하는 것을 우선순위의 맨 아래에 두도록 지침을 만들어 운영하고 있다. 네덜란드에서 삼사용은 대체로 허용되고 있다. 소량의 삼제품은 커피숍이라는 소매점에서 구입할 수 있으며 그곳에서 소비할 수 있다. 1991년 시행에 들어간 '커피숍규정'은 각급 지방자치단체 측에 대해 삼사용의 관용의 범위를 정하도록 일임하였다. 이 규정의 각 조항들은 광고, 미성년자에 대한 판매 등을 금하고 있으며 한번에 파는 양을 제한토록 했다. 라이선스를 발급받은 커피숍 주인은 각 주별 지방세를 납부해야 하며 영업점 내지 인근의 위법행위에 대해 책임을 지도록 되어 있다.

2002년 7월, 네덜란드 법무부 당국은 대중적인 '커피숍'에서 삼 판매를 용인하는 기존정책을 고수할 것이라고 선언했다. 이 발표는 앞서 새로 선출된 연방 당국이 의회 측이 국경선 부근에서 운영되고 있는 커피숍 수를 제한하는 문제를 검토하겠다고 시사한 것을 뒤집는 것이었다. 2002년 7월, 법무부가 용역을 맡겨 나온 연구결과에 따르면 네덜란드에는 805개소의 커피숍이 있었다. 네덜란드의 마약정책에 따라 커피숍은 고객 1인당 5g 이하의 마리화나를 팔수 있다. 이에 덧붙여 2002년 4월 발표내용에 따르면 의료상 목적에서 마리화나가 필요한 환자의 경우 네덜란드에서는 2003년부터는 약국에서 처방등급에 맞는 삼을 구입할 수 있다. 정부당국은 약국에 공급할 등급별 삼을 공급하기 위하여 허가를 받은 재배농가와 계약을 맺게 될 것으로 전망되고 있다.

결국, 네덜란드에서 소량이면 어떠한 마약이라도 그 소지행위가 기소대상은 아니다. 이 소량이라고 하는 것은 법적으로 헤로인 0.5그램 이하, 삼의 경우 5g 이하로 되어 있지만, 실제 현실에 있어서는 어떤 마약이라도 마약 소지 범죄가 기소되는 경우란 전무하다시피 하다. 1976년부터는 라이선스 조건을 갖춘 경우 삼의 소비와 판매를 위한 커피숍을 허용하고 있다. 네덜란드에서는 헤로인도 처방전만 있으면 손쉽게 구할 수 있으며, 사용자들을 위하여 안전한 주사실도 제공하고 있다. 한 명의 레지던트(전공의) 취급자가 딸려있는 이 헤로인 주사실 제도는 '지하실 프로젝트'라고도 불리고 있으며, 이런 시설 역시 허용되고 있다.

2) 사회정치적 배경

다른 나라와 달리, 네덜란드 마약 비범죄화 정책을 가능하게 했던 사회정치적 조건들이 있었다. 사실 네덜란드 역시 1961년 뉴욕의 유엔단일마약금지조약 당사국이며, 국제마약통제위원회 소속으로서 네덜란드 마약정책은 이 국제조약을 그대로 따르고 있는 것처럼 되어 있다. 그러나 네덜란드는 다른 어느 나라보다 마약금지정책 모델의 실효성 부재에 대해 비판적이었으며, 그런 만큼 관용과 실용주의를 다른 어느 나라보다 강력하게 견지해온 나라였다. 벌써 1961년 그 당시부터 네덜란드의 정책은 마약사용의 성격 및 시민사회에서 마약사용이 갖는 기능에 대한 자세변화를 반영하고 있었던 것이다. 네덜란드는 항상 마약오남용 문제란 '기본적으로 그리고 원칙적으로 건강 및 사회복지의 문제'라는 입장을 견지해왔다. 정책이라면 모름지기 마약이 처해 있는 상황을 현실적으로 반영해야 하며 그러면서도 네덜란드 시민의 개인적 자유를 존중해야 한다고 본다. 가혹한데다가 비례성마저 결여된 처벌만으로는 급증하는 사용자들을 공포로 몰아갈 수도 없을뿐더러, 당국이 자원을 총동원하여 쏟아 붓고 있는 온갖 노력들 역시 현대범죄학의 이론과 통찰력과는 상반된다고 보았다. 최선을 다하여 벌여온 마약오남용 및 마약 오남용자들과의 싸움은 결국 이들을 사회 바깥으로 내몰아 지하화하게 만들 뿐이며, 결국 이는 법 이외에는 '도움을 주는' 다른 어떠한 기관들의 영역도 넘어서 버리고 만다.

1970년대 초반 네덜란드에서 수백 년 동안 레크리에이션 목적으로 사용되어오던 삼이 논쟁의 중심으로 떠올랐다. 전국적으로 1만 명 이상의 삼사용자들이 뭉쳤으며 당시 마약정책을 수정하도록 강력하게 요구하였다. 이렇게 해서 1976년 수정하기에 이른 아편법은 네덜란드 국내의 삼사용, 소지, 소매행위 등에 대한 합의를 확인해야 하는 문제를 마약거래자들에 대하여 강화된 국제적 기소와 처벌기준에 절묘하게 타협시킨 결과물이 되었다. 도저히 수용할 수 없는 위험수준이 있는 하드드럭(코카인, 헤로인, 암페타민)과 소프트 마약으로 알려져 있는 삼 제품들(마리화나와 해쉬쉬)를 구분하였다. 이런 물질을 소지하거나, 수입, 수출, 거래하는 행위에 대한 처벌은 해당 약물이 하드드럭인가 아니면 삼 제품인가에 따라 달라지도록 했다. 예컨대 마리화나 30g 이하 소지에 대해서는 1개월 이하 구금형에 해당하는 즉심사범으로 처리하며, 대신 하드드럭의 소지는 기소대상 범죄로 규정하는 식이었다. 네덜란드 정부 측은 기본 입장은 다음과 같은 지적에서 잘 드러난다. "동법은 개인의 마약오남용을 예방하는데 있어서 형사처벌은 극히 미미한 역할밖에 하지 못한다는 견해를 반영하고 있다. 물론 사회에 대한 위험 측면도 고려해야 하지만 마약사용자가 마약사용 그 자체보다 오히려 형사처벌에 의하여 더욱 더 커다란 해악을 당하지 않도록 보장하기 위해 온갖 노력을 경주해야 한다."

이상의 노력은 곧 네덜란드 정부에 의한 마약문제의 '정상화' 조치로 귀착되었다. 기본적으로 이는 술과 담배처럼 광범위한 마약오남용 문제도 확고한 사회적 토대가 있다는 점을 네덜란드 정부와 사회가 인정하겠다는 것을 뜻한다. 마약오남용이 초래한 피해에 대한 찬반 입장을 평가해야 했을 때 마약과 마약중독을 완벽하게 제거한다는 것은 비현실적인 정책대안임이 판명되었던 것이다. 불법거래를 막기 위해 필사적으로 대응하는 정책은 결국 그 자체가 상태를 더욱 악화시키고 말 뿐이다. 보다 더 현실적인 정책대안은 마약오남용이 초래한 피해를 막으며, 국민건강 혜택을 극대화하는 방향으로 사태를 바로잡는 동시에 시민적 자유의 축소는 최소화하도록 하는 것이라고 보았다. 네덜란드는 기본적으로 예방정책을 통해 삼과 그 위험에 대해 계속하여 주목할 것이라고 천명했으며, 이런 자세는 마치 술과 담배문제에 대해 이를 억제전략의 일환 아닌 건강한 삶을 진작시키기 위한 노력으로 취급하는 것과 똑같다고 보았다.

네덜란드의 삼사용 정상화 조치는 경찰이 삼소지 측면에 대해서는 사실상 비범죄화 하도록 하는 것을 뜻했다. 경찰은 길거리 수준에서 삼 금지법을 적극 시행하지 않음으로써 개인적 사용을 위한 소량의 삼 소지문제에 따른 악영향들을 줄이고 있다. 이에 덧붙여 네덜란드가 견지하고 있는 '편의주의 원칙'은 사회에 대해 극히 적은 위험만 있을 따름인 레크리에이션 삼 소비자로부터 진짜 범죄측면을 분리시켜내는데 기여해왔다. 편의주의 원칙은 네덜란드 검사에게 재량권을 부여했으며 일부 사건의 경우 검사가 기소하지 않을 수 있게끔 해주었다. 한걸음 더 나아가, 개별검사들이 참지 못하고 자기 맘대로 결정하여 정책의 통일성을 해치는 일들이 발생하지 않도록 하기 위하여, 서로 다른 범법행위를 수사하여 기소하는데 요구되는 공공 가이드라인을 확정하였다. 네덜란드 검찰청이 정한 가이드라인은 밀거래 행위 퇴치에 최우선 순위를 두고 있으며 소지혐의에 대해서는 우선순위를 가장 뒤로 하도록 규정했다. 실제로 이는 경찰이 소지마약을 압수하더라도, 하드드럭의 경우 0.5g, 소프트드럭의 경우 30g 이하인 경우이며 소지혐의자가 밀거래 혐의가 없고 별도의 마약관련 범죄 혐의가 없는 경우 검찰은 공공의 이익 관점에서 이들을 되도록 기소하지 않도록 해야 함을 뜻한다.

네덜란드에서는 1976년 개정된 아편법이 시행되었으며 삼 제품 사용자들에 대해 비교적 심하지 않은 처벌만 가해졌다. 이 법은 삼을 합법화할 수도 없었으며 실제로 합법화하지도 않았다. 그러나 상당히 눈에 띄며 통제 가능한 삼 소매시장이 허용되어 거래자와 소비자들이 거래할 수 있도록 하는 삼 시장이 발달해나갈 수 있게 되었다. 그러나 도매 거래상과 국제거래상은 기소되어 엄한 처벌을 받도록 했다. 이런 식의 삼 제품 소매시장은 전반적으로 헤로인시장과는 성공적으로 분리되었으며, 이를 통해 현행 네덜란드 마약정책의 기본적인 정책기조, 즉 소프트마약에서 하드드럭으로 연결하는 관문이나 연결통로를 획기적으로 차단토록 하여 공급통로의 분리라는 원칙을 성공적으로 확립하기에 이르렀다.

3) 전망

오늘날 네덜란드의 상황은 삼사용자와 커피숍이라고 불리는 삼 소매점 및 네덜란드 정부간에 조심스런 균형이 이루어져 있다. 커피숍의 폭발적 증가와 국경 없는 유럽이라는 상황으로 인해 외국으로부터 '마약' 관광객이 급증했으며 이로 인해 네덜란드 정부는 삼 시장에 대해 보다 더 타이트한 규제를 하고 있는 실정이다. 1991년 12월 네덜란드 정부가 정하여 시행에 들어간 커피숍 운영규정은 앞서 지적한 다섯 가지 사항(광고금지, 하드드럭 거래금지, 미성년자 판매금지, 30g 이상 판매금지, 커피숍의 예방책임 등)

으로 이루어져 있으며, 이를 지키지 않으면 폐쇄조치를 당하게 되어 있다. 커피숍 라이선스 제도는 커피숍의 수효와 위치도 규제하고 있다. 소프트드럭을 파는 라이선스가 아니라 라이선스 소지자에게 단지 커피숍을 열 권한만을 주도록 한다는 형태로 되어 있는 것이다. 경찰에 단속 당한 전과가 있는 사람은 커피숍 라이선스를 받을 수 없으며 라이선스 소지자는 위 다섯 가지 커피숍 운영규정을 반드시 지켜야 한다. 사실 네덜란드에서 커피숍은 매우 흔해서 이 업소종사자들이 다수 참여하는 노조까지 결성되어 있다.

국제적 적실성 측면에서 보았을 때 네덜란드 삼 정책을 포함한 유럽의 마약정책이 세계 마약정책에 대해 어떤 영향을 줄 것인가에 대해 보다 더 합리적인 논의의 실마리를 제공해주고 있다. 네덜란드 삼 정책의 성공요인의 핵심은 열쇠는 구체적으로 커피숍의 마약오남용 문제의 정도와 세기에 대해 구체적으로 잘 맞춘 매우 유연한 법집행에 있다. 삼에 대해 무조건적으로 총괄적인 처벌을 가하면 대규모 조직범죄 두목에 대해서는 전혀 손도 못 대며 대신 책임 있는 성인 삼사용자에 대해 구금 및 기소 절차에 막대한 국민혈세를 낭비하는 결과를 초래한다. 네덜란드인 전문연구자인 블릿(Hank Jan Van Vliet)은 '각국과 각 지방자치단체는 해당 국가의 조건과 문화에 맞추어 자신들의 마약문제를 억제하며 통제할 수 있는 이러저러한 방안을 찾아내야 합니다'라고 지적했다.

4) 암스테르담 삼 까페 탐방기(자료)

커피숍에서 태평하게 마리화나를 메뉴판을 보고 주문받아 판매하는 암스테르담 모델은 많은 이들을 놀라게 하고 당황케 하기도 한다. 네덜란드에선 삼이 합법화 된 건 아니고, 관용 내지는 용인 되고 있는 수준이다. 네덜란드 당국은 삼 수입은 금지하지만, 소매는 허가한다. 이렇듯 조금 복잡하게 되어 있다. 그러나 네덜란드에서는 모든 사람이 이 제도에 대체로 만족한다. 여기서는 웹사이트 www.wonderchanvre.com/fichiers

/wonderpotes.htm 자료를 중심으로 암스테르담 커피숍에 대한 실태를 살펴보기로 한다.

한쪽 테이블에서는 수염이 많고 냄새나는 고객이 정신을 집중해서 고전적인 물파이프 작업 중이다. 콧속에 해쉬쉬 냄새가 가득 들어온다. 몇몇 레게머리를 한 흑인들이 한 구석에서 역시 작업하고 있고, 두세 명의 단골 네덜란드인 고객은 나른한 눈으로 애매하게 웃음 지으며 지금 막 들어오는 손님들을 손가락질 한다. 그들은 독일관광객인데, 약간 신경질을 내면서 주인에게 가서 마치 호통 치듯 '당장 삼 매뉴판 주세요'라고 말한다.

물론 그렇게 주인에게 말하지 않고도 암스테르담 커피숍에서는 손님으로 입장하기만 하면 가만히 있어도 종업원이 와서 물어본다. '삼 피울 건가요, 아니면 커피만 마실 건가요?' 이때 그냥 '예'라고 말하면 된다. 그러면 주인이나 종업원이 매우 다양한 '야채'가 들어있는 메뉴판을 갖다 준다. 거기에는 아프가니스탄산 해쉬(쉬), 모로코산 마리(화나), 센시밀리아, 매직머쉬룸 등의 이름들이 적혀있다. 이 귀한 '음식'은 계산대 밑 서랍 안에 보관되어있으며, 하나씩 줄로 꽁꽁 묶은 아주 깨끗한 주머니 속에 들어있다.

손님들은 '야채'를 5g까지 살 수 있으며 그곳에서 당장 피우던 아니면 길거리에 나가서 피우던 그건 맘대로 하면 된다. 아무도 이를 귀찮게 방해하지 않는다. 홍등가를 순찰 중이든, 경찰이든, 아니면 줄에 묶인 늙은 암스테르담 토종개이든, 그밖에 누구라도 삼을 피우는 것을 보고 아무도 이를 방해하지 않으며, 심지어 쳐다보는 것조차 하지 않는다. 그냥 자기 맘대로 운하 옆에 가서 삼을 말아 피우든, 아니면 수많은 관광객이나 시민들처럼 공원에서 가서 피우든 아무 상관없다. 암스테르담시 한복판에는 심지어 '해쉬쉬 박물관'도 있다.

세계 각국의 많은 사람들이 '평화롭게 삼을 피우기 위해서' 암스테르담이나 아니면 네덜란드 다른 지역을 찾곤 한다. 대부분 네덜란드가 삼을 합법화하고 있다고 생각하는데 사실은 그렇진 않고, 금지되어있다. 그러나 실제로는 여러 가지 관계법령들을 통해 강제적 법 효력이 없다. 그래서 삼은 관용의 대상으로 되어있다. 이 삼 관용의 적용방식은 다음과 같다. 한 커피숍은 삼을 최고 30g씩만 소유할 수 있고, 고객들에게 최고 5g까지만 팔 수 있다. 미성년자에게는 팔지 않으며, 하드드럭을 취급하지 않고, 규정된 양만 팔면, 엄청나게 장사를 잘 할 수 있다. 반면 그렇게 하지 않으면 커피숍 주인은 상당한 고통을 각오해야 한다.

암스테르담 시에는 2004년 현재 250~300개소 커피숍이 영업 중이다. 이는 2년 전 700여개에 비하면 상당히 줄어들었다. '영업규칙'을 어긴 업소는 경찰이 문을 닫게 한다. 최근 공권력 측에서 상당히 강한 단속정책을 펴고 있다. 이는 프랑스 쉬락 대통령 때문이라고 보고 있다. 쉬락 대통령은 네덜란드 모델은 혐오스러우며 암스테르담 약물들이 온 유럽 국가를 다 침략한다고 주장한다. 그래서 어쩔 수 없이 단속이 강화되었다는 것이다. 유럽 국가들은 네덜란드의 이 '위대한 관용' 정책에 대해 항의하고 있다. 물론 네덜란드는 잘 버티고 있으며 그저 모른 채 하고 있다.

그러나 네덜란드가 계속해서 잘 버티어낼 것인가? 그렇다면 그 버티는 힘은 어디에서 나오는가? 차근차근 짚어보자. 암스테르담 시경찰 언론담당 세스 라모씨는 다음과 같이 말한다. "우리는 소프트드럭과 하드드럭 간에 반드시 경계선이 있어야 한다고 봐요. 모든 약물을 같은 상자에 넣고 문제의 본질을 감추면 안 됩니다. 암스테르담에서는 하드드럭 사용자도 범죄자로 간주하지 않아요. 만약 이들이 약물중독증세를 보이면 다른 환자와 다름없는 그저 환자로 볼 뿐이지요. 게다가 우리는 소프트드럭 판매와 사용을 부분적으로 '비범죄화' 함으로써, '삼과 헤로인은 약물위해성이 서로 다르며 삼은 중독성이 없다'는 절대다수 사람들의 기본 마인드에 부응하고 있는 것이지요."

네덜란드는 하드드럭에 대해서도 진취적이다. 중증 약물중독자는 공식적으로 보건당국 리스트에 등록하도록 되어 있으며, 예컨대 헤로인중독자에게는 무료로 헤로인 대치약물인 '메타돈'을 공급해주는 '메티돈 프로그램'이 잘 시행되고 있다. 또 암스테르담 보건당국은 해마다 약 70만 개의 신제품 주사기를 기존 주사기와 교환해준다. 최근부터 암스테르담과 로테르담에서 실험적 정책이 시도되고 있으며, 이는 말기 헤로인중독자 중 50명을 선발하여 이들에게 헤로인을 공급하는 정책이다. 1년 후 이 정책은 다시 한 번 더 가다듬어지게 되지만, 그때 가면 말기가 아닌 다른 헤로인중독자에게도 이 정책이 적용될 예정이다. 이 정책의 목적은 결국 약물중독자의 '약물결핍증'으로 인해 초래되어 나오는 모든 범죄들을 사전에 줄이도록 하기 위한 것이다.

암스테르담 시내를 거닐어보면, 헤로인이나 메타돈 거래상을 생각보다 많이 만날 수 있다. 약물결핍증이 있는 약물중독자가 관광객들을 상대로 많은 절도범죄를 저질렀다. 그러나 암스테르담 시민들은 암스테르담이 국제적으로 하드드럭 중심지가 되었다고는 생각하진 않으며, 자신들의 '이해와 관용정책'으로 인한 부작용이 암스테르담을 범죄중심지가 몰아간다고도 보지 않는다. "암스테르담은 빠리나 런던보다 절대 심각하지 않으며, 빠리와 런던은 소매치기도 없다고 볼 수 없습니다." 이것이 암스테르담 시경찰 측의 말이다.

삼으로 되돌아가 보면 그 실태가 마치 매우 복잡 미묘한 '무법천지'인 것처럼 보인다. 즉 소매판매는 용인되는 반면, 수입은 형식상 금지되어있기 때문이다. 과연 그 많은 커피숍들은 도대체 어디에서 약물을 공급받는 것일까? 이들 메뉴판에 아프가니스탄산이나 자이레산 해쉬(쉬)를 올려놓기 위해서는 이 삼들이 여러 나라 국경을 통과해야 한다. 게다가 법정량인 30g을 계속해서 이들 커피숍의 공식 약물상자 속에 준비해두기 위해서는 커피숍 주인들은 비밀창고 안에 훨씬 더 많은 삼을 보관해두고 있어야만 한다. 결국 뭔가 좀 논리적으로 모순일 수밖에 없는 것으로 나타난다. 한 암스테르담시 경찰은 다음과 같이 지적한다. "우리는 엄청난 '유연성'이 요구되는 '회색지역'에서 살고 있어요. 암스테르담 경찰은 세계 어느 나라 경찰과도 달라요. 즉 암스테르담 경찰은 시민을 돕고자 하며, 억압하길 원치 않습니다. 다른 나라 경찰이 여기 와보면 우리가 어떻게 일하는지 보고 모두들 놀라 자빠지고 말아요. 그런데 이게 그래도 매우 성공적이에요. 우리는 30년 전부터 '커피숍'들과 협력하여 조직적으로 활동하고 있거든요."

그렇다면 네덜란드의 삼 시장은 과연 에덴의 동산 같은 천국인가? 반드시 그런 것은 아니다. 한 커피숍 주인은 다음과 같이 말한다. "우린 사실 평범한 보통 영업자로 간주되진 않습니다. 사실 범죄의 공범으로 간주되며, 그래서 우리들 장사가 항상 위협을 받습니다." 커피숍 주인들은 이들의 '유동적 지위'와 범죄가담 가능성 탓에 연 3회 경찰의 감사를 받으며 수색을 감수하고 심지어 많은 약물 강도범죄의 피해자가 되기도 한다. 네덜란드 같은 약물천국은 이처럼 위험과 폭력의 부담을 동시에 안고 있다. 또 커피숍간 경쟁도 치열하다. 실제로 하드드럭을 판매하는 커피숍은 경쟁자인 동종 업자들에 의해 고발당하며, 그로 인해 소프트드럭과 하드드럭 사이에는 저절로 경계선이 그어져있다. 커피숍들의 90%는 규칙을 아주 잘 지키고 있다는데 모두들 의견을 같이하고 있다. 결국 하드드럭은 아예 취급하지 않도록 하고 있다. 어느 한 커피숍 주인은 "하드드럭은 너무 위험해요. 그리고 그걸 팔다간 상대하기 싫은 손님들도 대해야 하거든요"이라고 지적한다.

암스테르담 커피숍은 그 수가 매우 많다. 이들은 시내 중심에 있으며, 그러나 모두 그 유명한 레이즈플레인 불독처럼 큰 금고를 갖고 있는 건 아니다. 바도 있으며 약물판매가게도 있고 그밖에 파생상품을 파는 곳들도 있다. 암스테르담 관광에 나선 이상 문 앞에 튀어나와 있는 그 거대한 '불독개 대가리' 부근을 거닐어보지 않으면 안 되게끔 되어있다. 사실 관광객이 주로 방문하는 커피숍이 있는 반면, 특히 단골손님이 들르는 가게가 또 따로 있기도 하다. 주변에서 어슬렁거리기기만 하는 경우도 있다. 커피숍의 이윤은 물론 가게의 규모나 명성이나 전통에 따라 크게 다르다. 소규모 커피숍이 생겨나며, 또한 문을 닫는 커피숍도 많다. 자리를 잡기가 그만큼 쉽지 않다는 증좌이다.

커피숍 주인들에게 네덜란드에서 삼을 완전히 합법화 하는데 찬성하느냐고 물어보면 십중팔구는 부정적으로 대답한다. 즉 "그러면(삼을 완전 합법화 하면) 우리들 장사 망해요!" 실제로 네덜란드에서는 현재의 '회색지역' 정책에 만족해하는 업자들이 절대다수를 차지하고 있다. 네덜란드의 약물정책이 일부 사람들에게 '경악의 대상'이라고 한다면, 다른 상당수 사람들에겐 '경이의 대상'인 정책이 되고 있는 것이 현실이다.

2. 덴마크 크리스티아니아의 실험

덴마크는 하드드럭과 소프트드럭을 구별하지 않고 있으며 마약사용은 직접적으로는 아무런 범죄도 아니다. 마약취득은 형사 범죄이며, 법은 개인적 사용과 대규모 밀거래를 구분하지 않고 있다. 대규모 밀거래는 최고 6년형을 받을 수 있다. 실제로 법원이 소량을 '취득'으로 보는 경우는 극히 드물며 통상 법에 따른 중한 처벌을 내리진 않고 있다. 소지혐의는 세 가지 유형이 있으며 개인적 사용을 위한 소지, 단순소지, 대규모 소지 등으로 나뉜다. 개인적 사용 목적의 소지혐의는 범죄가 아니다. 유죄평결을 받은 단순소지란 해악이 있는 마약을 소량 소지한 것을 가리키며 이는 최고 6년형을 받을 수 있다. 위험한 마약을 대규모 소지한 경우 최고 10년형을 받을 수 있다.

덴마크에서 삼은 코카인, 헤로인 등 매우 중독성이 높은 마약과 같은 유형에 속해 있다. 이는 1961년 유엔단일마약금지조약과 일치시키기 위해서이다. 그렇지만 검찰총장 지침은 '지역 수준의 삼 밀거래나 개인적 사용 목적의 소지 혐의에 대해서는 관대하게 처리하도록 특별지시'한 바 있다. 개인적 사용목적의 소지혐의에 대한 법원의 판결추세는 절대다수가 경고나 벌금형으로 나타나고 있다. 소량의 삼 소지 혐의는 통상 고작해야 경고 및 해당 마약의 몰수에 그치고 있다.

최근 덴마크에서 소량의 삼 소지행위는 경찰훈방 조치되고 있으며 소량의 헤로인의 경우에도 경찰훈방과 몰수조치가 이루어지는데 그치고 있다. 다만 상습 위반사범에 대해서는 벌금이 부과된다. 자신이 사용하기 위한 마약 1회분을 소지한 행위는 대부분의 경우 묵인한다. 왜냐하면 이런 경우 경찰은 압수할 경우 해당 마약소지자가 마약 1회분을 다시 손에 넣기 위해 필요한 돈을 대려고 범죄를 저지를 수도 있다는 점에서, 이런 경우 압수의 효과가 극히 미미할 것이라고 보기 때문이다.

역사적으로 덴마크는 1970년대 다른 많은 국가들과 마찬가지로 코펜하겐에서 히피족의 반문화 즉 저항문화가 번창하면서 커다란 사회적 변화를 겪었다. 당시 개인적 자유와 독립 분위기가 고조되었으며 이는 쉽사리 그리고 당연하게도 정부규제에서 벗어난 새롭고 다양한 생활방식들이 폭발하는 쪽으로 연결되었다.

1971년 히피 및 정치운동가들로 이루어진 한 단체가 코펜하겐 북부지역에 있는 과거 군사기지 안으로 울타리를 포복하여 넘어가는 일이 발생함으로써 해쉬쉬 자유시장(2004년 경찰이 폐쇄함)으로 오랫동안 명성을 떨친 '크리스티아니아의 실험'이 시작되었다. 이들은 버려진 건물에 들어가 살면서 이곳을 '해방구'라고 선포했다. 곧 이어서 수많은 예술인, 학생, 지식인, 대학교수 등은 35헥타아르(85에이커)에 달하는 이 기지 안으로 이주했으며 기지 내의 북쪽지역에 있는 보다 더 양호한 많은 건물들을 고치기 시작했다. 이후 이 커뮤니티는 주민수가 1천명을 넘어섰으며 이 마을을 '평화, 사랑, 행복의 자유도시'라고 선포하고 이름을 크리스티아니아(Christiania)라고 붙였다. 노르웨이 수도 오슬로 역시 과거 크리스티아니아(1624~1877 기간 동안 Christiania, 1877~1925 기간 동안 Kristiania)라고 불렸었다. 당시 코펜하겐 크리스티아니아에서 제이콥 루드빅센(Jacob Ludvigsen)은 무정부주의 신문을 발행했으며, 크리스티아니아 자유도시를 왕래하는데 두 개의 출입구만 설치하고, 커다란 돌로 막아놓아 차량 통행을 금지시켰다. 덴마크 정부당국은 소방차 출입을 위해서라는 명목으로 돌을 치우고 주민들은 경찰력 동원 시도 핑계라며 다시 막는 등을 되풀이해왔다. 크리스티아니아 주민들이 정한 규정을 보면, 차량, 절도, 총기류, 방탄조끼, 하드드럭 등을 금지시켰으며, 자체적으로 독자적인 국기가 있다. 그리고 푸셔 스트리트에서는 해쉬쉬가 공개적으로 판매되었다(헤로인과 코카인은 판매 금지). 땅이 국방부 소유라서 주민들은 국방장관과 협의하여 월세를 내고 있다(www.christiania.org/main/lan.php?lan=gb, 크리스티아니아 자체 홈페이지).

크리스티아니아 설립 당시 덴마크 민주사회당 정부는 이 곳을 '사회적 실험'으로 간주했으며 1973년 주민들이 최소한 3년 동안 크리스티아니아에서 살 수 있도록 허용하겠다고 약속했다. 다음해가 되자 덴마크 정부는 협상을 통해 크리스티아니아의 지위를 '대안사회'라며 존중해주면서 새로운 정부형태를 발전시켜나가고자 노력했다.

1970년대를 지난 1980년대에 접어들 때까지 이 새로운 자치 패러다임이 진행되면서 수많은 초창기 설립자와 이 커뮤니티의 '문화 담지자들'이 이곳을 떠나기 시작했다. 이 도시가 범죄, 폭력, 만연하는 마약사용 등으로 인해 찌들어가기 시작했기 때문이다. 크리스티아니아의 남쪽 지역은 오랫동안 범죄자, 정신과 환자, 기타 사회상식에서 벗어난 이들의 도피처가 되었으며, 서서히 슬럼화 되어가고 있었다. 크리스티아니아는 정상화와 합법화를 위해 덴마크정부와 맺은 협정을 지키는데 어려움을 겪었다. 쟁점은 다음 네 가지였다. 첫째 술집과 레스토랑에 대해 과세하는 문제, 둘째 가장 사람들을 많이 끌어들이고 있는 북부지역 활용방안 문제, 셋째 커뮤니티 운영과 유지 경비 중 어느 부분에 대하여 사회복지와 사회안전망을 위한 세금을 내도록 할 것인가 하는 문제, 넷째 크리스티아니아와 덴마크 국방부장관 사이에 맺는 '기본협정'의 지위 문제 등이다. 이들 문제들과 함께, 의회와 맺은 협정대로 정상화되지 못하는 것과 맞물려서 크리스티아니아가 슬럼화 되고 있다는 중압감으로 인하여 이 자유도시의 장래가 커다란 위협을 받기 시작했다.

1979년 크리스티아니아는 대동단결하여 '헤로인마약봉쇄'에 나섰다. 이는 모든 헤로인사용자와 하드드럭 거래상들을 이 자유도시에서 추방토록 하는 것을 가리키기 위해 만들어진 용어였다. 그 후 크리스티아니아의 거의 모든 마약이 삼으로 집중되었다. 삼은 덴마크사회를 지배하는 규범에서 벗어나게 해달라는 이 자유도시의 요구를 상징하였다. 크리스티아니아는 경찰의 영향력 행사와는 별도로 마약중독자와 밀매상들의 급증현상에 대하여 성공적으로 대처하는 것처럼 보였다.

그러나 이후 수년 동안 덴마크경찰은 크리스티아니아와 대결상황을 증폭시켜나가기 시작했다. 이 커뮤니티에서 번창하는 삼 시장과 느슨한 숙박업소와 기업 규제 등에 대하여 분명한 분노의 표시가 있었다. 경찰과 자유도

시간 분쟁의 주된 요인은 공개적이다시피 한 마약계를 둘러싼 것이었다. 해쉬 거래상이 '밀거래 거리(Pusher Street)'라고 알려진 중심가에서 숍을 운영했으며, 1980년대에는 사복경찰이 이 자유도시 내부를 급습하는 일이 자주 발생하였다. 경찰은 '불안지역 순찰' 중 이 자유도시에서 체포하려 할 때 돌 세례와 온갖 개 짖는 소리들로 인해 어려움에 부닥쳐야만 했다. 크리스티아니아와 경찰간 대결국면은 시간이 흐를수록 더욱 더 폭력화되어갔으며, 흔히는 소규모 폭동으로까지 비화되곤 했다. 덴마크 경찰은 심지어 폭동진압경찰을 이 자유도시 외곽에 대기시키기까지 했으며 사태가 걷잡을 수 없으면 즉시 이들을 투입하려 했다.

경찰과 크리스티아니아간 긴장상태는 매우 고조되어갔으며 마침내 1989년, 양측을 조정하기 위한 조종위원회가 만들어졌다. 이 위원회는 라이선스가 없는 무면허 펍과 레스토랑에서 세금 징수와 법의 준수를 확보토록 하면서도, 동시에 하나의 사회적 실험으로서 자유도시의 권리를 존중토록 함으로써, 크리스티아니아를 정상화하는 절차를 밟아나가고자 했다. 그러나 쟁점은 여전히 삼 시장을 둘러싼 것이 되었다. 크리스티아니아에 대해 경찰이 마약문제를 처리하는데 있어서 과도한 공권력 행사를 하는 점에 대해 납득하지 않는 많은 동조자들이 있음에도 불구하고, 크리스티아니아를 둘러싸고 있는 주변의 각급 지방자치단체들은 밀거래 거리인 크리스티아니아의 '푸셔 스트리트'의 공개적인 삼 시장을 수용할 수 없었다.

양측의 분쟁사태는 1993년 정점을 이루었으며, 크리스티아니아에 동조적이던 조종위원회조차도 자유도시를 폐쇄하겠다고 위협하는 지경에까지 다다르게 되었다. 여기서 양측의 입장이 가시화되기에 이른다. 하나는 어떤 대가를 치루더라도 크리스티아니아를 항구적으로 폐쇄하려 하는 경찰과 정치인 입장이 있었으며, 다른 하나는 마약 사용자든 동조자 수준이든 상관없이 화려하지 않으나마 이 자유도시의 특색 있는 삼사용을 할 수 있도록 하면서 계속해서 살아나가도록 하는 하나의 전형적인 사례로 길이 간직하고자 하는 크리스티아니아 주민들 입장이었다. 1993년 가을, 덴마크 경찰 측에서 레스토랑과 커피숍을 급습하여 비품들을 압수하며 삼 거래상들을 괴롭히게 되면서 정상화조치는 최고조에 이르게 된다. 그러나 오래 전부터 거래상들은 급습에 대비하여 삼을 처분했으며 경찰이 당도하기 전에 남아있는 삼 제품들을 다른 데로 옮겨버렸다. 이에 경찰은 크리스티아니아를 떠나는 사람들로부터 마약 및 다른 불법소지품을 적발하기 위해 정지를 요구하고 수색하기 시작했다. 그 결과 수많은 레크리에이션 삼 사용자들이 체포되었다. 이들은 일체 법을 어기지 않았음에도 불구하고 단지 레크리에이션 마약 소지혐의로 체포된 것이다. 이에 크리스티아니아 주민들은 경찰의 불법수색을 일부러 유발토록 할 뿐만 아니라 이런 잘못된 체포행위들에 대하여 집단소송을 제기함으로써 강력하게 투쟁해나갔다. 이에 덴마크 경찰은 자치경찰로 구성된 사복순찰조로 편성된 '크리스티아니아 특별순찰대'를 설치하여 보복에 나섰다. 이 작전은 단지 경찰과 크리스티아니아 주민들 사이에 폭력적 부딪침의 급증만을 가져와 완전 실패작으로 귀착되어버렸다. 어느 한 사건의 경우 몹시 화가 난 경찰관 한명이 최루탄을 울타리 너머에 있는 어린이놀이터에 던졌으며, 여기서 놀던 아이들이 기침하며 비명을 지르면서 학교 안으로 내모는 사건까지 발생하였다.

결국, 경찰의 이른바 이런 '압박전술'이 크리스티아니아의 삼 사용 규제에 대해 거의 아무런 성공도 거두지 못한다는 사실이 명확히 드러났다. 직업적이며 전문적인 마약범죄와 밀거래는 점차 감소한 반면, 소규모의 보잘 것 없는 거래상과 레크리에이션 사용자는 급증했다. 경찰의 억압조치에도 불구하고 삼 가격은 보합세이거나 오히려 떨어지기까지 했다.

마침내 양측은 1993년 덴마크 법무부장관 얼링 올센이 경찰은 삼 위반 경범 처리에 있어서 훨씬 더 유연하게 대처하도록 제시하면서 휴전상태에 들어갔다. 1993년 12월 23일, 올센 장관은 크리스티아니아 주민과 조종위원회간 협상이 타결되었다는 대언론 성명서를 발표하기에 이르렀다. 경찰은 활동을 크게 축소하는 대신, 크리스티아니아 주민들은 자율적인 규제를 통하여 '삼 시장을 억제하도록' 하기로 했다. 이에 덧붙여 덴마크 경찰은 반드시 정복을 입고 크리스티아니아에서 활동하기로 했다. 경찰 측은 그렇게 하면 크리스티아니아의 순찰활동이 위험천만하다면서 항의했지만, 정부 측은 이제 더 이상 크리스티아니아 순찰활동이 다른 곳에 비해 더 위험하지 않다는 결론을 내리게 되었다. 하지만 그럼에도 불구하고 크리스티아니아 특별순찰대는 해체되었으며 경찰은 이 지역 순찰을 그저 마냥 회피만 할 따름이었다.

1994년 1월 크리스티아니아는 그해 4월 중순까지 모든 사태를 '정상화' 해야 하며 그렇게 하지 않으면 1995년 2월 1일자로 폐쇄될 것이라는 최후통첩을 받았다. 그 결과 부분적인 정상화가 이루어졌다. 물론 삼 거래는 단지 일시적으로 차츰 소멸되어갔을 따름이었다. 데드라인 기한이 되었을 때 덴마크 정부 측은 크리스티아니아를 폐쇄하겠다는 협박을 쏟아냈다. 그러나 의회 측은 정상화 조치의 원활한 진행이라는 시각에서 '형의 집행유예' 조치를 내렸으며 삼 거래는 다시 시작되었으며, 크리스티아니아는 일단 계속해서 존속할 수 있게 되었다.

크리스티아니아 대표(이 지역구를 대변하는 의원) 뿐만 아니라 덴마크 정부 공직자들 모두 1990년대 초반 경찰이 삼 거래를 강력 단속한 조치는 오히려 삼 거래의 공고화와 전문화를 가져왔을 따름이라는 사실을 시인했다. 당시 대체로 보아 삼 거래는 갱과 범죄조직에게 넘어간 반면 그나마 남아있던 '고참격'인 히피족은 사라지고 말았던 것이다. 현재는 크리스티아니아와 경찰 양측 모두 자유도시의 난폭한 소요사태로부터 회복한 상태이다. 요약해보면, 그간 크리스티아니아의 공개적인 삼 시장을 분쇄하려는 덴마크 정부와 경찰 측의 시도들은 모두 성공하지 못했으며 가장 커다란 성과라는 게 고작해야 경찰 등 법집행기관의 위상 실추였을 따름이라는 점이다.

주민들은 유머와 끈기로 정부 측의 폐쇄 시도에 맞서고 있다. 예컨대 2002년 정부 당국이 해쉬 거래가 눈에 띄지 않도록 요구하자 판매대를 군대에서 쓰는 위장 그물망으로 덮었다. 푸셔 스트리트에서 카메라는 허용되지 않으며 주민들은 누군가 사진을 찍으려 하면 손을 흔드며 '사진, 안돼요!' 하고 소리친다. 2004년 1월 덴마크 정부 측이 대규모 경찰력을 동원하여 판매대를 철거했으나 해쉬 거래를 중단시킨 것은 아니며 시내외곽에서 직접 사고파는 형태로 바뀌었을 뿐이다. 판매대 철거 직전 덴마크 국립박물관 측은 현란하게 채색되어 있는 크리스티아니아의 해쉬 판매대 1점을 입수하여 전시하고 있다.

크리스티아니아의 약물거래를 두고 덴마크의 여러 정치인들이 끊임없이 분노해왔으며, 2001년 집권한 현재의 우파정부 측은 크리스티아니아에서 약물거래를 중단시키기 위하여 여러 조치들을 취하고 있다. 첫째, 경찰력을 동원하여 약물거래를 단속하였으며, 이를 허용하지 않겠다고 공언하고 있다. 둘째, 크리스키아니아에 있는 모든 건축물을 등록하도록 하는 것으로서, 이는 현재 진행 중이다. 셋째, 자연보존지역(코펜하겐 해군요새라는 역사적 유물)에 난립한 판자집들을 철거할 예정이다. 사실 이 판자집들은 현재 정권이 들어서서 현행 크리스티아니아정비법을 통과시키기 이전 정부들은 사후 승인해주던 것들이다. 지금까지 15년 동안 역대 정부는 크리스티아니아에서 건축행위를 허가하지 않았다. 이제 강력한 경찰력을 동원하여 관용 제로 정책을 시행하게 된 것이다. 현재의 우파정부는 현재 크리스티아니아가 누리고 있는 집단적 공유제도와 독자적인 자치정부를 무너뜨리며, 사기업체들에게 건축물 소유권을 넘김으로써 사유재산의 사적소유권 및 자본시장화 제도를 도입하려 하고 있다. 현재 9백 여 명 가량의 크리스티아니아 주민들은 모든 건축물에 대한 집단소유 제도의 고수를 주장하고 있으나, 현재의 우파정부 측은 이를 무시하고 있다.

2004년 '크리스티아니아정비법'(자유도시 및 집단소유제도 폐지)을 통과시킨 덴마크 정부는 2005년 여름 공권력을 동원한 단속과 주민들의 항의시위 등을 반복하고 있다. 2005년 9월 덴마크 정부는 2백명의 경찰력을 동원하여 크리스티아니아를 급습하여 트레일러에서 생활하는 주민들이 집결해 사는 '평화의 초원' 지역을 봉쇄하였다. 이 과정에서 1백 명 이상의 주민들이 체포되었다. 주민들은 벌써 여러 해 동안 크리스티아니아 자유도시를 해체하려는 정부측 시도에 맞서고 있으며, 30년 이상 동안 자치도시로 가꿔온 크리스티아니아 주민들의 자치권을 계속해서 유지하기를 소망하고 있다.

한편 2006년 1월 덴마크 정부는 크리스티아니아 자유도시를 강제로 폐쇄하고 코펜하겐 시의 과밀화를 해소하기 위해 크리스티아니아 일부 지역에 코펜하겐 과밀화에 따라 이곳에 4백 세대의 콘도미니엄을 지어 주민거주지역으로 전환토록 하겠다는 방침을 발표했다. 현재 주민들은 공공주택에 입주하도록 강제할 예정으로 있다. 이 경우 이전과 달리 정상적인 임대료를 내야 한다(현재 이들은 월세 DKK 250을 내고 있지만 새로 공공주택에 입주하게 되면 월세가 50평방미터 아파트 한 채에 DKK 2500 내지 4600을 내야 하며 이는 세부담이 10배 내지 20배 치솟는 것을 가리킴). 새로운 주거지역은 집단소유제도 아닌 콘도미니엄 혹은 거주자별 소유제도를 따르도록 할 예정이다. 하지만 이 거주자별 소유제도에 대해 기존 크리스티아니아 자유도시 주민들은 자치전통에 반하다며 반대 입장을 고수하고 있다. 좌파정당은 크리스티아니아 주민들 입장을 반영한 정상화 법안을 지지했으나 재무장관과 이견을 보여 연정이 종식되고 말았다.

집단소유 제도야말로 크리스티아니아의 개방성을 만들어주었던 것이며, 크리스티아니아에 가격의 부침과 투기에 내맡겨지는 보통 가정의 주거형태가 들어오면 이는 크리스티아니아 자유도시의 종언을 뜻하게 된다(www.cphpost.dk/get/93464.html,『코펜하겐 포스트』온라인). 이처럼 덴마크 정부는 계속해서 크리스티아니아를 폐쇄하겠다는 입장을 고수하고 있어서 장래가 어떻게 될지는 미정인 상태이다.

3. 스위스의 합법화 모델

스위스 마약정책의 최근 역사는 1960년대 향정마약사용의 급증과 함께 시작되었다. 스위스 연방국가의 민주주의와 지방자치의 기본단위인 각 칸톤은 그 동안 마약사용과 밀거래 억제, 젊은층을 겨냥한 예방조치, 절대금지 위주의 치료(그러나 메타돈 유지정책은 이미 시행되고 있었음) 등의 세 가지 접근법에 바탕을 둔 마약정책을 발전시켜 왔다.

1980년대 초 에이즈가 스위스를 포함한 각국을 휩쓸게 되었으며, 정부기관과 사회복지기관 등은 주사기를 사용하는 마약사용자들이 에이즈를 예방할 수 있도록 돕기 위해 발 벗고 나섰다. 마약사용자들에게 주사기를 교환해주는 정책이 시행되었으며, 간염백신 접종도 권장하였다. 스위스 연방정부 보건부는 에이즈확산을 막는데 기여할 수 있다고 주장하면서 이런 서비스를 적극 뒷받침했으며 지금도 지원하고 있다. 그렇지만 스위스의 공식적인 마약정책의 골자는 외형상 예방, 치료, 법집행 등으로 이루어져 있다.

1990년대 들어서서 새로운 국가적 마약전략의 일환으로 마약사용과 법집행 등과 결합되어 있는 문제들을 감소시키기 위하여 스위스는 추가적인 해악감소 조치들을 취하게 되었다. 이 새로운 전략은 네 겹의 접근법을 도입토록 하였으며, 스위스 연방국가의 역할을 더욱 더 정교하게 가다듬었다. 그리고 해악감소 관련 자료, 과학적 데이터, 전문가 교육 등을 각급 칸톤, 도시, 민간단체 등에게 제공하고 있다. 1991년 스위스정부는 현재 프로메드로(ProMeDro)라고 불리는 마약사용에 따른 각종 문제들을 감소시키기 위하여, 연방수준의 정책 프로그램을 채택하였다. 이 정책의 목표는 다음과 같다.

○ 신규 마약사용자 수를 줄이며 마약 의존증에 빠지지 않도록 예방한다.
○ 치료와 사회적 재통합을 통하여 중독증을 극복하도록 돕는다.
○ 마약사용자의 해악을 감소시키며 사회적 통합을 유지토록 하기 위하여 이들의 생활조과 건강수준을 개선토록 한다.

스위스 정부는 이런 목표를 달성하기 위하여 다음과 같은 조치들을 시행토록 하였다.

○ 젊은층을 겨냥한 1차, 2차 예방조치 및 호기심 삼아 마약을 해보는

것을 예방하기 위한 의식화 캠페인 전개.

○ 마약사용자가 중독증을 극복하도록 돕기 위한 환자관리 및 치료.

○ 해악감소, 에이즈예방, 사회적 재통합 조치 등 중독자가 최선의 건강 조건 속에서 의존증에 대처하며 마약으로부터 벗어나도록 보장하고 지원함.

○ 양형 담당 판사, 교육프로그램과 사회복지, 병원 노동자, 약사, 가정의 등의 전문가들을 대상으로 한 지속적인 교육개발 프로그램 제공, 그리고 교사, 청소년 단체 활동가, 기업체 인사담당자, 환자 등의 중개역할 담당자들 대상으로 한 지속적인 교육개발 프로그램 제공.

○ 과학적 마약연구의 개발, 조정, 정기간행물 발간.

○ 예방, 환자관리, 치료 등의 각종 프로젝트나 정책에 대한 평가분석을 벌이며, 이를 통해 정책의 단점이나 갭을 확인하는 동시에 이룩한 성과들을 뽑아내 부각시키도록 함.

○ 스위스 연방정부가 통상적인 수준에서 제공하는 각종 문건과 안내문 개발.

○ 연방정부가 채택한 각종 조치들 간의 조정.

이상과 같은 조치들은 예방, 법집행, 치료, 해악감소라는 네 겹의 접근법에 바탕을 둔 스위스의 현행 마약정책의 시작을 알리는 것이었다. 그 외에도 스위스 연방의회는 다른 치료정책수단으로는 실패만을 거듭해온 만성적 헤로인 공급을 통한 중독자 치료에 관한 연구를 실시해줄 것을 요청하였다. 1992년 연방의회는 엄격한 과학적 평가분석을 조건으로 의료용 헤로인 처방을 포함한 헤로인의 임상적 사용을 승인하는 한 훈령을 통과시켰다. 1997년 나온 이에 대한 평가결과는 다음과 같다.

○ 심각한 헤로인 중독자에 대한 헤로인 투여방식의 치료법은 신체적 정신적 건강을 증진시켰으며 주택공급, 노동, 기타 영역의 측면에서 삶

의 질도 향상시켰다.
- ○ 참여한 헤로인 중독자의 불법적인 헤로인 및 코카인 사용이 감소하였다.
- ○ 이 프로그램에 참여한 사용자들의 범행이 감소하였다(절도, 대물범죄, 마약밀거래 범죄 등이 급감하였다).

스위스 연방의회는 보고서가 제시한 권고사항을 따랐으며, 1999년 3월 8일 헤로인 유지 치료법을 승인하였으며 목표, 선정기준, 행정조치 등을 정하고 이 치료에 대해 필요한 지원을 실행에 옮겼다.

1) 1999년 삼 비범죄화

1999년 6월 스펙트라(*Spectra*)라는 스위스 연방정부 보건부측 소식지에 게재된 글을 통하여 스위스는 새로운 삼 합법화 및 규제 방침을 밝히고 나섰다. '삼: 사회적으로 수용 가능한 레크리에이션 마약'이라는 제목의 이 글은 스위스 국민들 속에 파고든 삼 소비 붐 및 삼사용에 대한 국민들의 중요한 인식변화에 대해 지적하고 있다. 이에 따르면 마약정책에 대해 스위스 정부에 자문을 해주도록 임명된 전문가들로 구성된 연방마약문제위원회(EKDF) 측은 다음과 같이 삼의 지위에 대해 재평가해야 한다고 결론적으로 지적하고 있다. "변화된 소비습관은 삼을 레크리에이션 마약으로 변모시켰으며 매우 커다란 비율의 국민들이 삼을 즐기고 있고 여기에는 잘못된 행동이라는 의식이나 정서가 전혀 들어있지 않으며 오히려 '하드' 드럭 소비에서 벗어난 그와는 다른 전혀 별도의 세계로 되어 있다." 스위스는 한동안 삼 금지정책에 대해서는 비판적이었으나, 전반적인 '해악감소'정책의 대표적인 국가였다. 독일과 네덜란드 같은 국가는 거꾸로 스위스의 이 해악감소 정책을 받아들일 정도였다. 그러나 스위스가 1961년의 유엔단일마약금지조약을 비준하면서 회원 국가는 국내법이 국제조약과 일치되도록 해야 하는 의무를 지고 있었다.

스위스는 삼 소비가 급증함에 따라 여기에 보다 더 잘 대처하기 위해, 역설적으로 삼 비범죄화 정책을 새롭게 시행하게 되었다. 즉 1999년 8월, 스위스 연방정부 보건부 측은 삼 비범죄화 정책의 공식화를 제시한 보고서를 발표한 것이다. 토머스 젤트너 국장은 "우리 스위스 정부는 마약관련 이슈에 역점을 둔 혁신적 접근법에서 앞서나가고 있습니다"라고 지적했다. 스위스 내무부 측은 "삼 소비는 금지정책을 통해 막을 수 없습니다"라고 지적했다. 이 제안서는 "삼은 건강에 대해 비교적 해가 적습니다. 어떤 상황에서는 치료효과도 가지고 있습니다"라고 지적했다. 스위스 국민 각계각층 중 엄청난 비율이 삼을 레크리에이션 마약으로서 광범위하게 즐기고 있는 것으로 알려져 있다. 1999년 삼사용자의 기소를 면제하는 스위스 마약법 개정안이 만들어진 바 있으나, 당시에 벌써 많은 지역에서는 기본적으로 삼 소비자들을 이미 비범죄화 하고 있었다. 오히려 관심사는 삼시장의 라이선스 및 규제 제도 도입문제에 모아지고 있었으며 이는 네덜란드 커피숍 정책의 경우와 매우 유사한 형태를 도입하려는 것이다.

이 새로운 방안은 스위스 마약류 관련법을 개정하도록 요청하였다. 개인적 사용 목적의 삼 소비와 취득에 대해 기소를 면제해주자는 것이다. 새로운 법안에 따르면 경찰과 사법기관은 소규모 삼 구입자나 판매자에 대한 기소를 억제하도록 했다. 이 모델은 현행 네덜란드 정책과 다르지 않다. 국제조약과 상충되기는 하지만 이와 같은 대안은 국가가 정한 명확한 조건들에 따라 합법적 거래가 이루어지는, 통제를 받는 삼 시장을 만들어주는 것이 될 수 있었다. 여기에는 소매가 이루어질 때 제품의 질, 세금납부, 광고, 가격조정 등을 규제하는 라이선스 제도를 포함되어 있다. 이에 덧붙여 모든 삼 소비자에 대해서는 나이제한과 거주지 증명을 필수요건으로 하였다. 동 위원회는 대체로 금지된 거래와 관용적인 국민들 태도의 갭을 보다 더 잘 메울 수 있도록 명확한 규정과 시행 가능한 틀을 가진 라이선스 모델을 지지하였다. "향후 삼정책의 최우선적인 목표로 명확히 규정된 것은 삼사용이 소비자 및 전체 사회에 대해 미칠 수 있는 역효과를 최소화하는 전반적인 조건을 만들어내도록 하는데 두고 있습니다.”

2) 1999년『삼보고서』

‘연방마약문제위원회’ 측은 스위스 마리화나법을 평가분석하며 1999년『삼보고서』를 내도록 하는 과제를 맡고 있었다. 마리화나는 법적으로 불법이지만, 현실적으로 마리화나의 (농업과 개인) 생산 제조 및 ‘헴프’ 제품의 판매전문매장에 공급되는 형태 등은 스위스 전역에서 정상적으로 이루어지고 있는 실정이다. 동보고서는 스위스의 마리화나 재배는 1990년대 기간 동안 급증했으며 수확량 대부분은 섬유를 생산 제조하는데 계속해서 다시 공급할 수 있는 원료와 같은 합법시장용이기보다는 불법시장용으로 흘러들어가고 있다고 지적했다. 모든 칸톤에 대한 이 보고서 조사결과에 따르면 해쉬쉬는 주로 길거리에서 팔리는 반면 마리화나는 ‘향기 나는 베개’ 라는 상호의 헴프점들을 통해 훨씬 더 많이 팔리고 있다. 당시『삼보고서』가 내린 결론 중 일부는 다음과 같다.

- ○ 마리화나의 효능은 단지 그 성분, 투약량, 소비형태 등에만 의존하는 것이 아니라 사용자의 사용 당시의 마음상태, 기대감, 분위기 등에 따라서도 달라진다.
- ○ 일반적으로 마리화나의 강한 독성이란 실상 전무하다. 많은 마리화나를 사용한 이후 정신상태가 이상이 생길 수는 있다. 하지만 회복하면 충분히 정상으로 되돌아온다.
- ○ 마리화나를 사용한 후 2시간 내지 4시간(최대 8시간) 동안 자동차 운전능력에 좀 차질이 있을 수 있다. 마리화나 사용자들은 마리화나가 운전능력에 미치는 영향을 너무 과대평가하는 경우가 흔하며 오히려 운전에 더 정신을 집중하여 운전하게 만들고 따라서 좀더 천천히 운전한다. 자동차 사고 가해자 측 혈액검사에서 THC가 검출된 경우의 80%는 알코올 수준도 사고발생에 영향을 줄 정도로 검출된 것으로 판명되었다.

○ 마리화나 상습으로 인하여 인성변화, 게으른 모습, 전반적인 무심함 등을 가져온다는 '무동기'(amotivation) 증상이란 실상 전혀 증거가 없는 것으로 밝혀졌다.
○ 마리화나 사용은 심리적 의존증을 초래할 수 있다. 그러나 신체적 의존증 추세는 극히 미미하다.
○ 임신 기간 동안은 마리화나, 담배, 술 등을 삼가도록 해야 한다.
○ 인간의 면역체계는 카나비노이드의 면역억제효과에 대해 비교적 저항력을 갖추고 있으며, 연구결과에 따르면 THC의 치료제 사용은 에이즈나 암과 같이 다른 질병으로 인해 이미 면역체계가 약화된 환자에게 있어서 매우 효과가 큼을 뒷받침해주고 있다.

이 '연방위원회' 측은 마리화나 거래와 사용이라는 경범사범에 대해 칸톤별로 마약정책이 서로 다르다는 점에 주목하였다. 그러나 법원 측의 전반적 추세는 개인적 사용에 대해서는 매우 처벌이 소프트한 것으로 나타났다. 26개 칸톤 중 10개 칸톤에서 경찰은 다른 불법마약과는 대조적으로 마리화나 사용자를 관용해 주었거나 다른 실무처리 방침을 취하고 있었다. 서로 다른 정책대안을 자세히 검토한 연방위원회 측은 만장일치로 마리화나의 소비와 소지의 금지를 철폐함은 물론 구입도 합법적으로 할 수 있도록 정교한 정책모델을 도입하도록 권고하였다. 2001년 12월, 스위스 상원은 이 정책모델에 대해 반대가 전혀 없는 만장일치 승인을 하였다. 당시 하원의 승인이 남아 있었으며 스위스 국민 중 다수는 마리화나 금지정책의 종식을 지지하고 있었으며, 국민투표에 회부되면 통과될 것 같은 분위기였다.

3) 최근 동향

스위스연방법은 모든 마약류 소비가 형법상 범죄에 해당하며, 벌금형이나 징역을 받도록 규정하고 있다. 그러나 동시에 경미한 사건인 경우 형사처리를 유예하거나 취소할 수 있도록 하고 있다. 실제로 법집행에 있어 대부분의 경우, 경찰은 삼 소비 사건을 검사에게 보고조차 하지 않는다. 현재 의회에서 개정 중인 법률은 삼소비의 비범죄화를 목적으로 추진되고 있으며, 반면 다른 종류의 마약류는 여전히 엄격하게 금지하고 있다. 그러나 스위스는 최근 수년간에 걸쳐 마약정책을 전면 재조정하여 형사처벌에서 벗어나 '해악감소' 전략을 지향하고 있다. 법적으로 마약사용, 소지, 취득 등은 스위스 법에 따라 금지되고 있다. 그러나 법집행은 26개 칸톤에 따라 매우 다양하며 각기 마약관련 행위에 대하여 관용하는 정도가 매우 편차가 크다.

개인이 사용할 목적으로 어떠한 마약을 소지해도 이런 행위는 단지 경범으로 처리되어 행정적 제재만을 받을 뿐이다. 2001년 스위스 상원은 18세 이상 성인의 삼(18실링 이상)의 소지, 재배, 사용 등을 합법화하는 내용의 법안을 통과시켰으며, 국민들 과반수이상의 지지를 받았다. 이 법안에 따르면 삼 상업재배와 소매 제도에 대한 연방정부 차원의 가이드라인도 담고 있었다. 미성년자나 시민권이 없는 자에 대한 마리화나 판매는 이 법안에서도 여전히 기소대상 범죄로 규정되어 있었다. 하지만 이 법안은 2004년 하원 투표에서 매우 근소한 차이로 부결되고 말았다. 어쨌든 스위스 경찰은 삼을 묵인하고 있으며, '삼 상점'(hemp shop)에서 손쉽게 구할 수 있게 되어 있다. 스위스는 대규모 헤로인 처방 프로그램(전체 국민투표에서 통과되었다)의 개척자적인 선도국가로서 이를 시행해오고 있으며, 1998년에는 세계 최초로 마약합법화에 대한 전체 국민투표를 실시하기도 했다. 물론 당시에는 지지율이 28%에 머물렀다.

스위스는 26개 칸톤(주정부)으로 구성되어 있으며 각 칸톤은 연방헌법에 따라 자체적인 헌법, 의회 정부, 법원체도 등을 거느리고 있다. 스위스는 인종과 종교가 여럿이며, 독일어, 프랑스어, 이탈리아어, 로만시어 등 4개의 공용어를 가지고 있다. 총인구 대략 7백만 명 중 과반수가 독일어를 사용하고 있다. 삼과 마약 관련 정책 결정을 위해 자주 실시되고 있는 이 국민투표 방식은 사실 스위스 민주주의에서 매우 일상적인 모습이 되고 있다.

연방법은 발표된 지 1백일 이내에 5만 명의 시민들이 국민투표를 요구하는 경우 국민투표를 거쳐야 한다. 스위스의 이런 정치구조를 제대로 이해해야 스위스의 마약정책에 대해서도 올바로 이해할 수 있다. 즉 스위스는 각 칸톤별로 그리고 한 칸톤의 절반별로 서로 다른 26개의 마약정책의 갖고 있다고까지 말할 수 있다. 흔히는 이런 다양성을 간과하기 쉽다. 마약과의 전쟁론을 추구하는 관료들은 취리히의 단명한 '주사기 공원정책' 실험을 실패로 규정하는 반면, 마약정책개혁 지지자들은 헤로인 유지사용을 위한 처방제도의 장점이 입증되었다며 이를 격찬하고 있는 실정이다.

'스위스 삼 정책 국민투표 추진단'(The Swiss Hemp Initiative) 측은 "청소년 약물범죄보호" 위원회를 운영하고 있으며, 이 위원회는 2004년 7월 20일 국민투표안을 발의하였으며, 이에 따르면 삼 합법화에 대한 최종적인 국민투표는 2006년 이후에 치르도록 규정하였다. 그러나 이미 삼은 비범죄화되어 있는 상태이며, 스위스 전역에 산재한 약 205개소의 업소에서 공개적으로 삼 약물을 팔고 있다. 그리고 2006년 2월 마침내, 일부 의원과 약물 전문가들이 서명운동을 주도하여 삼 소비가 가능한 연령을 제한하며 삼 판매점에 대해서는 정부의 인가를 받도록 하는 등 일정한 제한을 두는 것을 골자로 한 법안을 국민투표에 부치기 위하여, 즉 삼 합법화를 위한 국민발의에 필요한 모두 106,314 명에 달하는 서명자 명단을 정부에 제출했다.

스위스 헌정 절차상 이르면 2년 뒤 즉 2008년 이후에 이 방안이 국민투표에 부쳐지게 되어있으며, 유권자들이 이를 승인하게 되면 스위스는 삼의 구입과 소지, 소비를 자유화하는 세계 최초의 국가가 된다. 당시 서명을 주도한 우르술라 비스 스위스 사민당 의원(여)은 "우리의 목적은 엄격한 조건하에서 삼 소비 행위를 불법에서 벗어나게 하는 것"이라면서 50만 명의 상습 흡연자를 범죄인으로 취급해서는 안 된다고 지적했다. 스위스 정부 통계에 의하면 이 나라 젊은이들의 삼 소비는 유럽 최고 수준이며, 13~20세 연령층의 약 46%가 최소한 한번쯤은 삼에 손을 대봤고 10명당 1명이 상습 흡연자인 것으로 추정되고 있다.

제4장

포르투갈, 독일, 프랑스

1. 포르투갈

1) 마약 비범죄화

포르투갈 마약법은 하드드럭과 소프트드럭을 구분하지 않고 있다. 포르투갈에서 마약사용은 범죄가 아니다. 그렇지만 마약의 소지와 취득은 범죄로 규정되어 있다. 형량은 법원에서 사용자가 중독자인가 아닌가에 따라 다르게 정해진다. 법원이 위반자가 개인적 사용을 위해 마약을 입수해야만 하는 중독자로 판정하게 되면, 형사처벌 대신 치료로 대신하도록 할 수 있다. 레크리에이션 마약 사용자의 경우 소지나 취득 혐의에 대한 최고 형량은 전통적으로 3개월이며, 여기에 벌금으로 대신할 수도 있는 90일이 더 추가될 수는 있다. 그러나 실제로 포르투갈 당국은 사용자가 단지 어쩌다 하는 수준임이 인정되면 처벌을 보류하는 쪽으로 결정할 수 있다. 불법마약 밀거래의 경우 6년 내지 12년 형, 5만 내지 5백만 에스쿠도(포르투갈 화폐단위)에 해당하는 벌금형에 처할 수 있다. 이런 구조로 되어있는 포르투갈의 마약 비범죄화 과정을 간단히 정리하면 다음과 같다.

1999년 4월 22일, 포르투갈 정부는 내각회의에서 개인적 사용을 위한 마약의 사용과 소지를 비범죄화 하기로 결정했다고 발표한다. 이 방안은 마약사범에 대한 3개월 형 제도를 폐지하며 대신, 대체통제수단으로 해악감소 전략의 채택을 강조했다. 비범죄화 정책은 소지와 사용에 대해 제재를 가하지 않음을 뜻하는 것은 아니다. 그러나 처벌수위는 경범에 대해서는 벌금, 커뮤니티 봉사활동, 운전면허 취소 등에 그치도록 한 것이다.

포르투갈은 2001년 7월 1일부터 일정한 타입의 마약의 소지 혹은 사용을 더 이상 범죄가 아닌 것으로 하는 비범죄화 정책을 시행하기 시작했다. 물론 마약밀거래 행위는 계속해서 범죄로 다뤄지도록 하였다. 포르투갈에서는 마약 소비행위가 여전히 불법으로 규정은 되어 있지만, 소지자 자신이 사용할 목적으로 하루 10회용 이하를 소지하고 있다가 적발된 사람의 경우에는 체포하지 않도록 했으며, 법원에 출두할 필요도 없고 물론 감옥에도 가지 않아도 되게끔 바뀐 것이다. 대신, 이들은 경찰서에 가서 신상을 기록하며 특별히 포르투갈의 18개 지역별로 설치되어 있는 '위원회' 중 한 곳에 출석해야 한다. 이 위원회에서는 이들이 중독이 된 게 밝혀지면 치료기관에 보낼 수도 있고, 벌금을 부과할 수도 있으며, 단순한 훈방 조치로 풀려날 수도 있게 되어있다. 즉 하루 10회분 이하를 소지하고 있다가 붙잡힌 경우, 그리고 경찰이 마약판매나 거래와 같은 보다 더 중대한 범죄행위에 대한 혐의를 두거나 그 증거를 가지지 않고 있는 경우, 해당지역 위원회에 출두토록 조치하며, 이 위원회에서는 해당자의 처지와 상황을 판단 평가하여 거기에 알맞은 적절한 치료와 사회복귀에 필요한 업무에 종사토록 판결하고 있다. 즉 이들에 대해 과거와 같은 형사처벌 아닌 행정벌로 대신토록 한 것이다. 마리화나나 다른 마약의 소지가 적발된 경우 위원회 측은 판단에 따라 카운슬링이나 치료 회부 판결을 내릴 수 있다. 습관성이 없는 사범의 경우 벌금을 내도록 하거나 아예 아무런 처벌을 내리지 않도록 하고 있다. 하지만 포르투갈 경찰은 새로운 법에 따라 마리화나를 몰수는 하고 있다.

포르투갈이 이렇게 삼에서 헤로인에 이르는 모든 레크리에이션용 약물사용을 비범죄화 하는 급진적 조치를 취한 2001년 7월 이후, 개인적으로 사용할 목적으로 마약을 소량 소지한 혐의로 체포된 사람은 감옥에 가지 않게 되었으며, 이와 같은 마약정책의 일대 개혁조치는 경찰이 공급자나 밀매자 단속에 역량을 보다 더 집중할 수 있도록 해주었다.

당시 포르투갈의 마약정책 담당부처의 비탈리노 카나스 장관은 포르투갈 국민들 대다수가 점점 더 마약 사용에 대한 해법이 감옥에 보내는 것만이 능사가 아니라 다른 형태의 기회를 제공하는데 있다는 쪽으로 입장이 바뀌었다고 지적했다. 당시 그는 EU 회원국 중 다른 나라들이 포르투갈 사례를 따른다고 해도 하나도 놀랄 일이 아니라고 밝히기도 했다. 사실 이 포르투갈 사례를 이어받아 영국도 당시 삼에 대하여 사실상의 비범죄화 조치를 취했다는 것은 잘 알려진 사실이다. 포르투갈에서 삼을 소지하고 있다가 붙잡힌 사람들은 법원에 보내는 대신, 생활방식을 바꾸도록 설득하고 도와줄 위원회 소속의 심리치료사와 사회복지사를 만나야 하도록 되어있다. 헤로인 사용자 역시 같은 측면에서 처리되지만 이 경우엔 강제로 치료를 받도록 처분 받게 된다. '리스본 독물 위원회' 소속의 의사 알메이다 산토스 여사는 이들을 도와 다른 좋은 생활방식을 갖도록 만들어주는 것이 자신의 역할이라고 말한다. 이렇게 새로운 마약 관련 법제도를 시행하는 포르투갈의 일선 담당자들은 아직 성과를 가늠하기는 너무 이르지만 시행 결과에 대체로 만족하는 것으로 알려져 있다. 파로 지방의 알가아브 지역 마약위원회 위원장인 엘리사벳 아제베도 씨는 "마약중독자들을 처벌하지 않고 대신 그들이 피해자라고 보며, 중독자 및 그 가족들에게 치료 쪽을 선택하도록 설득하고 있습니다"라고 지적했다.

그러나 반대론자들은 이 정책이 도대체 잘못된 신호를 보낼 따름이라고 반발한다. 반대운동에 나서고 있는 조아오 케자르 네베스 교수는 "마약이 범죄로 간주된다고 하는 사실이야말로 젊은이들이 마약에 빠지는 걸 막아온 매우 중요한 억지수단이지요. 그들은 전에는 마약이 용인되지 않았으나 이제 정상적이며 보통인 것에 불과하다는 점을 알고 있어요"라고 지적했다.

중독자들을 다루는 직원들의 경우 새로운 법제도가 가지고 있는 가장 큰 장점은 마약중독자들이 이제 더 이상 범죄자로 취급되지 않고 단지 자신들의 습관성을 충족시키려 하는 환자로 다룰 수 있게 되었다는 점이다. 알가아브 지역의 '올하오 마약중독자 치료지원센터' 소장인 의사 알바로 페레이라 씨는 "과거 마약 중독자들은 감옥으로 간 경우가 종종 있었는데 이유는 자신들이 사용하기 위하여 소량의 헤로인을 휴대하고 있었기 때문이었죠. 하지만 이들은 환자이며, 그 마약이란 그들의 안녕을 위해서 필요한 것이죠"라고 지적했다. 포르투갈 마약정보과 조아오 피구에이라 경감은 합성 마약이야말로 큰 골칫거리며, 포르투갈에 유입되는 헤로인의 양이 증가할 위험성도 있다고 우려했다. 하지만 포르투갈 경찰 측은 적어도 공개적으로는 정부의 새로운 급진정책을 지지하고 있다. 그 이유는 포르투갈이 영국과 미국 같은 '관용제로' 정책으로는 마약을 저지하는데 실패하고 말았다는 입장을 취하고 있기 때문이다.

당시 포르투갈의 사회주의 정권은 마약 사용자들을 이제부터는 결코 감옥에 보내지 않겠다고 공약했다. 실제 비범죄화 정책이 실시된 이후 예컨대 열흘 치 마약공급 혐의로 붙잡힌 '소비자'는 사회복지사, 의사, 심리치료사 등으로 구성된 법정에서 재판을 받도록 조치되는 정도에 그치며, 습관성이 없는 레크리에이션용 마약의 사용자들은 가벼운 경고만 받고 피해나갈 수 있게 되었다. 다만 고질적인 위반 사범은 단지 2백 파운드(한화 약 40만원) 정도의 벌금을 물고 운전면허 취소 정도와 같은 제재를 받게 된다.

아이러니컬한 점은 포르투갈 경찰이 새로운 법제도에서 더 많은 일을 해야 하는 상황이 벌어졌다는 점이다. 이유는 경찰이 마약 사용자들이 치료와 카운슬링을 받도록 필요한 조치들을 취해주어야 하기 때문이다. 마약 합법화 정책 및 이에 따른 경찰의 서류작업 증가 등을 우려하는 인사들은 이제 경찰이 전보다 더욱 더 마약을 눈감아주는 쪽으로 나아가게 되지 않을까 우려하고 있다.

포르투갈의 간부경찰들도 새로운 법제도에 대해서 상당히 편안해 하고 있다. 범죄수사대 마약과장 호세 페레이라 씨는 "경찰은 통상 보수적이죠. 하지만 새로운 법제도와 이전의 관행 사이에는 그리 큰 갭이 있는 게 아니죠. 포르투갈에서 전에는 마약과 관련된 범죄가 아니라 하더라도 단지 마약을 하다가 체포되기만 하면 감옥에 가기 마련이었는데 반하여, 지금은 그렇지 않아요"라고 지적하였다. 포르투갈에서 이렇게 새로운 법제도가 도입된 이후 마약 중독자 중에는 동료들의 '마약위원회' 경험담을 들어본 후 스스로 경찰에 들어온 사람들이 적지 않은 것으로 알려져 있다. 2001년 6월까지만 해도 포르투갈의 마약관련법은 이들을 범죄자로 간주하였으나, 그 이후부터 상황은 뒤바뀌었다.

2) 포르투갈의 마약 비범죄화 배경

포르투갈은 조그만 나라이면서도 엄청난 헤로인 문제를 안고 있었다. 사실, 이렇게 포르투갈 정부가 급진적 접근법을 택하게 된 배경은 미국과 같은 강력한 마약근절 정책은 결국 실패할 수밖에 없음을 경험해왔기 때문이다. 요컨대 경찰의 단속보다는 오히려 치료를 통해서 중독자 수를 줄이고자 한 것이다. 비탈리노 가나스 장관은 "저는 새로운 법제도가 새로운 해법을 제공할 것이라고 봅니다. 우리는 포르투갈에서 보다 나은 마약소비 환경을 조성하려는 것이 아니며, 도움을 필요로 하고 있는 마약중독자들에게 보다 나은 치료환경을 조성하고자 합니다"라고 지적한다.

사실 포르투갈의 마약 사용은 EU 국가들의 평균치를 밑돈다. 하지만 최근 몇 년 사이에 급증해 왔다. 이제 새로운 법제도가 시행되면서 포르투갈 경찰은 클럽에서 마약사용을 더욱 더 잘 추적할 수 있게 되었다. 이와 함께 마약 사용자 중 건강문제가 크게 대두된 점도 마약 비범죄화 실험에 박차를 가하게 된 큰 동기가 되었다. 이들의 건강 문제의 악화는 마약문제가 곪아 터진 데에서 기인한다는 인식이 폭넓은 공감대를 형성하고 있기 때문이다. 그동안 포르투갈 정부는 이 점을 너무 오랫동안 방치하다가 당시에 이르러서야 비로소 혁신적인 접근과 정책 방향으로 서서히 나아가게 된 것이다. 물론 철저한 마약자유화 쪽으로 정책 방향을 잡은 것은 아니다. 예컨대 포르투갈 정부는 이른바 마약중독자들이 일정한 통제조건 속에서 마약 주사를 맞을 수 있도록 하는 "마약주사실" 설치를 거부했다. 새로운 법제도에서 이 시설에 대한 규정을 마련해두기는 했지만, 실제 마약주사실 설치 책임은 각급 지방자치단체나 자원봉사단체의 역할이 되도록 하였기 때문이다.

이와 같은 포르투갈 정부의 마약정책 혁신에 대한 비판자들은 정부 측이 마약주사실 문제로 인한 정치적 책임공방을 회피하면서도 마약문제와 관련하여 마치 무엇인가 성과를 거둔 것처럼 보이기 위한 정치적 이득 챙기기에 급급해 하고 있다고 비판하였다. 하지만 포르투갈 정부 측은 집행측면은 지방자치단체의 몫으로 남겨두는 정책은 다른 유럽 국가들과 전혀 다를 바 없는 정책이라는 입장을 고수하였다.

3) 또 하나의 암스테르담?

포르투갈이 2001년 7월 이후 삼과 헤로인의 비범죄화를 추진하면서 '또 하나의 암스테르담'으로 화하지는 않을까 하는 우려가 수그러들지 않고 있다. 비판자들은 포르투갈이 마약 관광객이 몰려드는 새로운 메카로 돌변할 것이라고 우려한다. 특히, 북유럽의 휴양객이 즐겨 찾는 포르투갈의 남부 휴양지인 알부페리아 지역이 커다란 취약점을 안고 있다. 예컨대 인민당 당수 파울로 포르타스 씨는 포르투갈이 마약을 합법화하게 되면 조만간 마약중독자들의 천국이 되지 않을까 우려를 금할 수 없다고 지적했다.

하지만 포르투갈이 이렇게 삼 소지에 대해 보다 더 자유주의적인 법제도를 도입하면서 당초 외국인들이 '마약관광' 목적으로 물밀 듯 몰려들 것이라며 반대 목소리를 드높였던 사람들 예상은 크게 빗나갔다. 그 이유를 짚어보자. 우선 포르투갈 정부 관리들은 아무리 마약소지를 비범죄화 했다고는 해도 마약소지 혐의로 일단 붙잡힌 사람들은 최소한 주말은 망치게 되고 말 것이라는 점을 지적하고 있다. 마약위원회에 반복적으로 출석해야 하기 때문이다. 또한 이들이 집에 돌아가더라도 당국에 신고해야 하며 두 번째로 붙잡히게 되면 거의 100% 벌금을 물게 되어 있다. 심한 경우 규정된 회수 이상 붙잡히는 경력을 가지는 마약관광객은 감옥에 갈 각오까지 해야 한다. 포르투갈의 새로운 법제도는 여전히 범죄로 규정하는 삼소지량의 한계선을 명확히 하고 있다. 담당기관은 그 한계를 하루 1회분 정도로 엄격히 규정하고 있다.

그 다음, 포르투갈 경찰은 새로운 제도가 도입된 이후 활동반경을 더욱 넓히게 된 감이 없지 않다. 과거 포르투갈 경찰은 학생들이 클럽에서 마리화나나 엑스터시를 하더라도 눈감아주었는데, 이제는 그런 학생들조차도 확고하게 처리하는 경향이 있다. 왜냐면 그런 정도 수준이면 법원에 갈 것도 없이 단지 새로 생긴 마약위원회에서 처리되는 수준에 그친다는 점을 경찰도 잘 알고 있기 때문이다. 포르투갈 경찰은 이런 문제보다는 엑스터시 같은 합성 파티 마약을 더 크게 우려하고 있다. 엑스터시는 청소년 관광객들이 해변 휴양지에 도착한 바로 다음 날부터 인기가 있으며 알부페리아 지역에서 폭넓게 사용되고 있는 것으로 알려져 있기 때문이다.

포르투갈의 새로운 마약정책은 영국에 대해서도 민감한 영향을 미쳤다. 리스본 주재 영국대사관에서 파견 나온 직원인 산드라 타일러 헤이우드 씨는 포르투갈이 헤로인, 크랙 코카인, 엑스터시, 삼 등을 포함한 레크리에이션용 마약을 모두 비범죄화 한 것과 관련하여, 영국 청소년들에게 다음과 같이 주의를 환기시켰다. "물론 우리는 시민들이 포르투갈의 새로운 법제도를 휴양지에서 자유롭게 삼을 하도록 허가한 것으로 인식하고 있는데 대하여 몇 가지 점을 우려하고 있습니다. 마약을 가지고 있거나 사거나 파는 행위는 포르투갈에서 여전히 불법이며, 포르투갈의 새로운 법제도는 '감옥에는 절대 가지 않는 자유로운 사용' 허가증은 아닌 점을 포르투갈을 여행하거나 관광하는 영국 청소년들은 잘 인식해야 합니다."

이와 같은 포르투갈의 도박(?)이 어떤 결과를 맺게 될 것인가? 관광객들은 계속해서 포르투갈의 전통적이며 유서 깊은 우아한 건축물들에 대하여 경탄을 금치 못하게 될 것인가? 그렇지 않고 포르투갈이 그야말로 삼사용이 전혀 통제되지 않는 새로운 암스테르담이 되고 말 것인가? 영국 외무부는 청소년 관광객들에게 포르투갈이 삼의 천국인 것은 아니라고 경고하고 있다. 벌써부터 영국의 청소년 관광객들이 북유럽 관광객들이 대거 몰리는 알가브 지역으로 파티 모임을 하러 가고들 있기 때문이다. 이곳은 엑스터시 같은 테크노 파티마약의 새로운 메카로 떠올라 있다. 리스본 주재 영국대사관 측은 당시 포르투갈 정부가 10만 여 명에 이르는 습관성 마약 사용자들을 획기적으로 감소시키기 위한 대책의 일환으로 새로운 마약 관련법을 시행하는데 대하여, 앞서 지적한 대로 포르투갈이 삼의 천국은 아니라며 관광여행에 대하여 주의를 촉구했다. 리스본 주재 영국대사관 측은 이미 영국의 젊은 층들로부터 도대체 언제쯤부터 포르투갈에 가서 마약주사를 맞을 수도 있게 허용되는지 문의하는 전화를 많이 받았다고 한다.

영국에서 패키지 관광으로 가장 인기 있는 지역인 포르투갈의 알부페이라는 거리거리마다 엑스터시를 판매한다는 광고 전단지가 가득 붙어 있는 실정이다. 알부페이라 광장 지구는 가족끼리 모여 저녁 식사하는 가게들이 밀집해 있다. 그러나 여기서 검은 복장의 집시들은 사탕과 아이스크림을 파는 노점들 사이사이에서 삼 덩어리(해쉬쉬)들을 팔고 있다.

4) 마약소굴 정화 추진 세력의 지지

리스본의 7개 야산지대 중 하나인 카잘 베토소 지역의 길고도 구불구불

한 시가지는 기왕에도 포르투갈의 '마약 슈퍼마켓'으로 잘 알려져 있다. 수백 명의 마약 중독자들은 이곳에 모여 헤로인과 코카인을 사기 위해 항상 대기하고 있다. 이 지역은 실질적으로 포르투갈 경찰력이 미치지 못하는 지역이며, 경찰이 새로이 아무리 관대하게 대해도 마약중독자들은 경찰을 적으로 여긴다. 경찰은 마약 장사치들을 겁주어 쫓아내기 때문이다. 뿐만 아니라 포르투갈의 일반시민들로부터도 이 지역은 경원시되고 있다. 그 이유는 에이즈로 전염된 주사기를 휘두르는 마약중독자들의 습격을 당하게 되지는 않을까 우려하기 때문이다. 그래서 오두막과 부서진 집들이 즐비하게 버려져 있는 것을 말끔히 정돈하기 위해 노력하고 있는 이 지역의 운동가들은 포르투갈 정부의 이 새로운 입법을 오히려 강력 지지하고 있다. 이 지역을 재건하며 마약중독자들로 하여금 마약을 끊도록 지원하는 특별부서 운영을 담당하고 있는 시프리아니 돌리베라 씨는 포르투갈 정부 측이 올바른 정책을 펴고 있다고 보고 있다. 그는 "마약중독자들이 헤로인 대체제재인 메타돈으로 치료받게 된다면 더 이상 이들이 다음 번 해야 하는 마약을 사는데 필요한 돈을 마련하기 위해 강절도 짓을 저지르지 않아도 될 겁니다"라고 지적했다.

포르투갈의 삼 비범죄화 사례는 실제로 '삼 소비를 완전히 풀어줬을 경우' 어떤 일들이 벌어지는지 살펴보는데 매우 좋은 경험을 제공해주고 있다. 이와 관련하여 프랑스의 마리 르모니에의 글 "포르투갈의 해쉬쉬 비범죄화"라는 글을 중심으로 실태를 정리하기로 한다.

2001년 포르투갈은 네덜란드, 스페인, 이탈리아 등에 이어 삼사용을 비범죄화했다. 하지만 예방차원의 정책으로 이어지기는 그리 쉽지만은 않은 실정이다. 리스본 거리에서는 미니스커트, 스트레이트 일자 치마, 펄럭이는 치마가 이미 많은 볼거리를 제공하고 있었다. 이는 그날 저녁 리스본 유흥가인 타게 부근의 가장 유명한 나이트클럽인 '룩스(Lux)' 입구에서 입장하는데 필수적인 유니섹스 옷차림이기도 하다. 하지만 이 저녁 파티는 벌써 역사가 깊은 바리노 알토 거리에서부터 시작되었다. 여기서 리스본 젊은이들은 부드러우면서도 쓴 마리화나 내음을 맡으며 손에는 술이 들어있는 컵을 들고 돌로 된 거리를 가득 메우고 있었다. 모로코산 해쉬쉬 연기를 마시기 위해 전통적으로 약물 슈퍼마켓이라고 불리는 카잘 벤토소 거리나 경쟁거리인 인텐덴테 거리까지 가야 할 필요가 없었다. 바리노 알토 거리에서도 리스본 사람들은 아무런 두려움 없이 의기소침해 있는 경찰들을 바로 옆에 둔 채 삼 조인트를 둘둘 말아 피운다.

삼에 대한 억압이나 저지라고 하는 것은 벌써 살라자르(Salazar: 1933~1968) 독재 시절만큼의 먼 옛날이야기가 되어버렸다. 하지만 포르투갈에서 삼이나 다른 모든 마약의 개인적 사용을 단순히 행정적 위반으로 보는 '비범죄화' 법이 발효된 것은 겨우 2001년 7월이다. '마약 사용자를 처벌해야 할 범죄자로 보지 않고 치료해야 할 환자로 여기는 것,' 이것은 헤로인으로 인한 사망, 그리고 에이즈로 감염된 주사기로 인한 사망 등이 다시 만연하는 문제에 봉착해 있던 당시 사회주의 정부가 인본주의에 입각하여 펼친 정책이었다. 그러나 "구법은 밀매자와 소비자를 거의 구분하지 않았어요. 그래서 실질적으로는 결국 그 법은 아무 소용이 없었지요." 이 치료목적의 비범죄화 정책을 약속했던 비탈리노 카나스 내무장관은 당시의 구법을 그렇게 회상하였다. 하지만 새로운 법규에 따르면 해쉬쉬 흡연자는 우선 '단념유도' 위원회에 출두해야 하며, 이 위원회는 흡연자들의 심리적 의존도를 판단하고, 경우에 따라서는 벌금수준이나 어떤 치료를 받도록 할 것인가를 결정한다.

그럼 2003년부터 화제가 된 이 단념유도 위원회(마약위원회)에 참여 했던 수천 명의 삼 조인트 흡연자들은 어떻게 되었는가? 26세의 해쉬쉬 소비자 마달레나는 심리학자, 생활환경조사원, 변호사 등으로 구성된 심사위원들과의 면담절차를 냉소적으로 기억하고 있다. "마음 편하게 하려면 저는 그냥 해쉬쉬가 나를 지배하는 게 아니고 내가 해쉬쉬를 지배했다고 말하기만 하면 되었어요. 사실 그런 면담은 학교 다닐 때 여러 선생님들과 함께 하는 면담과 다를 바 전혀 없어요. 너무 웃기지 뭐예요."

2003년 리스본의 공개 면담절차 중 80%는 단순 삼사용과 관계된 것이었다. 이중 이 위원회는 70% 이상은 처벌 금지로 결론을 내렸다. 그리고 이 위원회는 2주 전부터는 심사위원 부족으로 인해 더 이상 판결을 내리지 못하고 있다. 일반 국민들은 이와 같은 사실을 제대로는 모르지만, 어쨌든 포르투갈의 수도 리스본 시민들은 사실상 그리고 적어도 다음번 총선까지 약한 약물이던 강한 약물이던지 상관없이 자유스럽게 사용할 수 있다.

특별치료센터의 경우 센터 관계자들은 그곳을 거니는 고통스러운 눈길의 사람들과 깡마른 사람들을 마주치는 것만으로도, 삼 사용자 치료 말고도 다른 급한 일들이 너무도 많다는 것을 충분히 이해하고 있다. "저희 센터는 매년 2,300여명의 삼 흡연자가 있습니다. 하지만 저희가 우선적으로 중요하게 생각하는 것은 이들이 아니며, 생명이 위급한 사람을 구하는데 있으며, 진짜 중증 마약 중독자들을 돕는데 있습니다. 저희는 지금 그 시작단계일 따름입니다. 인구 천만 명 당 10만 내지 20만 명의 비율로 약물중독자가 있는데 이들을 수용할 수 있는 치료센터가 턱없이 부족하며, 특히 청소년 전문치료기관은 전무한 실정에서 저희가 이 모든 상황을 다 감당해낼 도리가 없는 상황입니다." 이는 리스본 외곽의 노동자 거주지역 크사브레가스 센터 수석의사 로드리고 코티노 씨의 지적이다.

3년이 지난 2005년 이런 상황은 부분적으로 많이 개선되었다. 새로운 정책은 중증 마약중독자들을 치료하는데 일정한 성과가 있었다. 그러나 포르투갈의 삼 소비자(정규적인 사용자) 비율은 단지 전체 인구의 6.6% 수준으로, 스페인이나 프랑스에 비해 낮기는 하지만, 청소년들의 삼 소비는 점점 더 증가하고 있는 실정이다. 삼 조인트는 어른으로 성장해나가는 통과의례 과정에서 과거 담배가 담당하던 역할을 대신해나가고 있다. "현재 단념유도위원회 제도는 관료주의적이며 삼 흡연을 멈추게 하기 위해 이들이 제안하는 방식은 제대로 작동하지 못합니다. 특히 충분히 설득력 있게 삼 흡연의 절제를 유도하고 있지 못합니다." '국립마약퇴치 및 마약중독 연구소'의 젊은 소장인 누노 프레이타스 씨의 신랄한 지적이다. 중도우파인 사회민주당 의원이기도 한 그는 예컨대 행정적 벌금에 추가하여, 단체 무보수 노동 같은 것들을 도입하는 등 해당 법률을 좀 더 처벌을 강화하는 방향으로 개정하기를 희망하였다.

우아한 분홍색 건물에 자리한 '유럽 약물 및 마약 중독 관찰소'(OEDT)에서 정책연구를 담당하는 다닐로 발로타 씨는 그와 같은 법안도입 방안에 대해 그 의의를 낮게 평가하였다. "저는 그런 정책이 마약소비의 긍정적 진행에 어떤 식으로든 영향을 미칠 수 있는가에 대해 확신이 없습니다. 관련 법규는 단지 정부가 사회에 던지는 메시지에 불과하거든요. 말하자면 우파정부가 권력을 잡았을 경우에는 일반적으로 억압적인 대신, 좌파정부가 권력을 잡은 경우에는 자유로운 분위기가 되지요." 이런 점들은 프랑스에서 소프트드럭의 비범죄화에 찬성하는 사람이든 반대하는 사람이든 상관없이 한 번쯤 곰곰이 생각해 볼 문제이다.

2. 독 일

독일은 하드드럭과 소프트드럭을 구분하지 않고 있다. 마약사용 그 자체는 형사범죄가 아니다. 물론 마약의 취득은 양에 상관없이 범죄로 간주되면 1개월 내지 4년형, 해당하는 '적절한' 벌금형이 내려질 수 있다. 그러나 실제로 법원 측은 개인적 사용 목적으로 마약을 취득한 것이면 기소를 하지 않는 경우가 다반사이다.

개인적 사용 견지에서 취득한 것으로 간주할 수 있는 양의 문제는 법원 측의 재량권에 속해 있다. 개인적 사용 목적의 소지는 마약형태 및 여기에 수반된 위험의 정도 등에 따라 최고 4년형이 내려질 수 있으며, 법원 측은 이런 요인들을 고려하여 양형을 내린다. 소량의 삼소지 초범에 대하여 독일

법원 측은 일체의 처벌을 내리지 않는다. 법원 측은 여기서 말하는 '소량'이 어느 정도인지 주관적으로 판단하고 있다. 독일에서는 '소량'이나 '의미 있는' 양에 대해 양이나 무게를 미리 정해놓지 않고 있다. 각 사건의 정황에 따라 판사의 해석에 따라 어느 정도인가가 결정된다. 처벌 수준 역시 마약사범이 발생한 주의 집권당이 어디인가에 따라 달라진다. 통상 독일 북부지역 주들은 덜 보수적이며 처벌 수위도 조금 더 낮다.

1994년 4월 독일연방대법원은 '연방 삼 금지법'을 뒤집은 바 있다. 이 판결은 마약법과는 대비된다. 따라서 마약법은 여전히 유효하지만 개인적 사용을 목적으로 한 삼소지자에 대한 기소는 우선순위에 있어 맨 아래로 되어 있다.

한편 현재 독일은 어떤 마약이든지 간에 소량(무게 상한선은 각 지방 주정부가 정한다)을 소지한 행위에 대해서는 기소하지 않는다. 1994년 이후부터는 독일 전역의 50개소 이상에 이르는 의료감독체계를 갖춘 안전한 헤로인 주사실이 오픈한 바 있으며, 1999년 이후부터는 이곳이 합법화되어 규제를 받고 있다.

2001년 독일 연방정부 '마약보고서'는 18살 이상의 독일 성인 인구 중 약 6%가 삼 상습흡연자라고 밝혔다. 10대 청소년층을 제외해도 약 300만명에 이르는 두터운 삼 소비층이 형성되어 있다. 더욱 충격적인 것은 마약 관련 사망자 수가 2000년 이미 2천명을 넘어섰다는 점이다. 마약 관련 사망 중 약 10%는 자살, 약 80%는 약물과다 복용이 직접적인 원인이다. 이 보고서는 크게 두 가지 정책제안을 제시하고 있다. 첫째 네덜란드 모델을 따른 마약자유화 정책이다. 네덜란드 정부는 헤로인, 코카인 등은 하드드럭으로 분류하고 이를 엄격히 금지하는 반면 삼은 소프트드럭으로 분류하여 소비 및 판매를 합법화하고 있다. 여기서 합법화란 무제한적인 것이 아니며, 개인적 소비를 위해 하루 5g 분량의 삼을 정부가 허가한 커피숍에서 구입할 수 있음을 뜻한다. 마약류의 판매 및 소비를 금지해도 현실적으로 암시장 거래까지 막을 수는 없으며, 암시장 확산은 마약관련 범죄의 증가로 이어진다. 그래서 차라리 일부 소프트드럭의 합법화를 통해 암시장과 마약관련 범죄의 증가를 막아보자는 것이 마약합법화 정책의 기본 취지이다. 또 거래와 소비뿐만 아니라, 마약에 대한 사회적 관심과 논의를 후미진 골목길이 아닌 공공영역으로 끌어냄으로써 그 소비를 억제하려는 의도도 있다. 하지만 이는 독일에서 실현되지는 못하고 있다. 둘째 정부 주도 마약보급소 운영 정책은 현실화되었다. 2002년 2월부터 독일 7개 도시에서 시범적으로 진행된 매우 세련된 헤로인 제공 프로그램에서 총 1,120명의 마약중독자들에 대하여 치료차원에서 마약을 공급해주는 업무를 개시하였다. 마약중독자를 뚜렷하게 줄이는 효과를 본 스위스와 네덜란드가 이 정책의 선례이다. 독일에서는 NGO가 운영하는 마약 테스트 프로젝트들(대부분 엑스터시 및 기타 '파티' 마약에 대한 테스트 서비스 제공을 가리킨다)도 허용하고 있다.

역사적으로 1960년대 후반 독일에서 마약사용이 급증하던 당시 마약정책은 '1929년의 아편법'을 적용하고 있었다. 1971년에야 비로소 보다 포괄적 성격의 '마약류법'이 만들어졌다. 부분적으로 사태가 보다 악화되었을 때 만들어진 현행 마약류법은 1981년 7월 28일 독일 의회에서 거의 만장일치로 통과되었으며 1982년 발효되었다. 이 마약류법의 골자는 국민건강을 보호하는데 두고 있다. 한편, 1982년에서 1994년 이후 이 법은 여러 차례 개정되어 해악감소를 위한 개입정책을 규정하였다. 중요한 개정 사항은 다음과 같다.

- 법적으로 마약중독자 대체치료를 명시적으로 허용한다. 독일은 여러 해 동안 메타돈과 다른 대체 요법 등을 실시해왔다. 현재 독일은 스위스, 네덜란드, 스페인 등과 함께 헤로운 유지사용 정책을 실시하고 있다.
- 독일은 에이즈 확산을 막기 위해 마약중독자들에게 살균 처리된 주사기 제공에 대하여 처벌하지 않도록 법을 개정하였다.
- 검사재량권: 개인적 사용이라는 경범 사건의 경우 검사는 기소하지 않

을 수 있다.

○ 마약사용자를 투옥하는 대신 치료를 택하도록 한다.
○ '마약류법'에 모든 심각한 마약밀거래에 대한 새로운 처벌대상 범죄와 최초 형량을 도입하였다. 이는 '범죄진압법'과 '조직범죄대처법'에 의한 것이다.
○ 산업용 삼재배j를 합법화한다.
○ 안전한 주사실의 최소기준요건에 관한 규정을 신설한다.

마약소지가 경범이라고 판단되거나 기소가 공공의 이익에 별 보탬이 되지 않는 경우 검사는 법원 측의 동의 없이도 마약사범에 대해 기소하지 않을 수 있다. 법적으로 마리화나는 불법이다. 하지만 논란의 소지가 없는 건 아니나 개인적 소비는 독일 법체계에 내재되어 있는 '과도한 처벌 금지' 원칙에 따라 비범죄화 하도록 하고 있다. 한편 기소는 되나 나중에 유예되는 독일의 마리화나 사범의 90% 이상이 10g 이하에 불과하다. 물론 연방차원의 가이드라인은 주에 따라서는 30g까지도 기소하지 않을 수 있다고 되어 있긴 하다. 검사는 미성년자의 삼사용이나 소지에 대해 기소하지 않을 수 있으며, 개인에게 허용되는 삼 소지량은 주에 따라 6~30g으로 되어 있고, 개인적이거나 가끔 하는 것이라든가, 적은 양의 사용 혹은 타인에게 아무런 해를 주지 않는 사용 등의 경우, 합리적으로는 어떠한 법적 기소도 하지 않는다.

한편, 불법마약에 대한 밀거래, 재배, 제조 등은 중대범죄로 간주한다. 성인이 18세 미만 청소년에게 마약류를 제공하거나, '직업적으로' 혹은 갱 집단의 한 구성원으로서 마약류를 밀거래하거나, 총기 혹은 속성상 신체적 위해를 가할 수 있거나 그런 의도 있는 무기류를 휴대한 경우 등이 중대범죄로 간주되는 가중처벌 요인에 속한다.

3. 프랑스

1) 삼사용 실태

프랑스는 하드드럭과 소프트드럭을 구별하지 않고 있다. 법적으로 모든 마약사용은 2개월 내지 1년, 5백 내지 1만 5천 프랑의 벌금형을 받을 수 있는 형사범죄로 되어 있다. 그러나 현실 속에서 법적용은 매우 유연하게 이루어진다. 소량의 마약이 관련된 대부분 사건들 경우 프랑스 법원 측은 단지 경고를 내리거나 기소 대신 강제치료를 부과하는 판결을 내린다. 마약 소지, 취득, 밀거래 등은 형사범죄로서 2년 내지 3년형을 받을 수 있으며 이때 양의 다소를 구분하지 않고 있다. 그러나 법원 측이 개인적 사용 목적으로 마약을 손에 쥔 것임을 알게 되면 그런 기준에 따라 기소되는 경우란 거의 없으며, 통상 이 혐의는 단순한 마약사용으로 취급된다.

1978년 법무부 회람은 삼(삼 오일을 제외한 잎이나 수지)의 불법사용 사건의 기소 처리와 관련하여 공식 경고와 아울러 사용자가 심리적 지원 혹은 교육지원을 받을 수 있는 기관의 도움을 받도록 권장하는 조치로 국한시키도록 지시했다. 이 회람은 프랑스에서 삼 잎과 수지의 사용을 비범죄화 하는 효과를 가져왔다. 나중에 1987년 이 조치는 모든 마약류 사용에 대한 경고조치로 확대되었으며 단지 오남용 증세가 나타나는 사범만을 예외로 하도록 했다. 오남용 사건의 경우 치료를 의무화 할 수 있게 되었다.

기소 담당자가 최초 마약범죄에 대해 경고에 그칠 것인지, 형사처벌을 가하도록 할 것인지, 치료에 회부토록 할 것인지 등에 대해서는 케이스 바이 케이스에 따라 결정토록 하고 있다. 1999년 프랑스 법무부 지침에 따르면 다른 보다 더 중대한 마약범죄와는 아무 관련이 없고 단지 불법마약을 소비하는 것에 그치는 경우라면 기소하지 말도록 지시했으며, 감옥형은 '최후 수단'으로서만 사용하도록 했다. 이에 따라 크리스천 사이언스 모니터 신문은 프랑스 당국이 이제 더 이상 마리화나 소지사건 중 95%는 아예 기소조차 하지 않고 있다고 보도했다. 이 추세는 1999년 6월 앞서 지적한 프랑스 법무부가 검사들에게 내린 지침에서 경범인 마약사범에 대해서 가능한 한 감옥형 대신 치료 회부를 내리도록 검사들에게 촉구한데 따른 것이다. 프랑스 법무부 측은 1987년에도 유사한 지침을 내려 보낸 바 있다.

한걸음 더 나아가 2002년 1월 법무부 당국은 정치권에 대해 삼 비범죄화 방안을 공식 심의해주도록 촉구하기까지 했다. 현재 삼사용 및 삼사용 목적의 소지는 형사처벌토록 되어 있으며, 처벌은 1년 징역형까지 가능하며 3,000유로(한화 약 450만 원 정도)의 벌금이 과해질 수 있다. 그러나 앞서 지적한 것처럼 1999년 6월에 법무부 공문은 검사들에게 단순 사용자에겐 이러한 처벌보다는 배려(관심)를 우선시 해줄 것을 요구한 바 있으며 그렇게 시행되고 있다. 한편, 2003년 1월 23일 의회에 의해 가결된 법에 의해 프랑스에서는 삼을 하고 사고를 낸 운전자의 경우, 징역 2년형 확정과 4,500유로(675만원 정도)에까지 이르는 벌금을 물릴 수도 있게는 되어 있다.

프랑스는 1970년 12월 31일 공포된 '약물중독 근절과 독성물질의 불법사용과 거래 억제' 관련 보건법이 마약금지의 근거이며, 지금까지도 그대로 시행하고 있다. 프랑스는 마약의 거래와 사용을 명확히 구별하고 있다. 마약거래자는 처벌하되, 약물중독자는 치료하는 것이 목적이다. 요컨대 마약거래자는 형법에 의해 처리되는 반면 마약사용자는 국민보건법에 의해 처리된다.

이 법률에 따르면, 마약류사용자는 종류에 관계없이 1년 이하의 징역과 25,000프랑(한화 약 530만 원)의 벌금이 부과될 수 있다. 하지만 처벌이 반드시 이루어지는 것은 아니다. 검사는 '강제 치료위탁'을 명할 수 있다. 이에 따라 당사자가 명을 받은 기간까지 치료를 계속하는 경우 형사처벌은 면제된다. 약물중독자 스스로 판단하여 자율적으로 또한 자유롭게 치료기관에 출두하는 경우 익명성을 유지한 채 치료받을 수도 있다. 1978년 이후, 잇따른 법무부장관 지침들은 단순 약물사용자에 대해서는 형사처벌을 하지 말도록 하고 있다.

프랑스 삼 흡연자를 비롯한 기타 약물의 단순 소비자는 갈수록 형사처벌을 받지 않는 쪽으로 나아가고 있다. 이와 같은 '사실상의 비범죄화'는 최근 프랑스 법조계에 논쟁을 불러일으키고 있다. 더욱이 프랑스 국립에이즈위원회는 '국민건강의 관건이 된 약물복용 위험'이라는 홍보물을 통해 당국이 '개인적 사용에 한하여' 마약류 사용의 형법적 금지조치를 해제할 것을 권고하였다(2001년 6월 21일).

프랑스 청소년 삼 흡연율은 세계최고 수준을 기록하고 있다. 18세 남자의 경우 약 66%가 경험자이다. 프랑스는 삼 흡연을 불법(최고 1년 형/5백만 원 벌금형)으로 하고 있으면서도 국민건강과 인권보호를 위해 이들을 사실상 '비범죄화' 하고 있다. 그럼 프랑스 청소년의 삼과 비범죄화 실태에 대해 『새로운 동향』(Le Nouvel Observateur n° 2102, 2005년 2월 17~23일 자, pp.8~15; www.nouvelobs.com) 지의 내용을 중심으로 정리해보자.

프랑스에서도 삼에 대해 잘못된 두 관점이 횡행하였다. 하나는 해쉬쉬가 해로우며, 이것이 무해하다고 주장하는 것은 미래에 가서는 마약중독과 청소년 문제를 초래할 것이므로, 반드시 해쉬쉬도 금지해야 한다고 본다. 다른 하나는 해쉬쉬와 삼은 전혀 위험이 없는 레크리에이션용일 뿐이며 따라서 그 소비는 당사자의 기본권 속한다고 본다. 그러나 현실은 이 둘과는 다르게 나타나고 있다. 적은 양의 삼이 정신적 균형을 잃게 하지 않으며 삼을 한다고 해서 나중에 코카인이나 헤로인을 하게 되는 것도 아니다. 하지만 일부 특히 젊은층 중에서 습관성 중독에 빠지는 경우가 있긴 하다. 이 경우 신경장애 및 현재와 미래를 파괴하는 고립성을 초래한다.

그럼 과연 금지가 유익한가? 이는 명확하지 않다. 예컨대 삼 판매가 자유롭게 허용되는 네덜란드가 판매가 금지되어 있는 프랑스보다 사용자 수가 오히려 더 적다. 담배의 경우에도 예방과 정보제공이 억압정책보다 훨씬 더 효과적인 것으로 되어 있다. 물론 부모들은 청소년들에게 '안돼' 라고 말하는 것을 보다 더 선호한다. 그러나 금지는 필연적으로 역효과를 가져올 수밖에 없다. 사람들은 소비가 금지되어 있으니 이 문제는 더 이상 들춰 낼 필요조차 없이 이미 정리된 문제가 아니냐고 바라본다. 국가도 이 문제를 경찰에 맡겨버리고 이 일에서 손을 떼고 만다. 하지만 이제는 국가의 태도에 변화가 있어야 한다. 그리고 철저한 관리를 수반하는 자유화 정책에다가 예방책까지 포함하고 있다면 이는 나름대로 합리적인 해결책이 될 수도 있다.

2005년도 프랑스 청소년의 삼사용 실태를 살펴보자. 프랑스 경찰은 몽뻴리아(프랑스 남부도시)의 어느 닭 사육장 뒤 트럭에서 삼을 적발해냈다. 꾸르뇌브(파리 북쪽 근교) 한 창고에서, 돛 배, 모터 배, 네덜란드로 보내는 찰흙 반죽이 들어있는 작은 통에서도 삼을 적발해냈다. 경찰이나 세관의 설명을 보면 정말 가관이다. 하지만 이는 지독한 불법거래 상황을 잘 보여준다. 유럽 청소년들이 갈망하는 가상의 천국에 대한 욕구를 충족시키기 위해 특히 세계 제일의 생산국인 모로코에서 5만 kg의 삼(주로 수지형태)이 들어왔다.

모로코는 삼 거래로 한 해에 100억 유로(한화 약 15조원)를 번다. 프랑스로서는 이것이 보건부에게는 현기증을 일으키며, 내무부에게는 두드러기를 나게 하고, 많은 부모들에겐 골칫거리가 되게 만들고 있다. 1991년 이후 매년 1.57%씩 소비자가 증가되어왔다. 일생 한번이라도 삼을 피워본 경험이 있는 사람이 10년 사이 두 배 증가했다. 프랑스에서 18세 남자의 66%, 여자 52%가 이미 삼을 피워보았다. 18세 남자 다섯 명 중 한 명이 아주 정기적으로 삼을 피우는 반면 여자의 경우는 남자의 경우보다 3분의 1 정도(열다섯 명 중 한 명꼴)이다.

하지만 1970년부터 적용된 프랑스 삼 금지법은 스웨덴과 더불어 유럽에서 가장 엄격하다. 너무 엄격하다 못해 현실성이 없을 정도이다. 일생에 적어도 한번은 삼을 피워본 경험이 있는 3백만 혹은 4백만 정도 되는 젊은이들을 감옥에 보낼 수도 없고 85만 명의 정기 흡연자나 한달에 열개 이상의 삼을 피우는 사람들도 사정은 마찬가지다. 그러므로 타협하고 응급조치를 하는 수밖에 없다. 경찰은 이중 극히 일부만 소환한다. 2003년 경우 125,000

명 수준이었다. 법원은 이중에서 다시 평균 200여명의 운 없는 자들에 대해서만 유죄판결을 내린다. 하지만 이 모든 것이 어떤 정책에 따른 것은 아니다. 그리고 국민건강 정책에 입각해 있는 것은 더더욱 아니다. 프랑스 정부가 삼 흡연을 후회하는 짧은 장면들을 TV에 내보내면서 예방 캠페인을 벌인다든지 새로운 사법처리 지시를 내리기도 하지만 일관성 있는 정책에 바탕을 두고 있지는 못한 것이다.

프랑스 약물중독학회 사무총장이자 의사인 알렝 모렐은 불로뉴-빌랑꾸르(빠리 서쪽근교)에서 삼에 너무 빠져있는 사람들을 상담하며 돕고 있는데, 그는 일부 사람들이 삼을 악마적인 것으로 간주하는 발언들을 퍼붓는 것에 대해 우려를 나타낸다. 삼의 위험성을 지나치게 과장하여 일부 사람들에게나마 정신분열증을 일으킬 위험성이 있으며 후일 헤로인과 같은 강한 약물에 빠지게 만든다고 주장하면서도, 여기에 반드시 필요한 일인 예방법을 전달하는 데는 손을 놓고 있다. "이는 억지에 불과하지요. 젊은이들은 이런 우려가 현실과 다르다는 걸 아주 잘 알고 있어요." 그는 삼이 의존성이 거의 없으며 젊은이들이 어른 나이에 이르러서야 비로소 완전히 삼을 멀리한다는 것을 알고 있다. 정말 습관을 버리지 못하는 극성 흡연자를 제외하면 40세 이후에는 더 이상 해쉬쉬 흡연자는 없다. "반면 담배와 술은 아주 오래 가지요." 삼 애호가가 다른 불법약물을 시도하는 경우는 극히 드물다는 사실은 익히 잘 알려져 있다. 그러나 예컨대 엑스터시 사용자들은 화학적 합성마약에 훨씬 더 끌린다. 알렝 모렐은 소비연령이 점점 더 낮아지는 점을 우려하고 있다. 담배를 처음 피운 후 2년쯤 되어 첫 번째 삼 흡연을 경험한다. 그것이 반드시 심각한 것은 아니다. 왜냐하면 대부분의 경우는 처음 피우고 그 후에 어쩌다 가끔 피우며 그저 그런 수준에 그쳐버리고 말기 때문이다. 하지만 아직 유약한 나이에 너무 빠지면 때로 근심거리가 된다. 너무 자주 피우는 흡연자 대부분 그러하듯 술 담배와 삼을 동시에 사용하는 사람들의 경우 특히 더 그러하다.

13,4세 청소년들이 이렇게 섞어서 사용하면 해악이 없는 게 아니다. 이

아이들은 보통 아침 첫 수업 전부터 삼을 흡연한다. 이들은 공부에 대해 흥미를 잃고 수업에 빼먹으며 집에 처박혀 어디에도 관심을 두지 않기도 한다. 이들에겐 가끔 기억력 장애가 나타나기도 하며 다른 사람들보다 자살 성향이 좀 크게 나타나기도 한다. 이들은 부모가 나타나서 혹은 부모의 성가신 질문으로 이제껏 삼 연기가 제공해주던 보호막이 터져버릴 경우 과격한 행동을 해버리기도 한다. 너무 자주 그리고 너무 일상적으로 어느 특정한 시간대에 집중적으로 피운다면 위험경고를 울려야 하며 이는 절대 소홀히 해서는 안 된다.

알렝 모렐은 덧붙여 말한다. "우리는 때론 불쾌한 경험을 할 수 있어요. 삼으로 인한 '불쾌한 경험'이란 것이 있지요. 예고 없이 심한 불안이 느껴지기도 해요. 절대다수 사람들은 별 문제없이 극복하지만, 이 모든 게 드물긴 하나 언제라도 발생할 수 있어요."

까앙(프랑스 노르망디 지역의 도시)에서 문학을 공부하는 대니라는 대학생은 이런 불편함을 경험해본 축에 속하며 지금도 여전히 경험하곤 한다. 14세 때 처음 삼을 경험한 그는 "나 스스로 그리 편한 것은 아니었어요. 단 한 시간도 내 자신을 자제할 수가 없었고 삼을 한 다음에 가서야 마음이 차분해졌어요." 그는 현재 23세이며 하루 10개비의 삼을 피운다. "내 몸이 요구하는 것은 아니지만 어쨌든 나에겐 필요한 것이죠." 3~4g의 삼 수지를 구하기 위해 하루에 20유로(한화 3만 원) 정도 든다. 월 말에 가면 삼 구입비마저도 충분치 않다. 그래서 친구들과 약간의 거래를 한다. 그는 삼 과다 사용에 따른 불편함을 이미 경험해보았다. 정신병원에도 두 번 입원해봤다. 그 후 2년간 금연도 해보았지만 여자 친구가 삼을 피우는 것이 너무 부러운 나머지 다시금 피우게 됐다. "약한 약물이라고 할 때 중요한 건 '약물'이라는 단어 그 자체예요." 그는 자신이 삼을 그만두는 것이 어렵지 않다는 것을 잘 안다. 그러나 그는 지금은 그만둘 생각이 없다.

1998년에서 2002년까지 약물 문제를 담당한 니꼴르 마이스트라치 판사가 어느 소백과사전의 '약물'이라는 항목에서 지적한 것처럼 차분히 말할 수 있어야 한다. "삼이 술처럼 정신에 영향을 준다는 것, 삼이 담배보다 덜 유독하며 중독성이 훨씬 덜하다는 사실을 말할 수 있어야 한다. 하지만 삼이 평범한 것만은 아니므로 담배나 술을 자제하라고 하듯이 삼도 가능한 한 자제해야 한다고 말할 수 있어야 한다. 하지만 삼이 법적으로는 금지되어 있으나 실질적으로는 프랑스의 모든 청소년과 젊은이들이 접하는 이 삼의 유통을 어떻게 통제할 수 있는가? 말하자면 삼은 현실적으로 전혀 통제받지 않은 채 어디에서나 유통되고 있다. 담배나 술의 경우에는 세금으로 소비를 제한한다. 예방 캠페인도 벌인다. 하지만 삼의 경우 가격은 바로 그 거래상이 결정한다. 불과 몇 년 사이에 담배 가격은 두 배 오른 반면, 삼의 가격은 오히려 안정적이다. 그리고 고등학교나 중학교에서 삼에 대한 교육을 할 때 국민건강 전문가가 아니라 공권력이나 경찰들이 담당하고 있다. 실로 어리석게 대처하고 있는 것이다."

2) 판사들이 직면한 삼 문제

프랑스에서 삼 처벌은 원칙적으로는 거래상에게만 해당되지 사용자에게는 해당되지 않는다. 이때 그 경계선을 잘 정해야 한다. 예컨대 2005년 어느 날 프랑스의 어느 한 검사 사무실에는 열 너덧 살 정도 된 두 명의 중학생이 와있었다. 이들이 방금 들은 말은 너무 놀라운 것이었다. 보비뉘(빠리 북동쪽) 법원 검사실 직원(검사국 자원봉사자)이 이들에게 가뉘(빠리 근교 북동쪽)에서 검문할 때 이들이 주머니에 소지하고 있던 10g의 해쉬쉬 때문에 엄한 처벌을 받을 수 있다고 말했기 때문이다. 1970년 마약금지법은 단지 한 개비 삼 소지에 대해서조차도 사실상 1년 징역형을 규정하고 있다. 적어도 법적으로는 그러하다. 하지만 두 소년은 삼 관련 교육을 받기로 약속하고 집으로 돌려보냈다.

보비뉘에서는 사람들이 삼을 숨기지 않는다. 다른 곳도 마찬가지이다. 법원 입구에서 100m 떨어진 곳에 오가는 사람들 속에 서로 친구인 듯한 두 명의 청소년이 삼 담배를 말며 대화를 하고 있다. "15,6세부터 삼은 청소년들에게 친숙한 물건이에요." 미성년자 담당판사 샤를롯 트라뷔 씨는 확신한다. 여기 온 아이들은 다른 곳도 마찬가지지만 대부분 15~20세로 집안 형편이 어렵고 학교생활에도 잘 적응하지 못하는 아이들이다. 대부분 부모가 파리 외곽 주거지인 린시지역에 산다. 어쩌다 한 번씩 피우는 아이도 있고 완전히 빠진 아이도 자주 눈에 띈다. 아주 심한 아이는 하루에 20개비를 피운다. 현장에서 잡히거나 신분검사를 하다가 체포된 아이들은 원칙적으로는 법원에 고발토록 되어 있다. 보비뉘 미성년자 검사국 상근 사무실에 소환되는 80여명의 청소년 중 대부분은 폭력이나 위험스런 행동으로 소환되지만 그중 4명꼴로 마약법을 어긴 혐의로 소환된다. 다시 이중에는 매번 삼 관련 소환 대상자들이 들어있기 마련이다. 여기에 대해 어떻게 대처할 것인가? 원래는 헤로인 마약 중독자들을 대상으로 한 1970년 법이 규정하는 바에 따라 이들을 처벌해야 하는가? 아니면 1999년 기조장관(1997~2000: 전 프랑스 연합좌파 여성 법무장관, 2000~2001:사회연대부 장관)의 지시 공문이 제시한 바와 같이 사용자들은 처벌하지 말아야 하는 것인가? 어떻게 하면 이들에게 위험성을 제대로 인식하게 할 수 있는가?

프랑스 검사들 사이에서는 단순 사용자, 작은 규모 판매자, 미성년자 혹은 성인이 된 지 얼마 안 된 젊은 사람 등에 대해 적용하는 행동방침이 각각 있다. "검사들은 단순 흡연으로는 기소하지 않아요. 어쨌든 첫 번째 소환일 경우에는 그렇습니다." 하지만 법을 상기시키는 절차는 있다. 예컨대 검사 사무실에서 청소년들을 부모가 지켜보는 가운데 훈계한다. "이 아이들은 상황의 심각성을 잘 인식하지 못하고 있어요."

이 윤리적 훈계가 '형사상 교정'으로까지 이어지는 경우도 있다. 예컨대 삼 관련 교육자와의 첫 번째 면담을 하고 그 후 어느 날 오후 시민단체 토론회에도 참여하며, 이 토론회는 도 차원의 위험행동 예방임무를 맡은 심리학자가 진행하게 되어있다. 세느-생-데니스 지역에서는 삼의 보편화 현상에 대처하기 위해 이런 종류의 연수가 2년째 실시되고 있다. 상당 부분 익명의 알코올 중독자처럼 삼 담배의 좋은 점과 안 좋은 점 등 모든 것에 대해 아무런 금기 없이 모두 말할 수 있다. "저는 이 아이들에게 1년에 삼 담배 10개비 이하를 피우면 일시적인 것에 불과하며, 1달에 20개비 이상 피우면 고치기 힘들다고 설명해 줘요. 그러면 아이들은 흡연 의욕이 줄어드는 것 같아요." 이 프로그램 책임자의 말이다. 여기서 삼 금지법에 대해서도 토론한다. "아이들은 '네덜란드에서는 법적으로도 허용(실제로는 네덜란드에서 원칙적으론 형사처벌하지만 관용적임)하지만, 프랑스에서보다 오히려 문제가 더 많은 것은 아니다'라고 말하죠. 하지만 상당수 아이들은 결국 만약 지금 같은 제한이 없다면 아무 약물이나 사용할 수도 있다는 점을 인정 하더군요." 작년의 경우 세느-생-데니스 지역에서는 총 52명의 청소년들이 이 연수를 받았다. 이제 시작인 셈이다.

여러 차례 걸리거나 엄청난 양의 해쉬쉬를 소지하고 있다가 걸린 젊은이들의 경우 문제가 좀더 복잡하다. 여기서 법정까지 가는 기소를 할 것인가 말 것인가 결정하는 것은 검사 몫이다. 단순 사용자, 소지자, 불법 거래자 등을 서로 구분하는 것도 검사 소관이다. 이에 대해서는 법이 명확히 구분해 놓고 있지도 않다. 예컨대 같은 수십 g이라도 삼을 예방차원에서 접근하는 판사보다 지나칠 정도로 엄격한 판사가 더 무거운 판결을 내리기 마련이다. 한 변호사는 자신이 과거 "끄레떼유 법원에서 해쉬쉬 50g을 불법 거래한 혐의를 받고 있는 어떤 청소년이 단순사용자로 처리한 경험"이 있다고 회상한다.

보비뉘에서는 법정까지 가지 않은 채 교육과 의사 상담 선에서 문제를 해결하기 위해 최대의 노력을 경주한다. "삼이 야기하는 문제를 제대로 평가하는 일이 필수적이지요. 금지법 아닌 체계적인 국민건강정책 구조를 지향합니다." 하지만 얼마 전 보비뉘 법정에서는 아버지가 의사인 한 청소년이 본인 몸과 집에 각각 20g의 해쉬쉬를 소지하고 있다가, 그리고 방에서 저울이 발견되어 집행유예 형을 선고받았다.

청소년이 밀매조직에 연루되는 것은 엄연한 불법거래이다. 이 경우는 예심판사가 맡는다. 해쉬쉬 지하경제 문제는 법의 묵인 문제와 부딪친다. 어느 레스토랑 체인점에서 일하는 19살의 한 청소년은 화장한 얼굴에 미소를 머금으며 재판정 복도를 거닐고 있다. 경찰은 그녀의 집 싱크대 밑에서 거의 1kg에 달하는 5개의 판으로 나뉘어져 숨겨져 있는 삼 수지를 적발했다. 그녀가 이름을 밝히지 않는 한 남자친구가 놓고 간 것이다. 판사 앞에서 그녀는 울먹이며 손수건을 꺼내들고 자신이 가끔 삼 담배를 흡연한다는 점을 인정한다. 하지만 끊으려고 노력은 하고 있다고 말한다. 그녀는 집행유예 12개월, 500유로(한화 약 75만 원) 벌금형을 받았다. "미국에선 더 심할 텐데요, 뭐." 이렇게 말한 그녀는 그 이상으로 당황해 하진 않았다.

제5장

영 국

1. 영국의 삼 역사

먼저 영국의 삼 논쟁을 살펴보기에 앞서 영국의 삼 역사를 간략히 살펴보면 다음과 같다. 원래 삼는 중앙아시아 원산으로 알려져 있으며 최초로 경작된 동기는 섬유로 활용하기 위해서였다. 중국에서는 적어도 4500여 전부터 재배되었으며 기원전 1500년경 유럽에 전래된 것으로 파악되고 있다. 영국의 경우 과거 많은 지역에서 로프 재료로 재배되었으며 헤멜, 헴스테드 같은 도시의 이름이 여기서 유래하기도 했다.

1563년 여왕 엘리자베스 1세는 60에이커 이상의 농지를 소유한 지주들은 반드시 삼을 재배해야 하며 그렇지 않으면 5파운드의 벌금을 물린다는 포고령까지 내린 바 있다. 삼에 흥분과 도취의 성분이 들어있다는 것을 알게 된 것은 헤로도투스 시대로까지 거슬러 올라간다. 헤로도투스는 기원전 425년 경 스키티아 인들이 삼을 뜨거운 자갈밭에 심어 목욕물에 증기를 내어서는 그 속에서

"도취되어 소리를 지르는" 모습에 대한 기록을 남겨놓고 있는 것이다. 우리나라 선조들도 직물을 만들기 위한 삼 수확을 마치고 지스러기들을 모아 태울 때 아이들은 가까이 오지 못하도록 하곤 했는데, 이 역시 삼에 그와 같은 도취 성분이 들어있음을 잘 알고 있었으며, 주한미군이 이를 우리나라에 전파하기 훨씬 이전부터 담배 대용으로 삼을 피우기도 한 것으로 전해지고 있다.

빅토리아 여왕의 주치의 러셀 레이놀즈는 삼을 여성의 월경질환에 효험이 있다고 처방하였다. 그는 영국의 의학전문지인 『란셋』 첫 호에서 삼을 정제해서 조심스럽게 관리만 해주면 가장 귀중한 등급의 약이 될 것이라고 주장하였다. 1870년 삼은 '미국 약전'에서 여러 가지 질병에 효험이 있는 약으로 등재 기록된 바도 있다.

이러다가, 삼이 영국에서 처음으로 불법화된 것은 1928년이었으며, 당시 헤로인과 아편도 함께 불법화되었다. 1980년 폴 매카트니는 삼 소지 혐의로 일본에서 열흘 동안 감옥생활을 한 바 있다. 1993년 헴프코어 회사는 국무부 측이 산업용 삼 재배에 대한 규제를 풀었을 때 최초로 삼재배 면허를 획득한 영국 회사가 되었다. 같은 해 영국 국무부 마이클 하워드 장관은 삼 소지에 대한 벌금 최고액을 5백 파운드에서 2500파운드로 인상하는 정책을 발표하였다. 마침내 2002년 7월 영국에서 삼 비범죄화를 위한 삼 등급완화라는 일보 전진하는 조치가 이루어지기에 이르렀다(실제로 삼 비범죄화 시행은 2004년 초부터임).

우선 영국에서 삼 합법화론이 본격적으로 제기된 시기는 1997년이었다. 물론 이미 1968년 영국 국무부의 삼의 효능에 관한 조사결과를 담은 '우톤 보고서'는 결론에서 "삼으로 인해 폭력범죄, 공격행위, 반사회적 행동 등이 초래되거나 그와는 다르더라도 정상적인 사람들로 하여금 의학적 치료를 요하는 중독이나 정신병을 초래하게 만든다는 증거는 없다"고 지적한 바 있다. 그럼에도 불구하고 영국에서는 그 후 거의 30여 년 이상 삼 재배, 생산, 소지, 의사라 하더라도 타인에게 공급하는 등등의 행위가 불법으로 간주되어 왔다. 건물이나 특정 공간을 삼 재배, 제조, 공급, 삼흡연 등으로 쓰이도록 제공하는 것조차도 범죄로 규정하였다.

하지만, 법적으로 이렇게 금지되어 있음에도 불구하고 정규적이다시피 한 영국의 삼 사용자들에 의한 삼소비량은 1997년에만 해도 연간 8백 톤에 이르렀으며 금액으로는 35억 파운드(한화 약 7조원)에 이르는 것으로 추정되었다. B급 삼을 밀매하다 붙잡히면 최고 14년형을, 소지하다 붙잡히면 최고 5년형을 각오해야만 하였던 것이다. 그러나 1997년 당시 영국 국무부 연구결과에 따르더라도 16~59세의 삼사용 인구는 그전 10년 동안 두 배로 늘어 약 4백만 명에 이르렀으며, 대부분 영국 국민들이 습관성이 없는 삼사용을 성장과정의 통과의례 정도로 치부하고 있다는 사실이 밝혀졌다. 삼이 불법임을 감안할 때 대다수 연구자들은 정부 측의 이런 서베이 조사결과는 실제 마약 사용자 수를 크게 밑도는 것으로 밖에 밝혀내지 못했다고 보았다.

1997년 11월 공개된 영국의학협회 보고서는 삼을 사용하는 것은 의학적 동기가 있기 마련이므로 이에 대하여 경찰과 기소당국은 관용을 베풀어야 한다고 지적하였다. '치료 목적의 삼사용'이라는 제목의 이 보고서는 처방약을 통해서는 치료효험을 기대할 수 없을 때 삼 의약품을 사용하여 성공적으로 치료할 수 있는 증상들과 의학적 질환들이 있다고 지적했다.

한편, 삼을 과다 사용하더라도 치명적인 위험은 없다는 사실이 명백하게 드러났다. 즉 1997년 동물실험 결과에 따르면 삼 과용으로 사람이 죽기까지 하는 데에는 매우 많은 삼을 하는 사람의 1주 동안의 사용량보다도 1백배나 더 많은 양, 즉 1.5 파운드 무게의 삼을 한번에 투약해야 하는 것으로 추정되었다. 영국 정부당국 역시 삼이 해로운 부작용은 거의 없다는데 동의하였다. 그럼에도 불구하고 영국 정부는 삼이 보다 더 습관성이 큰 마약 사용으로 가는 관문이 된다는 논리를 내세우고 있다. 물론 그와 같은 논리가 연구결과로 입증된 바는 없다. 삼 합법화 운동 편에 속해 있는 사람들은 오히려 삼 같은 마약을 불법으로 규정한 점이야말로 국민들이 다른 지하 불법마약을 하게 만드는 원인이 된다고 주장하였다.

2001년 총선 때도 그랬지만 1997년 총선 당시에도 노동당 선거강령에서 마약문제에 강력히 대처한다는 입장을 견지하였던 당시 국무부 잭스트로 장관은 습관성이 없는 연성 마약 사용에 대해서도 단호한 입장을 견지한 바 있다. 그는 당시 인터뷰에서 삼의 비범죄화 혹은 합법화를 주장하는 인사들에 대하여 '무책임'하다고 주장하였다. 1997년 잭 스트로 장관은 "소량의 삼 소지를 비범죄화해야 한다고 주장하는 사람들이 무책임하다고 보는 것은 밤이 지나면 낮이 밝아오는 것처럼 마약 소비가 폭발적으로 증가할 것이라고 예상되기 때문입니다"라고 지적했다. 당시 영국정부의 마약퇴치운동을 극대화하기 위해서 웨스트 요크셔 자치경찰청장 케이트 헬라웰을 "마약퇴치정책 조정관"으로 임명하였다. 이 직책은 미국식의 '마약퇴치 황제'(마약정책담당 책임자)와 같은 역할과 임무를 수행하도록 되어 있는 직책이다. 그런데 2002년 7월 초 블렁킷 국무부 장관이 삼의 등급완화조치를 발표하자 헬라웰은 반기를 들고 항의의 표시로 마약정책 책임자 직을 사임해버렸다.

이렇게 영국정부는 삼사용 척결을 위한 노력을 강력하게 계속해 나오고 있는 반면, 1997년 이래 지금까지 인디펜던트지 일요판은 리차드 브란손과 폴 매카트니를 포함한 저명인사 동조세력 등과 함께 삼 비범죄화 운동을 대대적으로 벌여오고 있다.

2. 삼 합법화 논쟁

영국에서는 기본적으로 아편제를 제외하면 마약의 '사용'은 범죄가 아니다. 그러나 모든 마약의 소지와 취득은 범죄로 규정되어 있다. 영국은 법집행 목적상 마약을 3등급으로 분류하고 있다. 그리고 영국에서는 마약중독자의 형사책임을 면제해주는 특별 조항은 없다. 2004년 이전까지 삼과 삼 수지는 B등급으로 분류되어 있다가 이후 C등급으로 완화, 하향 조정되었다. B등급 마약의 소지와 취득에 대한 처벌은 6개월 형 및 4백 파운드 벌금형이라는 즉결재판 대상범죄로 되며 기소되는 경우 최고 5년형을 받을 수 있었다. 그러나 실제로 법원 측은 삼 제품에 관한 범죄인 경우 등급완화 이전에도 이미 통상적으로는 벌금형에 처했었다. 개인적 재배를 포함하여 밀거래 행위는 12개월 형 및 4백 파운드 벌금형을 받을 수 있다.

영국정부 당국은 2002년 7월 마리화나 등급을 공식적으로 낮추며 삼소지혐의는 더 이상 체포대상 범죄가 아니도록 하는 방침을 재확인했다. 영국 하원과 의회 마약오남용자문위원회(ACMD) 측 역시 2002년 그와 유사한 권고안을 채택한 바 있다. 당시 의회는 '현행 삼 등급은 삼의 내재적인 해악정도 및 마리화나와 같은 등급에 속해 있는 다른 마약의 해악정도 등에 비추어보았을 때 너무 과도한 것'이라고 지적했다. 삼은 B등급에서 영국 법체계에서 가장 해악이 적은 불법마약인 C등급으로 낮춰졌다. 법적으로 C등급 마약의 소지 역시 최고 2년형을 받을 수 있게 되어는 있지만, 영국의 형사제도에 있어서는 최소한 5년형 범죄라야 체포대상 범죄인 것으로 되어 있다.

2003년 의회는 새로운 정책에 대해 공식 시행에 들어갔다. 이에 따르면 마리화나 3g 이하의 소지는 비범죄화 하도록 하고 있다. 이 경우 경찰은 사용자에게 형식상 경고장을 발부하지만 체포는 이뤄지지 않는다. 현장에서 적발된 마리화나는 모두 몰수된다. 공공장소나 어린이들 면전에서 마리화나를 흡연하는 것은 체포대상 범죄가 되며 벌금형을 받고 범죄전과가 남을 수도 있다. 12개월 내에 경찰이 각기 다른 3회의 시점에서 마리화나 소지를 적발 당한 위반자는 체포되어 형사상 기소를 당할 수 있게 되어있다.

의료용으로 삼을 소지하며 사용하는 것과 관련하여 2002년 영국 의약품통제청(MCA) 당국자는 2003년 후반 혹은 2004년 초반이 되면 혀 밑에 넣는 마약추출물 의약품을 합법화할 수 있을 것이라고 지적했다. 영국의 보건부 당국자는 연속적인 대규모 환자임상실험 결과를 기다리고 있으며, 이는 2003년 여름 완료되었다. 통증 및 경련성 마비를 완화해주는 의료용 삼추출물 사용에 관한 예비적인 결과치는 긍정적인 것으로 나타났다.

2004년 이후 영국은 삼을 C등급으로 하향하여 재분류했으며, 경찰은 더 이상 단순 삼소지 혐의는 체포조차 하지 않는다. 경찰은 물론 적발한 삼을 압수는 할 수 있으며, 비공식적인 연행 후 훈방조치를 할 수도 있기는 하다. 이때 개인에게 허용되는 소지량은 따로 규정되어 있는 게 없다.

우리나라 입장에서 보면 영국의 삼 비범죄화 조치는 너무도 거리가 먼 이야기일 수밖에 없다. 왜냐하면 우리나라는 아직은 마약이 서구처럼 그리 심각한 상황은 아니기 때문이다. 그래서 마약 복용 혐의로 구속된 연예인들이나 유학생 등이 죄의식을 전혀 느끼지 않는다 하여 국민적 비난이 일었던 것이 전혀 이상하게 느껴지지 않고 있을 정도이다.

우리나라 학계에서는 흔히 비범죄화는 교통사고 과실 같은 경미범죄, 매춘, 호모, 낙태, 안락사, 국가보안법 위반 같은 정치범죄 등등에 적용할 수 있는 것으로 논의되고 있는 정도(임웅, 『비범죄화의 이론』, 대왕사, 1999)에 머물고 있으나, 유독 마약에 대해서는 아직 그런 논의 자체가 본격적으로 이루어지고 있지 못한 상황이다. 실제 우리나라 현실에서 점차 변화하고 있다고는 하지만 마약의 비범죄화 문제는 말을 꺼내기조차 힘든 상황임은 두말할 나위가 없다.

서구 국가들은 미국과 같은 마약 금압 정책 일변도여서는 여러 다양한 형태로 빚어지고 있는 마약문제를 도저히 해결할 수 없다는 시각에서 마약의 비범죄화 정책을 본격 추진하는 방향으로 나아가고 있다. 영국도 부분적이며 제한적인 형태로나마 여기에 가세함으로써 그 성과나 귀추가 주목되고 있다. 우리나라 국민들은 아직 삼을 포함한 마약범죄 처벌에 다수가 찬성하고 있다. 마약에 대한 합법화는 물론 비범죄화가 필요하다는 논의는 제대로 제기조차 되지 않고 있다시피 한 실정이다. 그러나 영국의 경우 상황은 좀 다르다. 영국과는 바다 건너 가까운 이웃 나라인 네덜란드가 소량이나마 삼 소지와 판매를 허용하고 있는 영향도 있지만 근본적으로 마약도 여러 종류가 있어서 삼 정도는 전혀 해롭지 않다고 보는 의견이 지배적인 상황에 와 있다. 이에 따라 영국의 정치권도 마약관련법을 개정하여 삼 비범죄화를 논의하기에 이른 것이다.

가디언지와 ICM 공동여론조사(2001년 7월 17일) 결과를 보면, 대부분 영국국민들은 삼에 대한 경찰의 유연한 대응을 지지하고 있다. 삼에 대한 범죄화에 대해서는 극소수인 탓에 설문 항목에조차 반영되어있지 않은 것이 흥미롭다. 당시 여론조사의 설문내용과 반응을 보면 다음과 같다.

① 개인적으로 삼을 하는 것에 대해서 지금처럼 범죄행위로 간주는 하되 처벌은 훈방이나 벌금에 그치도록 해야 한다(18%).
② 개인적으로 삼을 하는 것에 대해서 불법으로 간주는 하되 경찰은 우선 기소를 해서는 안 된다(27%).
③ 개인적으로 삼을 하는 것에 대해서 합법화하도록 해야 한다(37%).
④ 위와는 다른 의견이다(12%).
⑤ 잘 모르겠다(7%).

그리고 어떤 범죄가 경찰활동의 우선순위에서 배제되어야 한다고 보는가 하는 설문에 대한 여론조사 항목에 대해서는 삼 65%, 차량절도 11%, 주거침입 강절도 5%, 폭력 강절도 5%, 헤로인 4%, 잘 모르겠다 11% 등으로 나타났다. 요컨대 삼 사범은 3분의 2 정도의 영국 국민들이 단속하지 말기를 바라고 있는 것으로 나타난 것이다. 마지막으로 삼이 알코올이나 담배보다 더 해롭지 않다는데 대해 동의 하는가 동의하지 않는가 하는 질문에 대한 반응은 다음과 같이 조사되었다. "동의한다 48%(53%), 동의하지 않는다 34%(38%), 잘 모르겠다 17% (9%)." (여기서 수치는 2001년 7월 여론조사 결과이며, 괄호 안의 수치는 그 한 해 전인 2000년 10월 여론조사 결과 나온 수치이다.) 다음으로 당시 가디언 지에 소개되었던 영국 국민들 반응은 매우 다양하게 나타났지만, 한마디로 삼은 담배나 술보다 해롭지 않다고 보는 영국 국민들 시각이 잘 담겨져 있다. 영국 국민들은 대체로 네덜란드의 삼 허용정책을 긍정적으로 평가하고 있다. 이들 의견은 다음과 같다.

"삼은 알코올보다 해롭지 않아요. 그건 몇몇 흔한 질병에서 고통을 덜어주죠. 코카인의 경우 훨씬 덕 중독성이 커요. 하지만 모든 마약이 합법화되어야 해요. 코카인의 경우 조건을 달아 합법화하는데 찬성해요."(베리티 플레쳐, 세 살배기 어린애를 둔 36세의 전업주부)

"저는 '모르겠다' 항목에 속하는 것으로 해주세요. 이 문제에 대하여 충분히 알지는 못하거든요. 하지만 습관성 마약은 계속해서 불법적인 것으로 해야 한다고 봐요. 많은 범죄들이 마약을 하는데 돈을 대기 위해 저질러지거든요. 마약 합법화 방안은 매우 위험한 실험이에요. 실패하게 되면 커다란 재앙을 초래할 겁니다."(존 보스워어드, 공군 항법사를 제대한 69세)

"마약사범을 재판에 회부하는 것은 완전히 시간낭비에 불과해요. 삼은 합법화해서 담배처럼 세금을 물려야 해요. 전 코카인이 더 큰 문제라고 봐요. 코카인이 중독성이 있는지는 확신이 안 서네요."(로완 크라울리, 48세 출판인)

"전 삼은 사람들에게 정신적 손상을 입힌다고 봐요. 이게 합법화되면 초등학생도 손에 넣게 될 걸요. 그 다음 코카인은 합법화되어서는 안돼요. 코카인은 가족에게까지 피해를 줘요"(올리브 크리스티, 37세 간호사)

"전 크랙 코카인의 경우 응당 불법적인 것으로 해야 하며 경찰은 이를 강력히 단속해야 한다고 봐요. 하지만 마리화나의 경우 옛날부터 너무 많은 사람들이 이용하고 있어요. 제 경우 에티오피아 황제 복귀를 믿는 래스터파이언교 신자로서 종교적 목적으로 사용하고 있어요."(윈스턴 리처드, 33세 보석상)

"전 전혀 삼을 하진 않지만, 일생동안 삼보다 훨씬 더 위험한 파이프 담배를 피워왔죠. 네덜란드처럼 삼을 허용하지 말아야 할 아무런 이유가 없어요. 네덜란드가 잘못된 게 전혀 없어요. 하지만 코카인의 경우 합법화해서는 안돼요. 엑스터시 같은 합성마약의 합법화도 반대해요."(윌리엄 보얼레이즈, 73세 고고학자)

"전 삼의 경우 잠정적인 조치를 취하는 게 좋다고 봐요. 비범죄화할 필요가 있어요. 네덜란드 방식이 괜찮다고 봐요. 저도 거기 가본 적이 있는데 추위에 떨다 들어온 사람들이 많더라고요. 코카인의 경우 합법화해선 안 된다고 봐요. 그건 좋은 게 아니고, 사람을 매우 이기적이게끔 만드는 마약이에요."(브라이언 스튜다크, 30세 디자이너)

"전 삼의 합법화를 반대해요. 그건 24시간 술 취해 있는 것도 전적으로 괜찮다는 것과 다를 바 없기 때문이죠. 청소년 마약문제가 심각해요. 코카인의 경우에도 반대합니다. 사교모임에서 광범위하게 사용되고 있으며 많은 사람이 코카인을 사용하는 걸 잘 알고 있어요. 하지만 전 마약을 합법화하는 건 좋지 않다고 봐요."(조안 하트, 22세 광고사 직원)

"만일 삼을 합법화하면 그 다음엔 무엇이 되죠? 전 두 아이의 엄마인데 그들의 앞날이 중요해요. 코카인은 분명히 합법화되어선 안돼요. 법의 견지에서 보더라도 위험해요. 일단 어떤 물질이 금지되었으면 그대로 쭉 지켜야 해요."(디 윌리엄스, 42세 청소관리인)

"전 금지된 건 청소년들이 더욱더 하려고 한다고 봐요. 전 사회가 어떤 사람을 위해 그들 마음을 미리 결정해서는 안 된다고 봐요. 전 네덜란드에서 일했는데 마약을 금지하고 있지 않은 그곳이 영국보다 더 세련되어 있다고 봐요. 습관성 마약의 경우엔 제 경험상 퇴행성으로 빠져들기 때문에 합법화해선 안 된다고 봐요."(브라이언 베일, 57세 디자이너)

우리나라의 경우 마약이 폭넓게 퍼져 있는 서구와는 상황이 근본적으로 다르다. 반면, 서구에서는 마약, 그 중에서도 등급을 나누어 덜 해로운 것은 술이나 담배처럼 라이선스 제도로 합법화하자는 논의가 공론화되고 있다. 우리나라에서는 연예인 혹은 일부 마약사범이 죄의식을 못 느낀다는 보도가 왕왕 나오고 있으며, 이를 개탄하는 목소리가 주류를 이루곤 한다. 아직 마약사용이 국민들 중에서 극히 제한된 범위에 머물러 있는 우리나라 상황에서 당연한 반응이라고 볼 수 있다. 그러나 마약의 비범죄화 혹은 합법화 논의가 공론화되고 있는 서구 사례의 역사나 제도 변화 흐름을 주시함으로써 향후 우리나라 상황 변화에 미리 대비할 필요가 있다.

3. 영국경찰과 삼 논쟁

영국 스코틀랜드 지역의 한 자치경찰청장은 1999년 4월 삼사용이 계속해서 범죄로 다뤄지도록 해야 할 것인가를 둘러싸고 새로운 논쟁의 중심에 서게 된 적이 있다. 마약문제와 관련하여 삼과의 싸움은 이미 졌다고 지적한 당사자는 바로 그 스코틀랜드 로씨안 앤 보더즈 카운티 자치경찰청장 톰 우드 씨였다. 그는 에딘버러 회의석상에서 중앙정치무대의 의원들은 삼 문제를 전혀 직시하지 못하고 있다고 비판했다. 이 회의는 '스코틀랜드 범죄자 보호 및 재활 위원회'라고 하는 형사사법 관련 시민단체가 주최하였다.

스코틀랜드 그람피언 카운티 통합자치경찰위원회 패트 차머스 위원장은 이 회의에서 마약문제에 대한 주의를 환기시키면서 '바보 얼간이 같은 마약 근절 메시지'는 전혀 먹혀들고 있지 않으며 삼은 합법화되어야 하고 나아가 담배처럼 세금을 매겨야 한다고 지적했다. 그는 스코틀랜드 지역의회 수준에서나마 마땅히 이 문제에 대해 적절히 대처해야 한다며, "전국 규모의 토론회에서 마약문제와 대결할 마음이나 용기를 가지고 있는 정치인은 전혀 없습니다. 이 문제를 제기했던 개개 정치인들은 소속당의 당수로부터 심한 꾸지람을 들어야 했습니다"라고 지적했다.

회의가 끝난 후 우드 청장은 개인적으로는 패트 차머스 위원장 지적에 공감하지만 그것은 어디까지나 학문적인 관점에 불과하다고 말했다. 로씨안 앤 보더스 자치경찰청 대변인은 나중에 청장의 지적을 '명확히 하는' 성명을 발표했다. 우드 청장은 당시 다른 기관들의 입장을 개진하는 전문가 회의에 참석하여 발언하게 되었다면서 논의 진행에 보탬이 되도록 하고자 했을 뿐이라고 지적했다. 다른 참석자들이 삼과의 싸움이 이미 실패했으며 새로운 해법을 모색해야 할 때가 되었다고 이구동성으로 지적하는 상황이었다는 것이다. 우드 청장은 그와 같은 견해에 공감을 표시하고 개인 자격으로 발언하게 된 것에 불과했다는 것이다.

계속해서 당시 해당 자치경찰청 성명은 당시 토론이 어느 정당도 삼의 비범죄화 문제를 제기하고 있지 않은 상황에서 "단순한 학문적 논의"에 머물렀으며 "소득 없는 토론방향"에 불과했다고 지적했다. 성명은 우드 청장은 경찰관들의 역할은 법을 집행하는데 있으며, 법을 만드는 것은 정부의 역할이라는 점을 명확히 하였다. 그람피언 자치경찰청 대변인은 경찰은 통제대상인 마약의 비범죄화에 대해 반대한다는 입장을 견지하고 있다고 지적했다.

삼의 비범죄화 문제는 1999년 당시 보수당 측이 자유민주당 짐 월레스 당수의 견해를 비판하면서 선거 쟁점으로 떠오른 바 있다. 보수당 마약정책 담당분야 대변인 아나벨 골디는 삼을 합법화해야 한다는 '열린 사고방식을 가지고 있는' 월레스 자유민주당 당수의 말을 듣고 '소름끼치는 무서움을 느꼈을' 것이라고 지적했다.

4. 보호관찰노조, 마약 합법화 촉구

영국 '전국보호관찰관노조연맹'(NAPO: National Association of Probation Officers) 측은 '용인되지 않는 마약거래'의 중단을 원한다는 입장을 밝혔다. 이 단체는 대신 모든 마약을 합법화하고 국가가 운영하는 거래망을 통해서 보급 판매하도록 촉구하였다. 이런 입장은 2001년 10월 웨일즈 지역구 존 오웬 존스 하원의원이 삼 합법화를 추진하겠다고 공언한 바로 그 다음 날 북웨일즈의 랜두드노에서 개최된 전국보호관찰노조연맹 연차총회에서 나왔다. 보호관찰노조 조합원들은 삼이 합법화되면 "용인되지 않는 마약거래의 사회경제적 총비용"을 줄일 수 있다고 밝혔다. 나아가 이들은 그렇게 되면 잉글랜드와 웨일즈 전체 대물범죄의 50% 정도를 차지하고 있는 20만 명의 마약중독 사범들이 저지르는 범죄를 크게 줄일 수 있다고 보았다.

조나단 레저 노조연맹 위원장은 오랫동안 삼 소지의 비범죄화 정책을 지지해 왔다면서 이제 논의가 성숙하여 A등급에 속하는 모든 마약으로까지 비범죄화의 대상을 확대해야 할 단계에 왔다고 지적했다. 이 노조는 영국 정부의 마약정책에 대한 독자적인 청문회 개최를 요청했다. 레저 위원장은 영국 정부 측이 마약 문제에 대하여 형사사법 및 처벌의 관점보다는 오히려 건강 및 치료 관점에서 접근토록 하는 것이 관건이라고 밝혔다.

한편 2001년 10월 18일 웨일즈 지역 보건부 차관을 역임한 바 있는 존 오웬 존스 하원의원은 삼 합법화를 내용으로 하는 의원입법안을 발의했다. 웨일즈 지방에 있는 카디프 센트럴 지역 선거구를 맡고 있는 존스 의원은 레크리에이션용 삼 및 의약품용 삼사용을 비범죄화 하도록 추진한 것이다. 그는 2001년 10얼 26일 이 법안을 의회에 발의했다. 존스 의원은 삼사용을 근절하기 위한 단속은 전혀 실효성을 거두고 있지 못하고 있으며, 그렇게 하는 것은 단지 수십 억 파운드에 이르는 돈을 보다 더 습관성이 강한 마약을 하는데 사용하는 조직범죄망에게 던져주는 꼴이 될 따름이라고 지적했다. 그는 삼이 담배와 술보다 덜 해롭기 때문에 상점 내 음주불허를 조건으로 한 주류판매 허가제와 같은 방식으로 삼을 술과 함께 판매토록 허가제를 입해야 한다고 지적했다. 한편 2001년 여름 보수당 소속의 피터 릴리 의원 역시 습관성 마약과 습관성이 없는 삼의 연결고리인 범죄행위를 강력히 단속하기 위해 삼을 합법화해야 한다고 주장하였다.

5. 독립적 약물감시단 입장

영국의 시민단체로서 매튜 아타(Matthew Atha)가 단장을 맡고 있는 '독립적 약물감시단'(The Independent Drug Monitoring Unit, IDMU, 1982년 설립) 측이 2001년 전문성을 바탕으로 하여 제시한 대안들은 다음과 같다.

1) 삼 비범죄화 방안

삼 비범죄화 방안이란 통상 소량의 삼소지 사범에 대해 형사처벌을 하지 않도록 하는 것을 가리킨다. 그러나 이는 삼 공급에 대해서는 여전히 범죄자 수중에 내맡기는 정책으로서 여러 가지 장단점이 있다. 삼 비범죄화 방안의 장점은 네 가지로 정리해볼 수 있다. 첫째, 이는 삼사용자들이 선호하는 정책이 되며 영국 사회에 만연해 있는 청년계층과 경찰 및 전체 사회간에 노정된 갈등과 분쟁발생을 크게 줄일 수 있다. 둘째, 기존 삼소지 전과를 말소하며 향후에도 삼소지 전과가 없어짐으로써 삼소지 사범 체포에 따른 개인이나 가족 그리고 사회가 떠안아야 했던 여러 가지 형태의 경제적 부담에서 벗어날 수 있다. 셋째, 사회전반에서 정부에 대해 신뢰도가 제고될 수 있다. 즉 그동안 마약정책에 있어서 정부 실국장과 차관급, 마약정책 책임자, 경찰 등에 대한 신뢰도가 밑바닥 수준으로 떨어져있기 때문이다. 넷째, 사회 전체적으로 개인의 기본권에 대하여 보다 더 관용적인 풍토를 마련하며, 정부와 시민 사이의 관계에서 권위주의를 탈피할 수 있다.

그러나 이 방안은 여러 문제점들도 안고 있다. 첫째, 삼 소지에 대해 형사처벌 대신 민사상 처벌을 하도록 하는 경우 삼이란 게 '나쁜 것' 혹은 '금단의 과일' 격이 되어 삼사용의 매력이 감소할 수 있다. 둘째, 소수의 사용자들(이들 중에서도 체포된 경우)에게만 민사상 벌금을 매길 수 있는데, 이는 매우 실효성 없는 과세방식으로 전락할 가능성이 크다. 셋째, 수요가 감소할 경우 밀매자들의 수익에 대해 세금을 내지 않는 부분이 증가하며 이로 인해 각 계층에서 온갖 형태와 부패와 폭력행위가 증가할 것이다. 넷째, 비범죄화란 어디에선가 삼을 공급받아야 함을 뜻하며, 이때 판매 라이선스망이나 처방약 같은 '합법적' 통로가 '불법적' 통로보다 질적으로 떨어지는 경우 마약시장에 대한 범죄자의 장악력은 계속해서 지속될 우려가 있다. 이를 막기 위해서는 통상적인 사용자에게 약물공급을 보장해주어야 하며, 이때 삼의 경우 가장 손쉬운 해법은 누구든지 자신이 사용할 만큼의 삼은 스스로 재배(가정재배)할 수 있도록 허용하는 것이다. 그렇게 하면 삼사용자가 삼 공급 범죄집단을 피하면서도 삼을 할 수 있는 준법적인 사용자로 남아있게 해줄 수 있다. 다섯째, 그렇게 되면 삼사용자로부터 거둬들일 수 있는 소비세가 그만큼 줄어들고 마는 문제점이 있으며, 영국의 경우 그 손실액 규모가 매년 20억 내지 50억 파운드(한화 약 4조원 내지 10조원)에 달하는 것으로 추정된다.

2) 현실적 정책대안

첫째, 현행 삼 금지법개정을 일체 하지 않는 현상유지정책이다. 영국 국민들의 여론은 법개정을 하여 어떤 형태로든 자유화하는 쪽으로 나아가고 있다. 영국의 경우 우톤보고서나 1979년 ACMD 보고서가 나왔을 당시 삼에 대해 형사처벌을 폐지할 절호의 찬스가 있었으나 실패한 바 있으며, 그로 인해 삼 사범 체포건수가 10배 이상 증가하는 등의 온갖 문제점들을 노정해왔다.

둘째, 삼을 C등급으로, 엑스터시와 LSD 등을 B등급으로 하향조정하여 처벌 수준을 낮추는 방안이 있다. 이는 '경찰재단' 측이 1979년 ACMD 보고서의 시정권고방안을 되풀이하여 제안한 것이기도 하다. 이는 현행 제도를 땜질 수선하는 정도에 머물며, 개인과 가정과 사회에 대해 형사처벌 전과가 미치는 악영향은 그대로 놔두고 마는 것이 된다.

셋째, 라이선스 등과 같은 규제 제도를 도입하는 방안이다. 장기적으로 보면 언젠가는 삼 공급 규제제도가 도입되어야 한다. 영국 삼 소비량의 상당 부분을 국내 생산량으로 메울 수는 있다고 해도, 기존의 불법 조제의 어느 범위까지를 라이선스 대상으로 할 것인가 하는 것은 여전히 생산이 불법으로 되어있는 나라의 삼 수지나 삼 수출에 대한 국제적 협상여하에 달려있다. 이 방안은 새로운 수요를 추가로 더 만들어내지 않으면서 기존 수요는 충족시켜 주려는 데 그 목적이 있다. 마약 종류별로 아래와 같은 적합한 네 가지 규제방안을 마련할 수 있다.

첫째, 약국처방 및 약국공급 방안이다. 이는 아편제에 적합은 하나 보건

당국 및 소속 의사의 제한된 인력으로 인한 문제점이 발생할 수 있다. 이 통로를 거치지 않는 개인적 사용은 금지된다.

둘째, 개인적 소지와 구매 라이선스제도 방안이다. 이는 사용자들로 하여금 예컨대 적정량의 아편제를 원가로 구입할 수 있는 라이선스(예컨대 스마트카드) 등을 신청하도록 하는 방안이다.

셋째, 생산 라이선스제도 방안이다. 이는 삼 재배자들에게 '면세'가 가능한 재배면적 혹은 조명시설을 허용은 해주되, 그 이상의 규모나 시설에 대해서는 라이선스 허가를 받도록 규제하는 방안이다. 그 다음 4분기로 나눠 규모나 면적에 따라 정기조사를 거쳐 세금을 부과하도록 한다.

넷째, 공급 라이선스제도 방안이다. 이는 다시 다음 두 가지 형태로 나눠 볼 수 있다. ① 네덜란드 '커피숍'과 같이 광고나 연령 제한(술 담배와 같은)이나 장소 제한(예컨대 학교에서 1/4 마일 내에는 안 된다) 조건을 붙여서 삼 직판점 라이선스로 내주어 삼을 공급하도록 하는 방안이 있다. ② 회원들에게만 삼을 공급하는 라이선스 '클럽제' 방안이 있다. 회원들은 회원카드를 미리 발급받아야만 입장이 가능하며 업소들은 협회를 결성하여 어느 업소에서든 회원카드를 쓸 수 있도록 하면 된다.

3) 시장 자유화와 합법화 방안

이는 별다른 통제나 규제 없이 통상적인 소매점(슈퍼나 담배판매점 등)에서 마약을 구입할 수 있도록 하는 방안이다. 술 담배처럼 생산자나 도매점에 대해 소비세를 부과하여 거두도록 할 수 있다. 그러나 이 방안은 정부측의 세수증대에 크게 기여는 할 수 있게 되지만, 특히 중장년층의 약물소비 증가로 이어질 우려가 있다.

6. 실험과 논쟁과 시위

서구의 마약 비범죄화 추세는 갑작스럽게 등장한 것이 아니다. 서구에서는 많은 사람들이 지금까지 금지일변도 마약정책에 대해 문제의식을 느끼고 꾸준히 문제제기를 해왔으며, 마약단속 및 치료 등을 담당하는 각국 정부기관 전문가와 실무자 사이에서도 기존 마약정책을 수정해야 한다는 인식이 확산되어왔기 때문이다. 다만 전면적인 비범죄화나 합법화는 보다 폭넓은 전국민적 공감대가 형성되는 미래의 일이 될 수밖에 없다. 여기서는 지난 몇 년 동안 영국에서 진행된 마약 비범죄화 논의의 일부를 정리하기로 한다. 이것은 현재 사실상의 삼 비범죄화가 가장 역동적으로 추진되고 있는 영국의 이 추세가 앞으로 어떤 방향으로 진행될지 가늠하는데 좋은 시사점을 보여준다. 우리나라 형사정책 담당자들도 이미 이런 추세를 주목은 하고 있지만 본격적인 검토까지는 엄두도 내지 못하고 있는 실정이다. 우리나라 일반 시민들도 이젠 세계적인 마약 비범죄화의 흐름을 올바르게 이해할 필요가 있다.

과거 네덜란드와 최근 영국 등지에서 삼로부터 시작된 마약 비범죄화 추세가 앞으로 어떻게 전개될 것인가? 최근 영국의 마약 비범죄화 운동가들 생각대로 사태가 진행된다면 그것이 가장 먼저 실현되는 곳은 유럽이며, 그 다음엔 미국이 될 것이다. 물론 그 시점은 유럽과 미국 정부가 '마약과의 전쟁'이 실패했다는 점을 인정하는 때가 될 것이다.

"때는 바야흐로 2015년이라고 칩시다. 당신은 젊으며 금요일 주말 밤을 재미있게 보내고 싶어 합니다. 그래서 춤추는 곳엘 가고 싶어 하며 기분이 고조되면 더욱 좋을 텐데 하고 생각해봅니다. 생각이 여기에 미치자 당신은 금세 약국으로 달려가게 되겠지요.

약국의 의약품 파트에 속하는 선반에서 박스 몇 개를 꺼내 라벨 표시를 봅니다. 성분 표시난에는 MDMA, MDEA, MDA, MEA, MBDB, PMA 등이 몇 % 들이있으며 순도는 이느 정도인지 표시되어 있습니다. 그러나 실제로 당신이 매력을 느끼는 것은 그보다는 오히려 '캐나다 덕 엑스터시' 등 뒤에서 바짝 기대다시피 하며 춤추고 있는 매우 건강하게 보이는 구리빛 육체파의 사진 모습이 되겠지요.

의약품 박스의 겉면엔 '무한대의 고동침, 두통이나 쇼크는 전혀 없음'이라고 해당 마약의 장점이 씌여져 있습니다. 당신은 두 개를 사서 하나는 오늘 밤, 그리고 나머지 다른 하나는 내일 쓰도록 하겠지요. 계산대를 지키는 중년 부인도 당신이 돈을 건네는 것을 알아보지 못한 채 그 부인 역시 외과의료기구 파트에 달려 있는 온갖 기교와 책략들이 흘러넘쳐 보이는 사나이에 푹 빠져 있겠지요."

2015년 마약 합법화 내지 비범죄화 상황에 대한 위와 같은 가정은 2000년 마약 합법화 논쟁이 일고 있을 때 BBC 방송이 향후 마약정책의 변화 추이를 예상해본 미래상에 관한 뉴스 기사에서 나온 내용이다. 그러나 많은 영국 국민들은 형법에서 마약사용 조항을 빼는 것에 대해, 여전히 전체 사회가 윤리적 판단 능력 그 자체를 상실하고 마는 명확한 신호로 받아들이는 경향이 있는 것 또한 사실이다.

그렇다고는 해도 미래의 어느 시점에 가면 영국 국민들은 열심히 잘 생각해 보고 엑스터시가 과연 의약품인가, 만일 그렇다면 합법화해야 할 것인가에 대해 투표를 하도록 요청받게 될 것이라는 전망을 일부 영국 언론들은 제기하고 있는 실정이다. 실제로 이것은 낙태합법화 문제의 경우 과거 몇 개 나라에서 낙태를 국민투표를 통해 결정한 적도 있다는 점에서 전혀 불가능한 일은 아니라고 봐야 한다.

영국에서는 여러 마약관련 단체들이 다양한 활동을 벌이고 있지만, 마약정책의 근본적 전환을 촉구하는 시민단체인 '트랜스폼'이라는 시민단체의 활동이 돋보이고 있다. 이 단체는 영국에서 마약 합법화 운동을 주도하는 시민단체로서 런던의 브리스톨 지역에서 활동하고 있다. 이 단체의 정식 명칭은 '금지 위주의 마약정책의 전환을 촉구하는 시민들 모임'이다. 홈페이지는 www.transform-drugs.org.uk이며, 기본적으로 시민단체지만 영국 정부 측으로부터 활동비도 일부 지원받고 있다. 이 단체의 위 인터넷 사이트는 마약정책 전환을 실현하기 위해 노력해온 그간의 방대한 활동성과들에 관한 풍부한 컨텐츠가 제공되고 있으며 각종 다양한 마약 합법화 혹은 비범죄화 자료들이 링크를 통해 연결되어 있기도 하다.

이 단체 소속의 대니 쿠실릭 씨는 마약을 공급하는 방법은 대략 4가지 방안이 있으나, 현재 대다수 국가들은 마약을 범죄자들에게 내맡기고 마는 것과 같은 최악의 방법을 쓰고 있다고 비판한다. 그에 따르면 마약의 종류에 따라 각기 다른 방법이 사용될 수 있다. 이른바 습관성이 강한 마약 즉 헤로인, 코카인, 크랙 등과 같은 중독성 마약은 의사의 처방전에 의해서만 구입할 수 있도록 해야 한다고 본다. 왜냐면 중독성 정도가 모니터링 되어야 하며 중독자는 카운슬링을 받도록 해야만 하기 때문이다.

반면 삼 같은 습관성이 없는 소프트 마약은, 술처럼 커피숍이나 바와 같이 허가받은 가게에서 판매하도록 해야 한다고 본다. 그리고 엑스터시와 암페타민 등을 포함하여 젊은이들에게 매력이 큰 "레크리에이션용 화학마약제재"는 현재 일부 국가들이 하고 있는 감기약 조제 판매 방식대로 훈련을 받은 감독자가 있는 약국을 통해서 공급토록 해야 한다고 보고 있다.

그 다음, 순도문제 역시 품질 보장을 해주도록 해야 한다. 이유는 마약을 합법화하게 되면, 지하공장에서 마약을 다른 것들과 섞어 질을 떨어뜨림으로써 이익을 보다 많이 남기기 위해 하수 정화조를 활용하는 마약범죄 집단이 아닌, 바로 이 제약회사들이 생산을 담당하게 될 것이기 때문이다.

대니 쿠실릭 씨는 "현재와 같은 마약 금압 체제 아래에서 젊은이들은 전혀 규제도 안 받으며 아무런 통제도 받지 않고 아무런 라이선스도 없이 벌어지는 매우 강력한 마약들을 거래하고 있는 상황이라는 도대체 믿기지 않을 만큼 취약하기 짝이 없는 현실 속에 내팽개쳐져 있어요"라고 지적한다. 이 단체의 주장 내용은 다른 수많은 단체들의 입장과 더불어 2002년 5월 영국의 하원마약보고서에도 그대로 소개되었다.

반면, 더블린에 있는 '마약을 반대하는 유럽인 모임' 회장인 그레인 케니

씨에 따르면 트랜스폼 측의 주장을 마치 젊은이들을 대상으로 화학전을 벌이겠다고 선포하는 것이나 다름없다고 주장한다. 그런 주장을 펴는 사람은 독극물을 퍼뜨리자고 하는 것과 같으며, 마약 비범죄화란 깜짝 놀래키는 물질을 공급, 제공, 수출토록 하는데 아무런 통제도 가하지 말자는 주장과 다름없다고 비판한다.

마약 비범죄화와 관련하여 네덜란드의 삼 커피숍과 스위스의 마약주사기 교환실과 같은 시설 제공 사례들은 경찰활동이 느슨해지도록 하는 것과 더불어, 이른바 "마약 해약감소"를 어떻게 실현해야 하는가를 잘 보여준다. 삼을 비범죄화한 네덜란드는 정작 삼사용이 꾸준히 감소하고 있으며, 공식적으로는 아직도 삼소지 자체를 중대 범죄로 규정하고 있는 영국보다 1인당 삼 소비량이 오히려 더 낮은 것으로 보고되고 있다. 과거 마약주사바늘 공유로 인한 에이즈와 C형 간염 같은 바이러스확산 사태도 네덜란드 정부 당국의 무료주사기 제공조치를 통해 크게 줄이는 성과를 올렸다.

한편 뉴욕의 '린드스미스 마약정책센터' 소속 에탄 나델만 씨는 미국정부 측이 20만여 명에 이르는 미국시민들이 마약중독 사실을 숨기고 더럽혀진 주사바늘을 공유토록 방치 혹은 강요함으로써 에이즈에 감염되게 만들고 말았다고 비난하고 있다. 가장 중요한 것은 마약 및 마약의 오남용 그 자체가 아니라, 지금까지 실패를 거듭해온 마약금압 일변도 정책으로 인해 발생하는 엄청난 규모의 사망, 질병, 범죄 등을 도대체 어떻게 감소시킬 것인가 하는 문제라는 것이다.

문제는 어찌 보면 인간본성에 관한 국민들의 견해가 어떻게 바뀌느냐에 좌우될 것이다. 즉 마약을 자유롭도록 풀어놓으면 국민들이 마약의 피해자가 되지 않기 위한 합리적 결정을 하게 될 것인가, 아니면 결국 마약에 빠져들고 마는 쪽으로 갈 것인가 중에서 과연 어느 쪽으로 치우치게 될 것인가가 관건이다. 이 논쟁에서 가장 가능성이 큰 결론은 단기적으로는 우리나라를 포함하여 비범죄화 논쟁을 진지하게 받아들이지 않는 나라들의 경우, 네덜란드, 스위스, 독일, 포르투갈, 영국 등과 같이 이미 마약 비범죄화를 시행하고 있거나 그러한 방침을 정한 나라들 상황을 신중하게 지켜보고 나중에 가서야 이 문제를 결정하려 할 것이라고 하는 점이다.

가장 최근 비범죄화 실험을 벌이고 있는 나라는 독일과 영국이다. 독일의 경우 몇 개 지역에서 마약중독 등록자들이 마약투여를 중지하겠다는 다짐을 하지 않고서도 마약주사 센터에 가서 헤로인을 맞을 수 있게 되어 있다. 영국의 경우 2001년 연말부터 런던남부 람베트 지역에서 삼 소지를 사법처리까지는 하지 않는 비범죄화의 실험을 이미 시작한데 이어 2002년 7월 삼의 등급완화 조치 및 삼 비범죄화의 전국적 시행을 시작했다. 네덜란드에 이어서 실제로 이런 조치들이 독일과 영국에 있어서도 강절도 발생 수준을 낮추며 마약과 관련된 질병의 확산을 막고 마약관련 범죄를 막는데 소요되는 경찰활동 비용을 줄이는 좋은 성과를 거두게 된다면, 다른 나라들도 이와 같은 정책을 받아들여야 하는 상황에 접어들 가능성이 크다.

7. 영국 국민의 반응

삼 제품의 이름이야 뭐가 되었든 간에, 영국에서 젊은 계층의 절반 정도가 즐기고 있는 레크리에이션용 삼은 아직도 모두 불법으로 되어 있다. 삼은 영국에서 1928년 통제대상 마약이 되었다. 16~29세 연령층의 영국인 중 44%가 일생동안 삼을 한 경험이 있으며, 이중 절반은 바로 전 해에 삼을 했다. 1998년 영국에서 체포된 삼사범중 76%가 소지혐의자였다.

영국의 경우 영국에 들어오는 삼수지의 80%정도가 모로코산이며 허브형태로 밀수입되는 것은 대부분 자메이카산인 것으로 알려져 있다. 물론 현재 영국의 삼 소비의 절대량은 실제로는 집에서 재배한 것들로 이루어져 있다.

리지: 학부모는 걱정이 많다

부모로서 자식들이 마약을 안했으면 좋겠다. 정부가 삼을 좋다고 하면 어떻게 자식들에게 설명해야 할지 난감하며, 그래서 삼 등급 완화조치를 도저히 받아들일 수 없고, 다른 마약과의 차이점이 무엇인지도 설명할 길이 없어진다. 삼이 중독성이 있는가 여부와 상관없이 훨씬 해악이 큰 중독성 마약으로 인도하는 관문이 되고 있다. 담배처럼 삼을 합법화하면 정부수입이 엄청나게 증대될 것이다. 그러나 정부는 국민들 건강을 먼저 챙기도록 해야 한다.

JC: 술이 훨씬 더 나쁘다

술로 인한 사망률만 해도 나머지 모든 약물로 인한 사망자수를 모두 합친 것보다 훨씬 높다. 담배도 마찬가지이다. 술과 담배는 합법적인데 왜 삼은 아닌가? 삼은 술과 같은 독성이 없으며 술집이 문 닫을 시간이 되었을 때마다 벌어지는 폭력사태도 전혀 일어나지 않는다. 그런데도 술은 TV나 광고판 등에서 광고가 허용되고 있으며 이로 인해 정부는 엄청난 세금을 거둬들이고 있다. 삼 그 자체는 전혀 관문마약이 아니다. 커피를 마신다고 해서 보드카를 마시고 싶어지는 쪽으로 나아가지 않는 것과 꼭 마찬가지로, 삼을 한다고 해서 코카인을 하고 싶어지게 만드는 것은 전혀 아닌 것이다.

파벨: 밀거래자들을 없애다오

내가 대학에 입학했을 때 이데올로기적 이유로 삼을 하기로 결심하게 만드는 요인들이 무척 많았다. 삼을 제외한 다른 모든 마약에 대해서는 열정적으로 반대했지만 결국 모든 것들을 하게 되고 말았다. 처음 생각과는 달리 왜 그렇게 되었는가? 에드먼드 힐러리 경의 말대로 '그게 거기 있었기 때문'이었다. 제발 제 말 좀 듣고 믿어주십시오. 난 마약에 취해 길거리를 배회하면서 좀더 '하이'한 마약을 찾아다닌 적이 전혀 없다. 내가 마약을 하게 되고 유쾌하지 않은 결과를 초래할 게 뻔했던 이유는 오로지 밀거래자들이 마약을 제시하며 다른 사람들이 그것을 했기 때문이다. 내가 '약물계'에 접하지 않았다면 손도 대지 않았을 것이다. 삼 그 자체는 전혀 관문마약이 아니다. 삼은 코카인을 하고 싶어 하게 만들지도 않는다. 커피를 마신다고 해서 이어서 보드카를 마시고 싶어 하게 만들지는 않는 것과 꼭 마찬가지이다. 내 경험에 비추어보았을 때 하드드럭 밀거래자나 사용자로부터 삼사용자를 분리시키기만 해도 삼은 전혀 관문마약이 아니라는 점은 100% 맞는 사실이다.

8. 삼사용 실태

영국의 불법마약 관련법 중 핵심은 '1971년의 마약오남용금지법'이다. 이 법률 및 관련 시행령과 규정 등은 합법적 처방마약과 불법마약의 사용을 통제하는 법적 근거가 되고 있다. 마약은 오남용했을 경우 개인과 사회에 초래하는 것으로 판단되는 해악정도를 반영하여 A, B, C 3등급으로 나뉘어져 있다. 각 등급별로 금지된 행위를 할 경우 최고 처벌이 어느 정도인지에 대해서도 이 법에 정해놓았다.

A등급은 가장 해로운 마약으로 강력한 처벌을 하고 있다. 여기에는 헤로인, 모르핀, 메타돈, 코카인, 아편, 엑스터시, LSD 등이 포함된다. B등급은 코데인, 암페타민, 바르비투르산염(진정제, 수면제 등) 등과 같이 아편 비슷한 합성 마취약이다. C등급은 마리화나, 안정제, 흥분제, 진통제 등과 같이 해악정도 가장 낮은 마약이다.

국무부장관은 위임입법을 통해 마약등급을 변경할 수 있다. 이 변경은 '마약오남용자문위원회'의 협의절차를 거쳐야 한다. 이 위원회는 정부 측에 대해 마약 오남용 가능성이 있는 마약을 심사 검토하여 오남용 예방에 필요한 조치를 취하도록 권고하는 법정 자문기구이다.

'1994년의 마약밀거래금지법'은 1998년 비엔나협약(유엔 마약류 및 향정

물질 불법거래 금지조약)상의 의무규정에 따라 영국 국내법으로 제정되었다. 이 법률은 마약밀거래 과정에서 생기는 돈세탁 문제 처리 등에 관한 범죄를 규정하면서 몰수조치를 취할 수 있는 근거조항을 마련했다. 미국의 민사상 자산몰수법을 본떠 만들어진 이 법률은 증거제시 책임을 피고에게 두게 하면서 이 자산이 합법적으로 취득되었음을 입증토록 했으며, 개연성에 따라 민사상 증거기준을 적용토록 하고 있다.

영국에서는 1971년까지만 해도 삼은 의사(GP)가 합법적으로 처방하던 약이었다. 삼이 금지된 유래는 1930년대 미국 연방마약청(FBN, 안슬링거 청장)이 삼이 범죄행위를 일으키게 만드는 위험한 마약이라고 전파하는 운동을 강력하게 벌인 시기까지 거슬러 올라간다. 당시 삼이나 삼사용이란 폭력범죄, 헤로인중독, 사회적 위협, 사망 등으로 몰아가는 물질이라고 주장하였던 것이다. 1955년 WHO 삼 보고서는 다음과 되어있다. "삼에 취하면, 계획하지 않고 고의가 아닌 살인을 저지를 위험이 대단히 크며, 그와 같은 살인은 냉정한 상태에서 아무런 이유나 동기도 없이 전혀 예기치 않게, 앞서서 아무런 싸움도 하지 않은 채로도 벌어질 수 있고, 이때 살인자는 피해자가 누구인지조차 알지 못하며 단지 쾌락을 위해 살인을 저지르게 된다." 이 보고서가 나온 지 6년 후 삼이 최초의 제1차 'UN 마약금지조약'에 의거해 금지되기에 이른다.

삼에 대해 커다란 인식의 차이들이 없진 않지만 오늘날 와서는 당시와 같은 WHO 보고서와 같은 입장은 단지 극단적인 견해에 불과한 것으로 치부되고 있다. 삼사용 허용론자들은 삼은 매우 유용한 성분들을 많이 가지고 있는 비교적 해가 없는 자연산 천연약물임에도 불구하고, 단지 사실이 아닌 프로파간다나 이데올로기 등으로 인해 삼이 오명을 뒤집어쓰고 있을 따름이라고 주장한다. 반면 금지론자 등은 삼은 개인은 물론 전체 사회에 대해서도 커다란 해를 끼치는 환각제라고 주장한다.

최근 삼사용 실태조사를 보면 10대 때 혹은 성인이 일시적이거나 어쩌다가 피우는 경우가 태반이며 통상 20대 중반이 되면 삼사용은 중단하는 게 일반적인 것으로 되어 있다. 삼은 세계적으로 가장 널리 퍼져있는 불법마약으로 되어 있으며 전세계 삼사용자 인구는 1억 5천여만 명이다. 이 수치는 『1997년 제1차 세계마약보고서』이후 지금까지 별 변동이 없다. 영국의 경우, 약 850만여 명이 삼사용 경험자가 있으며 전년도 이후 삼사용한 적이 있는 삼사용자는 3백만 여명 수준이다. 2003년 11~15세 연령층은 13%, 16~24세 연령층은 23% 수준으로 조사되었다. 전년도 이후 삼을 사용한 적이 있는 비율이 11세층의 경우 1%인데 반하여, 15세층의 경우 무려 31%에 달한다. 2000년 '영국범죄서베이조사'(BCS)에 따르면 삼은 가장 널리 퍼져있는 불법마약으로서 16~29세 연령층은 44%가 경험자이며, 전년도 이후 삼사용자는 22%, 전달 이후 삼사용자는 14%인 것으로 조사되었다.

앞에서 본 것처럼 영국에서 마리화나를 의료용으로 사용한 것은 오랜 역사가 있다. 1973년까지는 마리화나가 하나의 의약품으로 처방되어 왔었다. 1973년부터 결국 마리화나는 의약품으로도 합법적으로 사용될 수 없게 되었으며 지금도 여전히 의료용으로 사용하는 것은 금지 당하고 있다. 상원 과학기술상임위원회 측은 1998년 한 보고서에서 마리화나가 의료용으로 사용될 수 있도록 시정 권고하였다. 하지만 영국정부 측은 그러기 전에 마리화나의 안전성과 효능이 입증되어야 한다며 이 권고를 거부했다. 'GW제약' 측은 마리화나로 만든 신약개발을 위해 마리화나 재배를 허가받았으며 영국에서 임상실험 중이다.

2002년 3월 '불법마약 오남용 자문위원회'가 발표한 보고서는 당시 영국 블렁킷 국무부장관에게 마리화나의 C등급으로의 완화방안을 추진하도록 자문하였다. 이 보고서는 마리화나가 해악이 있을 수 있음을 인정하면서도 술이나 담배보다 위험성이 훨씬 덜 하다고 지적하였다. 술은 위험을 불러들이도록 조장하며 공격적이며 폭력적인 행동을 수반하므로 훨씬 더 커다란 사회적 위험을 초래하는 마약으로 선정되었다. 이 보고서에 따르면 마리화나는 '개인이나 사회적으로 중요한 건강문제를 유발하진 않는다'고 밝혔다. 동 자문위원회측이 마리화나 등급완화조치를 인정한 것은 사우스뱅크대학 형사정책연구소 연구결과가 발표된 직후였다. 이 연구소 측은 마리화나를 비범죄화 하게 되면 연간 약 7천 1백만 달러를 절감하며 경찰력 5백 명을 다른 폭력범죄 분야에 더 집중 투입할 수 있다는 사실을 밝혀냈다.

한편, 영국에서는 처방 헤로인 유지정책도 뜨거운 쟁점이 되고 있다. 중독자에 대한 헤로인 처방 제도는 영국에서는 실상 1920년대부터 1960년대까지 매우 일반화된 방법이었다. 1971년 미국의 정치적 압력으로 인해 '마약오남용금지법'에 무척 무거운 짐을 지운 규정이 추가됨으로써, 이 헤로인 유지정책은 크게 축소될 수밖에 없었다. 이와 같이 영국 정부 측의 승인거부로 인해 민간 분야 의사들조차도 헤로인 유지 시술을 크게 감축토록 해야 하는 결과를 초래했다. 통제를 받는 공급체계마저 없어진데 이어, 불법마약시장이 형성되면서부터 헤로인 사용자 수는 1970년 2천 명 이하 수준에서 오히려 오늘날은 30만 명 이상으로 급증하는 결과를 가져오고 말았다. 대체로 헤로인 관련 범죄가 급증한다고 감지한 탓에 과거 한때 안하던 이 헤로인 유지정책이 이제 와서 다시 크게 장려되고 있는 실정인 것이다. 영국의 자치경찰청장급연합회(ACPO)와 2002년 당시 데이빗 블렁킷 국무부장관 모두 헤로인과 범죄간의 연결고리를 단절시키도록 하기 위한 수단으로서 헤로인 유지제도 시행을 적극 지지한 바 있다. 국무부 측은 영국의 불법마약사용 문제에 효율적으로 대처하기 위한 정부 측 정책주도의 일환으로 헤로인 사용자들이 일반의사(GP)로부터 헤로인 처방전을 받을 수 있도록 하는 정책을 실행에 옮기도록 권장하였다.

2004년 1월 영국에서 삼 등급 하향조정이 있은 이후 일부에서는 삼사용이 증가했다고 주장하며. 다른 일부에서는 이에 대해 등급하향조정 이후 삼사용에 대한 낙인찍기가 조금 완화된 탓에 삼사용을 인정하는 태도가 조금은 더 표면화된 것일 따름이라고 주장한다. 어느 쪽 주장이 맞는가와 상관없이 의사와 보건 전문가들이 삼과 삼사용에 대한 안내를 해주도록 하는 요청을 더 많이 받게 된 것만은 사실이다.

영국에서 마약은 유해성 정도에 따라 A, B, C 3등급으로 분류되며, 소지보다 밀거래에 대해 더 중한 처벌을 하고 있다. 개인적 사용은 문제가 안 된다. A등급은 코카인, 크랙, 엑스터시, 헤로인, LSD, 매직머쉬룸(조제품) 등이 있으며, 이를 소지한 혐의자는 7년형, 벌금형(상한선 없음)을, 공급과 밀거래 혐의자는 종신형, 벌금형(상한선 없음)을, 공급 목적의 소지 혐의자는 종신형, 벌금형(상한선 없음)이 내려질 수 있다. B등급 마약에는 히로뽕(암페타민을 말하며, 주사제 히로뽕의 경우 A등급으로 취급함) 등이 포함되며, 이를 소지한 혐의자는 5년형, 벌금형(상한선 없음)을, 공급과 밀거래 혐의자는 14년형, 벌금형(상한선 없음)을, 공급목적의 소지 혐의자는 14년형, 벌금형(상한선 없음)의 처벌을 받을 수 있다.

삼이 포함되어 있는 C등급은 삼 외에도 GHB(감마 하이드록시부티레이트, 마약금지법을 피하면서 마취제가 들어간 합성마약), 단백동화 스테로이드, 발륨(정신안정제) 같은 안정제 등이 포함되어 있으며, 삼 재배도 불법으로 되어 있다. 이를 소지한 혐의자는 2년형, 벌금형(상한선 없음)을, 공급과 밀거래 혐의자는 14년형, 벌금형(상한선 없음)을, 공급목적의 소지는 14년형, 벌금형(상한선 없음)을 받을 수 있다.

마약범죄를 저지른 경우 나이, 초범여부, 공급의도 유무 등에 따라 처리가 다르다. 18세 미만인 경우 체포되어 마약은 압수되고 경찰서에 가서 경고절차를 받아야 한다. 부모나 보호자가 출석해야 한다. 초범이 아니거나 공급이나 밀거래인 경우엔 고발될 수 있다. 18세 이상인 경우 경한 범죄인 경우 체포되지 않고 마약을 압수당하며 경고를 받는데 그칠 수 있다. 초범이 아니거나 공급이나 밀거래인 경우 고발될 가능성이 보다 더 커진다. 개인적 사용을 위한 소지혐의로 밝혀지는 경우 벌금을 내거나 커뮤니티형을 받게 된다. 공급이나 밀거래 같이 보다 더 중한 범죄인 경우 감옥형을 받거나 소년원 같은 데로 보내게 된다.

9. 가정 재배 붐

최근 영국 가정에서 삼재배량이 폭발적으로 증가하여 경찰 압수량이 6배 증가하는 사태가 발생(옵서버, 2005년 5월 29일자)하였으며, 우리나라에서도 2006년 7월 서울 방배동 월세방에서 미국산 삼 씨앗을 들여와 THC 함량이 매우 높은 삼을 재배하여 사용하다가 단속된 바 있다. 이와 같은 가정 삼재배는 영국 삼 소비량의 절반 이상을 차지하고 있다. 2000년대 초반 네덜란드의 경우 가정재배분이 전체 소비량의 75%에 이른다는 조사결과도 있으며, 그래서 아프리카 아시아 중남미 등지의 외국 삼을 들여다가 사용해야 했던 기존관행에서 벗어나 삼 수입대체를 이룩했다고까지 일컬어질 정도가 되었다. 삼 재배는 불법으로 되어 있긴 하지만, 삼 씨앗을 구입하는 것은 법에 저촉되지 않으며, 삼 가정재배장비 사업은 그야말로 붐을 이루는 호경기를 맞고 있다. 한 인터넷 소매상(www.everyonedoesit.com) 측의 마크 에반스 씨는 가정 삼재배 시장은 폭발적으로 증가하고 있다고 밝혔다. "우리는 매주 삼 씨앗을 최소한 2백 봉지 정도 팔고 있습니다. 상당수가 삼 등급 하향조정이 이뤄진 후의 현상이며 이 점에 대해 큰 혼동들을 하면서 삼이 이제 합법화되었다고 오해하는 사람들이 많습니다. 폭발적 증가의 다른 요인으로는 집안에서 삼을 재배하는데 필요한 수경재배 장비를 손쉽게 구할 수 있게 되었다는 점입니다."

소규모 재배장비는 350파운드(한화 약 70만원) 수준이며 '중급' 삼 씨앗 10봉지는 65파운드(한화 13만원) 선이다. 전형적인 삼사용자라면 한번만 삼을 수확해도 장비 값은 빠질 것이라며 금세 셈법을 맞춰볼 것이다. 영국에서는 삼 씨앗과 자잘한 부속장비 판매점 수가 5년 전 50개소에서 최근 2천 개소 이상으로 급증했다.

최근 런던경찰은 삼을 1만 그루 이상 압수했으며, 통계에 따르면 2004년 삼 압수량은 가정 재배분을 포함하여 전년도에 비해 두 배 정도 급증한 95만 킬로그램에 달한다. 영국 전국적으로 보더라도 상황은 유사하다. 북아일랜드 경찰은 2004년 삼나무 1,200그루 이상을 압수했다. 이는 전년도 202그루와 대비된다. 스코틀랜드와 테이사이드 자치경찰청의 압수량 역시 6배 증가한 것으로 나타났다. 시민단체인 드럭스콥 측은 가정 삼 재배 비율이 전체 소비량의 절반 정도에 이른다고 밝혔다.

2004년 삼이 B등급에서 C등급으로 완화를 검토하게 되면서 폭발적 증가 현상이 나타났다. 마약오남용자문위원회(ACMD)측은 THC 활성 성분을 많이 함유한 삼에 대해서는 처벌을 더 강화토록 해야 하는지 여부에 대해 심의중이다. 가정 재배 삼은 함유율이 훨씬 더 높은 경우가 많다. 정규적인 삼사용자는 심의가 어떻게 나올지 회의적이다. 하워드 그린 씨는 "사람들이 자신이 쓸 것을 직접 재배하는 이유는 자신들이 피우는 게 과연 어떤 것인가 궁금해서이거나 삼 구입 시 이를 밀매하는 범죄자들과 접촉하길 피하고 싶어 하기 때문"이라고 지적했다. 그는 자신이 쓸 삼을 재배하고 있으며 남는 것은 MS 환자나 다른 환자들에게 통증 완화용 약으로 쓰도록 나눠주고 있다. "반드시 가장 센 것을 써야 하는 것은 아니다. 때로는 맥주 한 파인트 때로는 브랜디 한 잔 하고 싶어 한다. 법이 개정되더라도 별 차이가 없을 것이다. 뭔가 마약을 하고 싶으면 그 마약이 몇 등급인가 하는 것은 개의치 않는다."

압수량 증가분의 상당수는 개인적으로 쓰기 위해 소규모로 삼을 기르는 사람들이 체포되는데 기인한 것이긴 하지만, 대규모 범죄적 기업형태가 급증한 것도 사실이다. 2005년 5월 런던 여러 곳의 삼 재배 '농가'를 급습한 데이브 맥켈베이 수사경감은 다음과 같이 지적했다. "우린 몇몇 히피족이 마리화나 얼마를 기르는 걸 말하는 게 아닙니다. 엄청난 수익을 올리기 위해 상업적 규모로 많은 돈을 투자하여 삼을 재배하는 조직범죄에 해당하는 것들입니다." 당시 급습작전에서 삼 재배 공장으로 전환된 10개 가옥을 적발해냈으며 각 가옥은 삼을 2천 그루까지 재배하고 있었다. 정교한 조명과 급수 시스템이 설치된 것으로 보아 8주마다 수확할 수 있게 되어 있었다. 갱 조직들은 한 가옥에 5만 파운드(한화 약 1억 원)를 들여 삼 재배 시설

을 갖추었다. 이렇게 제고된 경쟁력은 다시 조직범죄 세계 폭력의 망령을 더욱 크게 불러들이기도 했던 것이다

2005년 1월 북부런던의 올퍼톤의 한 가옥에서 베트남 국적의 캉 토 엥구이엔(Khang Tho Nguyen) 씨가 살해된 채 발견되었다. 41세인 그는 목에 칼이 찔려 있었다. 그의 시신이 발견된 임대가옥의 2층은 모두 대규모 삼나무 재배시설이 가득 들어차 있었다. 그를 살해한 자는 아직도 체포되지 않았다.

영국 경찰은 지속적인 삼 재배 단속을 다짐하고 있으나 향후 체포된 자는 훨씬 관대한 처벌만을 받게 될 것이다. 2005년 5월 항소법원 측은 33세의 삼사용자인 매슈 헤리지 씨에 대해 처벌을 12개월 형에서 6개월 형으로 감형해 주었다. 그는 52그루의 삼을 재배하다가 체포당했으나, 수확량 전부를 자신이 개인적으로 사용하기 위한 것이며 자신은 전혀 밀매자가 아니라고 주장하는데 성공했기 때문이다.

10. 마약사범 혐의 벗어나기

로렌스(가명)라는 심리연구학도(psychonaut)는 22세의 영국 화학물질 연구 사용자이며 2005년 5월 하순 마약사범으로 체포된 바 있었다. 이에 대하여 그의 말을 들어보자(가디언, 2005년 5월 26일자).

“난 동트기 직전 현관문을 두드리는 소리가 크게 들려 깼다. 문을 열자마자 자치경찰 전술팀 소속의 8명의 경찰관이 공격무기를 휴대하고 들이닥쳤다. 이들은 내 방을 샅샅이 뒤졌으며, 2CI, 2CB, 5-meo-DMT, nn-DMT, DPT, 5-meo-DIPT, MDMA(엑스터시), 건조된 머쉬룸 큰 가방 하나, 마리화나 1온스 가량, 매우 오래된 소량의 GHB 분말(감마 하이드록시부티레이트, 마약금지법을 피하면서 마취제가 들어간 합성마약) 등을 포함하

여 여러 가지 개인 소지 환각제 은닉물들을 적발해냈다.

이들은 전화, 컴퓨터, 여러 가지 재정 및 마약관련 문서들도 가져갔다. 그 다음, 이들은 내가 공급목적으로 A급 마약을 수입하여 소지한 혐의로 나를 체포해갔다. 나는 4시간 동안 구금당했으며 법적 도움을 받기 위해 묵비권을 행사했고 그러자 몇 달 뒤 출두하라면서 보석으로 풀어주었다.

해당 기일이 되어 경찰에 신문을 받으러 가서, 난 지성인이며, 심리, 의식, 실재 등을 공부하는 학도이고, 이런 환각제들을 자아연구, 자기인식, 자기개발 및 자기표현 등을 위해 사용하는 것과 같은 그런 유사한 범죄전과가 없음을 밝혀주었다.

난 신문하는 경찰을 압도했으며, 경찰에게 적발된 모든 마약물질들은 개인적 사용을 위한 것이었음을 입증해주었다. 그러자 경찰은 거의 모든 혐의를 벗겨주었으며, 8가지 소지물건들은 위임받아 두었다. 그 후 치안판사법원에 불려가게 되었으며 여기서 각각에 대해 75 파운드(한화 약 15만 원)씩 총 600파운드(한화 약 120만 원)의 벌금만을 받고 나왔다."

11. 삼의 몰락

통계란 특정인에게 특정한 특혜를 주지는 않는다. 한 사례를 살펴보자. 2004년초 영국에서 삼이 B등급에서 C등급으로 하향 조정된 이후 삼은 오히려 과거의 영광을 상실했으며 특히 젊은층에서 더욱 그러했다. 영국에서 삼 몰락 현상에 대해 가디언지 2005년 3월 29일자는 상세히 소개하고 있다. 이 기사는 삼 등급 하향조정이 이루어진 영국에서 삼 비범죄화나 합법화의 전망이 오히려 30년 정도나 훨씬 더 후퇴하고 있다고 지적한다. 네덜란드가 커피숍 제도를 운영한 것도 30여 년 전이었음을 생각할 때 이런 평가가 과장은 아니라고 여겨진다. 그러나 네덜란드 1개 국가 아닌 유럽 각국. 이 삼 비범죄화의 공론화와 시행에 박차를 가하고 있다는 점에서 세계 각국이 이 흐름을 주목하고 있음도 부인할 수 없다. 이 기사를 소개하면 다음과 같다.

삼 등급의 하향조정은 이에 대해 반대 운동을 하던 이들에게 나쁜 소식이었으며, 마약을 파는 이들에게도 나쁜 소식이었다. 즉 마약 밀매상은 이제, '당신이 새로운 피(신인들)를 수혈 받지 못하면 당신 지지자들도 결국은 모두 죽고 말 거요'라고 하는 토리당의 수수께끼 같은 고전적인 재치문답에 빠져들고 말았다. 심지어는 마리화나 애호가들에게 조차도 그토록 좋기만 한 소식은 아니었다. 왜냐하면 마약의 역사라는 쓰레기통에 버려지는 선택권의 독을 보고 싶어 하지 않기 때문이다.

'독립적 마약모니터링'이라는 시민단체의 사무총장 매슈 아타 씨는 법규개정이 아무런 효과도 없다는 점에 대해 주목했다. 하지만 2004년 정규적인 삼사용자 증가율이 0.5%로 떨어졌기 때문에 등급완화조치가 매우 주목할 만한 충격을 가했다고 말할 수 있는 것도 사실이다. 이 조치는 모든 이들의 삼에 대한 관심도를 상실케 만들어버렸다. 당연히 삼에다가 세일러복을 입히고 가수 제리 할리웰과 함께 여행을 보내는 게 좋을 것이다. 영국에서 삼은 이제 더 이상 멋있거나 근사한 것이 아닌 것이 되고 말았다.

정부조치에 대해 지성인의 관찰자 입장에서 청년행태에 대해 다음과 같은 분석과 추론도 나왔다. 즉 25세 이하 시민들은 등급완화가 시사하는 방향과는 정반대로 나아갈 것이라고 본다. 난 무작위로 25명을 선정했으며, 나도 여전히 반대 방향을 고수하고, 앞으로도 몇 년 동안 바꾸지 않을 것이며, 35세 정도 가서야 바꾸도록 하겠다.

결국 여러분이 그 젊은층에게 그런 게 위험하다고 말하더라도 그걸 할 것이며, 여러분이 움츠러들어 '실제로 그건 별로 해가 없어'라고 말하면, 젊은층은 오히려 다른 것을 하게 될 것이다. 전반적인 일탈행위들은 이런 점을 염두에 두면 잘 설명할 수 있다. 비만, 흡연, 운전, 치고 박는 싸움박질,

스노보드, 재미로 하는 과속운전 등등에 대해 정부가 옹호하기 시작하면, 특히 예컨대 정부의 저명인사가 주도하여 옹호하면 그런 것들은 전혀 시대에 뒤진 것이 되고 말 것이다. 나는 알스테어 캠벨이 그렇게 하고 있는 게 아닌가 하고 상상해본다.

이들은 그러면서 항상 모든 마약을 비범죄화 해야 한다며 나선다. 환각제 마약에 대한 찬성론은 그 줄기가 다음과 같은 세 가지 논리가 있다.

첫째, 마약은 사람에게 나쁜 것이다. 예컨대 누군가 마약금지법을 완화하자고 주장이라도 하면 반대론자들은 즉각 마약이 조금 몽롱해져서 잠잘 때 난방기를 끄는 것을 잊어먹는 것 이상으로 얼마나 나쁜 것인가를 입증하는 온갖 통계들을 들이댄다.

여러분은 이제 우리가 슬라이드제를 만들어 여러분 자신에 대한 피해 정도가 아닌 다른 이들에게 미치는 피해 정도를 기초로 합법화 수준을 정하는 게 좋겠다고 생각할 것이다. 정규적인 담배 흡연자는 가장 암유발이 오래가며 해악이 큰 A급, 술은 싸움박질 하게 만들며 자동차 운전을 망치므로 B급, 헤로인과 크랙은 재물을 훔치게 만들므로 C급, 코카인은 주변 사람들을 매우 지루하게 만들기 때문에 플레이스테이션 및 스포츠에 대한 관심 등과 함께 D급, 마리화나는 담배와 섞어 피워 A등급이 되는 일이 벌어지지 않는 한, 사람들을 너무 조용하게 만들기 때문에 알파벳의 맨 마지막 부분인 XYZ 등급으로 매기게 될 것이다.

둘째 논리는 처벌이 느슨해지면 해질수록 사람들이 어떤 것인가를 하게 될 것이라고 주장한다. 이것은 스피디한 것(암페타민 아닌 자동차)과 같은 것이 될 지도 모른다. 그러나 마약을 한 채로 일하게 될 것 같진 않다. 사람들이 마약을 하는 것은 단지 법 위반 행위 속에 숨어 있는 반권위주의적 태도의 충동질 때문일 수 있다. 하지만 오만상을 찡그리고 노상 강도짓을 벌이기에는 너무 고상하다. 그렇지만 이 논리는 입증하기가 매우 힘든 것일 수 있다.

셋째, 사람들이 불법마약을 해서는 안 되는 이유는 가장 추문거리인 착취에 바탕을 둔 산업을 부양해주는 것이기 때문이라는 주장이 있다. 이 입장은 오스카상으로 추천된 영화 '은총이 가득하신 마리아여!'(Maria Full of Grace)가 개봉된 이후 호소력을 갖게 되었다. 이 영화는 한 마약밀매상의 소름끼치는 모습을 적나라하게 보여주고 있다.

그러나 마약 보스가 부하 밀매상들을 그토록 가혹하게 다루는 유일한 이유는 마약이 아무런 규제도 받지 않으며 그 규제를 받지 않는 이유를 다시 보면 마약 제품 그 자체가 불법으로 되어 있기 때문이라는 점에 있다는 사실 역시 분명하다. 그리고 솔직히 말해 규제가 있는 산업분야조차도 먹이사슬의 가장 밑바닥 노동자들은 무시무시한 운명을 개선해주진 못한다고 보아야 할 것이다.

이상의 세 가지 논리는 모두 10여 년 전 이미 되풀이되었던 것들이다. 하지만 논쟁은 오히려 꾸준히 '한두 개비 조인트를 피웠다고 사람들을 감옥에 보내야 하는가 말아야 하는가?' 등과 같은 형태로 후퇴하고 있는 실정이다. 어떻게 진행될지 말하기는 어렵다. 아마도 마약사용의 합법화 운동의 선구자들은 마리화나를 너무 많이 피웠으며 이제 아예 이런 문제에 대해 흥미조차 잃어버렸을 수도 있다. 그리고 만일 그러하다면 우리는 마리화나의 기호품에 대한 무지사태를 뒤집을 수 있는 것은 30년 정도 후인 다음 세대에 가서나 비로소 가능한 일이라고 기대할 수 있을 따름이다.

12. 런던 경찰청 온실

런던경찰청 마약수사대장을 역임한 바 있는 에디 엘리슨(Eddie Ellison)은 한 잡지 기고문에서 런던경찰청 온실 속의 삼에 대해 다음과 같은 일화를 소개하고 있다("A Greenhouse in the Yard", June 1999, *ES*

Magazine, London, England). 일선 삼 수사관들이 실제 수사에서 증거물인 삼을 어떻게 보관하는지, 그 과정에서 이에 대해 단속해야 하는 경찰로서의 감정과 소회가 잘 드러나 있다.

런던에는 예기치 않은 역할을 하는 건물들이 많이 있다. 가장 친숙한 빌딩들 중 한 곳은 반사 강화유리창 너머로 범상치 않은 활동을 하고 있음을 숨기고 있었다. 다음 번 텔레비전 뉴스에서 기자가 바로 이 런던경찰청의 회전하는 상징표지탑 앞에 서있을 때 여러분은 기자 어깨 너머를 유심히 살펴보고 여러 층으로 되어 있는 온실을 확인해 보십시오. 과학수사전문가들이 진공포장 기술을 채택하여 활용하기 전까지만 해도 런던경찰청 마약수사대 측은 증거보존에 대한 자부심이 대단했다. 법원에 출두하여 증거로 제출할 때까지 압수한 열댓 그루의 삼 식물을 계속해서 길러주어야만 했으며 여러 마약수사반들이 서로 이 일을 맡아 하려고 서로 경합이 아주 치열했다.

이중창, 온도와 습도조절, 중앙난방 등의 시설은 훌륭한 원예재배에 최적의 환경을 만들어주었다. 이후 이루어지는 법원출두에서 이 삼을 가지고 가게 되면 기겁을 한 피고들이 이 훌륭한 식물에 대해 경탄을 금치 못하면서도 증거로 압수된 자신의 삼이 저렇게까지 잘 성장한 것에 대해 놀라움을 금치 못하곤 했다. 이 삼은 온실에서 액체비료, 살수, 잘 자라 달라는 격려 등에 힘입어 그저 마냥 잘 자라주었다. 진딧물에 물을 뿌려주는 일은 '증거물에 참견하기'라며 전혀 새로운 은어가 등장했다. 즉 마약수사관들이 온실을 찾아 '증거를 파내' 갔으며, 그 외에도 '증거를 심기'(planting: 밀정이나 정보원 심어두기를 뜻함)라는 말('삼 식물', 'cannabis plant')에 바탕을 둔 동음이의어를 이루 말할 수 없을 정도로 많았다.

영국처럼 관대하며 관용적이고 자유연애주의인 사회가 정작 품격 있는 이 식물 재배에 대해서는 극도로 무력하기 짝이 없었다는 점을 기록해두어야 하겠다. 대부분의 삼 표본들은 어린 것들인 경우 초기 단계에서부터 잘 보살펴주어야만 한다. 아마도 재배조건의 비밀주의, 햇빛과 바깥 공기의 부족,

이를 기르는 정원사 지망생의 유유자적한 태도 등등이 원인이겠지만 아무런 감동도 주지 못했다. 이들이 예비 구금상태로 끌려나왔을 때 메마른 속박상태에서 은혜롭게 풀려난 것이나 거의 다름없었다. 북부런던의 어느 한 치안판사법원은 뜻밖에도 가든센터 부근에 있으며, 돌아오는 차편을 부근 인도에서 기다려야 하는 게 보통이었다. 이때 멈추어서 표지판을 '팔렸음'이라고 바꾸기만 하면 되었다. 경찰관들은 '구입' 상황을 검사한 후 센터에 들어간 고객이 어떻게 변화했는가에 대해 매우 눈치가 빨랐다. 이 원예재배 정원사 지망생은 키 작은 관목과 화단을 뒤져보지만 아무 것도 찾지 못하고 시간만 허비하고 만다.

런던경찰청의 커다란 마약수사대 사무실은 흔히 정년퇴임하는 고참경찰관에게 작별인사를 하며 선물을 전달하는 대연회장으로 쓰이곤 했다. 추수감사절 식으로 눈부시게 장식된 대연회실은 정기적으로 열리는 이임식 사진촬영 때마다 눈에 톡 튀는 초록색 배경막이 되어주었다. 많은 어린이들이 부모님의 정년퇴임식 사진을 보면서 이 장면을 장식하고 있는 삼들을 알아보고 찬탄을 금치 못할 것이다.

내부경쟁은 꽤 만족스러운 것으로 입증되었지만 마약수사대 팀은 원예재배 쇼의 발표가 있을 때까지 공개적인 갈채를 해달라고 할 수 없었다.

매년 런던경찰청 문민공무원노조 측은 원예재배 쇼를 런던경찰청 내에서 개최했으며 마약수사대 측은 해당 식물을 출품하기로 마음먹었다. 마침내 이 쇼가 시작되자 한 식물이 다른 어떤 식물보다 톡 튀었다.

석유 드럼통 속에서 키가 4피트 가량 되는 이 삼은 분명코 주인의 사랑을 듬뿍 받은 것처럼 보였다. 용기에는 환각에 취한 미술가의 환각세계 그림이 그려져 있었으며, 뿌리 주변에 모여 있는 것으로 섬세하게 그려져 있는 정원 땅신령들의 보살핌을 받도록 되어 있었다. 삽, 포크, 외바퀴 손수레 등의 그림이 그려져 있는 이 식물은 성장에 커다란 도움을 받은 게 분명했다.

원예재배 쇼에 입선하는 건 간단치 않았다. 카탈로그에는 혼란하기 딱 좋게 여러 등급이 있는 것으로 되어 있었다. 출품작들은 심사를 통해 최우수

작으로 선정할 예정이었으며, '한그루 마리화나 식물'이라는 이름으로 출품하게 되는 것은 명확했다. 이 식물의 일생에서 보다 중요한 역할에 대해 존경을 표하면서 마약수사대 직원들은 심사를 받을 때까지 이 식물을 호위하였다. 이 식물은 많은 관객의 찬탄을 받았으며 눈에 띄지 않을 리가 없었다. 초대된 심사자는 텔레비전에서 흔히 보던 분이었는데 그는 출품작들을 따라가며 쭉 살펴보았다. 그가 출품된 부드러운 백합과 양치류 등을 지나 힘 있는 삼을 향해 갈 때 긴장이 고조되었다.

심사자는 관객이 알아듣기 힘든 말을 중얼거리면서 심사표에 간단간단하게 출품작에 대한 심사내용을 적어나갔다. 그는 억양을 붙여가며 '삼, 실격, 잘못된 등급, 삼은 야채이다!'라고 말했다. 나가면서 이 식물에 대해 조용히 모욕을 주었으며 결국 마약수사대 직원들을 실망시키고 말았다.

마약수사대 측은 삼이 당시 쇼의 변화를 초래해야 할 정도로 실격사유가 되는지 그리고 런던경찰청 온습도 조절기를 통해 진딧물과 곤충이 날아다녔는지 여부에 대해 전혀 몰랐다. 몇 주가 채 안되어 이 삼은 람베트 과학수사연구소로 보내졌으며 접수실에서 한 전문가가 잎 한두 개를 검사해본 다음 사진을 찍고 플라스틱 포장에 넣은 다음 진공 포장했다.

마약수사대는 후방작전을 통해 히드로 공항 부근 한 온실에서 삼 1톤 가량을 압수했다. 이제 세월이 흘러 보존 방식도 바뀌었기에 이제 이것은 '플라스틱 포장 속에 집어넣어버려!' 하는 힐난과 함께 과학수사연구소에 그대로 전달되고 만다. 그야말로 과학수사가 지배하기 시작했으며 추가로 안전창고가 지어지고 엄청난 압수 삼들을 받기 시작했다. 과학은 진보를 거듭하여, 수경재배와 '자연 상태와 같은' 전기조명 등이 삼 원예재배 장비에 추가되었다.

오늘날에도 삼은 업무수행, 교육 및 '함정' 입문서로서 탁월한 역할을 다하고 있다.

진공포장은 당연히 훨씬 더 효율성을 높이며, 압수하던 당시 모습 그대로 증거를 보존하게 될 것이다. 그러나 진공포장은 심장이 없으며 인간적인 관계를 단절시키는 법이다. 진공포장은 온도와 습도조절조차도 할 수 없다.

제6장

기타 유럽국가

1. 스웨덴

북유럽국가인 스웨덴은 면적이 45만 평방킬로미터이며 인구는 약 9백만 명이다. 국민들은 비교적 동질적이며 거의 90%가 루터교 신자이다. 스웨덴은 사회민주주의 전통을 가지고 있으며 복지제도와 체재순응주의 전통으로 유명하다. 스웨덴 마약정책은 복지정책 및 사회정책의 일환으로 되어 있으며 마약은 가장 심각한 사회문제이자 국가에 대한 외부의 위협으로 인식하고 있다. 다른 서방국과 비교해보면 스웨덴의 마약정책은 통제성격을 띤 것으로 볼 수 있다. 정책목표 중 하나는 마약이란 사회적으로 관용의 대상이 아니라는 점을 명백히 하는데 두고 있다. 스웨덴 마약정책의 이런 통제주의 태도를 잘 나타내주는 다음 몇 가지 사례를 들 수 있다.

○ 전반적 목표는 마약 없는 사회에 두고 있다.

- ○ 해악감소 정책은 단지 극히 제한적인 형태로만 이뤄진다.
- ○ 마약치료는 절제에 바탕을 두며 강제성을 띤다.
- ○ 마약류 소비는 범죄이며, 마약사용 용의자를 적발하기 위해 소변검사와 혈액검사를 동원한다.
- ○ 마약법은 엄정하게 집행한다.
- ○ 의료용 마리화나 논쟁은 거의 존재조차 하지 않는다.
- ○ 스웨덴 법률들은 3개 유엔마약금지조약상의 요건들을 엄격하게 고수하며 심지어는 이를 더욱 더 능가하고 있다.

역사적으로 스웨덴은 불법마약사용 문제가 없었으며 마약사용이 중대한 사회문제로 간주되지도 않았다. 하지만 다른 많은 서방국가들과 마찬가지로 이런 상황은 1960년대 들어서서 크게 변모했다. 1965년 스웨덴에는 마리화나, 암페타민, LSD, 아편 등의 사용이 급증하는 징후가 보였다. 암페타민은 헤로인문제보다 더 심각했으며 지금도 그러하다. 암페타민은 1938년 스웨덴에 들어왔으며 체중 감소제와 흥분제로 퍼져나갔다. 이것은 각계각층에서 사용했다. 암페타민에 대한 통제가 강화된 몇 년 동안 우발적이거나 호기심에 의한 사용은 감소한 반면, 정규사용자나 오남용 사례는 급증했다. 이에 덧붙여 마약 흡입방식이 복용방식보다는 정맥주사 방식으로 크게 변모했다.

스웨덴 마약정책이 통제성격이 매우 강하지만, 과거에도 반드시 그랬던 것만은 아니다. 1960년대 스웨덴 마약정책은 상당히 자유주의적이었으며 기본적으로 해악감소 원칙을 고수했다. 예컨대 1965년에서 1967년까지 스웨덴의 만성적인 마약사용자들은 모르핀과 암페타민을 처방전을 통해 구할 수 있었다. 그런데 약 120명을 상대로 한 바로 이 비과학적인 실험은 스웨덴 마약정책에서 매우 영향력이 컸던 인물인 닐스 베제롯이라는 한 경찰 의사가 사용했던 방식이다. 당시 실험결과는 통제적 정책과 관용적 정책의 교체는 주사기에 의한 마약사용률에 반영되며, 이 실험은 스웨덴 마약 유행병의 기원이 되었고, 그렇다고 해서 이 실험이 소기의 범죄감소효과를 가져오지도 않은 것으로 나타났다. 이 실험은 지금껏 많은 비판을 받고 있으면서도 실험결과는 아직도 널리 받아들여지고 있다.

세월이 흘러 스웨덴 마약정책은 보다 더 억압적인 성격을 강화해나갔다. 현재 스웨덴 마약정책의 기본목표는 마약 없는 사회를 지향하고 있으며, 1970년대 후반 심각한 사회문제로 인식되기 시작하면서부터 그 틀이 잡혔다. 일부 전문가들은 스웨덴의 통제적인 마약정책과 동시에 통제적인 알코올정책이 서로 맞물려 있다고 보기도 한다. 스웨덴의 금주운동은 오랜 역사가 있으며, 스웨덴은 알코올판매의 국가독점을 포함하여 국가적으로 매우 통제수준이 높은 알코올정책을 발전시켜온 나라이다.

마약 없는 사회라고 하는 스웨덴 마약정책의 이 같은 비전은 1980년대 초반 이후 변하지 않았다. 그러나 스웨덴이 공언하는 마약정책 목표중 하나는 사용자를 형사사법기관을 통해 처벌하기보다는 오히려 사회에 복귀시키는데 두고 있다. 수많은 치료기관들은 비정부단체가 운영토록 하고는 있지만 스웨덴 정부 측은 그 운영비를 대주고 있다. 이들 비정부단체들은 치료사업에 대해 보다 더 많은 예산을 지원해주도록 요구하는 매우 강력한 압력단체 역할을 하고 있다. 왜냐하면 치료사업이야말로 자신들 생존에 필수적이기 때문이다. 스웨덴이 치료사업에 엄청난 돈을 쓰고 있지만 이들 치료프로그램에 대한 제대로 된 평가나 분석은 거의 이뤄지지 않고 있는 실정이다. 따라서 이 비정부단체들의 치료사업에 대해 그 실효성이나 효율성을 논하기는 어렵게 되어 있다.

메타돈 유지 프로그램은 1960년대 후반부터 이용할 수 있었다. 현재 스톡홀름, 웁살라, 말뫼, 룬트 등지에서 약 6백 명이 메타돈 대체 프로그램을 통하여 마약치료를 받고 있다. 이 치료 프로그램은 엄격한 규제를 받고 있으며 공식적으로는 실험인 것으로 간주되고 있는 실정이다. 이 치료프로그램 참여조건 중에는 환자는 20세 이상이며 최소한 4년간 아편 정맥주사 오남용 경력이 입증되어야 하며, 여러 가지 형태의 마약이 없는 치료를 받아

보았어야 하고, 이 치료시설에 자발적으로 입원(예컨대 체포, 형기 중, 어떤 형태로든 교정시설 재소자 등은 아니어야 한다)토록 해야 한다는 등의 요건이 필요하다. 메타돈 대체 치료프로그램 참여자에 대해 다른 마약은 허용하지 않으며 환자는 매일 병원을 방문해야 한다.

해악감소 치료사업과 관련해서는 문턱이 전혀 높지 않으며 대부분 직원은 비정부 자원봉사단체들이 맡고 있다. 주사기 교환 프로그램은 룬트 및 말뫼의 전염병 병원에서 임상적으로 운영되고 있다.

마약사용이 용인되고 있지 않은 즉 마약 없는 사회를 비전으로 하고 있는 구조 속에서는 주사기 교환 프로그램 같은 해악감소사업을 촉진시키기는 매우 어렵게 되어있다. 1980년대 후반 스웨덴 전역에서 주사기 교환 프로그램을 도입토록 하려는 방안은 의회 측 반대로 무산되고 말았다. “이유는 마약주사기 입수가능성의 증대는 거꾸로 에이즈 확산을 막을 수 없으며, 주사기에 의한 마약사용의 급증을 초래할 것으로 판단하기 때문이다.”

스웨덴은 실제로 하드드럭과 소프트드럭을 구분하지 않고 있다. 마리화나는 하드드럭 및 평생 중독자로 인도하는 위험한 마약이라고 본다. 마약교육프로그램은 조기에 시작하며, 학교 커리큘럼에 포함되어 있다. 스웨덴의 마약 없는 사회라는 비전은 워낙 폭넓게 받아들여지고 있는 탓에 정치권이나 언론에서 여기에 대해 의문을 표하는 곳도 없다. 스웨덴 마약정책은 모든 정당이 지지하고 있으며 여론조사결과를 보면 통제접근법이 국민들로부터 광범위한 지지를 받고 있는 것으로 나타나고 있다. 스웨덴 국민들은 전반적으로 마약사용에 대해 부정적 인식을 갖고 있으며, 마약이 사회에 커다란 위협이라고 확신하고 있다. 이런 논리는 스웨덴의 정부, 언론, 시민단체 등에서 주장하는 것이기도 하다. 일반적으로 스웨덴에서는 과학자들만 현행 정책에 대해 의문을 제기하는 유일한 계층인 것으로 되어 있다.

한편, 스웨덴에서 모든 마약 사용, 소지, 취득, 밀거래 등은 모두 범죄이며 처벌 대상이 된다. 거래상과 소비자간 계약 체결 역시 법적으로 처벌 대상이다. 경찰 역시 마약 오남용이나 매매에 사용된 모든 물품은 몰수할 권리를 가지고 있다. 마약범죄는 경범, 단순범, 중범 등으로 분류하고 있다. 경범은 최고 6개월형, 단순범은 3년, 중범은 최소 2년형에서 최고 10년형을 받을 수 있다. 범행보다는 해당 마약의 양과 유형이 범죄등급을 결정하는 가장 큰 요소가 된다. 스웨덴에서 삼사용은 명확하게 금지되어 있다. 삼사범은 사용량에 따라 정해지며 벌금형을 받을 수 있다. 일부 삼사범의 경우 벌금형 대신 카운슬링으로 대체하기도 한다.

2. 이탈리아

이탈리아 마약법은 하드드럭과 소프트드럭을 구분한다. 마약사용은 범죄가 아니지만 마약의 취득과 소지는 범죄이다. 이탈리아 마약법에 따르면 최대 소지허용한도는 사용자의 1일 평균 마약 섭취량을 기초로 계산한 정량에 바탕을 두도록 하고 있다.

이탈리아에서 삼과 삼제품은 2등급으로 분류되어 있다. 최대 소지허용한도에 따르면 삼 잎 1.5g이나 삼수지 0.5g 정도는 단순 경고나 행정벌(예컨대 운전면허 정지 등)에 그칠 수 있다. 이 허용치 이상의 대량소지나 상습사범은 형량 누진표에 따라 처벌을 받게 된다. 개인적 사용목적의 마약입수는 제3자를 위한 취득과는 구분토록 하고 있다. 전자의 경우 양이 최대허용치 내에 있는 경우 단지 경범으로 처리되는 반면 후자의 경우 밀거래로 해석되어 보다 중한 처벌을 받을 수 있다. 삼 및 다른 마약의 밀거래 행위에 대한 처벌은 최고 6년형 및 1천만 내지 1억 5천만 이탈리아 리라에 해당하는 벌금형을 받을 수 있다. 결국 이탈리아의 삼사용은 비범죄화 되어 있으며, 처벌은 최초 위반이나 미성년자의 경우 경고 조치. 그 외의 경우 1~3달 동안 운전 면허증(여권, 체류증!)의 중지, 의료진의 견해서 제출 필수

등의 조치가 취해진다. 각급 도지사는 이 문제 처리를 위해 '약물중독에 대한 실무팀' 도움을 받도록 되어 있으며, 최근 단순 사용이라고 해도 법이 정한 한도를 넘어서는 경우 징역형을 다시 도입토록 하자는 논의가 진행 중이며 그렇게 되면 판세가 뒤집힐 수도 있다.

이탈리아의 경우 1990년부터는 개인적 사용을 위한 마약소지행위는 비범죄화 되었으며, 단지 벌금과 같은 행정적 제재만 받도록 하고 있다. 이때 혐의자가 치료받기를 시작하고자 하는 경우 행정적 제재마저도 회피하도록 해주는 경우도 많다.

3. 오스트리아

오스트리아에는 불법마약 소비에 대해서는 언급이 전혀 없다. 대신 개인적 사용을 위한 소량의 마약 소지와 취득은 각 주의 정책에 따라 처벌대상이 되기도 한다. 이때 처벌대상이 되는 마약의 양에 따라 처벌수준이 달라진다. 위반자가 치료의 길을 거치기로 원하는 경우 법원은 잠정적으로 모든 혐의를 벗겨주기도 한다. 오스트리아에서 마약거래 혐의에 대한 처벌은 기본적으로 5년, 대규모 밀거래인 경우 1~15년, 두목급에 대해서는 20년으로 되어 있는 등 매우 가혹한 편이다. 삼 사범 초범을 포함한 삼사건의 경우 통보는 취소된다. 양에 따라 처벌 수위가 정해지며 주에 따라 벌금에서 6개월 형까지 다양하다.

4. 벨기에와 룩셈부르크

벨기에 마약법은 하드드럭과 소프트드럭을 구분하지 않는다. 오히려 개인적 사용과 집단적 사용을 구별하고 있다. 마약사용은 개인적으로 이뤄지는 경우 형사범이 아니며 집단적으로 이뤄지면 형사범이 된다. 집단적 사용은 3개월 내지 5년형, 1천 내지 1십만 벨기에 프랑에 해당하는 벌금형이 과해진다. 마약의 취득과 소지는 집단적 마약사용과 처벌수위가 같은 범죄로 간주된다. 그러나 소지혐의는 개인적 사용 목적의 소지와 밀거래 목적의 소지간 구별은 하지 않고 있다. 결국 법적으로는 개인적 사용을 위해 소량의 마약소지 행위가 밀거래 사범의 혐의를 받을 수 있다. 밀거래 처벌은 3개월 내지 5년형, 1천 내지 1만 벨기에 프랑 벌금형이 내려질 수 있다. 그러나 실제로는 그리 철저하진 않다. 벨기에는 법집행 관행이 보다 더 관대하며, 이는 보다 더 자유주의적인 마약정책이라는 유럽의 전반적인 추세와 일치한다.

1998년 4월 벨기에 당국은 삼에 관한 한 금지주의 성격의 법률 집행을 완화하기로 결정했다. 마리화나 소지나 집단적인 사용에 대하여 여전히 불법으로 하면서도 벨기에 정부는 개인적인 소지와 소비는 법집행의 우선순위에 있어서 최하위에 두도록 결정하였다.

2002년 이후부터 삼 소지는 비범죄화 하였으며 이에 대해서는 사회적 소란이 함께 발생하는 경우에만 기소토록 하고 있다. 이는 최근 영국의 새로운 접근법과도 유사하다. 즉 벨기에 정부는 2001년 1월 '개인적으로 삼을 사용하지만 다른 사람이나 사회적으로 해악을 야기하지 않거나 중독증이 없는 그런 시민들의 삶에 더 이상 개입하지 말아야 하는가' 하는 문제에 대해서는 검사와 판사에게 일임한다고 공식 발표했으며 이는 2002년부터 시행에 들어갔다. 새로운 정책에 따라 개인적 사용을 위한 마리화나 소지와 재배는 이제 더 이상 범죄행위로 기소하지 않게 되었다. 그러나 대규모 마리화나 생산과 판매는 계속해서 적극 기소하며 '비사회적 행위'로 귀착되는 마리화나 사용에 대해서도 기소토록 하였다. 공공장소에서의 마리화나 사용 역시 벨기에의 '사회적 소란행위' 규제법에 따른 처벌 대상이 된다. 벨기에가 이렇게 마리화나 정책을 전환하여 시행하고 있음에도 불구하고 공식적으로 법개정은 아직도 이루어지진 않았다.

룩셈부르크 법률에는 하드드럭과 소프트드럭 구분이 없다. 마약사용은 범죄행위로 취급되고 있다. 개인적 사용이나 취득은 3개월 내지 3년형, 2,501 내지 1십만 룩셈부르크 프랑 벌금형을 받을 수 있다. 집단적 사용이나 상습사범의 경우 형량은 6년, 벌금 5천 내지 5천만 룩셈부르크 프랑에 처해질 수 있다. 그러나 실제로 일부 경우 단지 경고만 하기도 한다. 형사절차에 따라 사건처리 절차가 다르다. 법원 측은 마약사범 혐의가 있는 경우 혈액검사와 소변검사를 명령할 권한을 갖고 있다. 이 검사를 받기를 거부하는 경우 많은 액수의 벌금이나 형에 처해지기도 한다. 하지만 실제로 개인적 사용 목적의 소지혐의에 대해서는 소량이며 다른 심각한 요인이 없는 경우 경고 정도가 통상적이다. 마약밀거래의 경우 1년 내지 5년 형, 5천 내지 5백만 룩셈부르크 프랑의 벌금에 처해진다.

2001년 4월, 룩셈부르크는 개인적 사용을 위한 삼 운반 및 소지행위를 비범죄화 하였으며, 현재 형사적 제재나 처벌보다는 행정적 조치에 그치고 있다. 즉 룩셈부르크 당국은 2001년 4월 삼의 통제마약 등급을 "B급"으로 하향조정했다. 이는 성인의 개인적 마약소지와 사용을 비범죄화한 효과가 있는 조치였다. 새로운 법률에 따라 마리화나 경범은 벌금형은 받지만 감옥형은 배제토록 하였다. 마리화나 밀거래나 미성년자 면전에서 마리화나 사용 등과 같이 보다 더 심한 수준의 마리화나 사범의 경우 6개월 내지 5년형의 감옥형을 받을 수 있다.

5. 스페인

스페인은 유럽국가 중 가장 먼저 마리화나를 비범죄화한 반면, 주사기 교환정책은 가장 늦게 실행에 옮긴 나라이다. 스페인 정부는 이처럼 해악감소 조치를 뒤늦게 도입하여 값비싼 대가를 치러야 했다. 즉 스페인은 정맥주사기를 이용하는 마약사용자들의 에이즈 감염률이 유럽 국가들 중 최고수준을 기록하고 있다. 지금은 스페인 각급 지방자치단체 보건소의 지원 아래 주사기교환(교도소 내의 주사기교환제도 포함), 랩 공연파티장의 약물 테스트 서비스 제공, 메타돈과 헤로인 유지 등의 정책을 시행하고 있다. 스페인 법제도에서 마약사용 및 개인적 사용을 위한 마약소지 등은 형사범죄가 아니다. 하지만 공공장소에서의 소비는 행정벌 형태로 다스린다.

스페인은 지리적으로 모로코와 가까우며 라틴아메리카와 역사적 유대관계가 돈독한 탓에 모로코산 해쉬쉬와 남미의 코카인 등의 이전경로 국가가 되고 있다. 스페인은 네덜란드처럼 마약소비를 건강문제로 간주하지만, 국제적 차원의 운송차단 전략에 동참하고 있으며 이를 위해 제3국 특히 라틴아메리카 및 유럽과 쌍무조약을 맺고 있다. 유럽에서 밀거래 금지법은 가장 엄격하게 적용되고 있다. 한편, 스페인의 마리화나 정책은 자가용은 자기 집에서 재배하여 사용토록 권장하고 있다는 점에서 매우 독특한 형태를 띠고 있다. 마리화나의 개인적 소비와 가정재배는 비범죄화 되어 있다. 그러나 마리화나 구입이나 판매 행위는 여전히 범죄행위로 규정되어 있다.

스페인 법은 하드드럭과 소프트드럭을 구분한다. 하지만 두 종류 모두 사용이든 소지든 처벌대상은 아니다. 스페인 마약법상 유일한 형사사범은 제조, 재배, 밀거래, 사용하자고 선동하는 행위 등에 국한되어 있다. 삼사용은 직접적이든 간접적이든 불문하고 형사사범이 아닌 것으로 되어 있다. 삼의 취득은 범죄가 아니며 개인적 사용을 위한 소지 역시 범죄가 아니다. 그러나 판사가 삼이나 삼 제품이 밀거래 목적으로 소지하고 있는 것으로 판단하면 처벌이 이루어지며, 이 경우 3년 내지 6년 형, 5십만 내지 5천만 Pts (스페인 화폐 단위) 벌금형에 처해질 수 있다. 소지혐의에 대한 처벌은 단순 벌금(300유로: 한화 약 45만원 정도)에 국한되며 개인에게 허용 소지량은 40g으로 제한되어 있고, 공공장소에서 혹은 운전 시 흡연하는 경우 300~30,050유로의 벌금(한화 약 45만원~4500만원)이 과해질 수 있다.

미국의 잣대로 스페인의 마약정책을 보면 매우 관대한 편이다. 스페인의 음주가능연령은 지방자치단체별로 차이가 있으나 대체로 16세 내지 18세이다. 마약법원에서 투옥 대신 치료위주 정책을 지향함으로써 불법마약사범을 주류사회에 편입시키도록 노력하고 있으며, 따라서 이들에 대하여 미국처럼 사회복지연금 지급을 배제하지는 않도록 하고 있다. 스페인의 마약사범은 실업수당도 받을 수 있다. 해악감소정책을 유럽국가중 가장 늦게 시행하게 된 스페인 마약정책은 계속 발전에 발전을 거듭하고 있다. 1980년대 프랑코 총통 사후 문화혁명 기간 동안 크게 유행한 바 있던 공공장소에서의 마약사용이 이제는 지지를 받지 못하고 있다. 이에 대한 행정벌인 벌금제도가 당시에는 사문화된 채로만 존재했었으나 최근 많은 지방자치단체들이 이를 실제로 집행하는 단계로 접어들었다. 10대 청소년의 음주 및 길거리상의 파티개최 등이 커다란 사회문제로 대두하면서 이에 대처하기 위해 2002년 3월 공공장소에서의 음주가 불법화되기도 했다. 물론 안뜰이 딸린 야외카페와 바는 예외이다.

6. 기타 유럽국가

그리스는 특이하게도 법적으로 중독과 비중독을 구별하는 나라이면서도 하드드럭과 소프트드럭은 구분하지 않는다. 그리스에서 마약사용이 범죄가 되는 유일한 경우란 사용자가 비중독자인 때일 뿐이다. 개인적 사용을 목적으로 한 중독자의 마약 입수는 강제치료에 회부된다. 중독자란 '상습적인 마약사용에 빠져 전문치료기관 도움 없이는 이를 극복할 수 없는 사람'으로 규정되어 있다. 법원에 등록된 전문가가 중독자로 기소되거나 그렇게 주장하는 사람에 대해 보고서(진단서)를 제출토록 하고 있다. 중독자는 범죄혐의로 기소될 수는 없지만, 해독센터에서 최고 1년까지 강제치료를 받아야 한다. 비중독자가 개인적 사용을 목적으로 마약을 취득한 경우 2년 내지 5년형을 받을 수 있는 범죄가 된다. 형기는 취득하거나 소지한 마약의 양에 따라 정해진다. 사용측면의 비중독자의 소지혐의는 법에 열거된 범죄는 아니지만, 취득관련 법에 따라 간접적인 형태로 범죄로 규정된다. 과실에 의한 밀거래는 최고 1년형인 반면 악화된 정황이 있는 밀거래 경우 최고 8년형을 받을 수 있다.

아일랜드의 경우 아편 이외 마약의 취득과 사용은 형사범죄가 아니다. 마약사용은 불법이 아니지만 마약소지는 통상 최고 1천 아일랜드 화폐기본단위에 해당하는 벌금형을 받을 수 있다. 아일랜드는 삼 제품과 다른 마약을 구분하며, 삼보다 하드드럭이 포함된 범죄에 대한 처벌이 훨씬 더 세다. 아일랜드는 삼의 개인적 거래와 대규모 밀거래를 구분하진 않지만, 다른 마약의 거래와 삼 거래에 대해서도 구별하여 다루고 있다. 대규모 사범에 대한 유죄평결이 나면 최고 7년형 및 1천 5백 아일랜드 화폐기본단위에 해당하는 벌금형이 내려질 수 있다.

핀란드는 마약의 사용, 소지, 취득, 거래 행위 모두 형사범죄로 취급하며, 처벌에 있어서도 마약별 구분을 두지 않고 있다. 핀란드 마약법은 건강에 심각한 위험을 가져오는 '매우 위험한 마약'(narcotics)이라는 개념을 사용하고 있다. 마약사범은 통상 범행을 둘러싸고 있는 특수한 환경에 바탕을 두고서 심리가 이루어지게 된다. 소량이며 위반자가 자발적으로 치료를 받겠다고 하면 검사가 형사절차를 취소하거나 처벌을 철회하는 경우가 흔하다. 어떤 마약이든 밀거래 행위는 2년 내지 10년형을 받을 수 있다. 핀란드에서 삼 사범은 통상 벌금형이나 최고 2년형을 받을 수 있다.

노르웨이에서는 2002년 3월 정부가 임명한 한 위원회 측에서 마리화나 비범죄화를 권고한 바 있다. 그럼에도 불구하고, 아직까지 노르웨이 정부 측은 이 비범죄화 정책을 실제 입법에 반영하고 있지는 않고 있다.

7. 러시아와 동유럽

2004년 5월 러시아는 개인적 사용을 위한 마약은 어떠한 마약이라도 '최고 10회분까지' 소지한 행위에 대해서는 감옥형 대신 행정적 벌금이나 지역사회 봉사활동 명령으로 대체토록 하는 내용의 새로운 법률을 통과시켜 푸틴 대통령의 서명을 거쳐 시행에 들어갔다. 이 법은 마리화나 20g 이하, 해쉬쉬, 메스칼(멕시코 선인장)에서 뽑은 알칼로이드계 흥분제, 아편 등은 5g 이하, 코카인 1.5g 이하, 헤로인과 메타암페타민은 1g 이하, LSD 0.0003g 이하 등의 소지를 허용하고 있다. 이전에는 마리화나 0.1g이라는 미량만 있어도 감옥형에 처해질 수 있었다. 하지만 외국인들의 경우엔 이 새롭고 훨씬 완화된 마약금지법 하에서도 여전히 위와 같은 경우에도 추방대상이 되며 마약소지행위 범죄가 있는 경우 재입국이 거부될 수 있다.

러시아에서는 마약사용자 구금 역량이 없어진 FADS 요원들은 대신 마약사용이나 매매에 필요한 장구 등에 눈을 돌리고 있다. 즉 조세회피 적발을 하던 이 기관은 근년에 들어서서 마약관련 내용물을 담고 있는 핸드폰 뚜껑, 보드카, 도서류 등을 추적하는데 열을 올려 적발해내고 있다. FADS의 한 지역책임자는 언론의 자유를 침해하는 이 위험천만한 공세에 대해 한 러시아신문으로부터 질문을 받고 '우리는 헌법에 따라 작전을 펴지 않습니다. 다른 법률과 대통령 등의 지시를 받습니다. 위헌여부는 법원이 판결할 것입니다'라고 답변했다.

러시아정부가 마약관련 장구 단속에 빠져 있으며 포괄적인 국민건강정책이 부재한 탓에 러시아에서 에이즈는 세계 어느 나라보다 급속도로 확산일로에 있다. 러시아의 국민 1인당 에이즈관련 총예산은 담배 한 갑 값보다 적다. 러시아는 브라질의 에이즈 예산의 1/10에 불과하다. 러시아 남자어린이 평균기대 수명은 58세로서 방글라데시보다 낮은 실정이다. 러시아의 에이즈 확산위기는 주사기를 사용하는 마약사용자와 성노동자 범위를 훨씬 넘어서고 있다. 2000년 새로운 에이즈환자의 96%가 주사기에 의한 마약사용이 그 원인이었으나, 2003년 그 비율은 64%로 떨어졌다. 세인트 페테르부르크 시의 경우 해악감소정책을 선도하고 있다. 즉 시는 콘돔을 제공하며 보건관계자를 순회시키고 이동이 곤란한 사람들에게 안내문과 주사기를 전달하기 위해 버스를 운행하고 있다.

동유럽과 구소련은 정치경제적 변화를 겪으면서 새로운 숱한 자유가 찾아왔다. 이 새로운 개방성은 긍정적인 발전도 가져왔지만 동시에 부르주아 수요에 맞추기 위한 불법마약도 함께 밀려들어왔다. 조직범죄망이 힘을 얻고 활동 폭을 넓히면서 마약입수 기회는 확대되어나갔다. 이 과정에서 경찰 등 불법행위를 진압하는 법집행기관의 역량은 크게 약화되었다.

마약사용 급증현상을 입증하는 사례들이 적지 않다. 특히 헤로인과 다른 주사기를 이용하는 마약이 그러하며 최근 10여 년 동안 동유럽과 구소련에서 그런 현상이 벌어지고 있다. 동유럽에는 주사기를 이용하는 마약사용자가 230만 내지 4백만에 달하는 것으로 추산되고 있다.

동유럽은 주사기에 의한 마약사용 급증으로 인해 에이즈의 최전선으로 되어 있다. 1995년 인구 4억 5천만 수준인 동유럽의 에이즈 감염자 수는 3만 명 수준으로 추산되었다. 에이즈감염은 1998년 이후 매년 두 배씩 증가했으며 최근 감염자수가 1백만 명 이상에 달하는 것으로 추산되고 있다. 마약정책연맹(Drug Policy Alliance, DPA)이라는 단체와 국제해악감소개발기구(IHRD) 등이 동유럽과 구소련 에이즈 사태에 나름대로 대응하고 있다.

8. 유럽의 마약사용 처벌제도 개혁의 유형

유럽 국가들의 마약사용 비범죄화 방식은 아래와 같은 형태로 요약할 수 있다. 크게 형사처벌 수준을 완화하는 유형과 비범죄화하는 유형으로 양분된다. 이를 구체적으로 보면 다음과 같다. 출처는 다음과 같다.

www.norml.org/index.cfm?Group_ID=5007#appendix

1) '형사' 처벌 완화 유형

이는 '최고 구금형(7일 이상) 유형' 혹은 '유죄평결이 난 사범은 다른 형사범과 같이 전과기록 갖게 되는 유형'을 가리킨다.

〈개선된 개혁조치 유형〉

1. 모든 위반사범에 대한 감옥형 최고 구금형기의 실질적인 단축(예컨대 30일, 90일) 유형
2. 초범에 대한 감옥형 및 '유죄평결' 배제 유형
3. 기소나 처벌 대신 강제적인 조건부 '다이버전'(전환) 조치 유형
4. 검사 및 판사 재량권에 따라 각하, 취소, 경고, 다이버전, 기타 비형사적 성격의 조치 등의 시행을 명확하게 허용하는 유형

2) 비범죄화 유형

① 비형사적 처벌

최고 구금기간을 7일 이내로 하거나(혹은 그렇게 하는 동시에) '유죄평결'

이 난 위반자도 '전과' 기록이 남지 않도록 하는 것을 가리킨다.

'비형사적 처벌의 조건'

㉠ 위반사범은 '형사'법원 재판 진행 중 '체포'될 수도 있음

㉡ 법에 따라 정해진 처벌은 유치, 벌금, 공식구금, 공식견책, 합리적인 지역사회 봉사활동 기간, 사회복지 감독, 기타 비구금형태의 처벌 등의 기간보다는 짧을 수 있다.

② 처벌이 아예 없는 형태(비형벌화 혹은 형벌배제)

위반자에 대해 형식상 처벌을 부과하지 않도록 함(처벌하지 않는 것)

'비형벌화 혹은 형벌배제의 조건'

㉠ 적발된 위반사범은 처벌하지 않는다는 결정을 내리게 되는 형사법원 재판 진행 중 체포될 수도 있음

㉡ '민사상 책임'을 법적으로 실현하기 위하여 강제개입이 이루어질 수 있음(벌금징수 집행 등)

〈표 1〉 유럽국가의 마약 관련 법규 비교표

제도 \ 국가	벨기에 (1921~1975)	덴마크 (1955~1976)	프랑스 (1970~1987)	독 일 (1973~1981)	그리스 (1970~1976)	아일랜드 (1977~1984)
마약 분류	없 음	없 음	없 음	없 음	없 음	삼과 기타마약으로 구문
마약 사용	집단적 사용: 3개월 내지 5년형	범죄가 아님	금지된 사용행위 2개월 내지 1년형	범죄가 아님	범죄가 아님	아편(14년형) 제외하고 범죄가 아님
통 지	없 음	없 음	보건소에 통지함	없 음	없 음	없 음
치료와 처벌 선책	구체적 규정 없음	자발적 치료 참작	자발적인 것에 인센티브/강제적	2년형 이하인 경우 인센티브제도 있음	자발적인 것에 인센티브 / 강제적	자발적인 것에 인센티브 / 강제적
사용하기 위한 소지 혐의	마약거래와 같음	마약거래와 같음	법적으로는 마약 거래와 같음	1년 내지 4년형	중독자는 처벌하지 않음 / 2년 내지 5년형	소프트드럭 3년형 이하 / 하드드럭 7년형 이하
마약소지	3개월 내지 5년형	2년형 이하	2년 내지 10년형	1년 내지 15년형 (양이 많을수록 길어짐)	5년 내지 20년형	소프트드럭 7년형 이하 / 하드드럭 무기
사용자에게 공급	3개월 내지 5년형 (10년 내지 20년형)	2년형 이하 (10년형 이하-1991년)	1년 내지 5년형	1년 내지 4년형(1년 내지 15년형 - 1991년)	5년 내지 20년형 (무기형 - 1991년)	소프트드럭 7년형 이하 / 하드드럭 무기
마약 거래	3개월 내지 5년형	2년형 이하 (10년형 이하-1991년)	2년 내지 10년형(10년 내지 20년형-1991년)	1년 내지 4년형(1년 내지 15년형 - 1991년)	5년 내지 20년형 (무기형 - 1991년)	소프트드럭 7년형 이하 / 하드드럭 무기

국가 / 제도	이탈리아 (1975~1990)	룩셈부르크 (1973~1989)	네덜란드 (1928~1976)	포르투갈 (1983)	스페인 (1983~1988)	영 국 (1971~1986)
마약 분류	삼과 기타마약으로 구분	없 음	삼과 기타마약으로 구분	없 음	삼과 기타마약으로 구분	3등급 분류
마약 사용	금지하나 처벌조항 없음	개별 3개월 내지 3년형/집단 1년 내지 5년형	범죄가 아님	범죄가 아님	범죄가 아님	아편(14년형) 제외하고 범죄가 아님
통 지	보건소에 통지함	생물학적 검사 거부시 처벌	없 음	없 음	마약중독자의 사회적 위험성에 관한 법이 있음	국무부에 통지함
치료와 처벌 선책	자발적인 것에 인센티브/강제적	자발적인 것에 인센티브/강제적	자발적인 것에 인센티브/강제적	자발적인 것에 인센티브/강제적	자발적인 것에 인센티브/강제적	자발적인 것에 인센티브/강제적
사용하기 위한 소지 혐의	초범과 재범 운전면허정지/3범이상 형과 벌금	사용을 위한 취득과 소지 5년형 이하	소프트드럭 3개월 이하 / 하드드럭 1년 이하	1년 이하	범죄가 아님	A등급 7년 이하/B등급 5년 이하/C등급 2년 이하
마약소지	소프트드럭 2년 내지 6년형/하드드럭 4년 내지 15년형	1년 내지 5년형	2년 이하	1년 내지 4년	소프트드럭 4개월 내지 4년형/하드드럭 8개월 내지 8년형	A등급 14년 이하/B등급 14년 이하/C등급 5년 이하
사용자에게 공급	4년 내지 15년형(최소형을 징역형으로 규정함)	1년 내지 5년형(무기-1991년)	소프트드럭 2년 이하/하드드럭 8년 이하(국내)	6년 내지 12년	소프트드럭 6개월 내지 6년형/하드드럭 6년 내지 14년형	A등급 14년 이하/B등급 14년 이하/C등급 5년 이하
마약 거래	4년 내지 15년형(최소형을 징역형으로 규정함)(20년형-1991년)	1년 내지 5년형	스프트드럭 4년 이하/하드드럭 12년 이하(국제)	12년 내지 18년	소프트드럭 10년 내지 17년형(1991년)/하드드럭 14년 내지 23년형	A등급 14년 이하/B등급 14년 이하/C등급 5년 이하

출처: www.norml.org/index.cfm?Group_ID=5007#appendix. 최근 동향에 대해서는 eldd.emcdda.eu.int 참조.

9. 삼 밀매사범 사형제도(아시아, 미국)

유럽국가들이 삼을 비범죄화하는 추세를 보여주고 있는 반면 아시아 국가들과 미국은 여전히 삼 사범에 대해 강력한 처벌을 가하고 있다. 최근 각국에서 사형제도가 폐지되어가고 있음에도 불구하고, 여전히 아시아와 미국 등은 하드드럭 아닌 삼 사범에 대해서도 주로 대규모 밀매사범에 대해서나마 사형제도를 시행하거나 적어도 법적 근거를 마련해두고 있는 실정이다. 아래 열거하는 국가들 중 누락된 나라도 있을 수 있다.

사우디아라비아: 빈번하게 시행

마타르 빈 바키트 알카잘리라는 이름의 이라크인이 해쉬쉬 밀수혐의로 유죄를 받았으며, 이라크 국경지대인 아라르라는 사우디아라비아 북부도시에서 처형되었다.

인도네시아: 시행 가능

1997년 인도네시아 정부는 자국에서 마약으로 유죄가 확정된 사람에 대해 사형에 처할 수 있도록 하는 조항을 추가하였다. 하지만 중요하며 치밀한 조직범죄에 의한 마약밀매범에 국한하여 시행하도록 하였다. 하지만 인도네시아에서는 그보다는 미지의 마약 밀매범이 정부관리를 매수할 수 있는 큰 돈이 없는 경우에 처형되는 것이 추세로 되어있다. 메가와티 수카르노푸트리 전대통령은 2002년 마약과의 전쟁을 맹렬한 기세로 전개하겠다고 발표한 바 있다. 메가와티 전대통령은 모든 마약 밀매범에 대해 처형해야 한다고 밝혔다. "마약공급책들에 대해서는 종신형이나 징역만으로는 충분치 않습니다. 사형 외에 어떤 형벌도 충분치 않습니다." 인도네시아의 새 대통령인 수실로 밤방 유도요노도 마약 밀매법에 대한 사형제도에 대하여 자부심을 갖고 지지하였다.

말레이시아: 최근까지 시행

1996년 1월 17일 동틀 무렵 무스타파 카말 압둘 아지즈(38)와 모드 라디 압둘 마지드(53)는 삼 1.2kg을 밀매한 혐의로 처형되었다.

필리핀: 더 이상 시행하지 않음

필리핀은 2006년 6월 24일 사형 제도를 폐지하였다. 그러나 필리핀은 이보다 전인 2001년 사형을 포함하여 보다 더 강력한 마약금지법을 도입한 바 있다. 500g 이상의 삼 소지는 통상 사형선고를 받았으며, 10g 이상의 아편, 모르핀, 헤로인, 엑스터시, 코카인 소지 사범도 마찬가지였다.

아랍에미레이트: 선고 내림

아랍에미레이트는 2004년 12월 푸자이라 시에서 리자 트레이라는 한 여성에 대해 사형선고를 내렸다. 해쉬쉬 소지 및 밀매 혐의였다. 푸자이라 지역의 비밀수사관은 트레이가 해쉬쉬 149g을 소지하고 있어서 체포했다고 주장했다. 그러나 트레이는 의붓아버지가 자신에게 뭐가 들어 있는지 모르는 가방을 주면서 누군가에게 전해달라고 했을 따름이라고 주장했다. 변호인은 사형선고에 대해 항소한 바 있다.

태국: 빈번하게 시행

태국법에 따르면 마약사범에 대해 사형이 가능하다. 한편 태국에서는 법과 재판에 의거하지 않은 사형이나 살해가 저질러지고 있는 대하여 비난이 제기되고 있는 실정이다.

싱가포르: 빈번하게 시행

삼 밀매범에 대해 사형이 여러 차례 집행되었다(2004년 7월 20일). 자기 집에 삼이나 마리화나 2.7kg을 보관한 마약밀매범인 라만 셀밤 렝카나탄(39)은 창기 교도소에서 교수형에 처해졌다. 그는 2004년 9월 1일 8일

동안에 걸친 재판 끝에 사형선고를 받은 바 있다(스트레이트 타임즈 2004. 7. 20).

중국: 빈번하게 시행

중국법에 따라 마약사범에 대해 정기적으로 사형이 집행되고 있으며, 흔히는 극도의 흥분 속에서 매년 유엔이 정한 마약퇴치(마약남용과 불법마약거래 반대운동) 국제기념일에 맞추어 집행된다. 국제앰네스티 측에서는 중국에서 매년 마약범죄로 약 5백 명씩 처형되는 것으로 추산하고는 있으나 중국정부 스스로 정확한 통계를 공개하지 않고 있는 실정이다. 처형된 마약사범은 흔히 삼에서 메타암페타민에 이르기까지 밀수나 밀거래로 유죄를 받은 경우들이다.

미국: 시행 가능

1996년 스스로 과거 삼사용자임을 시인한 바 있는 뉴트 깅그리치 의장은 미국에 삼 50g 밀수행위 재범에 대한 사형(법원 재량권이 없는) 법안(H.R. 4170)을 발의한 바 있다. 이 법안은 부결되었다. 현행 연방법('1994년의 범죄법')은 삼 사범에 대한 사형이 가능한 범위가 삼 6만 kg 혹은 무게와 관계없이 삼 6만 그루(묘목 포함) 이상으로 정해져 있다. 해당하는 삼의 무게와 상관없이 삼을 공급하면서 연간 2천만 달러 이상을 버는 고질적인 기업형 범죄조직 사범에 대해서도 사형이 가능하게 되어 있다.

제7장

아태국가

1. 캐나다

캐나다에서 현재 삼 재배와 소지는 불법이며 단지 의료용에 대해서만 예외로 되어 있다. 그러나 일반 시민들의 삼사용은 폭넓게 관용 조치가 취해지고 있으며, 캐나다에서는 열정적인 삼 합법화 운동이 전국적 규모로 진행되고 있다. 그리고 캐나다 마약정책은 과거 미국과 같은 금지정책에서 벗어나, 유럽과 같은 해악감소정책으로 옮겨가는 도중에 있다. 캐나다는 마약사용이 국민건강의 관심사임을 인식하면서 형사분야 법집행 측면에 대해 미국보다 훨씬 적은 물적 인적 자원만을 투입하고 있으며, 대신 마약류 관련 예산의 70%는 수요감소 측면에 투입하고 있다. 캐나다에서 마리화나는 법적으로는 여전히 불법이다. 하지만 2001년 중증 질환으로 고통 받고 있는 환자의 마리화나 사용을 허용하는 규정이 시행되기 시작했으며, 2003년 법원은 정부가 의료용 마리화나 사용 환자라고 보증을 받은 경우 이들에게 마약을 팔 수 있도록 허용해야 한다고 판결했으며, 이는 세계 최초로 캐나다를 마리화나 판매 국가로 만드는 결과가 되었다. 캐나다는 적은 양의 마리화나 소지혐의에 대한 형량을 낮추며 의사의 감독 아래 주사실 사용 및 헤로인 유지 정책 등을 평가분석 중에 있다.

캐나다 사법부는 마약법집행 분야에서 마약사용을 국민건강 문제로 취급해야 한다는 광범위한 국민적 공감대와 그러한 입장에서 여러 가지 획기적인 판결을 내린 바 있다. 캐나다 상하양원은 해악감소 및 마리화나 비범죄화 정책을 결정했다. 법원 측은 비폭력적 마약사범에 대해 형량을 짧게 내리고 있다. 캐나다 대법원은 '밀대' 운용이나 스파이의 '물건구입' 방식의 활용에 대해 문제가 있다고 하였다. 그러한 방식들은 캐나다의 '인권과 자유 헌장'에 규정한 프라이버시의 권리를 침해한다는 것이다. 캐나다 대법원은 마리화나 소지를 금지한 법률에서 의료용 마리화나 사용자에 대한 예외조항을 두지 않았기 때문에 위헌이라고 판결했으며, 이에 따라 캐나다에서는 의료용 마리화나 예외규정을 새로 만들어야 했다. 하지만 이 규정이 캐나다의 전면적인 마약 비범죄화나 합법화 추진에 있어 장애물이 될 수 있다는 비판도 적지 않은 실정이다.

'마약정책연맹' 에탄 나델만 집행위원장은 캐나다 마약논쟁에서 상원 불법마약특별위원회에 출석하여 중요한 역할을 했으며, 동위원회보고서는 결국 마리화나의 전면적인 합법화 방안을 취하도록 시정 권고하였다. 2002년 9월 캐나다 상원 불법마약특위 측은 2년에 걸쳐 진행된 철저하며 포괄적인 마리화나 관련 공공정책 연구보고서를 발표했으며, 여기서 마리화나라는 약물은 합법화해야 한다고 밝혔다. 6백여 쪽에 달하는 이 보고서는 엄정한 연구, 분석, 전문가와 시민들이 함께 진행한 포괄적인 공개청문회(오타와 및 캐나다 전역에서 개최) 등의 성과물을 집약한 것이다. 이 특위 위원장인 피에르 클로드 놀린 상원의원은 다음과 같이 지적했다. "압도적인 과학적 증거에 따르면 마리화나는 실질적으로 술보다 해악이 훨씬 덜하며 따라서 범죄문제 아닌 사회문제 및 국민건강 문제로 취급해야 합니다." 캐나다 삼 논쟁은 마리화나의 불법여부라는 문제가 아닌, 비범죄화 내지는 전면적인 합법화 여부에 그 초점이 맞추어져 있다.

브리티시 콜롬비아주 마리화나 합법화당

2005년 5월 17일, 캐나다 브리티시 콜롬비아주 지방선거가 있었다. 당시 브리티시 콜롬비아주 마리화나합법화당(British Columbia Marijuana Party: BCMP)은 2001년에 이어 두 번째 선거를 치르게 되었다. 마리화나당을 창당한 해인 2001년엔 브리티시콜롬비아주의 79개에 달하는 모든 선거구에 마리화나 합법화 운동가를 후보로 출마시켜 유효투표의 3%를 득표하여 성공적인 출발을 보여주었다. 2005년 BCMP는 보다 나은 선거 성적을 내기 위해 노력했다. 브리티시 콜롬비아주 법무장관 리치 콜만은 이 주의 경찰총수인 동시에, 캐나다 전역에서도 마리화나 금지주의 목소리가 가장 큰 인사였다. 콜만은 미국의 마약과의 전쟁 스타일의 정책을 캐나다의 브리티시 콜롬비아 주에도 이식하려 애쓰고 있으며 유죄평결이 나기 전에 자산을 몰수하고 마리화나 재배자에 대하여 가혹한 처벌을 가하려 하고 있다. 당시 그가 이런 마리화나 금지주의를 달성하지 못하게 그의 당선을 막아야 한다며, 마리화나 당은 그의 당선을 막으려 했지만 역부족이었다.

당시 BCMP는 콜만을 끌어내려 그의 마리화나정책을 종식시키기 위해 BCMP는 전략적으로 콜만의 선거구에 당총재인 마크 에머리를 출마시켰다. 콜만에게 선거운동과 선거토론을 통하여 마리화나 합법화 주제를 내건 것이다. BCMP 강령은 삼 재판과 사법의 공정성을 강조하며 마리화나 금지정책의 즉각 종식을 내걸었으며, 캐나다 연방정부는 각 주에 대해 마리화나 문제에 대한 관할권을 위임해야 한다고 본다. 그러면 각 주는 그 주에 가장 적합한 마리화나 규제제도를 수립하며 이는 마리화나를 범죄가 아니라는 기조에 서도록 이끌어야 한다고 본다. BCMP는 규제를 통한 재배와 공급정책을 통해 가장 품질이 좋은 삼을 확보하여, 레크리에이션용 사용자, 영적 사용자, 의료용 사용자 등에게 공급하는 정책을 지지한다. 이 모델은 상업재배는 다른 산업처럼 산업지구 및 농업지구에서만 라이선스를 받아 운영토록 하면 된다고 본다. 개인적 사용이나 소규모 비상업적 공급(친구와 식구)을 위한 가정재배는 재배과정을 조사한 후 안전하다는 라이선스를 받아 재배할 수 있도록 허용토록 해야 한다고 본다. 마리화나는 비영리적 봉사단체에서 네덜란드식 커피숍, 더욱 전통적인 일반점포 등에 이르기까지 다양한 형태로 공급하며, 더 이상 삼 문화가 암시장을 통해서만 삼 기호품을 구하게끔 방치해서는 안 된다고 본다.

물론 이상과 같은 BCMP 정책에서 의료용 마리화나는 주 보건당국이 담당토록 하고 있다. 병원에 대해 삼이 필요한 환자들에게 다양한 삼을 증발기나 식품 형태로 공급할 수 있도록 보장하게 된다. 브리티시 콜롬비아 주는 삼 치료 연구에 대한 전세계 지도자 위치를 확보해야 한다고 본다. 이제 막 의료용 마리화나의 초창기에 접어든 단계이다. 그럼에도 불구하고 캐나다에서조차도 의료용 삼에 대한 연구는 무조건적인 금지주의 정책 및 미국의 '마리화나는 전혀 의료용이 아니다'는 이데올로기로 인해 방해받아왔다. BCMP는 이런 장애물을 걷어내고 연구기금을 투입하고자 한다. 국민혈세를 삼사용자 수사, 체포, 기소 등에 낭비하지 않고 대신, 이 자금에다가 오히려 삼 산업에서 나오는 각종 조세수입을 더 보태어 삼 연구 및 다른 중요한 사회복지정책에 투입하고자 한다. BCMP는 재소자의 재활과 직업교육을 위해서도 자금을 투입하여 이들이 석방되어 사회생활을 잘 해나가도록 하고자 한다. 이렇게 하면 재범은 물론 전반적인 범죄발생률도 낮출 것이며 나아가 사법 및 경찰의 예산과 인력을 진짜 사용해야 할 곳에 사용할 수 있게 된다고 주장한다.

주정부 재원은 삼 투어 분야에서 나오는 수입으로 조달할 것이며, 이미 아름다운 브리티시 콜롬비아주는 엄청난 삼 산업이 번창하고 있다고 본다. 실제로 밴쿠버에 있는 BCMP 본부 겸 서점에는 매일같이 세계 각지에서 좋은 삼 제품, 세계적으로 가장 품질 좋은 마리화나 견본 등을 보려 여행객들이 밀려들고 있으며 이들은 브리티시 콜롬비아주의 심장부인 밴쿠버의 분위기를 즐기고 있다. 이곳에서 발행되는 격월간지 『삼문화』(*Cannabis Culture*, 최근 제호를 *Cannabis Canadian*으로 변경했으며 통상 이 잡지는 CC로 약칭하고 있다)

유료독자만 해도 전세계적으로 10만여 명 수준을 기록하고 있다. 삼 투어 관광객 아닌 일반관광객들도 해변을 즐기며 뛰어난 삼 관광지를 둘러보고 멋있고 풍성한 삼 재배 수확단지들을 관광하고 있다. 마리화나가 합법화되면 브리티시 콜롬비아주는 금지정책 종식으로 인해 평화로우며 친절하며 안전한 분위기를 찾는 삼 관광객이 물밀 듯 밀려들어올 것으로 전망하고 있다.

BCMP는 합리주의와 상식이 브리티시 콜롬비아주 마약정책을 지배할 때가 되었다고 본다. 캐나다와 미국의 마리화나 논쟁은 너무도 오랫동안 정치권과 이데올로기의 히스테리에 농락당해왔다고 본다. 프로파간다가 진실을 짓밟아왔으며, 과학적 연구는 밀려나고 말았다는 것이다. BCMP는 브리티시 콜롬비아주 정치권이 이런 금지주의 정책의 실패에 대해 책임을 질 것을 요구하고 있다. BCMP는 마리화나 합법화를 위해 마리화나 범죄화 지지자 그 누구에 대해서도 다음과 같은 도전을 서슴지 않고 있다. '금지주의자들은 자신들 정책의 목표가 무엇인지 명확히 밝혀야 합니다. 마리화나 공급을 감소시키자는 것인가? 마리화나 수요를 감소시키자는 것인가?' 하지만 이 둘 다에 대하여 금지주의는 완전 실패하고 있으며, 마리화나 공급은 그 어느 때보다 많아졌으며, 전세계 수천 만 명이 삼을 의료용, 영적 체험용, 레크리에이션 용도로 사용하며 즐기고 있다고 보고 있다. BCMP는 삼 문화의 권리와 정의를 위해 선거에 입후보했으며, 마크 에머리 당수를 필두로 정의, 자유, 합법화 메시지가 더욱 크며 분명해지도록 가슴 설레며 유쾌하고 교육적인 선거운동을 펼쳤다고 자부하고 있다(bcmarijuanaparty.com).

2. 라틴 아메리카

라틴아메리카는 수십 년 동안 미국 불법마약의 주요 공급지이다. 지난

15년여 동안 미국은 마약공급국가의 마약원천의 근절 및 운송차단에 250억 달러 이상을 썼다. 그럼에도 불구하고 코카인과 헤로인 가격은 현재 최저수준을 기록하고 있으며 동시에 순도조차도 기록적일 정도로 높아졌다. 이는 미국에서 마약을 전례 없이 손쉽게 입수할 수 있다는 증거이다. 미국 연방마약청(DEA)에 따르면 미국 헤로인의 82%는 라틴아메리카산이다. 콜롬비아만 해도 세계 코카인 공급량의 3/4을 생산하고 있다.

'근절' 운동이란 마약이 재배되고 있는 동안 마약수확물을 제거하려는 시도를 가리킨다. 근절정책이 실패한 주된 이유는 마약수확물이 제거되기보다는 다른 데로 옮겨가곤 하는 경향 때문이다. 예컨대 1990년대 볼리비아와 페루에서 근절노력으로 인하여 이웃하는 콜롬비아에서 코카를 재배하는 인센티브를 제공한 것이 되고 말았다. 페루와 볼리비아의 코카 재배량이 각각 66%, 53% 감소한데 반하여 콜롬비아 코카재배는 갑절 늘었다. 게다가 더욱 성분이 좋은 코카 균주가 개발되어 훨씬 더 많은 코카 수확량을 거둘 수 있게 되었다. 전문가들은 근절노력을 마치 풍선을 꼭 누르는 것과 같다고 비유한다. 공기가 한쪽에서 눌리더라도 그 공기는 다른 쪽으로 옮겨갈 따름이라는 것이다.

'운송차단' 전략이란 미국으로 들어오고 있는 도중에 압류하는 시도들을 가리킨다. 운송차단 노력 역시 미국의 마약사용 감소에 성공적이지 못했다. 미국 연방마약청과 세관, 해양경찰청, 군대, 이민귀화국 등의 노력에도 불구하고 미국의 해안선 19,924㎞, 입국항구 3백소, 멕시코와 캐나다 국경선 7천 2백마일 등지에서 마약이 들어오는 것을 막는다는 것도 원천적으로 불가능하다. 운송차단노력은 단지 미국에 들어오는 헤로인의 10~15%, 미국에 들어오는 코카인의 30%만을 압류하고 있는 것으로 추산하고 있다.

미국이 안티마약을 위해 라틴아메리카에 개입하는 것은 실효성이 없을 뿐만 아니라 폭력사태가 폭발하도록 기름에 불을 붙이는 격이며 인권상황을 더욱 더 악화시키는 결과를 초래하고 있다. 클린턴과 부시 행정부는 콜롬비아에 대해 2년 동안 안티마약을 위한 원조로 10억 달러 이상을 투입했다.

하지만 35년 동안 계속되어온 콜롬비아 내전으로 인하여 불안과 폭력사태는 더욱 더 악화되고 있는 실정이다. 미국 원조액의 거의 대부분 콜롬비아 군부와 국가경찰에 들어가고 있다. 콜롬비아 군부와 국가경찰은 이 나라의 정치적 살해 사건의 3/4에 대해 책임을 져야 하는 폭력적인 우익군사단체와 계속해서 유대관계를 맺고 있다는 증거문건들까지 폭로된 상태이다. 콜롬비아에서는 FARC와 ELN 같은 게릴라 단체들뿐만 아니라 이들 우익군사단체들까지도 마약거래의 수익에 의존하고 있다. 코카를 재배하는 대다수 빈농들의 경제적 조건을 더욱 더 악화시키게 되면 군사개입을 통해 마약수확량을 감소시킨다는 것은 더욱 더 불가능한 일이 될 수밖에 없다.

안티마약을 위한 미국의 라틴아메리카 개입은 동시에 엄청난 환경파괴를 일삼는 일이기도 하다. 예컨대 콜롬비아에서 미국의 지원과 후원을 받는 '근절' 프로그램은 아마존 강 유역의 열대우림 175만 에이커 이상을 제거하는 파국적인 상황을 초래하고 말았다. 콜롬비아는 생물다양성 수준이 세계 제2위인 국가이다. 그러나 미국이 마약과의 전쟁을 벌이는 과정에서 자행하는 삼림파괴로 인해 전문가들은 콜롬비아가 향후 50년 이내에 제2의 소말리아나 에티오피아로 전락하게 될 것이라고 예측한다. 이는 농사짓는 토지가 아예 못쓰게 되며 따라서 여기서 식량을 생산하는 것 이상으로 인구증가율이 더 높아지는 현상을 뜻한다. 더욱이 '공중근절' 노력은 합법적인 대체작물의 파괴원인이 되고 있으며, 제초제 농약(흰색분말 형태의 수용성 제초제) 살포로 인해 콜롬비아 어린이들에게 엄청난 질환, 즉 설사, 모발상실, 피부발진 등과 같은 병의 원인을 제공하고 있다는 혐의를 받고 있다.

한편, 여러 라틴 아메리카 국가들은 모든 마약의 개인적 소지행위를 비범죄화 하는 정책을 이미 심의 중이거나 아니면 이미 시행 중에 있다. 여기에는 베네수엘라, 콜롬비아, 브라질 등이 포함된다.

2006년 4월 29일, 멕시코 국회는 5g 이하의 삼을 레크리에이션용으로 소지한 삼 사범을 비범죄화 하도록 하는 법안을 통과시켰다. 이 법안은 약물 관련 사범의 체포를 줄일 뿐만 아니라 카르텔화된 조직범죄를 줄이는 것을 목표로 하고 있다. 하지만 의도하지 않게 마약관광객 유입이 초래될 수 있다는 우려도 없진 않다. 멕시코의 이 조치는 미국 정부 내의 여러 관계자들에게 과연 멕시코가 '마약과의 전쟁'에 대한 의지가 있는가에 대해 우려하게 만들었다. 하지만 당시 멕시코의 폭스 대통령은 비범죄화 대목을 빼달라면서 이 법안을 의회 측에 반려하였다.

3. 오스트레일리아

오스트레일리아 마약법은 국제마약금지조약 전개와 밀접하게 맞물려 있다. 1960년대 후반까지 경찰의 마약법 집행에 투입된 예산과 인력은 거의 없었다. 이는 불법마약 사용이 비교적 적었거나 이에 대한 국민들 의식 자체가 없었기 때문이다. 그러나 1970년대 초반 불법마약이 홍수처럼 사용되었다. 많은 연구들을 보면 마리화나와 헤로인 사용의 급증을 보고하였다. 1970년대 초반 헤로인중독의 급증은 대물범죄 급증과 맞물렸다. 이는 널리 인정된 사실이다. 해서 1970년대와 1980년대 초반 오스트레일리아 마약정책은 미국의 강경한 접근법을 그대로 빼다 박았다. 처벌이 고수위였으며 유죄평결을 위한 증거제시 책임 수준은 낮아도 되었고 민사상 자산몰수법까지 도입되었다. 마리화나사범 처벌수위도 중했으며 이는 1980년대 말과 1990년대 초 오스트레일리아의 대다수 주와 준주들에 도입된 법안들(원래 중국인의 아편흡연에 대한 것이었음)의 바탕이 되었다. 강경한 법집행이야말로 불법마약사용 문제 해결의 첩경이라고 보았던 것이다. 하지만 불법마약사용에 대한 자세변화의 단초는 마리화나 사용측면에서 비롯되었다. 오스트레일리아에서는 1960년대까지만 해도 마리화나는 거의 알려지지도 사용되지도 않았다.

오스트레일리아의 마약정책은 1985년 '전국미약오남용반대운동'(NCADA)

의 시작과 더불어 크게 바뀌었다. 처벌위주 접근법이 사라지고 대신 국민건강 및 해악감소에 초점을 맞추게 되었다. NCADA는 마약사용이란 기본적으로 건강문제로 취급해야 한다고 강조했다. 부분적으로나마 에이즈 출현으로 인해 마약정책은 연방검찰청보다는 오히려 연방보건부가 맡게 되었다. 새로운 정책은 오스트레일리아연방정부, 각주와 준주들 간의 상호협력을 바탕으로 하게 되었다. 이는 불법마약 뿐만 아니라 합법마약에 대한 통합접근법에 바탕을 둔 포괄적인 전략 속에서 보건당국과 법집행당국이 서로 협력해야 하도록 촉진시켰다.

주요정책 중 하나는 오스트레일리아 전역에 불법마약과 합법마약에 대한 안내문을 배포하는 일이었다. 오스트레일리아 마약정책 전략의 사명은 해악을 초래하는 마약사용을 막으며 합법마약과 불법마약에 따른 해악을 감소시킴으로써 국민건강 및 사회경제적 악영향을 개선하는데 두고 있다. 새로운 마약정책 전략의 원칙은 신뢰할 수 있는 데이터, 새로운 접근법, 계속적인 평가분석 등에 두고 있다. 이를 위해 '범부처마약정책전략위원회'(MCDS)가 진행상황을 평가하며 적절한 권고사항을 도출해내기 위하여 NCADA 측에게 두 개의 독립적인 평가분석 용역을 맡겼다. '전국마약정책전략'은 이를 기초로 하여 해악감소의 중요성을 강조했다. 그 목표는 다음과 같다.

- 술, 담배, 약제마약, 불법마약 등의 사용과 관련된 병, 질환, 부상, 조기사망 등을 최소화한다.
- 기타 마약관련 범죄, 즉 지역사회 내에서 벌어지는 폭력과 반사회적 행위 등을 최소화한다.
- 적합하지 않은 술과 기타 마약 사용으로 인한 개인과 사회 파괴, 삶의 질 저해, 생산성 저해, 기타 경제비용 등을 최소화한다.
- 안전하지 못한 주사기로 불법마약을 사용함으로 인해 발생하는 간염, 에이즈, 기타 질병 등의 확산을 예방한다.

이 전략은 마약정책의 발전과 이행을 지원하기 위하여 해악의 최소화, 사회정의, 마약공급에 대한 지속적인 통제, 각계각층의 협력적 접근, 국제협력, 평가분석 등과 같은 6개의 구체적 개념을 적시했다. 1999년 6월 연방정부, 주, 준주의 보건부 장관과 법집행 관련 부처 장관들은 연방 차원에서 불법마약사용자를 형사사법기관에서 교육 및 치료로 전환하도록 하기 위한 '투옥 대신 치료 사업'의 정책개발 방침에 합의했다. 이 다이버전 정책은 밀거래 사범들에게는 적당하지 않다고 판단했다. 길거리 현장에서 적발된 마약관련 사범은 훈방하며 경범인 경우 치료회부 안내문을 제공토록 했다. 이들 사범은 사회에 위협적이지 않는 경우 감옥행보다는 직접 치료를 위한 진찰이나 치료시설로 보내도록 하였다.

마리화나 비범죄화 정책

'전국마약정책전략'이 마약문제에 대처하는 전반적인 틀을 마련하여 시행하는 반면, 오스트레일리아에서 마약사범 처벌은 각 주와 준주의 관할사항으로 되어있다. 사우스 오스트레일리아 주의 경우, 마리화나법 개정의 원동력은 1979년 '비의료용 마약사용에 대한 사우스 오스트레일리아 주 왕립위원회' 보고서상의 권고사항에서 비롯된다. 이 위원회는 경미한 마리화나 소비는 형사범으로 취급하지 말도록 권고했다. 동 왕립위원회는 이 권고를 하면서 당시 마리화나 비범죄화 조치를 취했음에도 불구하고 사용량은 증가하지 않은 미국의 10개 주 등과 같은 외국 사례들을 여럿 인용하고 있다.

오스트레일리아의 일부 주와 준주들은 마리화나 비범죄화 조치를 취했으나 또 다른 주들은 그렇게 하지 않았다. 오스트레일리아에서 최초로 마리화나를 비범죄화한 곳은 사우스 오스트레일리아주였다. 여기서 마리화나법 개정은 1986년 '통제마약법 개정법'을 통해 이루어졌다.

이후 '마리화나속죄통고'(CEN) 제도에 따라 '마리화나 단순위반사범' 혐의로 경찰서에 출석한 성인에 대해 속죄통고서를 발부할 수 있게 되었다. 이때 위반자는 통고서를 받은 지 60일 이내에 해당 벌금을 납부하면 기소를 피할 수 있도록 했다. 그렇지 못한 경우 기소되어 유죄평결을 받게 되면 전과기록이 남게 된다. 이 속죄통고제도는 마리화나 개인사용자와, 마리화나의 거래, 생산제조, 밀거래 등의 관련자를 명확히 구분해야 한다는 합리주의 정신을 바탕에 깔고 있다. 이 구분은 속죄통고제도 도입 당시 모든 중독성 및 금지된 마약의 제조, 생산, 판매, 공급 및 보다 대량의 마리화나 관련 사범 등에 대해 처벌을 한층 더 강화하는 조치를 동시에 도입함으로써 한층 더 크게 부각된 측면이다.

1992년 오스트레일리아 캐피탈 준주와 1996년 노던 준주 역시 그와 유사한 속죄통고제도를 도입한다. 빅토리아주의 경우 1998년 마리화나 경범사범에 대하여 훈방제도를 시행했으며, 웨스턴 오스트레일리아주도 유사한 제도를 실시했다. 하지만 실제 법률상 개정은 법적으로는 '비범죄화' 조치의 도입형태로 이루어지진 않았다. 왜냐하면 오스트레일리아연방 차원에서 마리화나 소지혐의는 여전히 형사범죄로 되어있기 때문이다. 실제 개정은 개인사용을 위한 소량의 마리화나 소지혐의에 대한 처벌수위의 하향조치 측면에 있었다. 하지만 그 영향은 속죄통고제도를 1987년 도입한 사우스 오스트레일리아주에서 가장 잘 나타났으며, 이는 수많은 평가분석의 연구주제가 되고 있다. 속죄통고제도의 주요 논점은 이 제도의 시행으로 비용절감액은 상당히 크게 나타나며, 사회적으로 마리화나 경범사범에 대한 부정적 영향이 매우 크다는 점이었다. 이중 후자는 형사상 유죄확정으로 초래되는 해악이 마리화나 사용 그 자체로 인한 해악보다 훨씬 크다는 생각과 그런 현실을 가리킨다.

사우스 오스트레일리아 주에서 마리화나 사용 수준과 유형에 대한 연구 중 속죄통고제도 도입 탓으로 돌릴 만한 마리화나 사용의 증가현상을 찾아낸 연구는 전혀 없다. 사우스 오스트레일리아 주의 마리화나 사용 증가현상은 1985년에서 1995년 사이에 있긴 했으나 이는 마리화나 금지제도를 고수하는 곳을 포함하여 오스트레일리아 전역에 걸쳐서 일어난 현상이다. 사실 오스트레일리아 전체적으로 주간 마리화나 사용율의 최대 증가지역은 타스

마니아 주였으며 이곳은 1991년에서 1995년까지 여전히 마리화나를 형사범으로 처리하는 금지주의 주에 속해 있었다. 사우스 오스트레일리아 주와 웨스턴 오스트레일리아 주의 마리화나 경범사범에 대한 비교연구 결과에 따르면 속죄통고제도와 보다 처벌위주의 금지주의 접근법 둘 다 마리화나 사용에 대해 억제효과는 별로 없음을 밝혀냈다. 그러나 마리화나 유죄평결이 난 사범의 경우 사회적 악영향은 속죄통고를 받은 사범보다 훨씬 더 큰 것으로 나타났다. 웨스턴 오스트레일리아 주에서 마리화나 사용 혐의로 체포된 사람들 중 매우 높은 비율이 주택과 대인관계 측면은 물론, 고용과 재범률 측면에서도 훨씬 더 커다란 문제점을 노출하는 것으로 밝혀졌다. 경찰 등 법집행기관에서도 속죄통고제도에 대해 지지도가 매우 높았다. 이 제도는 비용절감 효과가 비교적 컸으며, 금지주의 정책에 비해서는 그 비용절감 효과가 더욱 더 엄청나게 커지는 것으로 나타났다.

오스트레일리아에서 개인적 사용을 위한 삼 소지행위에 대해 비범죄화한 시기는 사우스 오스트레일리아 주는 1986년, 오스트레일리아 캐피탈 준주는 1992년 소송사건 이후, 노던 오스트레일리아 준주는 1996년, 빅토리아주는 1998년 등으로 차이가 있다. 아주 최근에는 웨스턴 오스트레일리아주가 모든 마약소지행위에 대해 비범죄화 하는 조치를 취했다. 현재 시드니는 오스트레일리아에서는 최초로 헤로인 주사실까지 운영하는 도시가 되었다.

4. 인도와 중국

아시아 각국은 제국주의 시대 당시 식민국가 정보당국과 무장세력이 합세하여 마약생산 중심지나 소비시장으로 전락 당한 바 있다. 일본을 위시하여 영국, 미국, 프랑스 등 제국주의 세력은 이제 와서는 그와 같은 과거에 대해 시치미를 뚝 떼고 아시아의 마약은 제국주의의 유산임을 무시하고 있으며, 아시아 각국 스스로가 마치 마약의 원흉이라고 지목하는 본말이 전도된 시각을 드러내고 있다.

인도를 점령한 영국이 동인도회사를 통해 인도의 아편을 중국에 팔기 전까지 인도와 중국은 7세기경 아랍 상인이 전한 양귀비를 그저 편의작물로 재배하는 수준에 머물러 있었다. 중영전쟁(1856~58)에서 승리한 영국은 강압적인 무역협정을 통해 중국에서 양귀비 재배와 판매를 합법화시켰다. 이로 인해 1875년 윈난성 경작지 중 3분의 1이 양귀비로 뒤덮였으며, 영국 의회가 아편판매를 제한한 1886년 한 해 동안 영국 상인이 중국에 판 아편은 6,500톤에 달했고, 또 1,500만 명에 이르는 중독자를 양산했다. 1906년 영국 의회가 마약거래를 '비윤리적'인 사업으로 규정하자, 중국정부도 마약폐기 운동을 벌인다. 이후 중국 내 아편생산이 줄자 버마산 아편이 윈난성을 거쳐 중국시장으로 밀려들어왔고, 윈난성 정부는 이 밀수아편을 인도차이나의 프랑스 전매회사에 팔아넘기며 동남아시아 마약거래의 중심지가 되었다.

제국주의 국가의 식민당국은 제2차 세계대전 전까지 아편수입에서 나오는 '세금'으로 군사비 등을 충당하는 목돈을 만들었기 때문에 즉 아편재배가 합법적으로 이루어졌기 때문에, 밀경작이나 밀재배가 이루어지지 않았으며, 따라서 당시까지만 해도 시암(타이), 버마(영국 식민지), 라오스(프랑스 식민지) 접경지대 트라이앵글에서는 대규모 양귀비 재배가 이뤄지진 않았다. 그러다가 1950년 초 국민당 잔당이 넘어오면서부터 접경지대가 양귀비로 뒤덮이며 결국 '골든 트라이앵글'로 변모하기에 이른다. 이렇게 아시아 지역 마약생산은 식민주의 침략사와 그 궤를 같이한다. 우리나라도 예외가 아니다. 1920년부터 1930년까지 연간 1천 ㎏ 수준의 아편을 생산하다가 1930년대 이후 폭발적으로 늘어 1941년 생산량이 무려 5만 725㎏에 이른다. 같은 기간, 경작지도 평균 300ha 수준에서 무려 8,500여ha로 늘어났다. 당시 우리나라에서 생산한 아편은 광저우와 만주로 수출되었다. 일본 제국주의가 우리나라의 아편생산을 통해 전비를 마련했기 때문이다.

프랑스도 제2차 세계대전 동안 전비에 쪼들리자 라오스와 북베트남에서 아편 세금을 거두려고 양귀비생산을 독려하며 인도차이나를 마약창으로 변모시켰다. 특히 1946년 프랑스는 아편전매를 폐지하며 표면상 아편근절운동을 시작은 했지만, 배후에서 정보부를 통해 제1차 인도차이나전쟁(1946~54) 전비를 마련하기 위해 '오퍼레이션 X' 작전을 벌였으며, 이를 통해 인도차이나의 아편 재배와 운송을 지원하는 철저한 이중성을 드러낸다. 당시 부패한 프랑스 정보국은 오늘날까지도 악명을 떨치고 있는 코르시카 마약 신디케이트와 손잡고 국제 마약시장을 휩쓸었다.

그 뒤 베트남 전쟁을 물려받은 미국 역시 1960년대 라오스를 인도차이나 지역에서 사회주의 확장을 막는 방파제로 삼기 위해, 이른바 대라오스 비밀전쟁(Secret War)을 치르면서 프랑스 정보국을 본떠 이 지역에서 마약을 '전략 물자화' 하였다. 미국 CIA는 라오스의 소수민족인 몽족 게릴라를 조직하면서 그 대가로 몽족의 아편재배를 조직적으로 지원하였으며, 이들이 생산한 마약은 미국이 운영하는 에어아메리카(AA)를 통해 사이공의 '안전지대'까지 비행기로 실어다 날라주었다. 결국 베트남은 이 베트남 전쟁을 통해 마약 소굴로 변했으며, 참전 미군의 10~15%가 마약을 복용하였다. 이는 1970년대를 지나면서 세계적 마약소비 폭발을 가져오는 중요한 한 계기가 되었다.

중국에서 아편은 지금까지 수백 년 동안 사용되어왔다. 그러나 유럽 상인들이 아편의 매력을 발견하고 인도마약을 중국으로 수출하기 시작한 16세기에 접어들어서야 비로소 중국에서도 마약이 널리 퍼지기 시작한다. 당시 네덜란드 상인들이 파이프로 아편을 흡연하는 방식을 중국에 처음 소개하였다. 중국 왕실은 1729년 마약을 불법화(이후 30여 년 동안 대부분의 동남아시아 국가들도 중국의 이 마약불법화 조치를 뒤따랐다)하려 노력했지만 밀수는 계속되었으며 19세기말 중국은 아편중독자가 1천 5백만 명에 달한 것으로 추산되었다. 중국인민공화국 건국을 계기로 일치단결한 아편재배 근절노력이 경주되었다. 밀거래업자는 처형되었으며, 아편굴은 폐쇄조치 되고, 아편중독자들은 해독실에 강제 입원되었다. 중국의 국가적인 통제노력이 이렇게 전반적인 성공을 거둔 것은 1970년대 후반 자유시장경제정책이 도입될 때까지도 지속적으로 경주되었기 때문이며, 그러나 중국은 '골든 트라이앵글' 지대와 지리적으로 인접한 탓에 당시부터 불법마약의 밀수와 사용이 다시금 급증하기 시작했다.

오늘날 중국은 불법마약류 거래의 주요 중개지 역할을 계속하고 있으며 아편흡연 형태가 가장 흔한 방식이 되고 있다. 주사기에 의한 마약사용도 대중화되었다. 일부 보고에 따르면 마약사용자의 약 50%가 주사기를 사용하며, 주사기 공유습관으로 인하여 1997년 에이즈 등록환자 중 70%가 주사기를 이용하는 마약사용자들이라는 통계가 나와 있을 정도이다.

중국정부 당국의 대응은 '관용 제로' 방식으로 되어 있으며, 2002년 60명 이상의 마약사범이 처형되었다. 마약소지사건의 경우에도 7년 이상의 형을 받고 있다. 중국의 심각해진 마약문제로 인해 중국정부당국은 몇 가지 해악감소정책을 수용하기에 이르렀다. 이제 불법마약사용자는 '불법인물'이기보다는 오히려 '불법환자'라고 지칭하며 중국의 법률에 따라 마약사용자는 사회로 복귀하게 되어 있다. 최근 중국은 주사기 마약사용으로 인한 에이즈와 간염 확산을 줄이기 위하여 헤로인 사용자에 대한 메타돈 프로그램을 시행하기 시작했다.

5. 동아시아

대만정부는 마약사용과 에이즈를 주요문제로 간주하지 않고 있으며 따라서 이에 대한 직접적인 정책도 존재하지 않는다. 대만은 마약사용자를 범죄자로 간주하면서도 이들을 감옥보다는 해독병원 및 마약치료병원에 보내고 있다. 환자들이 순응하는 경우 조기 석방하여 2년 동안 보호관찰 대상으로 하며 그동안은 소변검사를 받아야 한다. 재범률은 80% 정도이다. 메타암페타민과 헤로인 중 하나의 마약이 사용된다. 대만의 경우 흡연, 코 흡입, 복용 등이 주된 마약사용 방식으로 되어 있어서 주로 주사기로 전염되는 에이즈는 커다란 우려대상이 아니며 이는 대만 정부의 제한적인 마약정책 속에 반영되어 있다.

우리나라와 일본도 대만과 마찬가지로 메타암페타민이 주로 사용되는 마약이다. 그러나 대만에 비해 우리나라와 일본의 마약정책은 더욱 더 단호하며 집중적으로 이루어지고 있다. 한국의 경우 메타암페타민 섭취방식으로 주사기를 선호하고 있다. 헤로인 밀거래 양은 증가일로이며 대부분 우리나라 내의 소비를 겨냥한다. 우리나라 정부는 마약사용자에 대해 극히 억압적이며 따라서 우리나라 마약사용 패턴이 외부세계에 알려진 바는 거의 없다. 마약사용자들은 지역사회 봉사형을 받으며 상습범은 해독 및 회복 병원에 강제입원 조치된다. 그렇지 않으면 3년형을 받을 수 있다. 우리나라의 엄격한 마약류 규정은 마약밀거래는 엄청난 벌금을 물도록 하며, 무기형이나 사형에 처해질 수 있다. 그러나 우리나라는 에이즈 감염률이 낮은 국가로 인식되고 있다. 하지만 우리나라도 에이즈가 증가일로에 있으며 마약사용자중 주사기를 이용하는 비중이 높은 점은 매우 큰 우려를 낳고 있다.

일본에서 가장 대중화된 마약은 술 다음으로 메타암페타민이다. 마약사용자들은 이를 주사기로 하는 추세이며 일부는 작은 마약봉지 증기형태를 사용한다. 헤로인과 디아제팜(트랑퀼라이저의 일종) 역시 주사기를 이용하며 주사기 공유가 많다는 보고가 나와 있다. 일본은 통제대상 마약을 재배하거나 제조하진 않는다. 그러나 합법적인 산업용 화학물질의 선구물질 형태의 마약 60여종을 생산하는 주요국가로 자리매김 되어있다. 따라서 일본 법집행기관은 마약사범에 대해 엄격한 형을 가함으로써 메타암페타민의 수입과 공급 사범들에 대저하고 있다. 우리나라와 일본의 삼에 대해서는 별도의 장에서 따로 다루기로 한다.

6. 아프가니스탄

아프가니스탄은 세계최대의 아편생산국이다. 미국 국무부의 『2000년 마약류 통제보고서』에 따르면 아프가니스탄은 세계 불법 아편공급량의 73%를 차지하며 그 대부분이 유럽에서 소비되고 있다. 이 보고서는 탈레반 정부와 북부동맹(탈레반 체제의 가장 큰 정적) 둘 다 아편재배농민 및 마약거래자들이 사용하는 영토를 지배하고 있다고 주장하였다. "탈레반정부도 북부동맹도 보관중인 아편선구화학물질을 압수하거나 마약류 거래자들을 체포하여 기소하는 의미 있는 조치를 전혀 취하지 않고 있다. 오히려 거꾸로 당국은 계속해서 아편수확물에 대해 약 10%의 세금을 걷고 있으며 공개시장에서 이를 매매하고 운송할 수 있도록 허용해주고 있다." 국무부는 탈레반 정부가 무기구입 및 군사작전 자금을 마련하기 위해 아편재배를 진작시키고 있는 점에 대해 주목했다.

미국 국무부 측은 탈레반 측이 최근 몇 년 동안 외형상 아편재배란 이슬람과는 거리가 먼 것이라는 선언에 호응하면서도, 탈레반 측이 아프가니스탄의 불법아편재배와 암거래시장으로 유명하다는 점에 대해서도 의심을 떨치지 못하고 있다.『2000년 마약류 통제보고서』는 아편금지의 충격효과에 대해 의구심을 표했으며 "양귀비 재배금지를 통하여 국제사회가 엄청난 양의 아편을 보관하고 있는 것으로 의심하는 마약거래를 저지할 수 있는지는 분명치 않으며, 아편금지방침 발표는 오히려 아편가격 상승을 부채질했고 엄청난 저장원료를 보유하고 있는 거래상들에게 붐을 조성"해주었다고 지적했다. 북부동맹이 지배하는 지역의 아편생산은 줄기차게 계속되고 있다. 언론은 탈레반 측은 미국이 아프가니스탄을 공격하면 아편재배를 재개하려 한다고 보도했다. 이상과 같은 미국 국무부의 평가는 미국 연방마약청의 아사 허친슨 청장이 재확인한 바 있다.

제8장

미국의 삼 금지정책

1. 단속실태

최근 미국 연방정부 서베이조사 결과 약 8천만 명의 미국시민이 마리화나를 흡연한 것으로 조사되었다. 이중 2천만 명은 바로 전해에 마리화나를 흡연한 것으로 답변하였다. 성공한 기업인, 전문가, 연방의회 및 주의회 의원들 중에도 마리화나 흡연을 시인하고 있으며, 미국에서 마리화나 흡연자는 범죄자가 아닌 그저 보통사람에 속한다고 보아야 한다.

2005년 10월 17일 발표된 FBI 연례보고서에 따르면 2004년 미국에서는 삼 사범이 사상 최대규모인 총 771,608명이 체포되어 전체 마약사범의 44.2%에 달하며 이는 41초에 한 명꼴로 삼 사범이 체포되었음을 뜻한다. 이는 미국 경찰이 경미한 삼 사범은 경찰활동 우선순위에서 뒤로 미루며 체포조차도 하지 않는다는 주장이 허위임을 잘 보여준다. 이중 89%인 684,319명은 단순 삼소지 혐의자이며, 나머지가 재배 판매 제조혐의이다. 따라서 진짜 범죄소탕에 써야 할 경찰력 등 국력을 낭비한다는 비판을 받고 있다. 그리고 과거 수년 동안 삼 사범 총체포자의 대략 30%는 19세 이하 미성년자이다. 미국의 절대다수 미성년자들의 경우 술 담배보다 삼을 접하는 게 훨씬 더 용이한 환경 속에 놓여있다.

미국의 이와 같은 삼 사범 체포자 총수는 폭력사범(살인, 과실치사, 강간, 절도, 폭행 등) 총수보다 오히려 더 많다. 1993년 38만여 명 수준이던 삼 사범이 2004년 거의 두 배로 급증하였으며, 지난 십여 년 동안 미국에서는 삼 사범 체포자가 총 8백만여 명에 달하고, 대신 진짜 위험한 코카인과 헤로인 사범 체포자수는 크게 감소했다. 이는 위험한 마약 소지나 밀거래에 대한 법집행은 느슨하게 하면서도 정작 술 담배보다 덜 해로운 삼 사범 단속에 경찰력 등을 집중시킨 결과이다. 1965년 이후 최근까지 미국에서 삼 사범은 모두 1천 7백만여 명이 체포되었으며 NORML 측은 이제 미국 연방정부와 각급 주정부가 조세부과 형태의 삼 합법화와 규제 방식 도입이 바람직하다고 밝혔다. 요컨대 삼은 사회적 해악이 극심한 술과는 달리 사회에 대한 피해가 오히려 없다는 것이다.

미국에서는 삼 사범을 통상 '마리화나 전쟁포로'(Pot Prisoners of War: PotPOW)로 호칭한다. 미국에서 마약으로 인한 연간 사망자수 통계를 보면, 술의 경우 5만 명 수준, 담배의 경우 40만 명 이상인 반면, 삼과 마리화나의 경우 사망자가 단 한 사람도 없다. 현행 미국 연방마약정책은 기본적으로 법집행형태 혹은 형사사법 모델에 의존하고 있다. 과거 30여 년 동안 안티마약법의 핵심목표는 통제대상 마약의 사용자와 공급자에 대한 운송차단, 체포, 기소, 투옥 등에 초점을 맞추어왔다. 이런 조치들이야말로 '마약과의 전쟁'에 동원해야 하는 '무기들'이라고 인식하고 있다.

일반적으로 미국 전역의 불법마약은 메스칼린과 LSD 같은 환각제, 암페타민과 코카인 같은 흥분제, 마리화나, 해쉬쉬, 엑스터시(MDMA), 아편, 헤로인, 바르비투르산염 등과 같은 진정제 등으로 규정되어 있다. 연방법인 '마약통제법'은 통제 및 처방 대상이 되는 모든 마약을 5개 등급으로 분류하고 있다. 이중 헤로인과 마리화나는 I등급으로서 미국에서는 오남용 소지가 가장 높으며 의학적 치료용으로는 전혀 인정하지 않는다고 규정하고 있다. 연방법은 삼을 포함하는 이 Ⅰ등급 마약에 대해서는 의사가 처방하거나 약국에서 판매하는 것 자체를 허용하지 않고 있다. 한편 코카인 같은 Ⅱ등급 마약은 '엄격한 제한' 아래 의료용으로 받아들일 수 있다고 규정하고 있으며, Ⅲ, Ⅳ, Ⅴ등급은 점차 그 제한을 완화하는 순서로 각 등급을 규정하고 있다.

연방법은 각급 주 수준에 내려가면 정책 틀로서만 작용하는 것이므로 미국의 새로운 마약법이 다수 제정되었으며 주 의회에서 개정된 경우도 많다. 이는 마약사용자가 연방법 위반으로 형사 처벌될 수 있음에도 불구하고 주 정부 차원에서는 반드시 연방법과 동일한 법을 입법해야 하는 것은 아니며, 연방법과 상충되는 정책을 주 법률로 통과시켜 집행할 수 있음을 뜻한다. 마약관련 새로운 주법들 다수는 보다 더 자유주의적인 마약정책 접근법을 채택하고 있다. 특히 마약정책 개혁운동에 선두에 서있는 뉴멕시코주의 경우 특히 더 그러하다. 여기에 보조를 맞추어 코네티컷주, 인디애나주, 루이지애나주, 노스 다코타주, 텍사스주 등이 2001년 마약사범 양형법을 전면 재조정하였다. (이보다 훨씬 전인 1973년 10월 오레곤주는 이미 1온스 이하의 삼 소지행위에 대하여 벌금으로 최고 1백 달러를 물릴 수 있는 민사상 위반사건으로 격하시킨 바 있다. 1973년부터 1978년까지 다른 10개주들도 삼 소지행위에 대한 처벌의 최대한도를 형사처벌에서 벌금으로 낮추는 입법을 통과시켜 시행에 들어간 바 있다.) 이에 덧붙여 거의 절반에 해당하는 주에서 주별로 유권자들이 직접 주민발의와 주민투표를 통해 새로운 법안을 발의하여 통과시키고 이를 시행하고 있다. 11개 주의 유권자들은 '민사상 자산몰수법' 개정 및 의료용 마리화나 사용 등과 같은 이슈에 대해 개혁법안을 통과시켜 시행하고 있다. 미국의 정치지도자들이 앞장서온 '관용 제로' 정책에서 탈피하려는 노력들도 성과를 거두었으며 특히 교육 및 치료 영역에서 관련 입법과 전략들이 두드러진 성과를 거두고 있다. 예컨대 3개 주는 '투옥 대신 치료'라는 전면적인 법안내용을 시행하고 있으며 비폭력적인 마약소지 사범으로 체포된 자는 누구든지 초범 및 재범 시 감옥행 대신 치료형을 명령할 수 있도록 위임했다.

이런 진보적 개혁에도 불구하고 미국의 마약정책은 전체적으로 여전히 처벌위주로 되어 있다. 마약판매자, 마약관련 범죄, 마약거래 등은 특히 테러와 연관성이 있는 경우 '마약과의 전쟁'의 일차적인 처벌대상이 되고 있다. 그 결과 연방 및 주차원의 엄청난 국민혈세가 이 분야의 법집행에 쓰이고 있으며 예방, 개선, 교육 프로그램 등에는 고작 나머지 30%만을 쓰고 있을 따름이다.

미국에서 매년 마약관련 범죄로 체포되는 수는 급증하고 있다. 현재 미국 감옥에 갇힌 2백만 명의 시민들 중 1/4 가량이 마약사범이다. 다시 이들 중 절대다수는 대부분 마리화나 소지혐의자들일 따름이다. 참고로 미국은 재소자 수는 물론이고 전체 인구에서 차지하는 재소자 비율도 단연 세계 최고 수준이다. 2005년 4월 24일 미 법무부 통계국 발표에 따르면 2004년 각종 수감시설의 재소자 수는 모두 210만 명이며, 매주 900명꼴로 범죄자들이 새로 입소하고 있다. 미국에서는 인구 138명당 1명꼴로 감옥에 갇혀 있는 셈이다. 인구 10만 명당 재소자 비율을 따져보면 미국은 726명으로 영국(142명), 프랑스(91명), 일본(58명) 등 다른 선진국에 비해 7~10배나 높다. 재소자의 인종 분포를 보면 상황은 더욱 더 심각하다. 20대 후반 흑인남성 중 12.6%가 재소자다. 반면 같은 연령층의 히스패닉 남성은 3.6%, 백인 남성은 1.7%가 수감돼 있다.

한걸음 더 나아가 미국에서는 많은 주법과 연방법들이 마약사범 전과자들에게 공공주택, 대학등록금 대출, 본인과 아이들 등이 받아야 할 연방, 심지어는 투표권 등까지도 박탈토록 규정하고 있는 실정이다.

삼의 관문 이론에 대해서는, 통계상 마리화나를 해본 적이 있는 104명의 미국시민 중 한명 꼴로만 코카인 사용자인 것으로 밝혀지고 있으며, 헤로인 사용자는 그중 한명 꼴조차도 채 되지 않는다는 사실이 밝혀졌으며, 반론이 맞다는 것이 정설로 굳어져 있는 실정이다. 오히려 마리화나는 관문 아닌 종착지이라는 것이다. 마리화나 그 자체가 아닌, 마리화나 금지정책이야말로 오히려 더 하드드럭 입문의 관문이 되고 있다는 평가가 내려져 있다. 그리고 소량의 마리화나 판매를 합법화한 네덜란드의 경우 미국보다 마약사용율이 절반도 채 안된다는 점도 관문이론에 대한 반박 증거가 되고 있다.

2. 삼 금지정책의 씨앗

미국에서 삼 재배의 역사는 약 4백 년 전으로 거슬러 올라간다. 미국역사 대부분의 시기 동안 농민들은 당시에는 헴프라고 알려져 있던 마리화나를 재배했으며, 식민주의자들은 1611년 버지니아주 제임스타운 부근에서 최초로 미국 헴프를 재배했다(삼, 마리화나, 헴프, 대마 등은 모두 동일한 식물을 가리킨다). 그 후 얼마 안돼서 영국의 왕 제임스1세는 아메리카 이주민들에게 대규모 헴프농사를 짓도록 명령했다. 식민지시대 배와 로프 대부분이 바로 이 헴프로 건조되고 만들어졌다. 성서, 의류, 지도 등도 이 헴프로 만들었음은 물론이다. 역사가들은 조지 워싱턴과 토머스 제퍼슨은 마리화나를 직접 재배했으며 헴프농업을 기반으로 한 경제를 적극 옹호했다고 쓰고 있다. 일부 식민지역에서는 심지어 헴프재배를 의무화했으며 헴프생산이 '나라의 부강과 보호'에 필수적이라고 천명했다. 마리화나 재배는 20세기 무렵까지도 미국농업의 주재배 작물이었다.

마리화나가 최초로 정신을 취하게 만드는 도취제 약물로 인식된 시기는 1920년대와 1930년대였다. 삼의 레크리에이션용 마약 사용은 원래 멕시코계 이민노동자와 아프리카계 재즈 음악인 집단 등에서 이루어지던 것이다. 그런데 이 시기에 접어들어 비로소 헴프가 마리화나라는 이름으로 명명되게 되었으며, 이때부터 유구한 환금작물의 역사는 '악의 담배 잎'이라는 새로운 이미지로 변질되기 시작한다.

1930년 연방정부는 연방마약청(the Federal Bureau of Narcotics: FBN)을 창설하고 국장에 해리 안슬링거를 임명하고, 이를 통하여 엉터리 정보를 전파하는 마약반대운동을 전개하였다. 이때 동원된 수단은 할리우드 영화와 선정적인 여러 타블로이드판 신문들이었다. 이에 따라 삼을 피우면 정신을 잃고 폭력에 내몰린다는 아무런 근거도 없는 보도들이 미국 전역의 신문들 톱을 장식하기 시작했다. 이 엉터리 보도에 따라 이민자가 마리화나에 취해 폭력범죄를 저질렀다는 식의 과장된 기사들이 흘러넘치기 시작했다. 마약을 일단 시작한 범죄자들은 공포심이 없어지며 자제력을 상실한다고 보도했다. 예컨대 1930년대 중반 연방마약청이 발표한 뉴스 보도 자료는 마리화나 사용자는 '야만인처럼 광기에 빠져 여성에 대해 난폭한 사람이 되는 경향이 있으며, 이런 사람은 섹스욕구가 커서 가장 무서운 범죄들이 초래되고, 빛을 보면 소리를 듣는다. 마리화나 기운에서 빠져나오면 갑작스럽게 폭력적이 되며 살인을 저지르기도 한다'라고 썼다.

이와 비슷한 보도들이 온 미국천지를 휩쓸었다. 당시 크게 유명세를 탄 『형법과 범죄학 저널』(*The Journal of Criminal Law and Criminology*)지의 한 논문은 다음과 같이 주장하기까지 했다. "마리화나 사용자는 엄청난 힘과 지구력을 과시하며 마리화나에 취해 있는 동안 전혀 피로를 느끼지 않는다. 섹스욕구는 크게 자극받아 품위를 잃은 노출과 강간 등과 같은 비정상적인 행위에 빠질 수 있다. 마리화나 사용은 뇌조직과 신경중추를 파괴하며, 회복이 불가능한 피해를 입힌다. 마리화나를 계속하면 필연적으로 결코 치유될 수 없는 정신이상에 빠져 예외 없이 죽음에 이르게 된다." 의회의 최초 마리화나 청문회가 개최하기 직전 발행된 워싱턴 타임즈지 사설은 "치명적인 마리화나 담배는 치명적인 마약으로 인식해야 하며 미국 어린이들은 이로부터 절대 접촉하지 못하도록 금지해야 한다"고 주장했다. 이렇게 꾸준한 선전공세 덕분에 1937년까지 수년 동안에 걸쳐 27개 주들이 마리화나금지법을 통과시켰으며 연방차원에서까지 마리화나 금지법을 통과시키기에 족한 문화적 정치적 환경이 조성되어 마침내 1937년 '마리화나 세금법'이 통과되기에 이른다.

당시 이 '마리화나세금법'이 통과되던 당시 연방의회의 구체적인 심의통과 상황은 다음과 같다. 먼저, 1937년 4월 14일 노스캐롤라이나 주의 공화당 소속 로버트 다우톤 의원이 의회에 마리화나의 레크리에이션 사용을 금지나 다름없는 세금부과법 형태로 된 이 법안을 발의했다. 실제로 이 법안은 나중에 의회에서 이 법안을 지지하는 증언을 하기까지 한 안슬링거 국장의 머릿속에서 나온 창작품이 발의된 것에 불과했다.

연방의회는 마리화나 금지정책의 장점을 토의하는 청문회를 두 차례 여는데 그쳤다. 청문회 시간은 모두 합해도 1시간에 불과했다. 연방정부 측 증인인 해리 안슬링거는 하원 세입위원회에서 '이 마약은 전적으로 스티븐슨 소설 속에 나오는 하이드 박사와 같은 괴물과 같으며, 해악은 이루 헤아릴 수조차 없습니다'라고 증언했다. 당시 안슬링거 국장은 재무부 클린턴 헤스터 총무국장보 변호사를 대동했는데, 그는 마리화나 사용의 궁극적 결과는 '치명적'이라고 주장했다. 이 두 사람의 진술이 연방정부의 공식입장이었으며 마리화나를 범죄로 규정하는 최초의 근거가 되어주었던 것이다.

미국의학협회(AMA)는 의회에서 마리화나 금지를 반대하는 외로운 목소리를 대변하였다. 이 단체의 입법국장 윌리엄 우드워드는 마리화나가 위험한 마약이라는데 대해 '증거가 전혀 없다'고 증언했다. 그는 신문기사에만 근거한 법제정의 본질 자체에 대해 문제를 제기했으며, 도대체 교정청이나 아동국에서 나온 어떤 데이터가 연방마약청 입장을 뒷받침할 수 있는가 하는 물음을 던졌다. 한걸음 더 나아가 그는 이 입법조치가 마리화나를 치료제로 쓸 수 있엉야 하는 의사가 당연히 가지고 있어야만 하는 치료의 폭마저도 크게 줄이고 말 것이라는 입장을 밝혔다. 하지만 놀랍게도 의회의 해당 위원회측은 이런 증언에 대해 아무런 관심조차도 보이지 않았으며 오히려 '의사 여러분들이 저희 의원들의 이 입법문제에 대해 자문하고 싶어 한다면 건설적인 제안을 해야 하는 것이지, 연방정부가 이제 막 하려는 일에 대해 장애물을 조성해서는 안 됩니다'라고 윽박질렀다.

연방의회 세입위원회 측은 단지 한번 청문회를 한 후 곧바로 '마리화나

세금법'을 통과시켰다. 하원 본회의은 단지 90초 동안 토론회를 가진 다음 8월 20일 세입위원회에서 통과된 선례를 따라 그대로 통과시켰다. 이 '토론회'에서 단지 두 가지 질문만 있었을 따름이다. 첫째는 뉴욕주의 북부벽촌 출신인 한 의원이 당시 샘 레이번 의장에게 법안의 의도를 요약해달라고 요청했으며, 이에 레이번 의장은 '저도 잘 모르겠습니다. 마리화나라는 것에 대해 뭔가 하려는 것 같습니다. 저는 그게 일종의 마약이라고 생각합니다'라고 답변한 게 고작이다. 같은 의원이 다시 '의장님, 미국의학협회측도 이 법안을 지지합니까? '라고 질문했다. 세입위원회 소속 한 의원이 '미국의학협회가 지지했을 뿐만 아니라 화턴 의사도 이 법안에 대해 전폭 지지했습니다'고 거짓내용으로 답변했다. 이렇게 짧으면서도 앞뒤가 맞지 않는 사실내용들이 오간 뒤에 하원은 투표절차도 거치지 않은 채 마리화나금지 연방법을 통과시켰다.

이 다우턴 법안은 상원에서도 순풍에 돛단 듯 일사천리였다. 상원은 간단한 법안청문회를 거쳐 압도적으로 이 법안을 통과시켜주었다. 프랭클린 루즈벨트 대통령은 1937년 9월 2일 재빨리 이 법안에 서명했으며 이렇게 해서 '마리화나세금법'은 마침내 1937년 10월 1일 발효하게 되었다. 미국에서 마리화나를 범죄로 규정하여 오늘날까지도 존속하는 형법이 결국은 이런 역사적 과정을 거쳐 그 최초의 터를 닦았던 것이다.

미국의 삼 금지 역사에 대해서는 NORAML측이 펴낸 "미국 마리화나 금지정책 60년사"(NORML Report on Sixty Years of Marijuana Prohibition in the U.S.)가 잘 정리하고 있다. 이 보고서는 1997년 '1937년의 마리화나세금법'이 통과된 지 60주년을 맞이하여 NORML측이 발간한 보고서로서, 이후 상황 변화를 고려하여 몇 차례 업데이트를 거듭해오고 있다.

3. 삼 금지법과 삼사용

마리화나가 미국에서 크게 확산된 데는, 베트남 전쟁 당시 반전운동과 반체제 운동의 물결 속에서 전쟁의 확대책임을 추궁당한 존슨 대통령 시절의 약물정책을 그대로 이어받은 닉슨 대통령이, 1972년 '마리화나의 남용에 관한 전국위원회'의 권고를 받아들여 삼을 의존성 약물에서 제외시켰으며, 자신이 사용하기 위해 마리화나를 소지하고 있는 자에 대해서는 벌칙을 적용하지 않도록 하는 삼 해금령을 1973년부터 시행시킨데 가장 큰 원인이 있다는 평가가 있다. 이렇게 해서 미국에서는 마리화나 확산 사태는 물론 코카인, 헤로인 등의 마약 중독자를 증가시키는 결과를 초래했다고 보는 시각이 없는 것은 아니다(이창기, 『마약이야기』, 36쪽).

그러나 미국에서는 마리화나가 1937년 금지된 이래 지금까지 70년 동안 줄곧 중간에 비범죄화 운동이 그토록 거셌음에도 불구하고 여전히 범죄로 규정되어 금지되어왔다. 그럼에도 불구하고, 미국에서 마리화나는 세 번째로 가장 인기 있는 레크리에이션용 마약으로 되어 있다. 가장 인기 있는 마약인 첫째 술과 둘째 담배라는 마약은 정규적이다시피 소비하며 이는 미국에서 매우 많은 사람들이 소비하고 있다. 마리화나도 금지법과 금지정책에도 불구하고 미국 국민들 사이에서 그 사용을 근절하거나 크게 억제하는데 명백히 실패하고 말았다.

이제 마리화나 흡연은 미국사회의 유색인종이나 한계집단에 속해 있는 사람들만의 일탈행위 혹은 비주류문화에 불과하다고 보는 신화는 중단될 수밖에 없다. 미국에서 마리화나는 지극히 일상화되어있으며 수백만 명의 중산층들이 애용하는 레크리에이션 마약이다. 미국 보건 및 인적용역부 측의 최근 자료에 따르면 일생 동안 한번이라도 마리화나를 피운 미국인은 7천만여 명에 달한다. 이중 바로 전해에 마리화나를 피운 사람은 1천 8백만 명이며 현재에도 계속 피우고 있는 사람은 1천만 명 수준(바로 전달에 한번 이상 마리화나를 피운 사람 기준의 통계임)으로 조사되었다. 보건 및 인적용역부 측은 현행 불법마약 사용자의 57%는 사실 오로지 마리화나만 피운다고 답변했다고 밝혔다. 이 수치는 마리화나를 보다 더 농축한 해쉬쉬 형태까지 포함하면 77%로 증가한다.

최근 시민단체 '미국 시민적 자유 연맹'(ACLU) 측의 전국규모 유권자 서베이 조사 결과, 34%는 마리화나를 경험한 것으로 밝혀졌다. 주의회 의원과 연방의회 의원들을 포함하여 성공한 기업인과 각계 지도자 중 많은 인사들도 마리화나를 경험했음을 시인하고 있다. 미국의 주법 및 연방법이 이런 현실을 반영하며 마리화나 흡연자를 범죄집단으로 모는 시각을 탈피해야 할 때가 되었다고 주장하고 있다. 마리화나 흡연자는 범죄자가 아니며, 이들을 체포하는데 막대한 비용을 들여가며 엄청난 경찰인력을 낭비한다는 것은 지극히 이율배반적인 것으로 비쳐지고 있다.

미국의 마리화나 흡연자는 마리화나 흡연이라는 점 빼고는 비흡연자와 전혀 차이가 없다. 이들 역시 열심히 일하며 가족을 부양하고 자신이 속한 커뮤니티에 기여하고 있으며 안전하며 범죄로부터 해방된 이웃들과 함께 살고자 한다. 이들은 법 없이도 살 수 있는 시민임에도 불구하고 그저 편안히 쉬기 위해 술 대신 마리화나를 선택했다는 이유만으로 체포와 투옥을 당할까봐 두려움에 떨어야 한다. 마리화나 금지는 잘못된 형사제재이며 법 일반에 대해 불신을 초래하고 정부가 전혀 해당되지 않는 프라이버시 영역에 침범하는 형국이 되고 있다. 미국시민 수백만 명이 마리화나를 피우며, 다시 그중 단지 극소수만 마리화나를 오남용할 따름이다. 미국 정부는 책임감 없이 마리화나를 하는 것에 대해서만 관여하여 규제하도록 제도를 바꿀 필요가 있다는 지적이 팽배하고 있다. 책임 있는 마리화나 사용은 사회에 대해 전혀 해악을 끼치지 않으며, 따라서 연방정부가 관여해야 할 하등의 이유가 없다는 것이다.

4. 삼 금지정책 비용

1972년 닉슨대통령은 학식과 경험이 최고 수준인 전문가들을 선정하여 위원회를 구성(위원장은 닉슨대통령이 존경해 마지않는 전직 펜실베이니아 주지사인 레이몬드 쉐퍼)하였으며, 이 위원회는 마리화자 금지법은 마리화나 사용 그 자체보다 훨씬 더 커다란 해악을 사용자들에게 끼치고 있다고 결론을 내렸다. 당시 '마리화나와 마약 오남용 전국위원회'라는 이 기구는 각주법과 연방법을 개정하여 개인적 사용을 위한 마리화나 소지와 소량을 우연히 나눠준 혐의에 대한 형사처벌을 없애도록 삼 비범죄화 정책을 펴도록 시정 권고했다. 이해 경찰이 체포한 마리화나 사범은 30만 명에 육박했다.

1982년 미국 과학원 측의 마리화나 보고서는 처벌위주의 형사사법 접근법은 잘못되었으며 해악으로 가득 차 있다는 점을 재확인하였다. 미국 과학원 측은 마리화나 소지혐의를 비범죄화 해야 할 뿐만 아니라 정부와 의회는 마리화나 공급과 판매에 대한 규제시스템을 만들기 위해 진지한 논의에 착수하라고 권고했다. 이해 경찰은 마리화나 사범으로 1초당 45명 정도를 체포했다.

1997년 5월 카이저 퍼마네트가 수행한 장기간에 걸친 포괄적 연구결과에 따르면, 마리화나 상습과 사망률 간에 아무런 관계도 없다고 결론을 내렸으며, 마리화나 금지조치야말로 사용자에게 건강상의 중대한 위험을 초래한다고 강조했다. 이 연구보고서는 '술에 적용하는 상식선의 가이드라인과 같은 형태로 신중한 마리화나 사용에 관한 의학적 가이드라인도 정해야 한다'고 밝혔다. 1995년의 경우 연방정부가 발표한 마리화나 사범 체포자 수는 60만 명에 육박했다. 이 수치는 그때까지 최고치를 경신한 것이며, 이는 미국에서 마리화나 흡연자가 45초에 한 명꼴로 체포됨을 뜻하였다.

클린턴 대통령은 마약에 대해 '소프트'하다는 비판을 받았음에도 불구하고 FBI 범죄백서 통계에 따르면 클린턴 정부야말로 역대 어느 대통령보다 더 강력하게 마리화나와의 전쟁을 벌였음을 입증하고 있다. 즉 클린턴 정부의 초창기 3년 동안 마리화나 사범으로 1백 5십만 명을 체포했으며, 이중 84%는 단순 소지혐의자였다. 클린턴 정부시절 마리화나사범 평균 체포자 수(483,548명)는 그 이전의 부시 정부 때(338,998명)보다 30% 증가한 것이며 1996년만 떼어보면 1991년보다 두 배나 증가했다.

미국은 주마다 마리화나 사범에 대한 처벌이 다르긴 하지만 대부분 매년 체포되는 수십만 명에 대해 사회적 재정적 중벌을 내리고 있다. 42개주는 양과 상관없이 마리화나 소지사범에 대해 투옥형벌과 상당한 벌금을 과하고 있다. 예컨대 애리조나 주의 경우 소량의 단순소지혐의로 체포된 개인은 18개월 감옥형에 15만 달러의 벌금형을 받을 수 있다. 그리고 여러 주에서 운전 중 마리화나를 피운 게 아니라 하더라도 마리화나 사범으로 유죄평결을 받으면 운전면허증을 자동정지 시키도록 하기까지 하고 있다.

마리화나 재배와 판매혐의에 대한 처벌 역시 주마다 각양각색이다. 10개 주는 최고 5년 형, 11개 주는 최고 30년 형으로 되어 있다. 일부 주는 대규모 거래목적 뿐 아니라 개인사용 목적의 재배에 대해서까지도 처벌토록 하고 있다. 예컨대 의료용 마리화나 사용자인 오클라호마 주의 윌리엄 포스터 씨는 1997년 1월 25피트 넓이의 지하의 차폐시설에서 중간정도 크기의 10그루와 영양생식으로 분리한 56그루 등의 마리화나를 재배한 혐의로 93년형을 받았다. 포스터 씨는 자신은 류머티즘성 관절염 통증치료를 위해 마리화나를 재배했을 따름이라고 주장하고 있다. 불행히도 미국에서 포스터 씨의 이런 곤경은 일개인에 그치는 것이 아니라는 점에 있다. 즉 6개주의 마리화나 금지법은 마리화나 수입업자 및 거래자에 대해 종신형까지 내릴 수도 있게 되어 있다. 각주가 내리는 감옥형을 모면한 사람들도 온갖 형태의 처벌에 시달리기는 마찬가지이다. 여기에는 무작위 마약검사 회부, 보호관찰, 강제 마약 카운슬링요금 지불, 직업상 자격증 박탈, 비싼 변호사 요금, 일을 하지 못해 잃은 임금 상실부분, 아동으로부터 격리라는 일종의 구금형벌, 연방연금 박탈, 공공주택 입주자격 박탈 등등이 포함된다. 일부 주는 경찰이 체포된 사람의 고용주에게 통고하게 되어있기도 하며 이 때문에 해고 당하는 수도 있다.

미국에서 마리화나를 금지하는 연방법 역시 매우 심한 처벌 일색으로 되어있다. 연방법은 마리화나 한 개비 이하만 소지해도 1만 달러 벌금을 물리고 1년형을 살릴 수 있으며 이런 형량은 소량의 헤로인과 코카인 소지에 대해서도 적용할 수 있도록 하고 있다. 극단적인 사례이지만 미시간 주의 에드워드 추프린스키 변호사는 자신이 담당한 사건을 심리중인 항소심 법정에서 마리화나 1.6g을 소지한 혐의로 14개월 동안 연방 감옥형을 살아야 했으며 즉각 면직을 요구받았다. 마리화나 1백 그루 이상 재배한 혐의는 5년형에 해당하며, 대규모 재배와 거래는 사형에 처해질 수도 있다.

연방의회는 사형 대상이 되는 마리화나 양의 하한선을 낮추기까지 하는 법안을 발의하였다. 즉 '1997년 마약수입업자 사형법'이라는 이 법은 마리화나를 피웠다고 시인한 바 있는 깅그리치 의원이 발의했으며 이에 따르면 국경지대에서 마리화나 50g 이상 가지고 있는 것으로 유죄평결이 난 초범에 대해 가출옥이나 보호관찰 없는 종신형에 처할 수 있도록 규정하고 있다. 같은 종류의 재범은 사형에 처할 수 있도록 했다. 이 법안은 부결은 되었지만, 당시 37명이나 되는 의원들이 공동발의자로 나선 바 있다.

연방법은 마리화나 흡연자에 대해 자격부여를 부인하고 있기도 하다. 필그램 상원의원이 발의하여 1996년 법제화된 법률에 따르면 각주는 중범죄급 마약사범 유죄평결을 받은 자에 대해서는 현금지원(복지혜택 등)과 식량구호 등을 거부할 수 있도록 했다. 마리화나 흡연자의 경우 소량이나 비영리적인 제공에 그친다고 하더라도 대부분의 재배와 판매 혐의자들이 이 범주에 해당한다. 현재 미국에서 살인자, 강간범, 강도범 등은 연방자금과 연금 혜택을 받고 있음에도 불구하고, 소량의 마리화나 재배사범 대부분은 그런 혜택을 받지 못하고 있다.

이에 덧붙여, 각주법과 연방법은 단순한 마리화나 수사만으로도 현금, 자동차, 보트, 토지, 기업설비, 주택 등을 포함한 재산의 몰수를 가능토록 하고 있다. 놀라운 것은 이 재산 소유자는 압수가 가능한 범죄혐의가 전혀 없어도 된다는 점이다. 1993년 일리노이 주 헨리 하이드 의원은 '마약몰수법'에 따라 연방정부로부터 자산을 몰수당한 개인들 중 80%는 아무런 범죄혐의도 받지 않았던 사람들이라고 발표했다.

미국에서는 경찰이 단지 마리화나 사범의 재산만을 압수할 목적으로 일하다가 비극적인 사태를 초래하게 하는 경우도 흔히 발생하고 있다. 예컨대 백만장자 농장주인 도널드 스콧은 1992년 그의 말리부 집에서 경찰의 서툰 급습작전에서 경찰에 의해 사살되었다. 경찰은 그의 집에서 마리화나 재배 흔적을 전혀 찾아내지 못했으며 나중에 가서는 경찰의 원래 수사 동기라고 하는 게 결국은 그의 토지를 압류하는데 있었다는 점을 시인했다.

각주와 연방의 마리화나 금지법은 소수인종에 대해 차별적 처리를 일삼고 있기도 하다. 흑인과 히스패닉은 단지 미국 전체 마리화나 흡연자의 20%에 불과하지만 이들은 1995년 연방법에 따라 마리화나 사범으로 형을 받은 사람들 중 55%를 차지하였다. 주 수준의 체포와 감옥형도 비슷한 비율을 보이고 있다. 예컨대 일리노이 주의 경우 1995년 마리화나 사범으로 감옥형을 받은 사람들 중 57%가 흑인이거나 히스패닉이다. 캘리포니아 주의 경우 1994년 마리화나 사범의 49%가 흑인이나 히스패닉이다. 뉴욕주의 경우 1995년 경범급 마리화나 사범의 71%가 백인이 아닌 인종에 속한다.

1972년 쉐퍼위원회가 마리화나 비범죄화를 옹호한 보고서를 발표한 이후 1997년까지 1천만 명 이상의 미국시민들이 마리화나 혐의로 체포되었다. 미국에서 마리화나 금지정책은 사회적 현실과 완전히 유리된 공공정책의 실패작이며, 수백만 명의 시민들에게 황량하기 짝이 없는 고통과 해악만을 안겨주는 것으로 나타나고 있다.

5. 살인 강간보다 더 중형?

주의회와 연방의회 의원들은 전국형사사법위원회 측이 후림상술(광고 상품으로 꾀어서 비싼 물건을 팔려는 상술)이라고 명명한 일에 몰두하는 경우가 흔하디흔하다. 즉 이 기법의 사용자들은 국민들이 당연히 무서워하기 마련인 폭력범죄를 악용하여, 폭력범죄에 대응하기 위해서는 가혹하며 때로 강제적인 안티마약법을 발의하곤 한다. 불행히도 이런 법들은 실제로는 진짜 폭력범이나 대규모 마약거래범 등에 대해 거의 타깃을 맞추지 않고 있으며, 오히려 경범이거나 폭력행위가 개재되지 않은 마약사범에 대해 엄청난 파괴적 영향을 끼치고 있을 따름이다.

예컨대 마리화나 제공혐의와 '제공의도가 있는 소지' 혐의에 어떤 폭력이 행사 되었는가 혹은 피고가 중대한 마리화나 밀거래자인가 여부와는 아무런 상관도 없이 모든 마리화나 사범에 대해 연방과 주의 가혹한 형량이 적용되는 경우가 매우 흔하다. 심지어 경범급 사범조차도 가혹한 강제형량을 받아야 하게 되어 있다. 이것이 형사절차의 오남용 미 형사사법 역량의 낭비를 초래하는 파괴적인 정책임은 두말 할 나위가 없다고 한다. 만일 폭력범죄 격퇴가 가혹하며 양보 없는 강제적 형량을 과하는 이유라고 한다면 이런 입법은 오로지 폭력범죄 만을 타깃으로 삼아야 한다. 폭력이 개재되지 않는 마리화나사범을 일반적인 비폭력 범죄와 달리 취급해야 할 이유가 전혀 없음에도 불구하고, 온갖 마리화나 관련법들이 전혀 그렇지 않은 실정이다. 예컨대 많은 성인 마리화나 흡연자들은 영리적 목적과는 아무런 상관도 없이 친구들과 마리화나를 서로 나눠 피운다. 하지만 많은 주의 관련법은 이런 행위를 장기간의 감옥형으로 다스릴 수 있도록 되어 있다.

이와 유사하게 에이즈와 암 환자를 포함하여 많은 중증질환 환자들은 마리화나를 통증과 고통을 완화하기 위해 사용하고 있다. 이 환자들은 이들을 돌보는 사람들이 마리화나를 구해다 주어야만 이를 사용할 수 있다. 그런데

간호사나 간병인 등 이토록 많은 돌보는 이들 역시 그렇게 삼을 구해다 주다가 단속이 되면 현행 마리화나 관련법에 따라 강제적 감옥형을 살아야 한다. 의사의 처방전을 받은 중대질환 환자들에게 마리화나를 공급하는 일을 하는 삼 '바이어스 클럽' 경영자들 역시 커다란 위험을 무릅써야 한다. 바이어스 클럽이 미국의 각급 자치경찰의 묵인 속에 운영되고 있음에도 불구하고 이는 연방법을 위반하면서 운영하는 셈이 되며, 대부분의 주법들도 위반한 것이 된다. 이 바이어스 클럽 경영자들은 흔히 의료용 마리화나를 재배하는 경우가 많으며 이런 행위에 대해 연방수준의 강제적 최소형량을 받아야 하는 상황에 직면해있는 실정이다. 예컨대 연방수사기관은 1997년 4월 24일 캘리포니아 주의 '플라워 치료센터'라는 한 바이어스 클럽에서 3백 그루의 마리화나를 압수했다. 이 클럽은 주법에 따라 운영 중이었으며 압수당한 마리화나는 의료용 목적으로만 재배 중이었고, 클럽 경영자는 재배혐의에 대해 유죄가 확정되면 최소 5년형이라는 강제적 형량을 받아야 하는 상황에 직면해야 했다.

이처럼 강제적 형량제도는 과실치사 같은 폭행사범이 살아야하는 감옥형의 평균기간과 맞먹는 것이며, 폭행혐의로 살아야 하는 연방형량의 평균기간보다도 오히려 1년 더 길다. 이와 마찬가지로 암시장을 피하려고 자기 집에서 다만 몇 그루만이라도 재배하기를 더 선호하는 개별 환자들 역시 각주와 연방의 엄격한 처벌을 받아야 하는 처지에 빠져있다.

마리화나 소지와 재배 사범은 폭력행위와 전혀 아무런 상관도 없다. 그럼에도 불구하고 이 혐의로 유죄가 확정된 사람들은 실제 살인과 강간범을 포함한 폭행사범들보다 훨씬 더 긴 형을 살아야 한다. 주와 연방 지도자들은 미국의 우선순위가 뭔지 재검토해야 하며 마리화나 흡연보다는 실제 폭력사범 격퇴에 대해 훨씬 큰 중요성을 부여해야 한다는 지적을 받고 있다. 미국시민들은 대부분 폭력이 개재되지 않은 마리화나 사범에 대해 형을 살리는데 소요되는 재소자 1인당 2만 3천 달러에 달하는 세금을 낭비하기를 원치 않는다. NORML 측은 주의회와 연방의회 의원들이 마리화나 흡연자는 범죄자가 아니며, 미국 형벌제도가 이들은 마치 범죄자 취급하는 것은 전혀 쓸데없으며 매우 해롭고 비인도적인 처사라는 점을 인식해야 한다는 주장을 펴고 있다.

6. 혈세낭비

미국에서 마리화나 금지정책을 위해 쓰고 있는 정확한 경비가 어느 정도인가에 대해서는 문헌을 통한 정보가 부족한 실정이다. 그러나 그토록 엄청난 연간경비에 대해 추정은 가능하다. '마약과의 전쟁'에 대해 연방정부는 157억 달러를 지출하고 있다. 이에 덧붙여 각주 및 산하 지방자치단체 역시 마약금지법 집행을 위해 연간 160억 달러를 쏟아 붓고 있다. 공식적으로 밝혀져 있는 예결산서에 바탕을 둔 액수이다. 1995년 미국에서 마약사범 체포자 150만 명 중 60만 명 정도가 마리화나 사범이었다. 따라서 310억 달러 중 25% 내지 40% 정도가 마리화나 금지정책 소요비용으로 추정할 수 있다. 이 계산법에 따르면 미국 시민의 혈세 중 연간 75억 내지 100억 달러가 마리화나 금지법 집행비용으로 투입된다고 볼 수 있다.

마리화나 금지 소요비용을 추산하는 두 번째 방법은 마리화나 사범으로 연간 체포되는 50만 명 정도가 형사사법기관에 대해 끼치는 재정부담액이 어느 정도인가를 떼어내어 보는 방법이다. 한 명의 마리화나 사범이 체포될 때마다 아주 사소한 체포인 경우에도 최소한 두 명의 경찰이 길거리 방범업무에서 떨어져 나와 여러 시간 동안 서류작업과 피고에 대한 형사처리 절차에 매달려야 한다. 이는 혐의자가 나중에 구속 상태에서 풀려나는 경우에도 마찬가지이다. 1995년 체포된 약 60만 명의 마리화나사범 모두가 체포되기 이전에 경찰력이나 준비시간이 전혀 투입되지 않았으며 체포과정이 단지 두 시간밖에 걸리지 않았다고만 계산한다 해도, 마리화나 금지정책을 위해 경찰은 최소한 240만 시간(man hour)를 소비한 것이 된다. 이것은 폭력범죄에 타깃을 맞추는데 훨씬 더 좋게 쓸 수 있는 경찰력의 시간이자 국민혈세로 충당해야 하는 재정비용에 해당한다. 예컨대 1976년 캘리포니아 주 마리화나 비범죄화 정책을 채택했던 당시 캘리포니아 주정부는 연간 평균 9억 5천 8백만 달러를 절감할 수 있었다.

이 재정비용은 물론 체포비용으로만 끝나지는 않는다. 많은 경우 경찰은 계속해서 사건의 사실관계를 더 수사해야 하며, 검사들은 공판대비를 하거나 플리바기닝(이 플리바기닝은 한 사건당 평균 5시간 내지 10시간 소요되는 것으로 추산되고 있다)을 해야 하고, 판사와 법원직원들은 재판에 매달리거나 공개법정에서 청원합의를 수용해주어야 한다. 이 공소 및 재판진행 경비만 해도 연간 수억 달러가 소요되고 있는 실정이다.

삼 금지정책 소요예산 규모를 알기 위해서는 분명 보다 더 정교한 경제비용 분석이 이뤄져야 한다. 불행히도 미국정부는 마리화나 금지정책 소요경비가 정확히 어느 정도인지 계산하는데 아무런 관심조차도 없다. 왜냐하면 미국정부는 이 막대한 경비를 미국 시민들에게 이러저러한 정당성이 있다고 설명하기를 원치 않기 때문이다. 그렇지 않아도 이미 사회복지정책에는 자금이 모자라는 실정임에도 불구하고, 수십 억 달러를 실효성도 없는 완전실패작인 삼 금지 관련 공공정책 고수에 쏟아 붓는 것은 그야말로 낭비이며 아무런 득도 없다. 삼 금지야말로 백해무익한 담배흡연과 같은 것으로 비유할 수 있는 것이 미국 삼 금지정책의 진면목인 것으로 지적되고 있다.

7. 의료용 삼사용 금지

미국에서 마리화나 금지정책은 환자나 막 죽어가는 이들을 포함하여 모든 사람에게 무차별적으로 적용하고 있다. 미국 마리화나 금지정책의 온갖 악영향 중에서도 의료용 마리화나 사용을 통해 치료효과를 볼 수 있는 수만 명에 달하는 중대질환 환자들에 대해서까지 마리화나 사용을 금지하는 것만큼 비극적인 악영향은 없다.

마리화나가 많은 중대질환 치료효과가 있으며 전통적인 대체의약품보다 독성도 훨씬 적으며 비용도 훨씬 덜 든다는 사실은 수많은 온갖 연구와 임상사례들을 통해서 명백히 드러난 바 있다. 많은 경우 마리화나는 상업적 대체 의약품보다 효능도 훨씬 더 뛰어나다. 미국 보건연합회, 미국과학자연맹, 영국의학협회, 뉴잉글랜드 의학저널지 편집인 제롬 카시러 등은 공개적으로 의료용 마리화나 사용을 보증하고 나섰다. 더군다나 1988년 미국 연방마약청 행정법 담당 프란시스 L 영 판사조차도 '마리화나야말로 인류에게 알려져 있는 가장 안전한 치료활성 물질들 중 하나'라고 공언한 바 있다.

의료용 마리화나 흡연이 가장 잘 듣는 질환은 암 치료 화학요법 치료 시 나타나는 메스꺼움으로서 삼은 이에 대한 치료제 효능이 탁월하다. 1980년대 기간 동안 흡연을 통한 마리화나 치료제는 1천 명의 환자를 대상으로 6개 주가 후원한 임상연구에서 안티 구토제로서 효능이 여실히 입증된 바 있다. 이들 환자 절대다수에게 흡연을 통한 마리화나 치료는 전통적인 메스꺼움 치료제나 삼키는 THC(합성 알약인 마리놀로 시판되고 있음) 등보다 훨씬 더 효능이 뛰어난 것으로 입증되었다. 많은 종양학자들이 현재 마리화나 금지정책에도 불구하고 환자들에게 마리화나를 권장하고 있다.

구토치료제 효능 외에도 과학적 증거와 증상의 발현 등에 의한 증거들을 보면 마리화나는 많은 중대질환에 있어서 통증과 고통을 완화하는데 탁월한 효능이 있는 것으로 제시되고 있다. 예컨대 마리화나는 많은 에이즈환자들이 고통 받고 있는 메스꺼움, 구토, 식욕부진 등을 치료해주는 동시에 에이즈 양성 환자들이 임상적 에이즈나 다른 질병으로 발전해나가는 속도를 가속화시키지도 않는 치료특성을 잘 보여주고 있다. 이에 덧붙여 마리화나는 미국시민들에게 가장 큰 실명원인이 되고 있는 녹내장으로 고통 받고 있는 환자들의 안압을 낮춰준다는 사실은 미국 과학원 등을 통해 이미 일반적으로 승인된 바 있다.

임상적 증거와 각종 증상의 발현 등에 의한 증거들 역시 마리화나가 경화증, 하반신불수, 간질, 사지마비 등과 같은 온갖 다양한 경련증 치료제로서 탁월한 효능을 가지고 있음을 입증하고 있다. 수많은 동물실험과 몇몇 신중한 통제절차를 거친 인간실험 연구를 통해 마리화나가 발작을 치료할 수 있다는 사실도 입증된 바 있다. 미국 과학원 의학연구소 측은 1982년 이런 효능을 요약하여 출판한 바 있다.

1978년에서 1996년 사이에 34개주에서 마리화나의 치료제 가치를 인정하는 법률이 통과된 바 있다. 지금도 25개주는 이 법률이 그대로 남아있다. 최근 애리조나와 캘리포니아 두 개 주에서 주민투표를 통해 압도적 다수결로 의사처방과 감독에 의한 마리화나의 합법적 사용을 통과시켰다. 하지만 불행히도 이 법률은 모두 효력에 있어서 환자들의 형사상 기소를 막으며 필요한 환자들에게 의료용 마리화나를 제공해주는 데 있어서 한계를 보여주고 있다. 그 이유는 연방정부 차원에서 의료용 마리화나 사용을 금지하고 있기 때문이다. 이에 덧붙여, 연방당국은 주법에 따라 마리화나를 권장하거나 사용한 의사들에 대해서도 제재를 가하겠다고 협박하고 있다. 분명한 것은 마리화나 치료제 효능을 통해 혜택을 보아야 하는 환자들이 이 문제를 마치 정당한 국민건강 문제로 보지 않고 대신 '마약과의 전쟁'의 일환으로 취급하는 연방정부 측의 볼모로 잡혀있다는 점이다. 연방의회 측은 이런 불의와 잘못을 시정하기 위해 입법조치를 취해야 한다는 압력을 받고 있다. 동정심과 정의가 현행법과 충돌을 일으키고 있다고 한다면 마땅히 그 현행법은 개정되어야 한다는 것이다.

NORML 측이 이렇게 법개정을 촉구하면서 1997년 6월 4일 바니 프랑크 의원은 낸시 펠로시와 조우 로프그렌 의원 등과 공동으로, 개별 주들이 의료용 마리화나 사용을 허용한 결정과 충돌되는 연방차원의 장애물을 제거하는 것을 내용으로 한 법안을 발의했다. 이 법안의 이름은 '의료용 마리화나 사용법률'(H.R. 1782)로서 의사들에게 중대질환 환자들에게 주법이 허용하는 범위 내에서 마리화나의 권장 혹은 처방을 합법적으로 할 수 있도록 규정하고 있다. 이에 덧붙여 이 법안은 각주에게 주법에 따라 의료용 마리화나의 재배와 제공 시스템을 주별로 합법적으로 마련할 수 있도록 했다.

이 법률안은 연방정부가 강제하는 법이 아니며, 각 주는 현행법을 개정하기까지 필요도 없다. 미국시민의 의지를 인정하는 것은 각주의 권리장전 차원에 속해 있으며, 이 권리장전이야말로 마리화나 의료용으로 합법화 되어야 하는지 여부를 스스로 결정토록 해주는 것이다. 이는 그야말로 복잡다단한 이슈에 대한 상식적 해결책을 제공하며 엄청나게 많은 사람들의 고통을 획기적으로 완화시켜줄 것으로 전망하고 있다. NORML은 연방의회 측에 대해 동정심으로 가득 차 있는 이 법안을 지지함으로써, 현재 의료용 마리화나를 사용하고 있는 수만 명에 달하는 미국 환자들 및 이와 같이 합법적 접근을 통해 혜택을 받게 된 수백만 명을 보호할 수 있도록 간곡히 호소해 마지 않고 있다. 수많은 중대질환 환자들은 마리화나가 통증과 고통을 완화해주는 가장 효능이 크다는 점을 잘 알고 있으며, 따라서 연방정부 측의 마리화나 금지정책은 선의의 양심에 따라 이들의 마리화나 의약품 사용을 부인하는 일을 중단해야 한다고 촉구하고 있다.

8. 삼 비범죄화 운동

미국에서 '마약과의 전쟁'이란 실제로는 전혀 마약에 대한 전쟁이 아니다. 오히려 담배와 술이라는 마약이야말로 가장 기본적인 타깃이 되어야 마땅하다. 술과 담배는 미국에서 가장 흔하게 사용 및 오남용 되는 마약이며, 사용자 및 사회에 대해 마리화나보다 훨씬 더 커다란 해악을 끼치고 있음은 두말 할 나위가 없다. 그런데도 불구하고 술과 담배는 불법이 아니다. 과거 미국은 술을 금지했었지만, 금세 술 금지정책과 결부되어 나타나는 온갖 범죄와 폭력들이야말로 술 금지를 통해 제거하려 했던 악폐보다 훨씬 더 피해가 막심한 것임을 깨달아야만 했다. 미국은 담배를 통해서 지난 20여 년 동안 교육이야말로 가장 효율적인 담배사용 억제수단임을 알게 되었다. 미국시민들이 지금 과거보다 훨씬 담배를 덜 피우게 된 것은 단 한명도 담배를 피운다고 체포하거나, 담배흡연 여부를 파악하기 위한 마약테스트를 실시하거나, 담배를 피운다고 어떤 재산을 압수하거나, 담배를 피운다고 감옥에 보내거나 하는 등등을 일체 하지 않은 채 달성해낸 성과였다.

그러나 연방정부는 이 소중한 교훈을 합리적이며 효과적인 마리화나 정책에 적용하지 않고 있다. 대신 정치인들은 이미 실패로 점철되어 왔으며 70년 동안이나 낡을 대로 낡아버린 정책을 고수하고 있다. 이렇게 고수한 댓가로 합리적 담론, 엉뚱한 곳에 쓰이는 수십억 달러의 국민혈세와 인력, 미국 건국의 토대인 원칙들과 자유 등 온갖 희생을 치르고 있다.

미국이 벌이는 '마약과의 전쟁'이란 대체로 보아 마리화나 흡연자와의 전쟁이며, 이 전쟁의 사상자는 매년 마리화나 사범으로 체포된 50만여 명의 개인과 그 가정에 대한 파괴로 나타나고 있다. 한 국가로서 미국은 너무도 오랜 동안 이른바 전쟁이라는 언어수사 속에서 살아왔다. 이제 사용과 오남용을 구분해야 하며, 개인이 국가의 압도적인 권력으로부터 자유로울 수 있는 권리에 대해 미국이 부여하고 있는 그 엄청난 중요성에 대하여 다시 한 번 환기해야 할 때가 되었다. 즉 정부라는 게 개인이 어떤 책을 읽는지, 개인이 전화로 통화하는 내용이 뭔지, 개인이 침대에서 어떻게 행동하는지 등에 대해 전혀 관여할 필요가 없다는데 대해서는 절대다수가 동의한다. 마찬가지로 누가 피로를 풀고 편안해지기 위해 마리화나를 피우든 아니면 술을 마시든 이것은 전혀 국가가 우려하거나 관심을 기울여야 할 영역은 아니라고 보아야 할 것이다.

성인이 프라이버시가 보호되는 자기 집에서 마리화나를 피우는 것을 포함하여 모든 마리화나 흡연을 범죄라고 고집스레 규정하여 이를 고수하는 정부란 결국, 경찰력과 검사 인력을 낭비하며, 법원업무를 산더미처럼 쌓이게 만들고, 엄청난 비용을 소모하면서 비좁은 감옥을 넘쳐나게 만들며, 진정 선량한 시민들의 삶과 경력을 난파시키고 있을 따름이다. 책임 있는 마리화나 흡연자란 미국에 대해 전혀 위협적이거나 위험한 존재가 아니며, 이들을 범죄자로 취급해야 할 하등의 이유도 없다는 것이다. 그것은 아무런 명분도 이유도 없이 미국 성인인구의 엄청난 부분을 차지하는 이들에 대해 선전포고하는 것 이상도 이하도 아니라고 본다.

지미 카터 대통령은 마리화나 금지정책이 시작된 지 40주년 되는 날 의회에서 다음과 같이 연설한 바 있다. "마약사용에 대한 처벌은 사용자에 대해 마약사용 그 자체보다 더욱 큰 피해가 되도록 해서는 안 됩니다. 그런데 이것은 마리화나를 개인적으로 사용하기 위해 사적으로 소지한 것을 처벌하는 마리화나 금지법에서야말로 가장 극명하게 나타나고 있습니다." 다시 이로부터 20년이 흐른 후 카터 전 대통령의 이 연설은 정말 크게 그리고 긴급하게 울려오고 있다. 70년에 걸친 실패로 점철된 파괴적인 미국의 마리화나 금지정책은 이제 단호하게 종식시키자는 목소리가 높아지고 있다.

미국에서 1969년이라고 하는 해는 삼이 레크리에이션용으로 크게 확산된 해였다. 그래서 이때부터 단순 삼사용자에 대한 처벌을 줄여 감옥형보다는 압수나 벌금에 그치도록 하자는 법개정 운동이 엄청난 기세로 벌어졌던 것이다. 비범죄화란 암시장의 밀거래나 판매자에 대한 처벌은 세게 함으로써 사용을 억제토록 하면서도, 그와 동시에 이들 사용자에 대한 형사처벌은 대부분 면제해주도록 하는 공급측면의 약물통제정책이다. 비범죄화 정책의 최초 사례는 알라버마주이며 당시 주 판사들은 소량의 삼 소지자(삼 한 수)에 대해서는 5년 최저 형량에 처하지 않기로 판결하였다. 이어서 미주리주 의회는 주 조례와 시행령을 개정하여 삼소지 재범에 대해서도 더 이상 감옥형에 처하지 않기로 하였다. 조지아주의 경우 미성년자에 대한 삼 판매 재범에 대해여 더 이상 사형 제도를 적용하지 않기로 개정하였다.

그 직후인 1973년 각급 주 정부 측의 비범죄화 운동이 시작되었으며 먼저 오레곤주가 콜로라도, 알래스카, 오하이오, 캘리포니아 주에 대하여 1975년 소송에 동참하도록 촉구하였다. 1978년 미시시피, 노스캐롤라이나, 뉴욕, 네브라스카 주들도 여러 형태의 삼 비범죄화 조치를 취했다. 2001년 네바다 주는 삼 소지 혐의에 대해 강력범에서 경범으로 낮추도록 하는 조치를 취했다.

각 주가 이렇게 삼 비범죄화 조치를 취한 권한을 보유하고 행사함에도 불구하고 연방차원에서는 연방의회가 법개정에 계속해서 이의를 달면서 유사조치가 전혀 취해지지 않았다. 그러나 미국에서는 연방 차원에서 여러 차례 삼을 의료용으로조차 쓸 수 없도록 가장 엄격하게 규정하고 있는 1등급 마약에서 등급을 하향 조정토록 해달라는 삼 등급 완화 청원들이 제기되었다. 미국의 '마약통제법'(The Controlled Substance Act)은 연방의회의 법적 조치(법 제정이나 개정)가 없더라도 집행부(연방정부)가 삼의 의료용이나 레크리에이션용 사용에 대해 비범죄화 할 수 있도록 허용은 할 수 있다고 규정하고 있다. 그러나 연방정부의 이 조치는 연방정부 '보건 및 인적서비스부' 장관이 마약통제법이 규정한 일부 과학적 이슈와 의료적 이슈들에 대하여 연구조사를 거쳐 나온 결과에 따라 결정하도록 되어있다. 미국의 삼 등급 완화논쟁에서는 '미국 독립선언서'에 표현되어있는 '생명, 자유, 행복의 추구라는 천부의 양도할 수 없는 권리'에 대한 이슈들이 여러 차례 제기되어 왔다. 이들은 삼사용으로 감옥에 갇힌 이들은 사실상 정치범과 다름없다고 주장한다.

1986년 미국 연방의회는 삼 등급완화 청원사태에 따른 청문회를 개최한 바 있는데, 당시 찬반 양측을 보면 삼 문제를 둘러싸고 미국사회가 양분돼 있는 모습을 적나라하게 표출한 바 있으며, 이는 지금까지도 계속되고 있다. 찬성측은 삼 및 삼 흡연 금지 및 삼 사범 형사처벌 등에 대하여 이를 반대하는 시민단체인 NORML(1970년 설립), 삼을 처방에 따라 치료용으로 사용할 수 있도록 하기 위한 비영리 시민단체인 '삼 치료 시민연합'(The Alliance for

Cannabis Therapeutics), 삼을 II등급으로 하향조정하여 자연산 카나비노이드 추출을 통해 신약을 개발 보급해 보려는 어느 한 민간제약회사인 '미국 삼 제약회사'(The Cannabis Corporation of America), 삼을 자신들 종교의식에 필수적인 성스러운 식물로 받들고 있는 '에티오피아 시온콥트교회'(The Ethiopian Zion Coptic Church) 등이었으며, 반대파는 연방마약청(DEA), 전미경찰지휘부연합회(The International Chiefs of Police), 시민단체인 '마약 없는 청소년을 위한 전국부모연맹'(The National Federation of Parents for Drug-Free Youth) 등이었다. 이 구도는 지금도 계속되고 있다.

2005년, 밀턴 프리드만을 비롯하여 5백여 명의 자유주의 경제학자들은 미국의 대통령, 연방의회, 각 주지사, 각 주의회 등에게 보낸 공개서한에서 삼 합법화 조치를 요구하였다. 2005년 11월 1일, 콜로라도 덴버시는 주민투표에서 54% 대 46%로 21세 이상의 성인이 1온스 이하의 삼 소지를 합법화 하는 정책을 통과시켰다. 2006년 2월 16일, 헤럴드 뉴스 온라인 측은 매사추세츠 주대법원 '정신보건 및 약물남용 합동위원회' 측는 1온스 이하의 삼 소지를 비범죄화 하는 주정부 법안을 6대 1로 지지하여 통과시켰다. 이에 따르면 그와 같은 삼 사범에 대해서는 형사상 기소를 하기보다는 단지 250달러 이하의 민사상 벌금형 정도에 그치도록 하였다.

9. 연방대법원 의료용 삼사용 금지 판결

미국 연방 대법원은 2005년 6월 6일 의료 목적의 삼사용 금지 판결을 내렸다. 당초 의료용 삼사용 반대를 지지해왔던 부시 행정부는 대법원의 판결을 반긴 반면, 기존에 의료용 삼사용을 허가해온 11개 주는 시큰둥한 반응을 보였다. 미국 연방 대법원의 판결 내용은 전체 대법관 9명 가운데 6대

3으로 의료용 삼사용이 마약을 포괄적으로 규제하는 연방 마약법에 위반된다며 금지 판결을 내렸다. 존 폴 스티븐스 대법관은 의료용 삼사용은 환자의 고통과 통증을 덜어준다는 차원에서 여러 가지 논란이 많다고 지적하고, 그러나 삼을 마약으로 규정하고 있는 현 연방 마약법을 위반하고 있다는 점에서 다른 선택은 없었다고 지적했다. 그는 또 비도덕적인 의사들의 처방전 남용이 일반 기호용 불법 삼 시장을 확대시킬 수도 있다고 우려했다. 그러나 판결문은 의료용 삼의 최종 선택은 대법원이 아니라 입법을 담당하는 연방의회에 있다고 지적하고, 연방의회가 의료용 삼사용을 허용하도록 개헌할 수도 있다고 밝혔다.

지난 1996년 의료용 삼사용을 미국 최초로 허가한 바 있는 캘리포니아 주를 포함해 총 11개주에서는 의료용 삼을 합법적으로 인정하고 있다. 대부분 미 서부에 위치한 이들 11개주는 과학적으로 최종 검증은 안 되었지만 삼이 여러 환자들의 통증과 고통들을 완화시켜준다는 여러 임상 결과가 나와 있다며 의사의 처방전을 받는 환자들에 한해 삼을 사용할 수 있도록 허가하고 있다. 이들 11개주 내에서 처방전을 받은 환자들은 정원이나 밭에서 삼을 직접 재배하거나 약국에서 삼을 구입하고 있다.

의료용 삼 옹호론자들과 11개 주 관계자들은 연방 대법원 판결로 인해 삼 환자들이 규제를 당하게 될 가능성을 우려하고 있다. 캘리포니아 주의 빌 록키어 법무장관은 대법원 판결로 인해 캘리포니아 주 내의 삼을 사용하는 중증 환자들이 연방법에 의해 체포되거나 기소될 위험에 계속 노출되게 됐다며 우려를 표했다. 그는 대법원 판결로 인해 환자들이 부정적인 영향을 받게 되었다고 실망감을 표시했으며, 미국 연방정부는 의료용과 일반용 마리화나의 사용을 구별 내지는 분별하지 못하고 있다고 지적했다. 그러나 언론은 연방 대법원의 판결이 11개의 주법을 무효화한 것이 아니라 금지규정을 확인한 것에 불과하기 때문에 직접적인 영향은 거의 없다고 전망했다. 이들 11개 주 정부 역시 의료용 삼 사용자들을 체포할 뜻이 없다고 거듭 밝혔다.

의료용 삼사용을 반대하는 측은 대법원 판결을 반기면서도 의회가 삼사용을 더욱 강력히 규제할 수 있는 관련법을 추가로 만들어야 한다고 주장하고 있다. 청소년 마약근절 민간단체인 '마약 없는 미국어린이연합'(Drug Free Kids-America) 측의 조이스 날렙가 씨는 삼이 의학적으로 도움이 되지 않을 뿐 아니라 장기적으로는 뇌와 폐등 우리 몸의 전체 면역기능에 손상을 주기 때문에 삼 규제는 반드시 필요하다고 주장했다. 존 월터스 백악관 마약통제 정책 담당관은 미국의 의료제도는 다수의 의견이 아닌 과학적인 의학연구의 결과에 바탕을 두고 있다고 지적하고 삼의 의학적 효능이 검증되지 않은 상태에서 이를 합법화하는 것은 이치에 맞지 않다고 밝혔다.

미국에서는 삼을 마리화나, 또는 은어로 흔히 팟이라고 부르는데, 현재 정확한 삼 흡연자를 산출한 통계는 없지만 연방마약청 측은 각종 서베이조사 등을 통하여 수백만 명의 미국인들이 불법적으로 삼을 사용하는 것으로 보고 있다. 의료용 삼사용자 역시 정확히 나와 있는 통계는 없지만 북서부 오리건 주의 경우 대법원의 판결 영향으로 1만 여명의 환자들에 대한 의료용 삼 사용카드 발급을 잠정 중단한다고 밝혀서 각 주마다 만 명 이상, 일부 주의 경우 수만 명 이상이 의료용 삼을 사용해온 것으로 알려져 있다.

결국 의료용 삼 허가 여부의 최종 열쇠는 미국 의회가 쥐고 있다. 2005년 당시 150여명의 의원들이 의료용 삼 허가를 지지하는 것으로 알려져 있으나, 이는 법안 통과선인 218표에는 아직 미치지 못하고 있다. 그러나 의료용 삼 허가 옹호론자들과 의원들의 지역구 일부 유권자들이 활발한 로비 활동을 펼치고 있어서 결론이 어떻게 날지 좀더 지켜봐야 할 것으로 보인다.

10. 연방마약청(자료)

2006년 창설 33주년이 된 미국 연방마약청(DEA)은 마약사범으로 60만

명을 기소했으며 수십 억 달러에 달하는 자산을 압류하였고, 십여 개에 달하는 거대 마약카르텔을 적발하여 해체시켰다. 반면, 이런 DEA의 활약으로 인해 역설적으로 세계 각국 정부와 군부는 마약을 통한 돈벌이로 인해 부패했으며, 전세계 하드드럭 가격은 하락한 반면 함량과 품질은 극적일 만큼 크게 향상되었고, 수백 명의 달하는 무고한 미국시민들이 멸사봉공의 열렬한 연방마약청 측의 급습작전에서 희생당하고 말았다. 도대체 무엇이 잘못되었는가?

1992년 8월 25일 밤 10시 30분경 컴퓨터 회사 간부인 도날드 칼슨(31)은 캘리포니아주 산디아고의 부유층 거주지역에 있는 자신의 집에 돌아와 잠들었다. 그런데 12시경 일단의 산디아고 경찰기동대(Special Weapons and Tactics or Special Weapons Attack Team, SWAT 팀)이 연방마약청, 연방세관, BATF(술 담배 총기 관리청) 요원들과 함께 칼슨의 집에 마치 군대처럼 들이닥쳤다. 이 기동대 팀이 벽을 부수는 도구를 써가며 그 무거운 오크가구로 된 현관문을 제거하고 창문에 섬광수류탄(인질구출 및 폭동진압용)을 던지는 동안, 요원들은 칼슨의 집 후원 차고를 통해 떼거리로 들이닥쳤다. 잠에서 깬 칼슨은 911(우리나라 112에 해당함)에 신고했으며 면허를 받은 피스톨 총을 거머쥐고 계단을 내려가 강도라고 생각한 범죄자들과 대항하고자 했다. 하지만 그 다음 몇 초 동안 한 수사관이 그에게 반자동 화기로 14회 내지 20회 정도 총을 쏘아댔다. 그러나 칼슨을 명중시키진 못했으며, 칼슨은 계단에 쓰러져 일생 동안 가장 공포스러운 때를 견뎌내야 했다. 연방마약청와 세관 측 수사관들은 칼슨을 추적했으며 당시 이들은 침실 복도에 쓰러져있는 칼슨에게 3발이나 더 쏘았다. 하지만 믿을 수 없게도 그는 죽지 않고 살아났다.

나중에 가서, 요원들과 수사관들은 오로지 칼슨의 컴퓨터회사에서 월급 2천 달러를 받은 것으로 되어 있는 마약밀매범으로서 DEA 정보원이던 로니 에드먼즈의 단 한마디 말에만 근거를 두고 어느 한 판사가 발부한 수색영장에 따라 칼슨의 집에 병력을 보냈던 것으로 밝혀졌다. 에드먼즈는 연방마약청 관리자에게 칼슨은 콜롬비아의 거대 코카인 카르텔의 핵심조직원으로서 매달 수백 만 달러어치의 코카인을 운반하며 그의 집을 급습하면 차고에 5천 파운드 어치 분량의 코카인을 적발해낼 수 있으며 4명의 중무장 콜롬비아인들이 지키고 있음에 틀림없다고 말했다. 그래서 요원들과 수사관들이 차고를 통해 칼슨 집에 들이닥쳤지만 코카인을 전혀 찾아낼 수 없었으며 이들을 가로막는 경호원들도 전혀 없었다.

칼슨이 의식을 찾고 회복했을 때 연방정부에 소송을 제기했으며 275만 달러에 달하는 보상을 받아내게 되었다. 하지만 이렇게 보상하는 대가로, 관련 서류 대부분을 봉인하며 칼슨은 이 사건에 대해 공개토론에 나서지 못하도록 했다. 이로부터 6주가 채 지나지 않은 10월 2일, DEA, 로스앤젤레스 보안관측, 세관, 미국 공원경비대 등은 새벽시간에 백만장자 부호인 도날드 스콧의 대저택을 급습하였다. 스콧이 위 칼슨과 마찬가지로 잠에서 깨면서 아내가 비명소리를 지르며 "날 쏘지 마세요. 날 죽이지 말아주세요"라고 외치는 소리를 들었다. 그는 칼슨과 마찬가지로 면허가 있는 권총을 거머쥐고 아래층으로 내려갔다. 두 명의 보안관실 요원들이 총을 내려놓으라고 명령했으며 스콧이 그 말대로 총을 내려놓자 이들은 스콧에 총을 쏴 살해했다. 스콧 사건의 경우 연방마약청 측은 이름이 밝혀지지 않은 한 정보원이 도르래와 벨트차 등을 이용하여 엄청난 양의 삼을 재배하고 있다고 밀고한 것으로 되어있다. 삼은 항아리 속에 매달려 있으며 나무 숲 속에 두었으며 이렇게 삼을 재배하면서도 밖에서는 보이지 않도록 무성한 잎 속에 숨기는 것으로 생각되었다. 수사관들은 몇 주를 두고 스콧의 집을 감시했으나 나무 숲 속에 삼이 매달려 있는 것을 전혀 찾아낼 수 없었고 아무도 수사관들을 가로막지도 않았다.

이 두 사건에서 마약은 전혀 발견되지 않았다. 스콧 사건의 경우 나중에 연방기관 요원들이 스콧의 대저택을 극도로 시샘했으며 이 저택을 사들여 산타모니카 산맥의 회랑이라는 절경 속에 편입시키고자 한 바 있었다. 스콧이 되풀이해서 대저택을 팔라는 제의를 거부하자 정보원들이 '매달려 있는 삼나무'라는 허구적인 이야기를 자기들 멋대로 꾸며내기에 이르렀던 것이다. 이 사건을 수사한 검사는 스콧 대저택를 급습한 진짜 동기는 대저택을 마약범죄 관련 수익자산으로 압류하는데 있었으며, 이를 연방공원관리청 측이 매입하도록 할 계획이었던 것으로 결론 내렸다. 수백만 달러에 이르는 이 거래는 나중에 이 불법살해 사건에 대한 소송을 취하하는 조건으로 스콧의 미망인 및 상속인 측과의 사이에서 이루어졌다.

이상의 사례들에서 연방마약청 측이 연루된 다음 몇 가지 잘못들 거의 모두가 벌써 적나라하게 드러난다. 첫째 연방마약청 측은 종종 중범죄 전과자이자 전문적인 거짓말쟁이인 정보원들 말을 주저 없이 믿으며, 이들 정보원들은 고지식하기 짝이 없거나 부패한 연방마약청 요원들과 공모하며 서로 기생하고 있다. 둘째 어떤 문제 해결 접근에 있어서 조사와 협상보다는 총을 앞세우는 카우보이식 감성에 의존하고 있다. 셋째 잘못을 시인할 줄 모르며 시민의 기본권과 자유를 무시하고 마약법 집행에 무능력하며 도대체 시중의 마약을 제거할 역량을 갖추고 있질 못하다.

실제로 미국 정부기관과 행정부의 역사를 뒤돌아보면 연방마약청은 역대 가장 비효율적이며 가장 서툰 조직 중 하나라고 볼 수 있다. 1973년 연방마약청이 창설된 이후 모든 하드드럭의 시장가격이 75% 이상 떨어졌으며 순도는 오히려 수백 퍼센트 증가했다. 하지만 삼 가격은 엄청나게 급증했으며, 이는 연방마약청이 삼에 대해 거의 맹목적이며 광신적으로 집착하고 있다는 표시이기도 하다. 여기서는 피터 고만(Peter Gorman)의 글을 중심으로 미국 연방마약청의 실상을 정리해보기로 한다(Peter Gorman, "The History of the DEA", *Cannabis Culture* March/April 2006).

1) 족보

미국 법무무 마약청 홈페이지의 역사소개 난은 "DEA의 장구하며 실로 자랑스럽고 훌륭한 역사는 1915년 국세청(Bureau of Internal Revenue)에서 시작되었습니다"라는 말로 시작한다. 당초 미국 시민들로부터 세금을 거뒤들이며 '1914년의 해리슨법' 시행을 위해 설립된 국세청은 전혀 자랑스럽거나 훌륭한 기관이 아니었다. 국세청은 너무도 부패해서 설립된 지 9년 후인 1924년 미시간주의 제임스 쿠젠스 상원의원 측이 국세청 운영전반에 관한 조사위원회 설치 결의안을 발의해야 할 정도가 되었다. 특히 쿠젠스 의원 측은 석유회사들이 국세청 측의 무능하며 부패한 감독 행위로 인해 세금을 너무 적게 내고 있다고 비난하였다. 1년 후인 1925년 쿠젠스 의원 측은 소급과세로 1천 만 달러의 세금을 내라는 고지서를 받게 되었다. 당시 재무부장관인 안드루 멜론이 개인적으로 쿠젠스 상원의원에게 보복하기 위한 배후로 지목되었다. 멜론 장관은 걸프오일 석유회사 대주주였다. 그런데 쿠젠스 의원 측은 이 걸프오일 측에 대하여 국세청 부패로 인해 막대한 이득을 챙기고 있다고 비난했던 것이다.

1919년 미국에서 술을 금지토록 한 제18차 헌법수정이 통과되었으며 이로 인해 국세청은 금주청이 신설된 1927년까지 추가업무를 담당하게 되었다. 금주청은 금주법 시행이 가장 중요한 임무였다. 미국 해양경찰청, 세관, FBI 등이 국세청과 금주청 업무 수행을 지원하였다. 금주법이 시행되자 미국에서 최초로 조직이 제대로 되고 잘 운영되는 갱단 조직범죄단체가 등장하기에 이른다. 이 초기 범죄조직단 중 가장 유명한 두목급들 중에는 마이어 랜스키와 알카포네 등이 들어있었다.

1930년 불법마약 격퇴를 유일한 업무목표로 삼는 연방마약청(FBN) 설립은 바로 이 금주청의 명성(?)을 이어받아 기관설립을 개척하여 가능했던 것이다. 이 FBN은 1973년 만들어진 DEA와 동일하게 '연방마약청'으로 번역한다. 이 둘은 영어 명칭과 시대만 다를 뿐 업무 내용은 거의 동일하다. 어쨌든 1930년 당시 신임 연방마약청(FBN) 청장은 위에서 부패한 금주청을 거느렸던 재무부장관 출신 안드루 멜론의 사위인 해리 안슬링거였다. 당시 안슬링거는 아편과 헤로인 등과 싸워야 할 일이 없다시피 했으며, 엘리옷 네스 금주청장이 하는 일들에 비추어 보면 신문의 헤드라인을 장식할 일조차도 아예 없다시피 했다. 하지만 안슬링거는 관료조직, 정부기구, 관리기구 등이라는 게 어떻게 작동하는 것인지 잘 알고 있었으며, 관료기구란 매우 유용한 것일 수도 있는 반면 아무런 쓸모가 없을 수도 있으며, 더욱 더 팽창할 수도 거꾸로 소멸해버릴 수도 있음을 잘 알고 있었다. 이런 점을 염두에 두고 안슬링거는 이제 막 신설된 마약청장으로 취임한 직후부터 '마리화나'를 무자비하게 악마적인 것으로 내몰아가기 위한 캠페인에 착수했다. 당시까지만 해도 삼은 기본적으로는 아예 알려져 있지도 않은 물건에 불과했다. 하지만 안슬링거는 '악의 풀'을 금지해야 한다는 국민운동이 벌어질 때까지 계속해서 마리화나의 위험성을 부각시켰으며 마침내 1937년 '마리화나 세금법'이 통과되어 불법화 되기에 이른다. 이후 안슬링거는 새롭게 헤로인은 천벌과 같은 재앙이며 코카인은 전염병이라고 서슴없이 주장했으며 연방마약청이 언론에 오르내리며 팽창하는데 필요한 것이라고 여겨지는 것이라면 무엇이든지 악의 근원으로 몰아세웠다. 그의 이런 노력은 매우 성공적이었으며 이에 따라 연방마약청의 예산과 인력은 매년 급증했고 안슬링거는 1962년까지 장기간 동안 연방마약청장으로 재임한다.

1966년 '보건 교육 복지부 산하의 식품의약청이 운영하는 약물남용통제국이 신설되었으며 암페타민, 바르비투르산염, 환각제(특히 역사상 처음으로 LSD 포함) 등의 판매와 소지를 규제하는 업무를 맡도록 하였다. 규제 업무 외에도 이 기관은 정신에 작용하는 물질에 대한 핵심 연구 그 자체를 사실상 봉쇄시키는 역할을 담당했다. 그와 같은 연구를 하기 위해서는 식품의약청 측의 허가를 거치도록 했는데, 기본적으로 허가 자체를 내준 적이 없기 때문이다.

2년 후인 1970년 연방마약청은 약물남용통제국과 통합되어 '마약류와 위험약물 연방관리청'(BNDD)이라는 기관이 되었다. 이 기관은 두 기관의 "권한을 통합하며 경험과 인력을 그대로 계승하며, 불법 마약거래 적발과 단속을 위해 주정부와 지방자치단체들과 협력하고, 불법 마약류 및 마리화나 거래를 진압하기 위해 전세계 차원에서 업무를 진행토록" 하였다. 이 기관은 합법적 마약류의 처방과 공급을 담당하는 의사면허 등에 대해 규제와 통제권도 갖도록 했다. 1970년경 이 새로운 통합기관은 미국 내 1천 4백여 명의 요원 및 미국과 해외 9개국(터키에서 파나마, 멕시코에서 태국 등에 이르는)에 걸쳐 지부를 두었으며 2년만인 1972년 예산이 4배로 급증했다.

하지만 연방 BNDD가 재무부보다 법무부 후원을 받아 마약법 집행 업무를 가장 중요한 업무로 삼은 반면, 유사한 업무를 담당하는 다른 기관들도 있었다. 예컨대 국립마약정보청(ONNI), 마약발전연구관리팀(NARMT), 연방세관 마약수사국, 마약남용법집행청(ODALE), FBI, 각급 주별 지방자치단체 해당 기관 등이 그것이다. 이들은 서로에 대하여 수사가 잘못되게 만들거나 방해하는 경우가 허다했으며, BNDD와 미국세관 측은 서로 노골적으로까지 적대감을 보였다.

리처드 닉슨 대통령은 1968년과 1972년 대선에서 '범죄에 강력 대처'하겠다는 다짐 및 '마약과의 전쟁' 선언 등을 통해 당선되었으며, 1973년 당시 양원 합동 연설에서 '조직개편 제2호'를 발표하고 "정부의 마약통제활동을 공고히 하며 효율적인 조정을 위하여 하나의 연방기구 창설 방안을 제시"하였다. 이 방안은 받아들여졌으며 1973년 BNDD와 미국세관 마약수사국, ODALE, ONNI, NARMT 등이 통합하여 하나의 초거대기관인 연방마약청(DEA)를 탄생시키기에 이르렀다.

2) 누가 연방마약청 요원이 되며 왜 부패해지는가?

연방마약청의 임무는 "미국의 약물통제법규를 집행하며, 통제대상 약물을 미국에서 혹은 미국에 들여올 목적으로 재배 제조 공급하는 조직 및 그 조직의 주요 조직원들 등을 미국 민형사법원 및 관할 기관에 기소하고, 국내외 시장에서 불법통제대상 약물 이용의 감소를 위한 법집행 이외의 정책과 프로그램을 권고하며 지원토록 하는데" 있다.

DEA 창설 당시 요원 수는 1,470명, 예산은 7,490만 달러였다. 2년 후가 되면 요원 수는 2,135명, 예산은 거의 곱절인 1억 4,090만 달러에 달하게 된다. 해리 안슬링거가 FBN을 만들 때 기조로 삼은 조직유형은 DEA에도 그대로 계승되었다. 1980년 요원 수는 2천 여 명, 예산은 2억 600만 달러가 되었으며, 1990년 요원수 3,191명, 예산 7억 6,900만 달러로 팽창했다. 2003년엔 요원수 4,841명, 예산 19억 달러에 달했다. 하지만 이런 인력과 예산에도 불구하고 약물 사용은 감소하지 않고 있다.

퇴직한 연방마약청 요원 리처드 아모스는 현재 경찰 및 마약단속 법집행기관 퇴직자들이 모여 만든 시민단체인 '법집행기관 출신 약물금지반대운동연합'(Law Enforcement Against Prohibition, LEAP) 회원으로서 LEAP에 낸 이력서에서 다음과 같이 지적하고 있다. "1998년 연방마약청 토마스 콘스탄틴 청장은 휴스턴에서 열린 퇴직요원 연차총회에서 연설한 바 있다. 그는 '본인은 좋은 소식과 나쁜 소식을 전하고자 합니다. 좋은 소식이란 의회측이 마약과의 전쟁을 위해 17억 달러의 예산을 승인했다는 점이며 나쁜 소식이란 마약이 더욱 더 값이 싸졌으며 그러면서도 순도는 오히려 높아지고 있다는 점입니다. 이제 우리는 더욱 더 열심히 일해야 합니다.' 청장이 연설을 마치고 청중에게 질문을 하도록 하였다. 당시 그는 서서 이미 여러 해에 걸쳐 자신을 힘들게 만들어온 질문들에 대답해야 했다. 질문들이란 다음과 같았다. '청장님, 미국이 약물을 합법화하면 마약범죄조직 카르텔의 마약공급을 제거할 수 있지 않을까요? 감옥의 규모를 줄이며 약물사용자를 범죄자로 만드는 일을 중단할 수 있는 것 아닐까요? 미국은 연방마약청 설립 당시부터 지금까지 줄곧 동일한 전술을 쓰고 있어요. 그런데도 청장님은 지금 저희들에게 국경을 넘어오는 마약이 역대 그 어느 때보다 더욱 더 증가했으며 그 가격도 1973년보다 더욱 더 싸졌다고 하셨잖아요. 그럼 이젠 전술을 바꿔봐야 하는 바로 그 적기가 된 것 아닌가요?' 이에 대해 청장은 전혀 답변하지 못했으며 전혀 유쾌할 수가 없었다."

약물사용에 대해 여전히 일관되게 반대하는 아모스는 자신이 연방마약청 요원으로 근무하던 시절에 대한 이야기를 굳이 하려 들지 않았다. 다른 어떤 현직 연방마약청 소속요원들도 마찬가지다. 이는 적어도 마찰을 두려워해서 그런 것만은 아니다. 셀레리노 카스틸로는 예외였다. 연방마약청 요원들은 출발은 한 인간으로서 마약이 잘못된 것이며 시중의 마약을 제거하기 위한 전쟁 수행은 좋으며 존경받을 만한 일이라는데 마음 속 깊이 확실한 신념을 가지고 시작한다. 어떤 요원들은 일반 경찰에서 연방마약청에 전직 신청서를 제출하여 선발되기도 한다. 자치경찰 출신인 이들은 연방마약청을 포함하는 기동대에서 일하도록 선정되어 와서는 처음부터 연방마약청에 근무해오던 요원들에게 깊은 인상을 심어주기도 한다. 다른 어떤 요원들은 직접 연방마약청에 입사한다. 매번 적어도 1명 이상의 상당수는 첩보기관을 통하여 연방마약청에 들어온다.

셀레리노 카스틸로가 연방마약청 요원이 된 것은 최종 결말은 그렇지 않더라도 처음 입문 과정은 매우 전형적인 사례에 속한다. 텍사스 남부 출신인 카스틸로는 베트남전에 참전했으며 베트남 전쟁터에서 그는 헤로인과 삼사용이 만연되어있음을 겪고 보았으며 증오하게 되었다. 어느 한 병사가 자신의 위치를 지키지 않아서 나머지 전체 병사의 생명이 위태롭던 경우를 카스틸로가 너무나 절실히 겪었기 때문이다. 더군다나 그는 마약남용으로 죽어간 것으로 알고 있는 병사들을 직접 목격했으며 그래서 귀환하면 마약사용을 막기 위해 싸울 것이라고 다짐했다. 고향으로 돌아온 그는 국경 근처에 있는 사우스 텍사스 경찰에 투신했으며, 스페인어를 할 줄 알았기 때문에 당시 창설된 지 얼마 안 된 연방마약청 측은 그에게 '멕시코 국경지대 경비' 업무를 같이 하도록 요청했다. 카스틸로는 자신이 사우스 텍사스 경찰의 일상적인 업무에 비해 연방마약청 업무는 크게 다르다는 점을 곧바로 깨닫게 되었다. 카스틸로가 보기에 일반적으로 정보원이란 예컨대 이웃이 욕을 한다든지 난폭한 피티를 벌인다든지 장물을 취급한다든지 할 때 이를 경찰에 와서 신고하는 평범한 보통사람들인 반면, 연방마약청에 오는 정보원들은 보수를 받으며, 이들은 거의 모두 범죄자들이고, 감옥형 대신 연방마약청 밀대 내지는 정보원이 되어주는 대가로 석방된 자들이다.

연방마약청은 다른 측면에서도 일반 경찰과는 달랐다. 카스틸로는 다음과 같이 지적하였다. “우리가 멕시코 연방경찰과 함께 급습작전을 벌일 때 범인들을 체포하지 않았다. 우리는 용의자들에게 신체적 위해 즉 고문을 가하는 것을 지켜보며 때로는 그 일을 같이 하기도 했다. 멕시코 경찰은 사람들을 때려서 정보를 빼어내는 것으로 알려져 있으며 연방마약청은 이를 제지하지 않았다.” 카스틸로는 경찰에 입문한지 6년 후 연방마약청 풀타임요원으로 전직신청을 했으며, 이때 전직이 허가되어 버지니아주 콴티코의 미해군 기지에 있는 연방마약청 아카데미에 들어갔다. 여기서는 윤리에 대해 가장 중점적으로 교육이 실시되며 윤리는 연방마약청 교육과정의 ‘황금 실’로 간주되고 연방마약청 요원이 될 학생들은 “언제나 최고 수준의 윤리의식과 직업의식”에 철두철미 하도록 교육을 받는다.

카스틸로는 말한다. “연방마약청 아카데미 측은 교육생들에게 시종 윤리적인 내용의 교육을 지겹도록 되풀이했어요.” 그러나 연방마약청의 본질적인 문제점은 연방마약청 요원이 된 이들의 모든 좋은 (그러나 잘못된 것일 수도 있는) 의도와 계속해서 되풀이하여 높은 윤리수준을 교육함에도 불구하고, 이들이 현장에 가면 전혀 다른 정서를 갖고 일할 수밖에 없다는 점이다. 마약거래 당사자들은 통상 불만을 가지고 있지 않으며, 설령 불만이 있더라도 양 당사자 누구도 당국에 가서 이에 대해 신고하지 않기 마련이다. 이것은 연방마약청 측이 스스로 마약밀매 및 범죄조직에 스스로를 노출하여 참여하지 않으면 도저히 주어진 업무수행을 할 수 없음을 뜻한다. 카스틸로가 최초 과업에서 깨닫게 된 바와 같이 이를 위해 연방마약청 요원들은 필사적으로 감옥에 갇히는 시간에서 벗어나려는 범죄자의 밀고나 혹은 연방마약청으로부터 대가와 보수를 받아 챙기려는 직업적 밀고꾼들에게 의존하는 수밖에 없다. “연방마약청 현장 업무에 가자마자 다른 요원이 나에게 아카데미에서 배운 것은 모두 창밖에 내던져버리라고 일러주었어요. 기존 요원들은 현장에는 현장의 규칙이 있다고 가르쳐주었어요. 그리고 우리 요원들이 하는 일 중 많은 부분은 불법이었지요. 우린 써먹지도 않은 주차위반 티켓을 마치 수색영장인 것처럼 재빨리 들이밀곤 했지요. 그리곤 실제 영장은 나중에서 가서야 받아내곤 했어요. 거짓말도 밥 먹듯 하고, 거짓말 하는 것을 뻔히 아는 그런 정보원들을 활용도 하며, 이 모든 것들이 우리 직업이란 게 원래 마약과 마약을 파는 더러운 것들을 현장에서 제거해야 하는 일이기 때문에 어쩔 수 없다고 합리화하곤 했지요. 그리곤 규칙대로만 하려 하면 도저히 그런 일을 해낼 수 없다고 하지요. 뉴욕도 그렇게 하면 안 되며 다른 어디라도 마찬가지지요. 우리 요원들은 마약을 사고팔면서 사람들이 이 미끼를 물도록 하는 등 온갖 짓들을 다했어요."

지금은 미국 중서부 지역에서 변론 담당 변호사가 되어 활동 중인 전직 연방마약청 요원은 자신이 추적하는 범죄자들과 꼭 마찬가지로 스스로 법규를 무수히 어겨가면서 일한다는 점을 알고서도 왜 연방마약청 요원으로 계속 남아있었느냐는 질문을 받고 다음과 같이 답변했다. "당시 저는 멸사봉공만을 생각하는 열정적인 신출내기 경찰이었지요. 바로 그럴 때 제가 연방마약청으로 전직했어요. 그리곤 갑자기 전 총과 마약을 운반하며 매춘을 알선하고 캐딜락을 타고 쿠바산 시가를 물고 다녔지요. 어쩌다 나쁜 범죄자만 붙잡기만 하면 이 모든 게 제겐 합법적인 것이었지요. 마음 속 어딘가에서 아무리 '그런 짓 하면 안돼'라고 해도, 23살짜리가 도대체 그렇게 멋진 걸 할 수 있는 직업을 왜 하고 싶어 하지 않으며 바라질 않았겠어요?" 연방마약청 퇴직요원이 지적하듯이 정말 모든 것 중에서도 최고의 하이 한 느낌을 주는 흥분으로 가득 찬 급습작전이 주는 쾌감은 더욱더 두말 할 나위가 없다. "여러분은 비밀수사관입니다. 여러분은 이 범죄자들과 몇 주 아니 몇 달 동안 친구처럼 지내왔지요. 여러분은 베스트 프렌드이며 이제 대규모 거래가 임박했어요. 불과 몇 초도 안돼 강타하게 될 거요. 상대방 범죄자들보다 좀 더 영리하고 좀 더 날쌔야 돼요. 안 그러면 여러분들이 죽습니다. 여러분, 이토록 흥분되는 급습작전은 성공하면 앞으로 몇 년 동안은 하이 한 느낌의 효험이 지속될 수 있을 겁니다."

위에서 지적한 칼슨과 스콧 사건에서 나타나는 바와 같이 거짓말하는 밀고자들을 다룰 때 분명히 생기기 마련인 첫 번째 가장 큰 문제점들 외에도, 두 번째로 커다란 문제점은 기만의 세계 그리고 언제나 기만자가 되어야만 하는 세상 속에 산다는 것으로서, 이는 필연적으로 숱한 부패를 양산하며 이는 갱생하기로 맘먹은 범죄자들에게 상쇄되어버리곤 한다. 연방기관원들에 대한 처리가 으레 그러하듯이 부패한 연방마약청 요원들 대부분 조용히 처리되지만 가끔씩 뉴스거리가 되곤 한다. 1989년 유명해진 어느 한 사건에서 연방마약청 고위직 요원으로서 훈장까지 받은 에드워드 오브라이언이 카나리 제도로 가는 여권과 항공표를 소지한 채 허가 없이 몰수마약창고에서 코카인 62파운드를 가지고 가려다가 로간 공항에서 체포된 바 있다. 그는 8년형을 받았다. 같은 해 발생한 다른 DEA 부패사건의 경우를 보면 연방마약청 요원인 다니엘 가르시아, 웨인 컨트리맨, 존 잭슨 등은 로스앤젤레스 카운티 증거물품 창고에서 헤로인 150kg을 훔쳐내 뉴욕에 가져다가 팔려고 운송하였다. 세 명 모두 유죄가 났으며 상당한 기간에 해당하는 형을 선고받았다.

FBI 윤리분야 컨설턴트인 에드 드라트르는 위 두 번째 사건에 대해 당시 ABC 방송 나이트라인 프로그램에서 대담에 나와 도대체 왜 부패하게 되는지 질문을 받았다. 이에 드라트르는 다음과 같이 설명했다. “그건 마치 미끄러운 경사면과 같아요. 여러분이 만일 법 바깥에 놓여지면 여러분은 법에 대한 존중심과 준법심이 무너지고 마는 경향이 있어요. 어느 한 수색활동이 확실히 좀 지나치는 경우가 있어요. 그럼 그런 사실을 숨기기 위해 허위 보고를 하게 되죠. 그리곤 법정에 가서는 유죄를 받아내며, 허위보고를 계속해서 보호하고, 원래 수색활동에서 가능했던 범위 이상으로 일탈하여 벌인 행위들에 대한 사실관계를 숨기면서 자신을 보호하기 위하여 위증을 저지르게 되고 말아요. ……”

개개인들이 부패하게 되는 것 이외에도 아예 기관 총체적으로 부패에 빠지는 사건들도 적지 않다. 이때에는 개인적 이득을 챙기기 위한 것이기보다는 마약과의 전쟁에서 만연해있는 목적을 위해서는 어떠한 수단을 동원해도 상관없다는 멘탈리티가 작용하기 때문이다. 1980년대 중반 니카라과에서 민주적으로 수립된 좌파정부를 실각시키기 위해 필사적으로 덤볐던 이란-콘트라 사건(당시 적대국이던 이란에 무기를 팔아 그 돈으로 니카라과 반군 즉 콘트라 측에게 지원하여, 합법적인 좌파정부를 무너뜨리려했던 공작을 가르킴)이 전형적인 사례였다. 그리고 이런 모습은 삼 사범에 대한 당국의 대량 살육에 대한 용인자세에서 그대로 반복되고 있는 실정이다. 당초 그는 자신이 시키는 대로 하는 니카라과의 우익 콘트라군 용병들에게 단순히 무기를 공급했다. 그러나 미국 의회가 콘트라 측에 대한 자금지원을 삭감하자 레이건 행정부 측은 다른 루트가 필요해졌다. 이에 올리버 노스 해군중령이 해답을 만들어내었다. 이란에 대한 무기판매를 통해 현금을 만들 수 있으며 이 돈으로 코카인을 구입하는데 쓰고 다시 이 코카인을 중앙아메리카를 통해 미국에 반입토록 하면 되었던 것이다.

원래 이 사태는 연방마약청이 직접 주도한 정책은 아니었으며 그럼에도 불구하고 연방마약청이 연루될 수밖에 없었다. 그리고 셀레리노 카스틸로는 사태가 가장 활발하게 전개되는 그 중심에 서있었다. 즉 카스틸로는 1985년 엘살바도르에 파견되었다. 그의 첫날 브리핑에 따르면 미국 연방마약청 현지 지부장은 니카라과 국경 부근에 있는 엘살바도르 일로판고 공항에서 올리버 노스 중령이 담당하는 작전이 전개되고 있다고 언급하였다. 카스틸로는 일로판고에서 엄청난 마약이 바닥났으며 그래서 그는 공항 화물 조사관인 어느 한 정보원을 개발해두었다. 카스틸로는 수백 건에 달하는 마약화물이 일로판고를 출발한다는 기록과 동일한 수의 총기와 기타 무기류의 도착 기록을 구할 수 있게 되었다. 1986년 그는 자신이 충분한 증거를 확보했다고 생각하고 이를 미국대사관에 제시했다. 그러나 그의 고발은 기각 당했다. 마침내 이 이야기가 누설되자 그는 이 증거를 미국 상원에 제출하게 된다. 하지만 그의 증거는 이번에도 또 다시 기각되기에 이른다. 기각 이유는 대체로 이 프로그램을 부추겼던 연방마약청 요원들 모두가 이를 부인해버렸기 때문이다.

목적이 수단을 정당화한다는 멘탈리티와 유사한 다른 사례는 1990년대 콜롬비아에 참혹한 피해와 대파괴를 안겨주었다. 당시 미국과 미국 연방마약청 측은 콜롬비아에서 자신들이 콜롬비아 군대를 훈련시켜 콜롬비아 마약

산업을 일소해주겠다고 설득하면서도, 피비린내 나며 장기적으로 진행되고 있는 콜롬비아 내전에서 좌익반군과 전투를 벌이는 우익군사조직 측의 마약 밀거래 행위에 대해서는 눈을 감아주었다. 미국 국무부 연례보고서는 마약 밀수출이 초래하는 문제점에 대해서는 물론, 이 전쟁이 초래한 잔혹성 대부분에 대해 반복해서 비난해마지 않았다. 우익군사조직에 대해서도 미국 연방정부는 최근 '테러' 단체라고 공언하였다. 그러나 미국 측은 미약밀수출 과정에 연루된 측에 대해 자금지원을 계속하고 있으며 이는 해당 지역 연방 마약청 지부와 다른 미국의 정부기관들도 암묵적으로 용인하고 있는 실정이다. 요컨대 우익군사조직이 '좌익세력'과 싸우고 있기 때문이다.

개인적 부패 및 심지어 연방마약청이라는 기관차원의 부패까지도 모든 요원들에게 영향을 미치는 것은 물론 아니다. 조종사로서 정부기관에 31년 근무경력이 있으며 상당 기간 연방마약청에서 근무한 한 요원은 최근 퇴직한 바 있는데, 그에 따르면 자신은 개인적으로 부패를 용납하지 않는다고 밝혔다. "근무를 시작할 때 마약퇴치 분야에 일하길 원했으며 그 이유는 물론 그 일이 영광스러운 것이기 때문이었지요. 그것이 전부였소. 우리 모두는 마약과의 전쟁에서 이길 것으로 생각했어요. 그리고 어떤 수준에서든 부패행위를 참을 수 없었소. 언젠가 페루 이키우토스에서 몇몇 요원들을 고향에 운송시키는데, 한 요원이 멧돼지 가죽들을 가지고 탔어요. 제가 그건 불법이며 내려두고 타라고 했어요. 그는 자신은 그렇게 못하겠다고 대꾸했어요. 난 그 멧돼지 가죽을 싣고 이륙할 수 없다고 버텼어요. 결국 그는 그 멧돼지 가죽을 빼앗겼지요." 그러나 그는 그런 일을 모두 피해나갈 수는 없었다. 언젠가 그는 공해 상에서 몇몇 마약밀매범들과 접선했으며, 그의 팀은 마약밀매범들이 마약을 보여주면 이들을 일망타진할 계획이라는 말을 들었다고 한다. "누군가가 나쁜 놈들이 공해 상으로 오지 않으면 어떻게 해야 하느냐고 물었지요. 팀장은 '좋아요. 그럼 그들을 추적해서 마약을 내보이도록 만든 다음 체포하도록 하시오' 하고 말했다. 그래서 난 '잠깐 좀 기다려 봐요. 팀장님은 그렇게 할 수 없어요. 다른 나라 해상에까지 들어가 그들에게 마약거래를 하도록 강요할 수는 없잖아요. 그거야말로 정말 불법입니다'라고 대답했지요. 그랬더니 팀장은 비웃었어요. 하지만 '아니오 팀장님 전 그렇게 하려는 팀에 함께 할 수 없어요' 하고 그때 일에서 뛰쳐나오지 않았어요. 당시 팀장은 규정을 어기기 시작하는 것이며 금세 잘못을 저지르는 쪽이 되고 마는 거지요."

그는 연방마약청 요원출신 리처드 아모스와 마찬가지로 마약과의 전쟁이란 올바르게 진행될 수 없음을 알게 되었으며 이제 정반대 입장이 되었다고 말한다. "여러 해에 걸쳐 우리 팀은 코카인 24만 파운드를 압류했어요. 난 조종사였는데 우리는 마약류 위치를 알아내 이를 추적하고 그러면 다른 팀들이 이를 검거하곤 했어요. 중남미 서부해안에는 같은 일을 하는 제2의 팀들이 있었는데 조금도 진척이 없었어요. 가격으로 따져 얼마나 많은 마약을 압류해야 발군의 실력을 발휘한 것이 되나요? 우리가 마약퇴치를 위하여 싸우는 방식으로는 이 마약과의 전쟁을 이길 수 없어요. 누구도 마약밀매를 바꿀 수 없으며 고질적인 것이 될 수밖에 없어요. 우린 계속해서 마약 가격은 떨어뜨리며 거꾸로 마약의 세기는 더욱 강해지게 만들며 우리 미국 시민들을 더욱 더 이질적인 존재로 만들어버리게 될 거요. 마약과의 전쟁에서 우리가 도대체 어떻게 이길 수 있단 말이오?"

마크 에머리의 삼 종자은행 사건에서 연방마약청의 연루 문제와 처신에 대해 어떻게 생각하느냐고 묻자 그는 자신은 당시 그 문제에 대해 소식을 듣지 못했다고 말했다. 그러나 연방마약청 측이 에머리의 삼 종자를 캐나다와 미국 국경선을 넘겨 보내주도록 주문하여 에머리 사건을 일으켰으며, 삼 종자은행과 관련하여 에머리를 캐나다에서 추방하도록 연방마약청 측이 요청했다는 비난을 받고 있다고 말해주자, 그는 전율을 금치 못했다. "자 지금 보니까 첫째 씨앗을 주문한 것은 함정수사를 한 점이 문제가 되네요. 둘째, 만일 씨앗이 함정수사를 벌이는 연방마약청 측에게 넘어가지 않았다면 이것은 연방마약청이 관여할 사항이 아니라 국경수비대와 세관 측이 처리해야 할 문제지요. 그래 이 사건과 관련하여 연방마약청 측이 도대체 무얼 하겠다는 건지 저로서는 도저히 이해가 되질 않네요. 함정수사라는 점 말고는 이 사건은 연방마약청 측과는 아무런 관계도 없어요. 하지만 연방마약청 측의 이런 함정 만들기를 저지른 자들은 해고해야 마땅하지요. 왜냐하면 미국 내로 삼 씨앗을 수입하는 행위는 불법으로 되어 있잖아요." 그는 연방마약청이 미국 이외의 외국에서는 어떠한 권한도 없으며 아무런 일도 할 수 없다는 점을 명백히 했다. "연방마약청 외국 지부의 존재 목적은 현지 미국 대사관에서 정보 수집만을 할 수 있을 뿐 다른 어떤 일도 못하도록 되어있어요. 이 정보를 가지고 일을 진척시키거나 처리하는 것은 연방마약청이 아닌 다른 기관이 하도록 되어 있어요. 하지만 불행히도 항상 그렇게 일이 진행되지는 않지요. 일반적으로 미국은 이들 나라를 지원하고 있으며 이런 지원을 보류하겠다고 위협하면 이들 나라는 그렇게 협박하는 외세의 기관원들에 대해 원칙에서 벗어나 좀 더 많은 권한을 주기도 해요. 미국은 이들 나라에 과거에도 그리고 지금도 법을 위반하는 깡패 기관원들을 두고 있어요. 이들은 해당 국가에게 계속해서 압력을 가해 자신들이 일을 진행할 수 있도록 만들지요. 과테말라에서 연방마약청은 추적 중인 한 사나이에 대해 불법 도청을 했어요. 물론 그 사나이는 붙잡혔으며 과테말라 정부 측은 그를 자기 나라로 보낼 예정이었어요. 그런데도 연방마약청 측은 그렇게 하지 않고 그를 납치해서 비행기에 태워 휴스턴으로 보냈으며 미국 법정에 세우도록 했지요. 연방마약청 요원으로서 제3세계에 도착하면 살인과 같은 큰일을 저지르고서도 얼마든지 용케 빠져나올 수 있어요. 이들 기관원은 자신들이 해야 할 일을 얼마든지 할 수 있으며 누구도 거기에 대해서 문제를 제기하지 못해요. 그리고 사태가 어떻게 돌아가는지 모르는 사람은 아무도 없어요. 미국 국민들은 그럴 리가 없다고 주장하지만 그건 헛소리에 불과해요."

이 전직 조종사는 카스틸로에 대한 이야기를 듣고 나서 그런 식의 일처리는 연방마약청 측이 외국에서는 다반사로 저지르고 있다는 점을 시인하였다. "난 외국에서, 정말 훌륭한 성품을 가진 연방마약청 요원들은 이런 식으로 일처리가 된다는 점을 발견하거나 정말 연방마약청 측이 마약과의 전쟁에서 이기려 하진 않는다는 점을 깨닫게 되면 으레 연방마약청을 그만 두고 만다는 사실을 알게 되었어요."

3) 연방마약청이 벌이는 삼과의 전쟁

연방마약청이 추적하는 콜롬비아의 코카인에서 아프가니스탄의 헤로인, 그리고 메탐페타민(필로폰), 암페타민, 바르비투르산염, LSD, 최근의 스테로이드, 감마 히드로킨 낙산(GHB) 등에 이르는 모든 마약 중에서도 연방마약청 레이다망에서 가장 큰 우선순위와 비중을 차지하는 것은 줄곧 그리고 단연 삼으로 되어있다. 연방마약청의 33년 역사(1973~2006)는 해롭지 않은 삼 식물 근절에 온갖 역량을 집중해온 것으로 점철되어 있다. 닉슨 대통령이 최초로 '마약과의 전쟁'이라는 것을 선포하고 연방마약청을 설립했을 때 염두에 두었던 것은 바로 그 삼이었던 것이다. 설령 현재 불법 약물로 되어 있는 다른 약물 사용자들을 모두 집합시킨다고 하더라도, 전체 미국 국민들로 하여금 자국 시민들을 상대로 전쟁을 벌이도록 하면서 모든 시민과 국민들을 서로 샅샅이 뒤져 분열시키며 갈기갈기 찢어놓고 말도록 유인하기란 거의 불가능에 가깝다고 할 것이다. 이 등식에서 삼을 제거하면 불법 약물을 일상적으로 하거나 남용하는 시민들은 1백만 내지 4백만 명 정도가 될 것이다. 다시 여기에 삼사용자를 더하면 정치인들이 기립하여 170억 달러에 달하는 연방마약청 예산의 투입을 동의하면서 오히려 그 정도면 되겠느냐고 묻게 된다. 삼사용자는 2천 만 내지 3천 만 명에 달한다고 논할 것이기 때문이다. 이런 식의 수치놀음은 보통의 미국 시민들을 완벽하게 테러 공황상태에 빠뜨리며, 다음 번 해야 할 1회분 마약을 찾아 헤매다가 필요한 마약을 구하기 위해서 필요하면 자식들을 죽일 지도 모르는 마약에 취한 미치광이들 무리가 도대체 어느 정도인지 가늠해보도록 몰아갈 게 뻔하다.

현재 삼 퇴치 주요작전 제1호는 연방마약청이 설립되기 직전인 1973년 벌어졌다. 즉 '메뚜기(마리화나 상습자를 가리킴) 작전'이 그것이며, 이 작전은 미국 세관 측이 멕시코 국경 폐쇄 및 미국으로 유입되는 삼 반입 폐쇄를 목표로 하여 주도하였다. 마약과의 전쟁 역사에 있어서 당시 이 작전이 미국 해군 그리고 여기에 속해있던 마이클 훅스라는 미 해군을 동원하지 않았더라면 이 작전은 연방마약청 역사에서 한낱 스쳐지나가도 되는 각주 정도에 불과한 것이 되고 말았을 것이다. 이 작전이 실시된 지 10년 후 훅스는 세계 제1위에 해당하는 삼 밀수업자가 되어 매월 50톤의 삼을 운반하였고 멕시코 북부의 퀸테로 가문을 대상으로 삼 재배 사업을 벌였다. 최근 훅스는 다음과 같이 언급했다. "미 해군 측은 자신들이 나에게 실제로 가르쳐준 것이 곧 국경지대의 사각지점과 약점지대였다는 점을 전혀 몰랐어요. 밀수란 어디로 가면 되고 안 보이는 곳이 어디인가를 알기만 하면 그리 어려운 일이 아니거든요."

1970년대에서 1980년대 초반까지 연방마약청 측은 콜롬비아 삼 유입을 차단하기 위해 주요작전들을 반복해서 실시했으며, 이로 인해 콜롬비아 삼 밀수꾼들은 은폐하기가 훨씬 더 용이하며 가격은 훨씬 더 비싼 코카인, 자메이카산 삼, 멕시코산 삼 등으로 그 품목을 바꾸어나가기에 이른다. 이중 자메이카 삼의 미국 유입사태는 자메이카로 하여금 콜롬비아산 코카인의 핵심적인 운송통과 국가로 만들기에 이른다. 멕시코의 경우 마약과의 전쟁의 뿌리가 되었음은 주지의 사실이다. 즉 신문왕이던 윌리엄 랜돌프 허스트는 흑인과 멕시코인들이 백인 여성에게 '삼(마리화나)'을 하도록 꼬드겨 삼을 하게 만들고는 그렇게 해서 이 백인여성이 흑인남성과 멕시코남성에게 미치도록 섹스를 하고 싶어 하게 만든다는 식의 수십 가지에 이르는 허구적인 이야기들을 날조하였던 것이다. 해리 안슬링거는 바로 이들 허구적인 이야기들을 악용함으로써 영화 '삼으로 미쳐버린 사나이'라는 신화를 믿게 만들어냈으며, 결국에 가서는 삼 식물을 범죄로 만드는데 정말 대성공을 거두기에 이른다. 그렇지만 이런 안슬링거의 대성공에도 불구하고 멕시코 국민들은 자신들 나라의 그 마리화나를 좋아했으며 미국 시민들도 일단 멕시코 삼을 해보고 난 후에는 정말 삼을 좋아하게 되었다. 멕시코의 미국간의 삼 거래는 결코 막을 수 없었다. 1980년대 초반 멕시코의 퀸테로 가문은 소노라 지역에서 삼을 재배하기 시작했다. 대부분의 멕시코 삼의 전형에 속하는 퀸테로 가문의 삼은 저렴했으며 이를 벽돌 모양으로 압착하여 국경 너머 아리조나주로 운반되어 나갔다. 이 당시 중간 규모 밀수꾼들 중 한 사람이 바로 그 마이클 훅스였다. 그는 비밀 칸막이를 설치한 차나 트럭으로 매월 1톤 내지 2톤의 삼을 운반하였다. 그러나 훅스는 퀸테로 가문을 소개받게 되었으며 그 후 급속도로 파트너십이 발전하였다. 그래서 훅스는 운송방식을 항공기로 바꾸고 매월 수 톤에 이르는 삼을 운반하기 시작했다. 1년 내에 벌써 그는 삼밭을 직접 보도록 허용 받았다. 그리곤 양적으로는 거대하면서도 재배담당 직원들 누구도 정말 품질 좋은 이 삼에 대해 아무 것도 모르고 있다는 점을 알고 크게 놀랐다. 퀸테로 가문 측은 훅스에게 직원들에게 삼 재배에 대해 가르치는 책임을 맡겼으며, 1년 후 이 가문은 엘 버팔로 지역에서 삼 재배 밭을 10개소로 늘려나갔다. 가장 큰 삼 밭의 경우 면적이 1천 에이커가 넘었다. 멕시코 정부 측이 이 모든 것을 비호해주었다.

그러나 엘 버팔로 지역이 훅스와 퀸테로 가문에게 전성기였던 반면, 연방마약청 역사에 있어서는 가장 어두운 날들로 기록될 수밖에 없었다. 1984년 후반 풍부한 경험으로 단련된 연방마약청 요원인 엔리크 '키키' 카마레나는 멕시코 정부에 도전하기로 각오하고 전설적인 삼밭을 찾아 나선다. 마침내 그는 이 삼밭을 찾아냈으며 멕시코 정부 측 파트너와 함께 비행기를 타고 가보기에 이른다. 얼마 후 연방마약청 측과 멕시코군 측은 엘 버팔로를 급습했으며 선적준비가 끝난 8천 톤에 달하는 삼 가마니들(여기서 한 가마니는 약 5백 파운드)을 적발했다고 밝혔다. 훅스는 그건 엄청난 과장에 불과하다고 지적한다. 왜냐하면 연방마약청과 멕시코군의 작전은 언제나 단계별로 이루어졌으며 한번에 결코 그토록 많은 양이 보존처리 되진 않기 때문이라는 것이다. "거기에 그토록 많은 삼이 있었을 수는 있어요. 하지만 일부는 아직도 재배 중이며 또 일부는 건조중이고 다른 또 일부는 청결작업 중이었지요. 어느 경우에도 멕시코 정부 측은 한 두 주일 내로 거의 모든 삼을 퀸테로 가문 측에게 되돌려주었어요. 그리고 멕시코 정부 측은 아마 사과도 같이 하곤 했지요."

그럼에도 불구하고 연방마약청 혹은 멕시코 정부 측 중 어느 한 쪽에서 크게 고무된 누군가가 퀸테로 가문 쪽이 책임져야 한다고 지적했으며, 그러자 1985년 2월 7일 키키 카마레나와 그의 멕시코 측 파트너가 미국대사관 앞에서 납치되었다. 이에 연방마약청 역사상 가장 규모가 큰 추적 작업이 시작되었으며 몇 주 후 이 두 명의 시체가 발견되기에 이른다. 그 후 이 두 요원에 대해 퀸테로 가문 측이 고문을 가한 오디오테이프가 발견되었으며 이 테이프를 들어본 측에서는 내용이 소름끼치는 것이었다고 밝혔다.

연방마약청 입장에서 불행했던 것은 엘 버팔로 급습작전이 다음 두 가지 효과를 가져왔다는 점이다. 하나는 이 작전으로 인해 퀸테로 가문 측은 마리화나 재배에서 코카인 밀수로 바꾸게 되었다는 것이며, 다른 하나는 값싼 삼 공급 시장에 대해 이 작전이 실로 엄청난 위축을 가져다주었으며 이로 인해 미국에서는 신흥 실내 삼 재배(가정재배) 산업의 일대 붐을 불러일으켰다는 점이다. 이후 수 년 동안 실내 삼 재배자들은 엄청나게 급속도로 증가하기에 이른다. 이들은 톰 알렉산더의 『신세밀라 재배법』(*Sinsemilla Tips*)과 '하이타임즈' 지(*High Times*), 에드 로젠탈과 멜 프랑크스 공저의 삼 재배 기술 관련 서적 등을 통해 삼 재배법을 배워 실행에 옮긴 것이다. 이로 인해 연방마약청 측은 이전과는 다른 두 가지 삼 퇴치 작전, 즉 '녹색상인작전'과 네덜란드 삼 종자 기술자인 네빌 쇼엔메이커스(Nevil Shoenmakers) 추적 작전 등을 전개해야 했다. '녹색상인작전'이란 연방마약청 측 요원들이 1989년 미국 소포배달청(UPS) 측에게 하이타임즈 지나 『신세밀라 재배법』에 광고를 낸 회사들에서 실내 삼 재배 장비를 구입한 사람들 모두에 대한 기록과 명단을 넘겨주도록 요청하여 전개한 작전이었다.

연방마약청 요원들은 8만 건 이상의 미국 소포배달청 기록에 대해 뚫어지도록 살펴보았으며 그러고 나서 각각의 해당 자치경찰 협조를 구해 실내 삼 재배 장비를 구입한 사람들이 실제로 삼을 재배하는 '유력후보'인지 여부를 알아보도록 하였다. 구입자가 삼사용자라는 의혹이 있는 경우 단속이 이루어졌다. 이렇게 단속을 당한 사람들 중 절반가량만이 실제로 삼을 재배하였음에도 불구하고 연방마약청 측은 전혀 아랑곳하지 않았으며 조금도 곤혹스럽게 여기지 않았다. 1989년 10월 26일 연방마약청 요원들이 실내 삼 재배 장비를 판매한 도소매점 46개소에 대해 급습작전을 펼쳤다. 요원들은 판매기록을 압수했으며 이후 2년에 걸친 왕성한 단속과 검거활동에 착수했다. 이때 수 천 명의 집들이 실내 삼 재배 장비 몰수를 위해 수색 당해야 했으며 수 천 명이 감옥에 갇혔다. 요원들은 아무런 혐의나 죄도 없는 사람들 수백 명에 대해서도 급습작전을 펼쳤다. 이때 많은 사람들이 단속 중 사망했으며 심지어 이중 여러 명은 주소 자체를 잘못 알고 단속을 벌이다가 사망한 것으로 밝혀졌다.

그와 동시에 연방마약청 측은 그 유명한 네덜란드계 식물학자 네빌 쇼엔메이커스를 추적하였다. 그는 '카나비스 카슬'(Cannabis Castle)이라는 작업장에서 벤 드롱커스(Ben Dronkers)와 함께 뛰어난 품질을 자랑하는 삼 씨앗을 생산해냈던 것이다. 쇼엔메이커스는 오스트레일리아에 있는 자기 집을 방문하던 도중 붙잡혔다. 그러나 다행히도 그에 대한 보석허용 여부를 결정하는 권한을 가지고 있는 해당 판사는 심장병을 앓는 부인이 있었다. 물론 미국 연방마약청 측은 보석을 극구 반대했다. 그런데 이 판사의 부인은 남편과 섹스하기 전에 삼을 조금 하는 것을 대놓고 좋아했으며 남편에게 만일 쇼엔메이커스를 감옥에 가두어 미국으로 인도하게 된다면 자기 부부의 성생활은 끝장나고 말 것이라고 주장했다. 판사는 이렇게 곤란한 상황에서 어떻게 실마리를 풀어가야 할 것인가를 놓고 전후를 파악한 다음 보석을 허가했으며, 쇼엔메이커스에게 여권을 돌려준 다음, 미국 당국에게 이를 통보하기 전에 24시간 먼저 출발할 수 있도록 편의를 제공해주었다. 쇼엔메이커스가 이미 사라진 것을 알게 된 미국 연방마약청 측은 화가 나서 흙빛이 되고 말았다.

연방마약청 측은 삼을 퇴치하기 위한 주요작전에 역량을 소모해나갔으며, 그 중에는 조롱거리가 된 것들도 적지 않았다. 최근 미국 법무부 연방마약청의 공식 홈페이지에 오른 이 '주요작전' 목록에는 '만화 네트워크'(Cartoon Network) 작전이라고 하는 것도 올라와 있다. 연방마약청 요원들은 실내 삼 재배자들이 인터넷 메신저를 통해 고객들에게 매우 고품질의 1/8 온스짜리 삼 혹은 1/4온스짜리 삼을 내놓고 있는 뉴욕지역의 어느 한 작전을 개시하는데 무려 여러 해를 소모해왔다. 이 작전에서 여러 명을 체포하기에 이르렀을 때, 연방마약청 기소담당관 존 P. 길브라이드는 다음과 같이 발표하게 된다. "모든 계층 계급에서 이루어지는 마약밀거래는 뉴욕 및 주변지역 시민들에게 충격적 영향을 미치고 있으며, 특히 청소년과 취약계층에게 더욱 극심한 영향을 미치고 있습니다. 금번 '만화 네트워크' 작전은 취약계층을 유인하여 마약소굴에 빠뜨림으로써 수백만 달러에 달하는 막대한 돈을 벌어들이기 위해 이들에게 독극물이나 다름없는 삼을 주입하는 여러 명의 마약밀매범들을 검거하는데 목표를 두었습니다."

하지만 불행하게도 연방마약청 길브라이드 요원은 단순히 거짓말만이 아닌, 매우 중대한 거짓말을 남발한 셈이 되었다. '취약계층을 유인하여 마약소굴에 빠뜨림' '독극물이나 다름없는 삼을 주입' 등과 같은 너무도 뻔한 거짓말들이 연방마약청의 목표와 흔히는 불법적인 조치와 활동 등을 합리화하며 정당화하기 위한 수사로 동원되는 한, 마약과의 전쟁은 계속해서 숱한 피해자들을 양산할 수밖에 없을 따름이다.

제9장

일 본

1. 일본 삼의 역사

삼(헴프, 마리화나)은 일본말로 '아사' 혹은 '대마(大麻)'라고 부른다. 여기서는 일본의 대표적인 삼 관련 웹사이트인 www.taima.org의 내용들을 중심으로 일본의 삼 실태를 정리 분석해보기로 한다.

사실 일본에서 삼은 현대에 이르러서야 비로소 외국에서 수입한 것이기는 커녕 일본의 유사 이래 내내 같이 해왔던 식물로 되어있다. 일본 열도의 삼 재배 역사는 신석기 시대의 야요이 문화(기원전 1만 년 전에서 기원 3백년 시기에 해당)에서부터 시작되었다. 나중에 중국과 한국을 통해 쌀농사가 일본에 들어올 당시에도 삼은 여전히 옷, 로프, 일본 전래의 종이(와시), 오일, 의약품 등을 제공해주는 직물 작물이었다. 일본에서 삼은 신석기 시대인 조몬시대부터 재배되었다. '조몬'이라는 말 자체가 '로프들의 패턴'을 뜻하며 여기서 로프는 삼으로 만든 것이다. 고고학에 따르면 일본에서 삼은 조몬시대 당시 씨앗이 음식으로 쓰였으며 이후 직물 등의 원료로 썼다. 삼은 중국과 한국을 거쳐 일본에 들어왔다.

삼 씨앗이 일본에 들어온 과정을 잘 이해하기 위해 일본문화를 결정적으로 틀 지운 불교, 수경 벼농사법, 와시종이 등의 세 가지가 어떻게 일본에 도입되었는가를 살펴보면 된다. 이중 종이는 종이에 글이 쓰여져 전해오기 때문에 종이의 유래는 쉽게 알 수 있다. 최초 종이는 중국의 궁중 내시 채륜이 AD 100년 경 삼 지스러기들로 만들었다. 수십 년 동안 비단과 대나무를 종이로 쓰다가 이후에는 대부분 기간 동안은 조그만 목판에 썼다. 일본에서는 삼 종이를 처음 쓰게 된 것은 한국의 승려가 종이 만드는 법을 일본에 전한 610년 이후이다. 당시 종이 만드는 법은 한국이 불교와 중국 한자라는 문자 등과 함께 일본에 전해주었던 것이다.

즉 610년 고구려 승려 담징은 일본에 건너와 중국 방식대로 삼 지스러기와 뽕나무 줄기로 종이를 만들었으며 일본은 이를 본받아 이후 50년 내에 전국 각지에서 80여종의 종이를 만들었다. 이는 그 전에 이미 삼나무가 들어와 재배되었음을 뜻하며 불교 및 새로운 중국 한자문자의 성행과 더불어 제지법이 일본 전역에 널리 확산되기에 이르렀다.

지금도 하네쉬라는 니혼가 화가는 770년 경 만들어진 갈색의 조금 무른 순수 삼 종이를 소장하고 있는데, 이 종이는 지금까지도 그대로 전해져오고 있으며, 하네쉬는 이를 진기한 향이 나는 상자에 보관하고 있다. 이때부터 한국과 일본은 밀접한 관계를 맺어오고 있다. 일본인들은 5~6세기 경 한반도 남단에 임나일본부설을 제기하면서 각종 문물의 전래 등을 그 근거로 삼고 있으나, 이는 역사왜곡으로 보아야하며, 우리나라 역사학자들이 보는 것처럼 그와는 거꾸로 장보고 등의 활동을 통해 우리나라가 일본 일부 지역까지 아우른 시기가 있었다고 봐야 한다. 어쨌든 당시보다 훨씬 이전부터 중국, 한국, 일본 사이에서 새로운 사상과 지식의 교환과 흐름이 있었다.

수경 벼농사법은 기원전 300년 경 고대중국에서 한국을 거쳐 일본으로 전해졌다. 이때 좁지만 거칠기 짝이 없는 대한해협을 지나 시모노세키에 전해졌으며, 당시 같은 무렵에 삼도 같은 경로를 거쳐서 일본에 전해졌던 것으로 추정되고 있다. 선사시대에도 삼 씨앗이 있었다는 증거가 규슈지방에서 발굴되기도 했으나 과학적 연대측정법을 통해 정확한 시점을 잡기란 그리 쉽진 않은 것으로 알려져 있다.

한편, 규슈 해안에서 발견된 동굴벽화 역시 커다란 줄기와 삼나무 잎을 그리고 있다. 이 역시 조몬시대의 것이다. 풍부한 색이 나오는 벽화에는 헐렁하며 짧은 바지와 커다란 차양 모자를 쓴 사람들이 여럿 그려져 있다. 말과 바다의 파도도 그려져 있다. 이는 한국인들이 배로 어떤 식물(삼나무)을 일본에 들여오는 모습을 그린 것으로 추정된다. 나무줄기와 함께 조그만 싹과 잎과 가지들도 그려져 있다. 이 식물은 키와 꼭대기는 크며 각기 갈라져 있는 일곱 손가락 모양의 삼 잎 형태로 그려져 있다. 이 삼나무 둘레에는 해 모양이 그려져 있으며 이는 신도종교에서 해와 삼의 연관성을 드러내는 것이기도 하다. 놀랍게도 이와 비슷한 해와 삼 관계와 같은 모티브 설정은 지중해 문화권에서 나타나는 그림문자 조각을 연상시킨다고 한다(Bennet).

일본 고유종교인 신도에서 최고신은 여신인 태양신 아마테라스이며 이 종교의 핵심인 정화의식에서 삼은 필수품으로 되어있다. 신도의 여러 가지 의식들 예컨대 '시찌고센'이라는 의식에서 사제는 악귀를 쫓아내기 위해 '고헤이'라는 지팡이를 사용하는데, 이 지팡이 끝은 가공처리를 거치지 않은 삼 직물로 감싸여 있다. 일본에서 '노렌'이라는 삼으로 만든 커튼이 음식점 입구에 흔히 걸리는데 이 역시 악귀를 쫓아내기 위해서이다. 신도 결혼식에서는 삼 씨앗이 사용된다. 몇몇 신도종교 의식에서는 아직도 삼 잎을 태우는 의식이 남아있다. "악귀 특히 질병의 악귀들로 인한 병들을 쫓아내기 위해 고대 일본인들은 특정 신령들 즉 병을 예방하는 '사헤 노 카미' 신으로부터 보호받고자 했다. 길가나 교차로에 서 있는 이 신들의 상은 나그네들의 수호자였으며, 여행자들은 길을 떠나기 전에 이 신에게 빌었으며 지나칠 때마다 삼 잎과 쌀을 약간씩 바치곤 했다." "매년 7월 13일에서 15일까지 '모든 혼령들의 축제'가 열리며 이때 혼령들은 친가에 돌아와 환대를 받도록 허용된다고 한다. 첫날 혼령들을 초대하는 표시로 저녁 때 집 입구에 삼 잎으로 불을 밝히며 삼 잎이 탄 재 위에 향을 뿌린다."

태양 여신인 아마테라스를 모시는 일본왕족 집안 사당인 이세진구에서 열리는 중요 의식 중 한 가지는 지금도 '대마'라고 불린다. 아마테라스는 쌀과 삼 둘을 관장하는 여신으로 되어있기 때문이다. 아키히토 왕이 1989년 왕위에 오를 때, 당시 왕은 벼와 삼을 심는 의식을 행하였으며 그전에도 열 명 이상의 왕들이 이 의식을 행했다.

2. 삼 금지법

과연 어떻게 해서 일본에서 신이 내려준 약초에서 '악마'의 잡초로 추락하고 마는 이런 놀라운 변화가 벌여지게 되었는가? 결정적인 것은 히로시마와 나가사키를 쓸어버린 두개의 원폭 투하였으며 히로히토 왕이 무조건 미국에 항복한 데 있다. 일본에서 신석기시대부터 삼이 있었지만 불법화된 것은 이렇게 제2차 세계대전 이후 맥아더가 1948년 삼 금지법을 통과시킨 때가 처음이다. 17세기 도쿠가와 막부가 담배 재배와 담배 흡연을 금지한 바 있으며, 에도시대에는 아편이 금지된 적은 있었어도, 일본에서 삼에 대한 금지는 이처럼 미군 점령 이전까지는 전혀 없었다.

미군 점령정부가 일본에서 마리화나를 불법화한 이유는 미국에서는 1937년 이미 금지되었기 때문이라는 단순하기 짝이 없는 것이었다. 미군 점령정부는 일본에 주둔중인 미군 병사들이 일본 삼을 흡연할까봐 크게 걱정해마지 않았던 것이다. 당시 일본에서 삼보다 훨씬 광범위하게 퍼져 있으며 훨씬 더 해로운 암페타민은 그보다 수년이 더 지났을 때까지도 금지되지 않았다. 왜냐하면 암페타민의 경우 당시 미국에서는 합법적이었기 때문이었다.

맥아더는 1937년 미국에서 연방마약국장 해리 안슬링거가 삼을 사용하면 폭력범죄와 정신이상을 유발한다며 금지를 요청한 삼으로 가득한 일본의 들판을 보고는 경악해 마지않았다. 만일 점령미국이 이 삼을 피우면 일을 어찌할 것인가를 맥아더는 걱정한 것이다. 1948년 연합국측은 허가받지 않은 삼의 소지나 재배에 대해 중한 처벌을 규정한 '삼 금지법'을 통과시켰다. 이후 일본은 1952년 샌프란시스코조약 이후에야 주권을 회복했다. 그러나 일본에서 맥아더의 이 삼 금지법은 오늘날까지도 여전히 유효하다. 당시 유엔 점령군은 일본을 점령통치하게 되면서 야생삼과 인공재배삼이 그토록 많은데 경악했으며, 그래서 맥아더 장군은 일본헌법을 기초하면서 삼 금지법도 함께 만들었다. 아이러니컬하게도 미국 군대가 쓰던 마닐라 삼을 되찾기 위해 "삼 승리" 작전을 벌이도록 촉매역할을 한 것은 그보다 몇 년 전 일본제국주의 군대가 필리핀을 침공했기 때문이었다. 일본은 제2차 세계대전 때까지 군대제복, 헬멧 안감, 기타 전쟁 장비 등에 일본 국내삼 및 동남아시아 삼에 너무 크게 의존했던 것이다.

서양 점령군이 전후 일본 시장을 장악하고 새로운 합성수지 등의 제품으로 전통적인 삼나무 제품들을 대체해나갔으며 삼나무는 거의 멸종위기에 처하게 되었다. 수천 년 동안 재배해온 삼나무는 전후의 급격한 변화로 인해 급격히 감소했다.

맥아더가 떠나자 처음엔 이 삼 금지법의 존재를 눈치 챈 일본사람은 아무도 없었으며, 이 법이 통과될 당시만 해도 일본인들 중 이 법의 필요성을 인식한 사람은 거의 아무도 없었다. 일본에서 술과 담배 다음으로 가장 많이 남용되어온 마약은 예나 지금이나를 막론하고 메타암페타민으로 되어 있다. 이것은 '샤부'나 '히로뽕'으로 불리며, 코카인과 유사한 강력한 합성흥분제 마약이다.

제2차 세계대전 동안 일본정부는 이 마약을 과로로 내몰리는 공장노동자나 폭격기 조종사들에게 마치 관대한 것처럼 나누어주었다. 종전 후 이 마약 사용이 급증하게 되자 1952년 불법화하기에 이르렀으며, 이렇게 되자 이후 이 마약은 야쿠자에게 엄청난 돈벌이 수단이 되어주었다. 그 후 야쿠자는 줄곧 암시장에서 이 마약을 공급해오고 있다. 맥아더가 당초 히로뽕을 금지하지 않았던 이유는 이것이 미국에서는 1954년 당시까지도 불법화되지 않았기 때문이다.

일본 중앙정부의 금지조치에도 불구하고 여전히 삼은 1950년대 중반까지도 각 도시들과 특히 철로 변에서 많이 재배되었다. 다른 나라도 마찬가지지만 대다수 일본 농민들은 불법화된 이 삼나무가 가금류와 새 모이에서 아름다운 옷감에 이르기까지 온갖 것들을 만드는데 쓰던 바로 그 친숙한 삼작물이라는 것을 알지 못했다. 오히려 "무엇보다 대부분의 일본인들이 삼나무가 마약이라고 생각하며, 쌀과 같이 일본문화의 본질을 이루던 바로 그 삼이라는 점을 인식하지 못하고 있다. 불과 반세기 전 맥아더장군은 삼 금지법을 통하여 조몬시대 시작되어 수천 년 동안 지속되어온 일본 삼 문화를 그 기억에 대해서까지도 완전히 쓸어 내버렸다."(Yamada)

일본에서 1950년대 히로뽕사범이 연간 5만 명 이상 체포된 것과는 대조적으로 삼 금지법은 월남전쟁 기간 때까지도 거의 아예 집행될 필요조차 없었다. 하지만 월남전쟁 때에 이르러서야 비로소 일본경찰은 나가노 인근 마을에서 히피족들이 허가도 받지 않은 채 삼을 재배하는 것을 적발하게 되었다. 즉 삼 금지법이 통과된 지 실로 거의 20년이 지나서야 비로소 최초의 삼 사범을 체포하기에 이른 것이다. 이후 당국은 삼사용자들을 추적하기 시작했으며 심지어 1g 미만 사용자에 대해서까지 추적해댔다. 그리고 이들이 음악의 천재이든 세계적 음악인이든 아랑곳하지 않았다. 일본은 마약전과가 있는 외국인에 대해서는 일체 입국을 불허했다.

삼은 "새롭고 질 좋은"(?) 대체직물들의 홍수사태에도 불구하고 일본인들에게 여전히 매우 친숙하다. 일본에서는 예술, 도서, 이야기 형태 등으로 삼에 대해 적지 않은 지식과 정보들이 전해져 내려오고 있는 것이 그나마 다행이라고 한다. 1991년 일본 고지엔 백과사전 제4차 개정판은 삼을 다음과 같이 서술하고 있다. "삼은 로프, 그물, 돛, 옷과 신발용 직물 등을 만드는데 쓰인다. 뽕나무과 1년생 식물(최근에는 삼이 뽕나무과 아닌 삼과에 속하는 것으로 분류함)로서, 원산지는 중앙아시아이며, 잎은 매우 길며 5개 내지 5개 갈래로 나뉜다. 삼은 생강 조제약인 '베니하나' 및 '아이'(쑥)과 함께 3대

약초이다. 고대로부터 삼은 전세계에서 재배되어오고 있다. 해쉬쉬와 마리화나는 인도삼으로 만든다"(Kojien, JW).

일본에서 삼은 과거 한때 직물을 짜기 위한 작물로 재배되던 일부 지역에서 마치 잡초처럼 강인하게 계속해서 자라나고 있다. 오랜 세월 동안 홋카이도 북부지역의 차갑고 광대한 산비탈의 매우 넓은 지역에서 야생 상태로 그리고 반쯤은 경작하는 형태로 삼 수확이 이뤄지고 있다는 서면보고 혹은 구전보고들이 있다. 이때 도회지의 젊은층이 개인적으로 삼을 피우기 위한 목적으로 거칠고 조잡한 이 삼들을 수확하려다가 별로 성공도 하지 못하고 법적 문제를 야기하는 경우가 왕왕 발생하곤 한다.

'태양 여신의 나라'에서 재배한 삼이 대부분 직물제조에 쓰였던 것은 명확하다. 그러나 삼의 종교적 연관성으로 인해 중세시대 일본에서 재배된 모든 삼이 반드시 THC 함량이 낮은 산업용 삼(오늘날 캐나다, 영국, 독일, 프랑스, 일본 등지에서 합법적으로 재배되는 삼 종류)인 것만은 아니었다. 제2차 세계대전 중 상업 재배된 삼에서 퍼져 나왔지만 별도의 인공재배 과정까지 거치지는 않은 야생 삼을 수확하다가 체포된 홋카이도 사람들에 대한 기록들이 많이 남아있다. 당시 이렇게 잡초처럼 자란 야생 삼을 채취한 사람들에 따르면 이 삼의 함량과 성분은 "매우 우수"했다.

1965년까지만 해도 나가노에서 그리 멀지 않은 곳에 사는 농민들은 우수한 직물을 만드는 '산악 삼'을 재배해왔다. "아름다운 삼"을 뜻하는 이름을 가진 '미아사'라는 곳은 올림픽 슬로프에서 불과 20㎞ 밖에 떨어져 있지 않은 고을인데, 이곳에 있는 삼박물관은 이 지역 삼의 유물과 유산들을 풍부하게 간직하여 보여주고 있다. 이 마을의 전 지도자이자 이 박물관 설립자인 나카무라는 오늘날 방문객들에게 2천여 동안 재배해온 삼 식물을 보여줄 수 없게 된 점에 대해 크게 안타까워하고 있다. 도찌기 지역에서 나는 THC 함량이 낮은 삼은 산업용 삼 재배라는 특별허가증을 받아 합법적으로 재배할 수 있다. 반면, '산악 삼'은 불법마약을 뜻하는 '마약'으로 분류되며, 이는 통상 의학연구를 담당하는 과학자들에게만 특별연구허가증을 통해 재배하도록 엄격하게 제한되고 있다.

일본경찰은 삼 사범을 매우 무겁게 다루고 있다. 지금도 일본경찰이 만든 교육용 자료를 보면 서구에서는 이미 30여 년 전에 용도 폐기된 삼에 관한 극단적인 주장들을 그대로 담고 있는 실정이다. 우리나라도 실정은 일본경찰과 다를 바 없다. 내용의 일단은 다음과 같다. “상습 삼 사용자는 환각증에 빠진다. 상습적인 삼사용은 때로 지나치게 흥분시키거나, 폭력이나 도발을 통제하지 못하게 만든다. 마리화나 남용은 시간관념을 혼란에 빠뜨리며, 과거와 현재와 미래를 혼동하게 만든다. 중독자는 볼 수 없는 것을 보거나, 불과 수 분 정도 동안 일어난 일들이 마치 여러 해 동안에 걸쳐 일어난 것처럼 확신하게 만든다(내면적 태만). 상습적 삼사용자는 때로 자신이 아름다운 숙녀나 새나 동물이라고 착각하게 만들기도 한다. 이런 유형의 착각현상은 판단력을 흐리게 만들며 사고방식을 혼란에 빠뜨린다. 이들은 건강도 나빠진다.”

지금도 일본경찰은 삼 사범 체포활동에 집중하고 있으며 특히 다른 나라에서 삼을 들여오는 외국인들을 타깃으로 삼고 있다. 실제로 일본 당국은 1980년 폴 메카트니를 삼 2온스(약 60그램)를 소지한 혐의로 투옥한 바 있으며 외교적 압력이 가해진 후에야 석방한 바 있다. 시즈오카현 경찰 측은 ‘삼 오남용이 광범위하게 퍼져있다. 삼 사범 체포자 수와 삼수지(해쉬) 압수량은 1995년 최고치를 기록하였다. 마약오남용은 10대 남자 청소년층에서 특히 급증하고 있다. 30세 이하 남자가 총체포자 수의 70%를 차지하고 있다. 일본을 방문한 외국인에게서 많은 양의 삼을 압수하는 경우도 증가하고 있다.’

3. 삼사용

1960년대 이전 일본에도 마리화나가 있었을까? 많은 일본인들이 본래 삼이란 외국에서 들어온 나쁜 마약이며, 1960년대 월남전 참전병사들이 휴가차 일본에 왔을 때 혹은 인도나 히말라야 산맥에 명상하러 갔던 일본 히피족이 돌아와 친구들에게 퍼뜨린 것이라고 알고 있다. 직물을 만드는 삼과 정신에 작용하는 삼이 동일한 식물임을 잘 아는 일본 사람들조차도 전통적으로 일본 삼은 THC 함량이 극히 적으며 단지 직물용으로만 쓰였고 흡연하는 사람에겐 '하이' 경험보다는 두통만을 안겨줄 뿐이었다고 본다. 그럼 과연 THC가 풍부하여 정신에 작용하는 삼과 삼 피우기는 정말 일본에서는 최근의 현상에 불과한 것일까?

물론 실제로 그랬는지 여부는 지금으로서는 알 수 없다. 증거에 입각하여 보았을 때 1948년 이전에도 일본인들은 정신에 작용하는 삼과 그렇지 않은 삼 둘 다 접했을 가능성이 가장 크다. 정신에 작용하는 삼을 금지하거나 통제하는 법이 일체 통과된 바 없으며 따라서 아무도 그런 삼을 사용하지 않았다고 볼 수 없다. 인도와 모로코에서 삼은 그토록 폭넓게 사용되었음에도 불구하고 오로지 미국의 압력으로 인해 금지되기에 이르렀으며, 이는 일본도 마찬가지였다. 합법적으로 삼을 사용하더라도 별 문제가 없는 경우, 시행조차 되기 힘든 금지법이 있어야 할 하등의 이유가 없었던 것이다.

인도 힌두교에서 일본 신도에 이르기까지 삼은 종교적으로 매우 중요한 역할을 담당하고 있다. 신도의 종교의식에는 삼이 사용되는데 이는 섬유나 직물로서의 삼과는 전적으로 무관하며 따라서 이는 정신에 작용한 삼의 연기와 흡연의 효능을 너무도 잘 알고 있었음을 뜻하는 것이다. 신도의 종교의식에서 삼의 잎은 쟁반 같은 곳에 태웠다. 매년 8월 신도의 삼 의식은 삼의 암나무 꽃이 피어 수지(진)가 만들어질 때 열린다. "첫날 저녁 집 문 앞에서 삼나무 잎을 태워 불빛을 밝히며 혼령들을 부르는 신호로 그 잿더미 위에 향을 뿌렸다." 삼나무 잎을 운반하는 여행객들은 이를 바치는 의식을 행했다. "여행객들은 여행을 떠나기 전에 '사헤노카미'(sahe no kami) 예방 신들 상 앞에서 기도를 바쳤으며, 또한 각지에서 이 상들을 지날 때마다 삼 잎과 쌀을 조금씩 바쳤다." 그리고 일본 왕가의 주요 신사인 이세 신사

축제는 삼 태우기 행사가 들어 있다. 신도종교의 뿌리는 신석기시대 조몬문화(기원전 1만 년~기원전 3백년) 시대까지 거슬러 올라가며, 지난 2천년 이상 동안 정신에 작용하는 삼을 손쉽게 접할 수 있었다.

홋카이도에서 인공재배 아닌 야생 삼이 정신에 작용하는 효능이 있다는 것은 공공연한 비밀이다. 매년 가을 상당수 사람들이 이를 수확하러 이곳에 왔다가 경찰에 붙잡히기도 한다. 홋카이도 삼의 품질은 '매우 우수'하다고 알려져 있다. 홋카이도 삼은 1940년대 후반까지 일본농민들이 합법적으로 재배하던 삼이 전해져 내려온 것이다. 물론 홋카이도 삼이 일본에서 나는 유일한 정신작용 토착 삼의 전부는 아니다. 게이조 와타나베 박사는 일본 각지 삼의 THC, CBN, CBD 등의 함량을 조사 보고한 바 있다. 도치기 삼과 홋카이도 삼은 THC가 각각 3.9%와 3.4%였다(UNDCP 73/3). 이 수치는 1970년대 자메이카와 멕시코에서 수확되는 삼과 비견되는 것이었다.

불과 지난 수십 년 동안 전세계 삼 금지법이 시행되기 전까지만 해도, 사실 THC 함량이 낮은 삼을 재배하는데 아무런 실질적인 인센티브도 없었다. 유전자적으로 보았을 때 THC 함량이 낮은 삼나무와 직물용 삼나무를 구별하는 질적 차이라는 게 존재하지 않는다. 실제로 삼 수지는 곤충이 다른 질병에 대해 천연 방충제 기능이 있기 때문에, 오히려 이런 삼수지가 많은 삼나무야말로 오히려 더 건강하게 잘 자란다고 보아야 한다. 따라서 삼나무는 본시 직물과 씨앗을 얻기 위한 산업용인 동시에 의료용과 즐거움을 가져다주는 약물 용도로 함께 쓰였던 것이다. 과거 직물용 삼 종류는 실제로 THC 함량이 풍부했다. 왜냐하면 1970년대 이전까지만 해도 삼이 정신작용 측면에서 효능이 어느 정도인가 하는 것이 아무런 선택기준이나 재배기준이 되질 않았기 때문이다(Prof. Szendrei, UNDCP 1999). 제2차 세계대전 이전 옛날부터 전해오는 일본의 여러 삼 품종들은 이제 각급 현당국이 요구하는 낮은 THC 함량요건을 맞출 수 없어서 합법적으로 재배되지 못하고 있다. 삼 금지법 자체가 구체적으로 THC 함량 기준을 전혀 정해놓지 않고 있으며 단지 삼을 수확하는 의도가 무엇인가에 대해서만 규제하고 있음에도 불구하고, 이런 이유로 인하여 사실상 삼 재배가 불가능한 실정이다. 나가노 현정부는 지역의 전통적 산악지대 삼 재배를 허가하지 않고 있으며, 단지 도치기시로라는 THC 함량이 낮은 품종만을 재배하도록 허가하고 있다. 이 품종은 히로시마대학측이 개발했으며 주성분은 CBDA이다. 상당수 옛날 삼 재배농민들은 THC 함량이 상당히 많은 원래의 전통 삼 품종에 비해 도치기시로 삼 품종은 직물의 질이 크게 떨어진다고 불만을 터트리고 있다.

일본 북부지방에는 품질이 우수한 삼이 매우 드물기 때문에 품질이 뛰어난 홋카이도 삼은 시베리아 삼과는 별 관련성이 없으며 오히려 남부지방에서 유래한 것으로 볼 수 있다. 홋카이도 삼은 섬유, 가금류와 새 모이, 사람들의 식용 등으로 재배된 씨앗을 얻기 위한 삼 재배에서 유래하였다. 다른 나라 경우를 보더라도 삼 씨앗을 수확하기 위해 재배하는 삼 품종은 정신 작용 효능이 큰 경우가 많다. 예컨대 미국에서 삼이 금지되기 전까지 가장 흔한 새 모이 씨앗용 삼 품종은 '스미르나 삼'이었다(스미르나는 터키 서부 항구인 이즈미르의 옛날 명칭이다). 근대 터키 이즈미르 산인 이 삼나무는 씨앗 외에도 '스미르나 분말'이라는 해쉬쉬 수지 원료로 쓰였다.

다른 한편 우수한 품질의 삼이 일본에 전해진 것은 인도나 서남아시아일 가능성도 있다. 인도나 서남아시아에서 삼 흡연은 오랜 역사가 있기 때문이다. 1948년까지 외국에서 일본으로 삼 수입은 합법적이었다. 삼, 해쉬쉬, 싹이 날 수 있는 씨앗 등은 인도나 태국에서 일본으로 수출되었다. 일본은 중국과도 교역해온 오랜 역사가 있으며 중국은 아프리카까지 선박을 보냈었다. 8세기 무렵 불교는 인도에서 네팔과 중국을 거쳐 일본에 전파되었다. 후대에 오면 일본은 인도의 고아에 기지를 갖고 있는 포르투갈 및 삼이 흔한 인도네시아를 식민지를 거느리던 네덜란드 등과도 교역했다. 저 유명한 실크로드는 일본이 아라비아, 페르시아, 아프가니스탄 등과 교역하던 통로였다.

20세기까지 삼과 담배 파이프로도 쓰이던 기세루 파이프(크메르어로 '크쉐르' ksher)는 캄보디아에서 유래한 것인데 오늘날까지도 일본의 노점상들에서 팔리고 있다는 것은 매우 흥미롭다. 흡연물질은 흡연기구와 똑같은 루트를 통해 퍼져나간다는 게 특이한 일은 아니다. 기세루 파이프의 접시는 서양식 담배 파이프보다 훨씬 작으며, 이 점은 정신에 작용한 삼의 적량은 담배의 1/2 내지 1/10에 불과하다는 사실과도 일치한다.

통상 삼나무의 주성분은 THC인 반면 직물용 삼의 경우 주성분은 정신작용제가 아닌 CBD이다. 1956년 일본정부가 발주한 한 일본 삼 연구에 따르면 THC는 들어있지만 CBD는 들어있지 않음을 밝혀냈다. 이 연구의 결론은 분석대상이 된 삼나무는 북부지역 직물 삼보다 동남아시아 삼에 더 가까움을 밝혀낸 것이다. '일본 삼에 대한 분광계 연구에 따르면 일본 삼은 THC나 그와 유사한 성분들이 들어있으며 일반적으로 일본에서 자라는 삼나무는 캐나다산 삼나무 수지보다 오히려 말레이시아 삼나무 수지와 유사한 수지가 들어있다'(Asahina 1957).

중세시대 일본농민들 실태에 대해서 알려진 바는 없다. 전해 내려오는 역사란 고작 평민들을 농노로 여기는 사무라이 유식계급이 기록한 것이 전부이기 때문이다. 적어도 1940년까지만 해도 일본 농촌지역에서 삼을 피웠다고 한다. 당시 일본 농민들이 삼을 피운 게 전시라서 담배가 부족한 탓이었는지, 아니면 고래로부터 전해오는 풍습에 따른 것인지 명확하지 않다. 하지만 신도 종교에서 삼이 사용되어온 측면과 일본의 삼 품종의 THC 함량 수준 등을 미뤄볼 때 삼 피우기가 고래로부터 전해오는 풍습임을 입증해주고 있다. 그리고 이 점은 일본에 삼을 전한 것으로 되어있는 우리나라도 예외가 아니라고 할 수 있을 것이다.

삼 재배가 거의 모두 중단될 때까지만 해도 삼꽃은 값비싼 쌀로 빚은 술보다 훨씬 쌌다. 삼꽃은 삼 씨앗이나 삼 직물을 거두다가 부산물로 얻어지는 반면 쌀은 세금을 내며 군대를 먹여 살리는데 쓰던 귀중한 생필품이었기 때문이다. 실제로 에도시대 동안 쌀은 대체로 사무라이계급을 위해 재배된 반면, 농민들은 다른 작물을 먹으며 연명해야 했다. 도쿠가와 막부가 지배력을 갖게 된 것은 관동 평야에 재배한 엄청난 쌀 덕분이었다. 쌀은 사무라이의 식량이었지 농민들을 위한 것이 아니었다. 따라서 농민들은 보다 값싼 삼으로 피로를 풀고 편안함을 누린 반면 사무라이는 값비싼 술을 마시는 편이었다.

일본의학은 중국의 약초의학과 서양의학 특히 독일의학에 바탕을 두고 있다. 중국의학과 서양의학 둘 다 삼을 치료제로 썼다. 중국에서 삼은 약 5천년 동안 약초로 쓰였으며 정신에 작용하는 품종은 베트남과 태국에 가까운 중국국경 지대에서 많이 났다. 중국의 중앙아시아 지역 즉 투르크메니스탄은 20세기까지만 해도 해쉬쉬 수출로 정평이 나있었다. 서양에서 삼은 1830년대부터 약으로 쓰이기 시작했다. 1940년대와 1950년대까지만 해도 약국에서 삼 제품들을 팔았다. 영국과 독일 같은 나라는 정신에 작용하는 삼 품종 씨앗들을 인도나 아프리카에서 수입하여 약초로 재배하였다. 이 약초들은 일본에서도 재배되었으며, 지금도 '동경약초정원'에서 재배되고 있다. 이곳을 방문한 도라오 쉬미즈는 회색빛 하늘을 응시한 다음 갈색 땅을 툭툭 차보고 다음과 같이 말했다. "일본은 삼 재배에 최적의 기후조건을 가지고 있다. 일본에서 삼은 아주 쉽게 자란다. 움직이는 물체 탐지기로 안전을 보장하는 높은 이중 울타리 안쪽에 키가 무척 큰 삼나무가 아침 미풍에 부드럽게 흔들리고 있다."(*Japan Times*)

쌀보다 훨씬 전부터 삼이 없었더라면 그리고 1천 3백여 년 전 중국 약초의학과 함께 삼이 일본에 들어오지 않았더라면, 130여 년 전에야 비로소 서양의학과 함께 삼이 들어오게 되었을 것이다. 오늘날 일본에서 삼은 조금도 생소한 것이 아니지만, 아주 옛날에도 삼은 생소한 것이 아니었다. 하지만 지금 일본에서는 거꾸로 삼이 마치 해로운 것이라는 오류가 판을 치고 있다.

일본의 삼 흡연자들은 대부분 위험하며 게다가 값비싼 삼 암시장을 피하고 있으며, 대신 네덜란드, 캐나다, 태국 등지에서 구한 삼 씨앗으로 직접 재배한다. 일본의 기후조건은 삼 재배에 안성맞춤이며 동경은 아프가니스탄이나 모로코 등지와 위도가 같다. 불법재배는 대부분 농촌지역, 정원, 산악지대 등지에서 이루어진다. 도시지역의 경우에도 불을 밝힌 실내재배 방식이 흔하다. 하지만 이 실내재배를 통해 만들어진 마리화나가 암시장에서 팔리는 경우란 극히 드물다.

삼을 엄격하게 금지하고 있음에도 불구하고 매우 소규모나마 합법적 삼재배가 허용되고 있다. 여러 해 동안 지방의 각급 현 정부가 유망한 재배농가에 대해 새로운 삼 재배 허가증을 발급해주지 않고 있지만, 최근 몇 가지 변화가 일어나고 있다. 1989년 1월 히로히토 왕이 죽었을 때 아들이 왕위를 계승해야 했다. 왕은 신도의 최고 사제직을 겸직하므로, 1926년 마지막으로 거행되었던 이 의식을 위해 삼으로 만든 특별예복이 필요했다. 당시 시코쿠 농민들이 불법 재배된 삼을 새로운 왕에게 선물했으며, 이들은 다음 해 삼 재배 허가증을 받았다. 나가노 주변에서는 제한적이나마 아직도 종을 매는 로프, 사제의 예복, 신사에서 쓰는 종이 등을 만드는데 필요한 삼을 재배하고 있다.

1997년 시즈오카 지역에서 삼 가게를 운영하는 야스나오 나카야마가 주변에서 시샘하는 삼 재배 허가증을 받았으며 그해 말 첫 수확을 했다. 그는 '아사 노 카이'(헴프 클럽)이라고 불리는 조그만 삼 운동단체를 이끌고 있는 히데히로 마루이 변호사의 도움으로 재배허가증을 받았다. 마루이 자신도 연구목적의 삼 재배 허가증을 받았다. 여러 환경운동가들이 생태적 가능성을 보고 삼 식물을 크게 평가하여 받아들이고 있으며, 시험적 수확물을 거두기 위해 허가증을 받았다. 일본 각 지방의 다양한 헴프축제 역시 관광객들을 끌어들이며 국민들을 교육시키기 위해 노력하고 있다. 미국의 각급 주에서 의료용 마리화나 운동이 거둔 성과 및 최근 영국 상원과 미국 의학연구소(IOM) 양측이 발표한 보고서 등에 힘입어 일본에서도 의료용 삼에 대해 새로운 관심이 증폭되고 있다. 통상 삼은 1948년 삼 금지법을 통해 유통을 금지하기 전까지만 해도 다양한 질환에 대한 치료약으로 처방되었다.

일본 전역에 수많은 삼 제품 가게들이 있으며 그중 일부는 파이프나 물파이프 등을 판매하는 헤드숍 기능도 함께 한다. 당연히 이들 헴프가게의 고객들 대부분은 일본인이다. 그중 하나는 동경에 있는 '대마도'라는 가게인데 여기서는 헴프 의류뿐만 아니라 흡연기구, 관련 도서나 기타 삼문헌 등을 판매한다. 가게 주인인 고이치 마에다 씨는 일본인 중 2백만 명 이상이 평생 동안 1회 이상 삼을 피웠으며, 이중 많은 이들이 유럽, 북아메리카, 오스트레일리아, 뉴질랜드 등지에 체류하는 동안 삼을 피운 것으로 추산하였다. 1998년 마에다 씨는 '아사'(헴프, 린네르를 뜻하는 일본어)라는 음식점을 냈으며 이곳은 젊은 삼운동가들 모임장소로도 활용되고 있다. 헴프 씨앗은 이곳에서 제공하는 음식을 만드는데 쓰일 뿐만 아니라 가구조차도 합법적으로 재배한 일본산 헴프섬유로 만든 보드로 만들어 헴프의 탁월한 다기능성을 증명해보이고 있다.

마에다와 마루이 같은 삼운동가들은 일본어로 된 삼에 대한 정보들을 확산시키며 반세기에 걸친 일본의 삼 금지정책이 초래한 편견과 무지들을 타파하기 위해 인터넷 매체를 활용하고 있다. 이들이 설정한 과제는 유가주의 가치관에 토대를 두고 있는 일본사회에서 쉬운 일은 아니다. 일본사회는 모든 불법마약을 극도로 금기시하는 반면 이른바 합법적이라는 술과 담배 같은 마약에 대해서 제기되는 엄청난 해악들에 대해서는 사실상 무시하고 있는 실정이다. 1999년 일본은 종전 후 암페타민의 세 번째 파고에 휩쓸렸으며 매년 체포되는 히로뽕 사범의 절반 정도가 감옥에 갇히고 있다. 1999년 6월 16일까지 압수된 히로뽕은 1987년과 1996년 압수량을 모두 합한 양과 맞먹는다. 이 두 해는 이전보다 가장 많은 압수량을 기록한 해였으면서도 그 가격은 전혀 증가하지 않았던 해였다. 그리고 일본에서는 삼 정책이 공식적으로 변화하지 않았음에도 불구하고 당국은 현행 정책이 제대로 작동하지 않으며 모든 불법마약이 똑같이 동일한 것은 아니라는 점을 이제 비로소 인식하기 시작했다는 징후들이 나타나고 있다.

예컨대 www.taima.org 같은 일본어 인터넷을 접속하면 누구든지 삼에 대해 그간 잊혀졌던 지식과 실상을 자유롭게 그리고 무료로 접할 수 있게 된 일본의 최근 상황은 이런 추세를 더욱 가속화하고 있다. 하지만 일본에서 삼이 공식적으로 비범죄화 되는 데에는 앞으로도 오랜 시간이 걸릴 것으로 전망하고 있다.

4. 삼사용 인구

수년 전 통계지만 전세계 인구의 약 2.5%인 1억 5천만 명 정도가 삼사용자로 되어있다. 선진국의 경우 대체로 젊은층의 15% 내지 50%, 전체인구의 3% 내지 10%가 삼사용자로 추산되고 있다. 필리핀의 경우 2004년 마약 복용자 수는 670여만 명으로, 전체 인구의 13%에 달하며, 이중 3분의 2가 전문직종의 젊은 층이거나 급여가 최저 수준인 경우로 되어 있다. 필리핀 마약복용자의 평균연령은 25세로 직장을 갖고 있는 도시 거주민이 대부분이며, 월평균 급여는 86달러 선이다. 이중 대부분은 히로뽕이며, 마리화나가 그 다음으로 나타났다.

삼사용자 인구가 매우 적은 것으로 되어 있는 일본의 경우, 전체인구의 2% 정도가 삼사용자(한번이라도 한 경우까지 포함)라고 알려져 있다. 우리나라의 경우 일반적으로 전체 마약 유경험자가 대략 1백만 명 수준인 것으로 추산하고 있으며, 이는 전체 인구의 2.2% 수준이다. 대체로 우리나라는 일본과 마약 종류별 사용자 수의 비율에 있어서도 상당한 유사성을 보인다고 할 수 있다.

삼사용에 대한 강경일변도 정책은 일본국민들로부터 강력한 지지를 받고 있다. 물론 이때 삼과 다른 불법마약의 차이점을 제대로 아는 사람은 극히 드물다. 이 점에 대해 질문을 받게 된 일본정부 당국은 우리나라 정부도 마찬가지지만, 엄격한 마약금지 정책의 동기가 중국에서 일어난 아편전쟁 때문이라고 지적하곤 한다. 중국이 아편전쟁에서 영국에 패배한 직후인 1846년 일본에서도 아편이 최초로 금지되었다.

하지만 실제로 일본에서 최초로 금지된 마약은 아편이 아니라 담배였다는 점을 알고 있는 사람들은 거의 없다. 담배는 일본에서 이미 1603년 불법화된 바 있다. 이 담배금지정책은 1639년 폐지되는데, 그 이유는 담배금지정책이 사실상 시행이 불가능하며 담배흡연이 더욱 더 널리 확산되었기 때문이다. 오늘날 일본인 중 1/3 정도가 담배를 피우며, 1997년 한 해 동안 폐암 사망자 50,480명 중 거의 대부분과 이보다 더 많은 심장혈관 질환 사망자들의 사망원인은 담배로 되어있다. 담배를 미성년자에게 파는 것은 불법이지만 연령을 불문하고 누구든지 일본 전역에 있는 담배자판기에서 담배를 살 수 있다. 이와는 대조적으로 삼으로 인한 사망자는 지난 5천년 삼 사용 역사를 통틀어 단 한사람도 없다. 그럼에도 불구하고 삼나무 단 한 그루나 삼 단 한 수만 소지해도 체포되어 폭력사범과 함께 여러 해를 감옥을 가둬두는 실정이다.

그리고 삼과 히로뽕 둘 다 엄격하게 불법화되어 있지만 이중 히로뽕의 수익은 g당 삼보다 30배나 더 많기 때문에 범죄조직은 대부분 히로뽕을 판다. 고질적인 히로뽕 중독은 편집증과 정신분열과 유사한 정신병을 유발할 수 있으며 흔히 폭력행위와 심각한 건강문제를 초래한다. 일본이 열망하는 '마약 없는' 사회 비전과 이미지에도 불구하고 일본경찰청은 히로뽕 사용자가 2백만 명 이상에 달한다고 추산하고 있으며, 이는 미국의 코카인, 크랙 코카인, 히로뽕 사용자 비율에 근접하는 수치이다. 많은 일본 젊은층이 물감 용제나 접착제 등을 흡입한다. 이는 삼보다 훨씬 저렴하며 손쉽게 구할 수 있기 때문이다. 실제로 '신나'는 가장 해로운 남용마약의 하나로 되어 있으며 뇌와 장기 등에 심각한 손상을 입힌다.

어쨌든 다른 선진국과 달리 일본에서 가장 흔한 불법마약은 소프트드럭인 마리화나가 아닌, 하드드럭인 히로뽕(암페타민)이다. 가장 해로운 마약이면서도 성인에게 합법적으로 판매되고 있는 물감 용제의 경우 마리화나보다 더욱 더 흔하게 사용되고 있다. 한편 마리화나는 최근 들어서서 도처에서 쉽게 구할 수 있으며 젊은층에서 특히 그러하다. 마리화나는 흔히 레게 음악과 결부되어 있다. 영어를 배우러 외국에 나갔다 온 일본의 젊은층은 캐나다, 오스트레일리아, 뉴질랜드 등지의 삼에 대한 자유분방한 태도를 접하며 상당수는 귀국해서도 마리화나를 끊지 못한다. 일본에서는 이들에 대한 처우가 선진국과 다르다.

일본에서 마리화나 사용자수 공식통계는 전혀 없고, 히로뽕 사용자수 통계만 있다. 일본의 히로뽕 체포사범은 연간 2만 명 수준이며 이중 절반은 단순 사용자이고 나머지 절반은 히로뽕을 판 야쿠자이다. 실제 사용자수는 체포사범 수보다 50배 내지 100배 정도 되는 것으로 추산된다. 즉 히로뽕 사용자 수는 대략 1백만 명 내지 2백만 명이며, 이는 미국의 코카인이나 크랙코카인등 하드드럭(히로뽕과 효능이 비슷함) 사용자 비율과 엇비슷하다. 따라서 '마약 없는' 일본이란 사실 당치도 않은 구호에 불과하다. 일본이 미국과 다른 점은 마리화나 사용자 수가 미국처럼 히로뽕 사용자보다 6배 이상 많지는 않다는 점이다. 일본 국민들은 준법정신이 투철하지만 도박(빠친코), 매춘, 소득세 탈루 등은 만연되어 있다. 히로뽕 사용자도 앞서 지적한 대로 1백만 내지 2백만 명에 달한다. 이 점 역시 우리나라도 일본과 그 비율이 유사하다고 볼 수 있다.

일본은 마약사용자수 조사가 금기시되어 있으며, 거의 실시되지 않고 있다. 오로지 일본경찰청 측의 히로뽕 사용자수 추산만 있을 따름이다. 솔직히 말해 이들은 실태를 알고 싶어 하질 않는다. 일본 보건복지부 웹 사이트에도 불법 마약 사용자수 실태자료가 전혀 없다. 일본 법무부 웹 사이트도 마찬가지이다. UNDCP조차도 GDP에서 일본이 중국의 6배, 인도의 10배이므로 일본이야말로 아시아에서 가장 수익이 큰 마약시장이라고 예상하면서도, 정작 일본의 마약사용자 실태에 관한 추계치마저 거론하지 않고 있는 실정이다.

2003년의 경우 일본의 삼 단속사범은 2,032명(전년대비 8.5% 증가)으로 되어 있으며, 삼 압수량 537.2㎏(전년대비 139.5% 증가)이고, 메스암페타민으로 단속된 사범은 14,624명(전년대비 13.8% 감소)으로 되어 있다. 그러나 일본의 마리화나 사범 체포자 수 통계는 전혀 신뢰할 수 없다. 왜냐하면 일본에서는 미국과 같은 전면적인 마리화나 단속이 이루어지지 않고 있기 때문이다. 실제로 일본에서는 미국과 달리 취직 시 마약테스트를 거치지 않으며, 일본 해경 등은 해안의 밀수선박을 거의 붙잡지 않고 있는 실정이다. 대규모 삼을 숨긴 화물선 적발은 1998년 10월 최초로 이루어졌을 따름이다. 만일 야쿠자가 맘먹고 한꺼번에 열 척 남짓의 중국선박을 동원하여 마리화나를 밀수한다면 일본은 그야말로 마리화나 천국이 되고 말 것이다.

일본에서 통상 체포되는 마약사범은 공항 운반책이거나 달려드는 친구에게 마약을 판 사용자들이다. 예컨대 암페타민을 하는 도중 강도를 당한 기자나, 클럽에서 만난 15세 소녀와 성관계를 갖다가 단속에 걸린 아키타 지역 실내 삼재배자의 경우가 그 사례이다. 대다수 삼사용자들의 경우 법을 잘 준수하는 시민들이기 때문에 실제로 법을 어긴 사람과 체포된 사람의 비율을 논하기는 매우 어렵다. 통상 야쿠자는 삼 공급을 담당하지 않기 때문에 삼의 재배와 공급은 히로뽕과 같은 범죄적 요소가 별로 없다. 어쨌든 일본에서 삼사용은 아직도 금기시되고 있으며 헴프 운동가들조차도 이 점에 대해서는 마냥 언급을 회피하고 있다. 일본은 네덜란드식의 삼 비범죄화 압력이 그리 크지 않다. 부분적으로 이는 삼 사범 체포자 수가 서구보다 훨씬 적기 때문이다. 예컨대 1997년 미국의 삼 사범 체포자 수가 695,200명이었던 반면 일본은 인구가 미국의 절반가량이면서도 지난 수년 동안 마리화나 사범 체포자 수는 불과 연평균 1,500명 내지 2,000명 수준이며 다시 이중 절반가량은 동경지역에서 체포되었다.

이 수치는 암페타민과 중독성 용제 등과 같은 하드드럭 사용률이 높다는 점을 반영하는 것일 뿐만 아니라, 절대 체포되어서는 안 된다는 데 엄청난 강박관념이 있다는 것을 반증하는 것이기도 하다. 일본의 감옥은 가혹한 수형조건으로 악명 높으며 1940년대 군사독재 시대의 구치소 형태가 잔존하고 있다고 간주하는 시각이 여전하다. 일본은 유엔고문금지조약을 비준하지 않고 있는 실정이다. 일본에서 삼 사범에 대한 최대 형량은 단순소지 5년, 재배나 밀거래 7년으로 되어있다.

체포된 삼 사범 중 상당 부분은 가족이 경찰에 신고한 것이다. 나머지는 서남아시아인 밀수꾼이거나 해외에서 삼을 들여오다가 세관에서 붙잡힌 사람들이다. 체포된 밀수범은 대부분 몇 해 동안 감옥에 간다. 불법체류 아시아인이나 아프리카인 중 일부는 해쉬쉬나 마리화나를 팔아 체류경비를 대기도 한다. 삼을 수백 킬로그램씩 밀수하는 대규모 조직이 있다는 증거가 있지만 실제로 그런 대규모 밀수사범이 체포된 경우란 거의 없다. 일본에서 삼의 암시장 가격은 g당 2천 내지 3천 엔 선이며, 이는 통상 경찰이 체포보고서에서 인용하는 삼가격의 절반 수준에 해당한다.

가장 정확한 삼사용자 통계는 여론조사를 통하여 간접적인 방법으로 추정할 수 있다. 왜냐하면 여론조사에서 응답자의 태도 그 자체는 마약을 한 경험을 반영하거나 보호막을 친 것일 가능성이 크기 때문이다. 사용자의 경우 불법행위는 시인하지 않은 채 합법화를 지지하는 목소리를 낸다. 정부가 실시한 여론조사에서 부모들 중 3%는 '마약은 백해무익하다'는 지적에 반대하는 것으로 나타난다. 마약을 해보고 싶어 하는 학생들 비율은 동일한 설문에 대해 그보다 높은 8% 선을 보이고 있다. 이는 불법마약의 문화, 경험자, 상습적이거나 일시적인 사용자 등의 총규모가 일본에서는 대략 3백만 내지 4백만 명에 달함을 보여주는 것으로 판정할 수 있다. 이와는 대조적으로 미국의 경우 15% 정도가 마약합법화를 지지하며 약 9% 내지 10%가 근자에도 술과 담배를 제외한 마약을 사용하고 있는 사람들인 것으로 추산되고 있다. 이를 결합시켜 일본의 최근 마약사용자를 추정하면 그 수는 대략 2백만 내지 2백 5십만 명 선이다. 그럼 삼사용자 규모는 어느 정도 선인가?

일본에서는 히로뽕이 더 널리 퍼져 있어서 삼사용자는 1백만 내지 2백만 명에 달하는 히로뽕 사용자보다는 적다고 보아야 한다. 마약사범 체포자 총수의 10%가 삼사용자이며, 마약에 관심 있는 학생 중 1/3정도가 삼에 관심이 있다고 밝히는 점으로 미루어보건대, 삼사용자 수는 히로뽕 사용자 수의 1/10 내지 1/3 선인 것으로 볼 수 있으며, 그 수는 10만 내지 70만 명 선이 되며 이는 다른 선진국의 약 1/10 선인 것으로 나타난다.

마리화나가 암페타민과 같은 적발율을 보인다면 사용자 수는 7만 5천 내지 15만 명 수준(0.1% 선)에 불과할 것이다. 그러나 이 둘은 생산과 공급 측면에서 사정이 판이해서 직접 비교는 어렵다. 히로뽕의 경우 중국과 필리핀에서 수입해야 하는 매우 엄격히 통제되는 화학물질이 필요하지만, 삼은 기본적으로 일본 전역에서 야생으로 자라는 자연식물인 것이다.

일본에서 도시 삼사용자는 10만 내지 20만 명, 농촌 사용자는 60만 명 정도이다. 이중 동경 지역이 마리화나 체포사범 총수의 40%를 차지하고 있지만, 동경 지역 인구는 일본 총인구의 10%에 불과하다. 나머지 60%의 체포사범도 오사카, 나고야, 히로시마 등지의 대도시 출신으로 되어있다. 다른 나라 경우에도 자가 재배한 삼은 농촌지역보다 대도시가 더 흔하다.

하와이주나 캘리포니아주처럼 헬리콥터, 도보순찰 등 온갖 수단을 동원한 적극적인 단속이 이루어지지 않고 있는 상태에서 일본의 농촌지역 삼사용자는 실제 체포자 수(동경지역 인구를 제외한 일본 총인구 1억 1천만 명 중 체포자 수는 연간 9백 명 선)보다 훨씬 더 많다고 보아야 한다. 농촌지역은 체포 위험이 훨씬 낮기 때문이다. 일본에서는 연례적인 '삼 단속'이라는 것도 정작 삼 재배 시기엔 하지 않고 있으며 오히려 5월과 6월 아편 개화시기에 이루어지고 있어서 실제로는 '아편(과 삼) 단속'이라고 해야 맞을 정도이다.

일본경찰은 비밀정보가 있을 대 체포를 하기는 하지만, 일부러 삼 재배자들을 붙잡기 위해 애써 노력하진 않는다. 삼을 이유로 단속되는 사람들 대부분은 자식들이 위험한 마약으로 빠져들어 중독자가 될까 봐 경찰에게 넘겨 혼내줌으로써 마약을 끊도록 하려는 가족들 신고에 의한 것이 대부분인 것으로 알려져 있다. 기타 삼사용 혐의를 살 만한 흡연을 위해 종이를 마는 사람들에 대한 수색을 통해서 붙잡히는 경우도 있다.

해외에 나갔을 때 삼을 하지만 일본 국내에서는 하지 않는 사람, 그리고 과거 삼을 한 사람 등을 모두 포함하면 일본의 총 삼사용자 수는 대략 2백만 명에 달하는 히로뽕 사용자 수보다 많다고 추산되고 있다. 이는 과거 삼을 했거나 현재 삼을 하는 사람 수가 일본 전체 인구의 2% 수준에 달함을 가리킨다. 이중 1/3만 현재 삼을 하는 사람이며 다시 이중 단지 1/10 정도만 감옥에 간다고 가정하더라도, 일본의 삼사용자를 가두기 위한 감옥의 공간 마련을 위해서는 일본의 모든 절도범, 강간범, 살인범 등 형사범을 모두 석방해야만 할 정도가 된다. 이를 상황과 조건이 비슷한 우리나라에 적용해보면 우리나라 인구가 4천 5백만이며 삼사용율이 일본과 유사한 2% 수준이라고 가정하면 우리나라 삼사용자 총수는 90만 명 선인 것으로 추정해볼 수 있다.

이제 삼 정책 개혁에 있어서 관건은 삼사용자 수가 된다. 즉 삼사용자 수가 적을수록 마약정책 개혁의 힘과 계기를 만들어내는데 시간이 더 오래 걸린다. 삼 금지정책은 미국이 강요한 것이지만 일본이 주권을 회복한 이후에도 매우 강력한 동력을 갖고 잘 운영되고 있는 실정이다. 일본에서는 누구도 감히 삼 금지정책을 개혁하라는 말을 꺼내지 못한다. 삼에 대해 농담조차 거의 하지 못한다. 1998년 5월 유엔마약전체회의총회 당시 코피 아난 사무총장에게 보내는 삼 금지정책 개혁을 요구하는 서한에 일본인은 단 한 명도 서명하지 않았다는 것은 시사하는 바가 적지 않다. 일본에서는 정치인과 유권자들을 계몽하며 교육시키기 위해 할 일이 엄청나게 많은 실정이다. 일본에서는 휴머니즘에 바탕을 두고 있는 정당인 민주당 쪽에서 지지를 이끌어낼 수 있는 가능성이 가장 크다.

남아시아, 동남아시아, 아프리카 등지에서 온 외국인 거주지 및 '하쿠진' 등의 삼사용자도 주목된다. 영어교사와 다른 외국인들 중에도 삼사용자가 있다. 영어교사들 대부분은 젊은 남성계층으로서 이들은 위험을 무릅쓰고 삼을 사용하는 경우가 있다. 이들의 정치적 중요성이 그다지 크지 않은 이유는 이들이 일본에서는 전혀 투표권이 없기 때문이다. 언어장벽도 이들이 변호인을 구하는데 장애가 되고 있으며 이들의 사회적 지위 또한 통상적으로 낮은 편이다. 노바 지역에서 한 뉴질랜드 출신 영어선생이 마약테스트를 통해 단속 당한 적이 있다. 그는 삼을 뉴질랜드에서 구했으며 일본 학생들에게 팔았음에 틀림없었다. 후에 그는 감옥에 갇혔다가 추방되었다. 요코하마의 다른 영어선생 중에도 삼을 피우며, 시유지 임대 땅에 삼을 재배하다 단속된 경우도 있다.

5. 삼 가격수준

일본에서 삼은 카페인, 술, 담배, 암페타민에 이어 5대 인기 약물이다. 1960년대 초부터 삼사용자가 꾸준히 증가하고 있다. 최근 사업차, 교환학생, 관광 등을 위해 외국을 다녀온 일본인들이 급증하고 있으며 이들 중 삼을 피워보고 돌아온 경우가 적지 않다. 일본인 중 2% 혹은 2백만 명 이상이 이미 적어도 한번은 삼을 피워본 것이다. 지금 이 순간에도 수십 만 명에 달하는 일본인이 삼을 하고 있다고 추정된다.

일본 신문이나 TV 뉴스의 삼 압수 보도에서 흔히 경찰이 삼의 '시중가격'이 얼마라고 추정한다고 보도한다. 이에 따르면 일본에서 통상 삼 시중가격이 1g당 5천 엔(미화 45달러), 해쉬쉬는 1g당 6천 엔 내지 8천 엔(미화 54달러 내지 72달러)이라고 한다. 하지만 다른 모든 나라와 마찬가지로 일본경찰의 이 추정치는 압수액을 부풀리기 위해 과장한 것이다. 경찰발표 그대로 그만한 액수를 지불하는 사람들이 없진 않겠지만 통상적인 시중가격은 그보다 훨씬 싸며 대략 1g당 2천 엔 내지 3천 엔(미화 18달러 내지 27달러) 한다. 이는 미국보다 두 배 정도 비싼 가격수준이다. 금이 1g당 1천 엔(미화 9달러) 이므로 일본에서 삼은 금보다 두 배 비싼 셈이다. 하지만 휘발유, 음식, 다른 제품 등의 가격이 미국보다 훨씬 비싸기 때문에 일본에서 이 정도의 삼 가격수준이 실제로 그렇게까지 비싸다고 볼 수는 없다.

일본에서 손으로 말아 피우는 삼은 흔치 않으며 대신 대부분 파이프를 사용한다. 이 파이프는 매우 작아서 감추기 쉽고 편리하다. 통상 한 개비 혹은 한번의 파이프에 들어가는 삼은 0.1g 내지 0.5g이며 효과는 1시간 내지 4시간 간다.

삼은 태국, 필리핀, 캐나다, 뉴질랜드, 하와이 등 각국에서 밀수되어 들어온다. 일본 국내에서 생산되는 삼외에도 태국, 버마(미얀마), 캄보디아, 필리핀, 인도네시아(수마트라), 파푸아뉴기니, 여러 태평양 제도 등지에서 재배된다. 각국에서 당국은 매수되기 쉬우며 일본의 암시장 삼 가격은 위험을 무릅쓰고도 이를 들여다 팔려고 할 만큼 비싼 편이다.

외국인들도 삼을 들여오다 공항에서 붙잡히곤 한다. 1980년 비틀즈 멤버였던 폴 매카트니가 2백 g을 들여오다 하네다 공항에서 잡힌 적이 있다. 1㎏ 내지 10㎏을 들여오다 잡힌 경우도 적지 않다. 매년 일본을 방문한 1천 4백만여 외국인들 중 얼마가 삼을 들여오는지 정확한 통계는 없으나 거의 이틀에 한 번 꼴로 누군가가 계속 체포되고 있는 실정이다. 이중 상당수가 천진난만한 젊은 관광객이며 이들 중 상당수는 일본의 형벌이 서방국가들보다 훨씬 더 가혹하다는 점을 미처 예상치 못한 채, 전문 밀거래상들에게서 단돈 수백 달러를 여행경비로 받고 수하물 속에 해쉬쉬를 숨겨 들여오다가 적발되는 것이다. 나리타공항 세관측은 마약을 냄새로 찾아내는 훈련을 받은 개를 동원하며 혐의가 있는 물품에 대해서는 X레이 장미를 사용한다.

다른 밀수통로는 우편을 통한 것이지만 이에 대해서도 단속이 많이 이루어지고 있다. 태국, 아프리카, 캐나다의 브리티시 콜롬비아 주에서 오는 수백 g 내지 수 ㎏ 짜리 소포에 대해서는 특별한 혐의를 두고 있다.

삼 수백 ㎏을 보트를 이용하여 밀수하고 있다는 증거도 있다. 소규모 밀수만으로 시장수요를 따를 수 없으며 대규모 밀수는 국제적 조직범죄 집단이 개입하고 있음을 뜻한다. 전통적으로 야쿠자는 암페타민만 팔아왔으나 이제 더 이상 이에 국한하지 않게 되었으며, 경기침체와 조직범죄 소탕 관련 입법의 강화로 인해 야쿠자의 재정형편이 악화되고 있는 실정에서 이들도 삼 밀수 분야를 방치하진 않게 되었다. 수백 ㎏의 삼을 다룰 만큼 커다란 공급망을 누가 운영하는지 드러나진 않았다. 수십 ㎏의 삼과 권총이 든 가방이 일본 해안에서 발견된 바 있다. 통상 야쿠자만 권총을 밀수하며 이들은 소형 보트를 이용하여 중국 삼합회 조직과 협력하고 있다. 삼합회는 야쿠자에게 중국산이나 버마산 암페타민을 공급하며 여러 가지 형태로 유대관계를 맺고 있다.

이란인과 태국인 등 불법 삼 밀수 외국인조직도 있다. 이들은 운반책, 우편 등을 활용하며 이들 삼 중 일부는 일본에서 재배된 것이다. 불법 외국인

조직은 야쿠자 앞잡이들에게 암페타민을 팔기도 하며 이란인이 판 상당수 삼들은 야쿠자와 삼합회 연계망에서 흘러나온 것이기도 하다.

아직까지 보트를 이용하여 삼만 밀수하는 불법행위가 단속된 예는 없다. 대규모 밀수 소탕작전이 펼쳐져봐야 그 전모가 드러날 수 있을 따름이다. 어쨌든 미국 마약관리청 당국이 일본에 대해 밀수선박 단속 및 단속을 피해 바다로 던져 내버린 마약 회수방법 등에 대해 기법을 전수해주고 있다.

〈표 1〉 마약압수실적(1993~2002)

(단위 ㎏, 엑스터시의 경우 정)

연도	삼	암페타민	코카인	엑스터시	헤로인	합계
1993	607 〔1〕	–	–	–	–	–
1994	–	–	–	–	–	–
1995	약190	–	22	–	–	–
1996	179	651 〔2〕	26	14,580	3	770
1997	–	173	23	21	3	자료없음
1998	– 〔3〕	–	17	11,219	3	870
1999	약720 〔4〕	–	4	18,287	1	–
2000	490	886	7	147,000	6	1389
2001	797	202	–	118,000	–	1030
2002	476	408	14	172,000	19	918

주) 〔1〕 오사카의 450㎏ 단속 포함
〔2〕 대만에서 522㎏ 단속 포함
〔3〕 요코하마의 100㎏ 단속 포함
〔4〕 나고야의 400㎏ 단속 포함

일본의 삼사용자가 모두 값비싼 가격을 부담하고 있는 건 아니다. 홋카이도에는 인공재배 하지 않은 삼이 많으며 이 홋카이도 삼은 품질도 매우 우수하다고 알려져 있다. 아마도 홋카이도산 삼은 향정 약물 삼으로서는 세계 최북단 자생지가 될 것이다. 동경같이 먼 곳에서 야생 삼을 수확하러 이 곳까지 오며 매년 경찰은 도로에 바리케이드를 치고 그런 사람들을 붙잡고 있다. 농촌지역 삼사용자는 실질적으로 자유롭게 자신이 쓸 삼을 재배하고 있으며, 친구들에게 수확물을 나눠주기도 한다. 일본은 국토의 80%가 산으로 되어 있으며 20%만 거주 가능한 지역으로 되어 있다. 삼의 파종과 수확은 흔히 하이킹 하며 이뤄지며 삼 씨앗은 네덜란드, 캐나다, 여러 삼 재배 국가들로부터 들여오고 있다. 삼은 오키나와에서 홋카이도에 이르기까지 어디든 잘 자라며, 비도 많이 오고, 산악지방의 서늘한 일본의 기후도 전혀 문제가 되지 않는다. 삼은 콜롬비아, 멕시코, 네팔, 스위스 등지의 산악지방에서도 아주 잘 자란다. 일본인들은 나무가 있는 산비탈, 버려진 땅, 대나무나 메억취 등으로 은폐된 곳 등에 삼을 심어 가꾼다.

삼은 점차 가정에서 많이 재배하며 심지어 도시 지역에서도 재배한다. 상당수 일본 삼 재배자들은 인공 불빛에 의한 실내 재배법에 대한 자세한 외국문헌들을 보고 따라하고 있다. 이런 정보는 수많은 책과 웹 사이트를 통해 자유롭게 접할 수 있게 되었다. 일본의 전력요금은 비싸지만 암시장의 삼 가격 역시 매우 비싸기 때문에 이를 능히 감수할 수 있게 된 것이다. 가정에서 가꾸는 삼은 대부분 절대 팔지 않는다. 경찰이 히로뽕이나 히로뽕 범죄조직 등에 대해서보다는 덜 단속한다 해도, 일본에서는 나중에 삼을 소지하다 단속에 걸려 이를 건네준 가정 삼재배자를 불게 되는 경우 커다란 고초를 겪게 되기 때문이다. 그래서 대부분 안전한 루트를 택하여 삼을 재배하며 자신이 쓸 것만을 기른다.

6. 삼 문화

1980년 1월 16일 일본 세관당국은 하네다 공항에서 입국하는 폴 매카트니의 짐을 뒤져 마리화나 219g을 적발하였다. 비틀즈 멤버였던 그는 미국에서 일본 "윙즈" 공연여행 도중 개인적으로 사용하기 위해 마리화나를 소지했다. 매카트니는 체포되어 수갑이 채워지고 9일 동안 조사를 받았으며 미국 에드워드 케네디 상원의원이 개입하고 나서야 비로소 석방되었고 즉각 추방되었다. 그로부터 18년 후인 1998년 캐나다의 스노보드 종목 올림픽 금메달리스트인 로스 레바클리아티 역시 나가노에서 일본경찰에게 체포되었으며, 숙소를 수색당하고 장시간 조사받았다. 폴 매카트니와 로스 레바클리아티 둘 다 소변검사를 통해 여러 주 전에 삼을 한 증거가 나타났기 때문이었다.

어쨌든 이 두 사건은 지금까지도 일본의 마약정책이 해외에서 어떤 이미지로 비쳐지고 있는가를 결정지은 사건으로 기록되어 있다. 하지만 일본이 마치 1960년대 이전 시대의 틀을 고수하고 있는데 대하여 용서해야 하지 않느냐는 견해가 없는 것은 아니다. 1960년대 이전까지는 일부 탈법적인 외국인들 외에는 일본에는 마약이 거의 존재하지 않았기 때문이다.

일본은 서구처럼 삼 흡연이 널리 퍼져있진 않지만 삼문화가 나름대로 살아 움직이고 있다. 일본에서 가장 흔한 마약은 암페타민(히로뽕과 얼음 형태) 및 담배, 술, 카페인 등으로 되어 있다. 암페타민은 야쿠자가 밀거래하며 이점에 대해 당국에 그다지 큰 신경을 쓰고 있지 않다.

1995년 히로뽕 체포사범은 19,400명으로 증가했다. 같은 해 삼 사범은 오히려 1,500명 수준으로 줄었다. 이런 편향된 체포실태는 일본의 정치경제에서 야쿠자가 폭넓은 영향력을 가지고 있기 때문이다. 최근 삼 합법화가 야쿠자에게 현금유입을 감소시킬 수 있다는 목소리가 높아지고 있기도 하다. 작가인 노부히로 모토바시는 삼(마리화나) 규제를 완화하고 하드드럭 밀거래를 더욱 강력하게 규제하면 야쿠자에게 심각한 타격을 가할 수 있으며, 마리화나는 암페타민이나 코카인처럼 위험하지도 않다고 지적했다.

일본 대도시에서는 소량의 마리화나 봉오리나 해쉬쉬를 어렵지 않게 구할 수 있다. 도회지의 많은 일시적 사용자들은 마리화나를 태연하게 서구의 최신 유행쯤으로 여긴다. 해쉬쉬 덩어리는 이란인들이 공원이나 역에서 판다.

일본경찰은 이들 용의자들을 체포해서 비자위반 및 경범으로 추방하고 있으나, 이런 조치는 흔히 인종차별 행위로 비쳐지고 있다.

상업적 마리화나 제품은 필리핀, 태국 등지에서 배나 해안의 부표 등을 통해 밀수되고 있으며 하와이에서 여행객들이 밀수해 들여오기도 한다.

농촌산간 지역의 경우 아직도 재배기술이 적용되고 있는 탓에 사정이 조금 낫다. 하지만 농촌지역에서 이런 삼 재배나 흡연자를 만나보기란 무척 힘들다. 대도시에서 자작농으로 농촌산간 지역으로 이주하여 삼을 재배하는 사람들도 있다. 일본에서 실내 삼 재배 장비를 구하기는 힘들며 전기가 매우 고가인 탓에, 대부분 가파른 산간 개간지에서 재배하고 있다. 이들은 삼 씨앗을 휴가 때 다녀온 태국, 자메이카, 암스테르담, 캐나다의 브리티시 콜롬비아주 등지에서 가져와 일본의 토양에서 재배한다.

상당수 재배농가들은 누군가가 무엇을 재배하는지 자기 집에 와보지 않기를 바라면서 소규모 온실을 집 옆에 세워놓고 재배한다. 홋카이도에는 경찰의 단속을 무릅쓰고 야생에서 질이 우수한 삼을 수확하려는 사람들이 여전하다. 경찰은 이 점을 잘 알고 있으며 수확철에는 도로에 바리케이드를 치고 삼을 가득 실은 트렁크를 검색한다.

바로 이 일본 농촌지역에서 『삼문화』(*Cannabis Culture*) 잡지사 측은 국제적으로 멋진 일을 해냈다. 이들은 일본에까지 와서 마리화나 물파이프를 돌려가며 피우고 동류의식을 느끼며 확인한 것이다. 한 일본인 친구는 밥 말리가 사망하기 2년 전 일본을 방문했을 때 수행원들은 마리화나를 전혀 가져오지 않았으며, 그래서 이 일본인 친구가 밥 말리에게 자기 집 삼 재배실에서 기른 마리화나를 가져다주자 매우 기뻐했으며 이 친구 집에 가서 며칠 묵었으며, 충격음이 생생한 호리병박을 이 일본인 친구에게 선물로 주었다고 말해주었다.

일본 경찰은 삼사용자를 붙잡으며, 특히 수입 삼인 경우 더욱 그러하다. 암페타민이 큰 문제지만 못지않게 삼에 대해서도 강력 단속하고 있다. 수년 전 시즈오카 경찰당국은 『삼문화』 측에게 트랜지스터 라디오와 책으로 위장한 밀수도구 사진을 보여주며, '대규모' 삼 밀수를 하다 붙잡히는 외국인과 일본인이 증가하고 있다고 밝혔다. 당시 시즈오카 경찰당국은 마리화나에 대해 당치도 않는 여러 논리를 내세웠다. 예컨대 '마리화나 상습 사용자는 환각증에 시달리며 너무 흥분하거나 자제력을 잃고 폭력적 도발을 일삼게 되는 경우가 흔하며, 건강도 극히 나빠진다'고 주장했던 것이다. 이들은 카쓰오 켄모치의 『마리화나란 무엇인가』라는 저서를 인용해가여 삼은 과거 현재 미래의 시간관념을 전도시키며 중독 시 헛것이 보이며 자신이 아름다운 숙녀, 새, 동물 등으로 착각하게 만들고 무기력증에 빠뜨린다고 주장했다.

당국은 유명인사에 대해 공개적 명예훼손을 일삼고자 한다. 1995년 일본의 유명 록가수 츠요시 나가부치가 삼 2g 미만을 소지했다 해서 체포 투옥하고 수백만 달러의 벌금을 물리며 그래서 콘서트는 취소되고 공개사과를 해야 했다. 과거 일본은 전 비틀즈 멤버인 폴 매카트니를 1주일 동안이나 투옥한 바 있다. 한편, 1990년대 초반 삼 몇 온스를 밀수한 한 일본인이 거꾸로 필리핀에서 교수형 당한 사건이 발생했으며, 당시 일본은 필리핀과 외교적 교착상태에 빠졌었다.

일본에서 삼 사범은 매우 큰 흥정거리이다. 일본 사법제도는 외국인이 자국에서 아무리 권세가 있다 해도 이에 아랑곳 하지 않고 형량선고 측면이 매우 효율적이며 정확하게 이루어진다. 실제로 적지 않은 외국인들이 일본 감옥에 갇혀있다. 공항에서 일본이나 외국인 젊은이들이 삼 수색을 당하는 경우가 허다하다. 공항 조사관은 승객 스스로 지갑이나 호주머니를 펴보이도록 한다. 우편을 이용하거나 카세트테이프 케이스 등에 숨겨 들여오는 게 더 안전할 지도 모른다. 물론 이것도 발각당할 위험이 없진 않다.

일본에서 체포는 사회적으로 매장당하는 것이라는 분위기이며, 자식이 외국 여행이나 공부를 하러 나갔다 들어올 때 임신하거나 마리화나를 피우기 시작하면 고통스럽게 생각하며 제대로 된 국민이 아니라고 본다. 우리나라도 마찬가지지만 삼은 다른 마약과 동일하며 마리화나 흡연자는 마약쟁이나 다름없다고 받아들이는 잘못된 관습이 널리 퍼져있다.

일본은 캐나다, 오스트레일리아, 뉴질랜드 등과 실무휴가 비자 협정을 맺고 있어서 많은 일본 젊은이들이 외국에 나가 견문을 넓히며 외국의 습관과 기호풍습을 가지고 들어온다. 일본사회의 엄격함에 숨이 막힌 이 일본 젊은이들에게 캐나다 밴쿠버는 질이 우수한 마리화나, 스노보드, 음악 등의 천국으로 명성이 자자한 실정이다. 시즈오카의 히데히로 마루이 변호사는 삼을 악마시하는 게 일본의 전통문화는 아니라면서, 삼 금지법은 1948년 미국정부가 강요한 것에 불과하다고 지적한다. 이제 일본이 전통적 삼사용과 미국이 강요하는 국제 마약금지정책 사이에서 균형을 맞추려고 노력하는 것은 그나마 다행이다. 이는 국제적 이해, 사상과 라이프스타일 등의 자유로운 교환 등을 증진시키게 될 것으로 전망하고 있다.

제10장

우리나라

2006년 UNDOC 세계마약보고서에 따르면 전세계 마약 사용자는 2억 명(15~64세)으로서 성인인구(41억 명, 전세계 전체 인구는 63억 8천 9백만 명, 2004년)의 4.9%에 달한다. 이중 삼 사용자는 1억 6240만 명(3.9%), 암페타민 2,500만 명(0.5%), 엑스터시 970만 명(0.2%), 코카인 1,340만 명(0.3%), 아편 1,590만명(0.4%), 헤로인 1,130만 명(0.3%)로 되어 있다. 삼 사용자는 1990년대 후반에 비해 10% 증가한 것이라고 밝히고 있다. 삼 사용자 인구비율은 오세아니아주에서 가장 높았으며 이어서 북미, 아프리카 순이었고, 아시아는 그 비율이 가장 낮았지만, 절대치에서 전체사용자의 1/3 정도인 5,200만 명에 달하였으며 그 다음으로 아프리카, 북미 순이었다(*2006 World Drug Report*, UNODC). 미국의 경우 삼 1,200만 명, 코카인 120만 명, 크랙 26만 명, MDMA 100만 명, 헤로인 13만 명 등으로 되어 있다(2000년 미국보건부 통계조사).

통상 마약류는 약리작용에 따라 흥분제(각성제)와 억제제(진정제), 의존성에 따라 중독성 약물과 습관성 약물, 생성원에 따라 천연마약과 합성 반합성

마약, 제조원에 따라 마약, 향정신성의약품, 삼 등으로 분류된다. 이처럼 세계적으로 각종 약물 중에서 삼사용 인구가 다른 약물보다 절대적으로 많다.

삼의 경우, 우리나라 국민들은 원래 삼을 대마초로 만들어 흡연한다는 사실을 전혀 몰랐다는 시각이 널리 퍼져있다. 인도에서 삼이 키가 작고 섬유도 약하여 별로 쓸모가 없는 대신 삼 수지를 다량 함유하고 있어서 오래 전부터 약물로 많이 사용되어온 반면, 우리나라에서는 삼 또는 대마라 하여 예로부터 오랫동안 농가에서 재배하여 그 줄기와 껍질을 벗겨서 얻은 섬유로 삼베도 짜 입고 밧줄도 만들어 써 왔다. 야생 삼도 우리나라 각지에서 자생하고 있었으나 이를 약물로 사용하는 것은 전혀 모르고 있었다는 설명이 주를 이루고 있다.

1960년대 외국에서 삼이 커다란 사회문제로 될 때까지도 우리나라는 전혀 문제가 되지 않다가, 이태원, 대구 등 한국에 주둔하던 미군들이 미국에서 암거래되는 삼을 우리나라에 몰래 들여와 피우게 되었으며, 이렇게 주한미군의 영향으로 비로소 우리나라에서도 삼 흡연이 급속하게 확산되었다는 것이다.

그러나 이 관점은 기본적으로 삼을 단속해야 하는 입장에 있는 약물정책 담당자와 경찰이나 검찰 등의 시각을 반영한 것에 불과하다고 봐야 할 것이다. 왜냐하면 삼 재배 농민들은 예전부터 담배가 떨어지면 삼을 말아 피운 경우가 적지 않기 때문이다. 샤머니즘의 경우 그 어느 종교보다도 우리 민족 시원과 깊은 관련이 있고, 상하를 막론하고 우리 민족의 생각과 행동을 틀지워온 종교로서 삼과 깊은 연관을 맺고 있다는 것은 잘 알려져 있다.

1. 삼사용 유래

우리나라 삼은 삼베로 널리 쓰였으며, 지금도 누구든지 죽으면 바로 이 삼으로 만든 수의를 입고 가며, 삼 씨앗이 한약 재료로 쓰였다든지 일제시대 선박 로프 재료로 쓰기 위해 널리 재배되었다든지 하는 약물 이외의 용도에 대해서는 널리 알려져 있었다. 그러나 우리나라에서 오래 전부터 삼이 도취용 약물이나 종교의식에 쓰였다는 기록은 찾기는 힘들다. 비교적인 방식으로 혹은 비밀 약제나 비방의 약물로 쓰였기 때문에 기록을 찾기 힘든 것으로 생각은 된다.

그런데 우리나라 삼연구의 효시이자 우리나라 삼 및 마약범죄를 최소화하는데 결정적인 역할을 한 것으로 알려져 있으며 본인 스스로 그러한 자부심을 가지고 있는 이창기에 따르면, 우리나라 사람들은 과거, 삼에 환각작용이 있는 물질이 들어있는 것도 몰랐고 흡연하는 것도 몰랐다고 주장하고 있다(이창기, 『마약이야기』, 서울대학교출판부, 2004). 그에 따르면 1960년대 주한미군들이 주로 멕시코산 삼을 몰래 가지고 들어와 피우다가 한국산 삼을 피우게 되었고, 그들의 유혹으로 인하여 우리나라 국민들이 나쁜 버릇을 배우게 되었다고 한다.

처음에는 미군주둔 기지촌 지역에서 피우기 시작하였으나, 1970년대 초부터 순식간에 청소년층으로 옮아가면서 대학가, 연예계로 확산되었다. 그 때부터 오늘날까지 이 삼은 많은 사람들이 남용해서 사회문제가 되고 있다고 한다. 이를테면 1967년경 미국기지촌에서 미군을 상대로 삼 담배를 한 개비씩 팔던 한국인이 이 삼 담배가 국산 삼과 같은 것임을 알고서는, 파주 등 기지촌 주변 야산에 야생하고 있는 삼을 뜯어다 말려서 미군에게 팔기 시작했으며, 이에 한국산 삼을 맛본 미군들이 한국산 삼을 더 선호하기 시작했다고 한다. 그 이유는 국산 삼에는 환각성분인 THC 함량이 어느 나라 삼보다도 월등히 높기 때문에 그 효과가 좋을 수밖에 없었다고 한다(이창기, 196쪽). 그러면서 1960년대 말경 미국 군인들과 접촉하던 한국인 위안부, 유흥업소의 악사 등 종사자, 군부대 종사자 등이 미군의 유혹으로 한두 사람씩 피우기 시작하였다. 처음에는 이렇게 시작되어 의정부, 파주, 부평 등 미군주둔 기지촌에서 '해피스모크'라는 미명으로 남용되다가 1970년대 초부터 순식간에 청소년층을 파고들었고 더구나 대학가에까지 잠입하여 사회문제가 되기에 이르렀다고 한다.

미8군 측은 1960년대 말경부터 우리나라 정부 측에 대하여 삼의 불법거래에 대한 단속을 여러 차례 요구하였으나, 우리나라 정부는 우리나라 농민들이 재배할 뿐만 아니라 숱하게 야생하는 삼 작물이 당시 세계적으로 금지 추세에 있던 바로 그 마리화나의 원료인 삼이 아니라고 보았으며 따라서 삼 재배 등에 대하여 전혀 단속하지 않았다고 한다.

당시 삼 단속근거인 우리나라 마약법은 마약의 정의에서 인도삼을 마약으로 규정은 하고 있었다. 이는 유엔의 마약에 관한 단일협약에서 마약이라 하여 금지토록 규정한 인도삼을 우리나라 법에서도 그대로 옮겨놓았던 바로 그것이었다. 이 인도삼은 학명이며, 우리나라에서 자라는 삼도 역시 바로 그 인도삼임에는 틀림없었다. 하지만 법대로 단속하고 처벌하게 되면 전국적으로 삼을 심고 재배하는 수많은 농민들이 마약법을 위반한 범법자가 되며, 마약인지도 모르고 이를 심었던 선량한 농민들이 마약법에 따라 무거운 벌을 받아야 했다. 하지만 그때까지도 우리나라 정부는 삼이 마약법에서 정하고 있는 인도삼이 아닌 것으로 해석하고 있었으며, 또 그때까지 남용도 되지 않았기 때문에 아무런 문제도 없었고, 과학적으로도 한국산 삼의 유효성분에 대해 밝혀진 바도 없었다고 한다. 1960년대 중반 무렵 우리나라 관계당국은 마약법에서 규정하고 있는 대마초란, 인도삼만을 규제하고 있는 것이지 한국산 삼은 규제대상이 아니라는 유권해석까지 내린 바 있다고 한다(이창기 같은 책).

2. 한국 삼

이창기는 1960년대 말 국립보건원 마약시험과장으로 재직하면서 '한국산 대마의 성분에 관한 연구'를 통하여 한국산 삼 중에 문제가 되는 마취작용, 환각작용이 있는 유효성분이 다량 함유되어 있음을 최초로 밝혀내 학회에 보고하기에 이른다. 그는 보건사회부 마약과장으로 자리를 옮긴 후 1973년 3월에 마약류 법령을 개정하여 농민이 삼을 재배하고자 할 경우 시장, 군수의 허가를 받도록 하고 수확한 후에는 잎을 폐기처리토록 하는 등 그 남용을 막도록 하였고, 다른 한편 마약의 정의에서 대마가 마약으로 되어 있는 규정도 재정비하는데 앞장섰다. 이후 우리나라 농민들은 삼의 재배가 경제성도 없는데다 이를 심으려면 허가도 받아야 하고 또 재배하면서 사후관리도 힘들어 스스로 삼을 심는 것을 포기했으며, 이런 규제가 시작된 수년 후부터는 농촌에서 삼밭을 보기 어렵게 되었고, 당시 보건사회부와 시도 마약감시원들이 동원되어 여름철에 자라던 야생 삼을 샅샅이 찾아내 제거하여 지금은 찾아보기 힘들게 되었다고 한다.

이창기는 삼이 향후 심각한 사회문제가 될 것이라고 예측하였으며, 당시 아무런 규제도 받지 않고 성분규명도 안 되어 있는 한국 삼이 만일 마약류라고 밝혀진다면 그 폐해가 엄청날 것이라고 예상했다고 한다. 그는 우선 한국 삼의 성분규명부터 하기로 작정하고 1965년 8월 서울근교인 경기도 능곡의 야산에서 자생하고 있던 '야생 삼'을 뜯어다가 시험연구에 착수하였으며, 이후 국립보건원 마약시험과장으로 자리를 옮겨 한국 삼의 성분규명 연구에 전념하였다. 당시 미군기지촌에서 미군을 상대로 장사를 하던 한국인이 밀수입한 외국 삼을 구입해 이를 담배로 말아 한 개비씩 미군들에게 팔아왔었는데, 1967년경부터 밀수입된 삼이 한국에서 재배 또는 자생하고 있는 삼 잎과 외관상 똑같은 것임을 알고부터는 이 장사꾼들이 시험적으로 경기도 동두천, 의정부, 파주 등 미군기지촌 주변에 야생하고 있는 삼을 뜯어다가 말려서 미군들에게 팔았으며, 그런데 의외로 이 한국 삼의 맛을 본 미군들은 한국삼이 더 효력이 좋다는 것을 알고 더 선호하며 찾게 되었다고 한다. 한국산 대마초는 처음(1960년대 말)에는 미군들과 접촉하고 있던 한국인 위안부를 비롯해 기지촌 유흥업소 종사자나 군부대 종사자가 미군들의 유혹으로 한두 사람씩 피우기 시작했고, 1970년대 초에 이르러서는 미군주둔기지를 벗어나 전국적으로 해피스모그라는 미명 아래 청소년층 및 대학가에 널리 퍼져나갔다고 한다.

이창기는 우리나라와 각국 삼의 유효성분 함량을 비교시험하기 위해 스위스 제네바에 있는 유엔마약국(INCB)에 삼의 유효성분인 THC 표준품과 각국 삼 시료를 요청하였으며, 1968년 유엔 마약국의 마약부장 부렌덴 박사로부터 THC 표준품과 그 외 8개국 삼 시료를 받았고, 따로 다른 3개국 삼 시료도 입수하기 이른다. 이때 국립보건원 약초원에서 한국 삼을 이미 시험용으로 재배하고 있었으므로 이를 채취하여 한국 삼의 성분, 특히 환각작용이 있는 유효성분 함량을 측정하였고 이와 동시에 외국산의 유효성분 함량도 측정하여 비교분석하였다.

그 결과, 한국 삼 중 유효성분인 THC 함량은 꽃과 덜 익은 과피에서 0.4~1.1%, 잎에서 0.15~0.34%로 나타났다. 외국산은 스페인, 남아프리카, 브라질, 인도, 일본, 마다가스카르산 등의 순으로 THC 함량이 높았으며, 나이지리아, 스위스, 캐나다산 등은 그 함량이 아주 낮았다. 그런데 놀랍게도 한국 삼은 그 함량이 가장 높게 나타났으며, 유효성분이 높은 것으로 알려진 브라질, 인도 삼보다는 물론, 이 시험에서 가장 높게 나타난 스페인 삼보다도 훨씬 높았다고 한다(이창기, '한국산 대마의 성분연구와 규제', 『약학회지』 제17권 1호, 1973). (멕시코산도 함량은 비교적 높았으며, 가니아(인도산 삼)의 경우엔 약 3%, 해쉬쉬에는 약 5%의 THC가 함유되어 있었다.) 이에 따르면 한국 삼이 환각성분 함량에 있어서 세계 최고이며, 삼 중에서 환각작용이 있는 것은 THC 성분으로서 그 함량은 산지에 따라 다르고, 카나비디올 성분은 진정작용이 있어서 예로부터 삼이 의료용으로 쓰였으나 환각제로 남용되면서부터 의료용 사용이 금지되었다고 한다.

그는 이 연구결과를 1970년 9월 26일 한국생약학회가 주최한 '마리화나 문제점'이라나는 주제의 심포지엄에서 처음으로 보고하고, 한 달 후인 1970년 10월 31일에는 대한약학회 학술대회 때 상세히 보고하였다. 당시 화계는 한국 삼에 관한 연구가 전혀 없었기 때문에 한국 삼에는 환각성분이 들어있지 않거나 들어있다 하더라도 그 함량은 아주 낮을 것이라고 막연히 추측만 해왔으며, 실제로 일부 학자들은 그렇게 주장하고 있었다. 이런 상황에서 이창기의 연구결과는 학계와 사회에 커다란 반향을 불러일으키기에 족했다.

하지만 이창기는 연구(이 연구는 대한약학회지에 게재되고 이창기의 약학박사논문으로 작성되었다)에 그치지 않고, 미8군 당국의 한국 삼 단속 요구로까지 이어졌으며, 농가에서 재배하는 삼 등에 대한 관리대책이 마련되어야 한다고 보았으며, 1971년 9월 보사부 마약과장으로 자리를 옮겨 삼 연구 결과를 마약시책에 직접 활용할 수 있는 일을 맡기에 이른다. 당시 우리나라 마약법은 대마(삼)를 마약으로 정의하고 있고 그리고 이창기의 연구결과로 인해 한국 삼 중에도 환각작용이 있는 THC가 포함되어 있다는 것이 밝혀지면서 실정법상 삼을 마약으로 해석할 수밖에 없게 되기에 이르렀다고 한다.

그러나 당시 갑자기 한국 삼을 마약으로 해석하는 경우 법에서 그 재배와 소지 등을 금지하고 있었기 때문에 당시 아무 것도 모르고 자유로이 재배하던 수많은 농민들이 모두 마약법을 위반한 범법자가 되므로 이에 대한 대책이 필요했다. 그리고 1970년 8월 제정 공포된 습관성의약품관리법(현행 향정신성의약품관리법) 역시 삼의 THC를 향정신성 의약품으로 지정하고 있었을 뿐 삼의 재배관리 등에 관한 규정은 없었다. 따라서 이창기는 먼저 삼 규제 법률을 제정하며 재배관리에서 수확 후 잎의 처리, 남용방지, 단속 등에 이르는 제도적 장치가 필요하다고 보았다. 이창기는 마약과장이 된 이후인 1973년 3월에 마약법과 향정신성의약품관리법을 동시에 개정하여 마약법에서 사문화된 '인도삼'을 삭제하고 향정신성의약품관리법에 삼의 재배에서 단속, 처벌에 이르기까지 규제할 법적 근거를 처음으로 마련하기에 이르렀다고 한다. 그는 농수산부를 방문하여 삼의 재배면적, 생산량, 농가소득, 경제성, 향후 전망 등에 대하여 철저히 조사하고 농수산부 협의를 거쳐 선의의 피해자가 없도록 각별히 신경썼다고 밝혔다. 다행히 삼 재배는 원래 다른 작물에 비해 농가의 큰 소득원이 아닌데다가 이 법이 시행된 후 재배의 신고, 관리, 폐기 등을 귀찮게 여겨 해가 갈수록 재배 농가가 줄어들어갔으며, 이로써 당시 사회문제로 대두된 삼은 그 관리에 만전을 기하게 되었고, 이창기는 이를 커다란 보람이었다고 밝히고 있다(이창기, 같은 책).

위에서 보면 이창기는 1960~70년대 우리나라 마약정책에서 실질적인 역할을 담당하였으며, 삼 정책에 있어서도 오늘날과 같은 우리나라 삼 정책의 골격을 세운 인물로 평가된다. 그러나 그의 삼 연구는 실증적이며 당시 정부직에 있던 그에게 부여된 요구에 충실히 부응한 연구이기는 하였으나, 당시 미국이 주도한 유엔을 통한 삼 억압정책에 대한 사후정당화에 그친 감이 없지 않다. 세계적으로 1960년대에 와서야 비로소 최초로 THC 성분을 분리 추출에 성공(1964년)한 상황에서, 이창기가 한국 삼의 성분규명 연구를 위해 유엔의 협조를 얻어 한국 삼의 THC 함량이 가장 많다는 연구 성과를 확보한 것은 획기적인 일이었다.

그러나 이창기가 우리나라 삼이 그때까지 전혀 약물로는 사용되지 않았으며 삼이 의학적 가치도 없다고 본 점 등은 모두 오로지 삼 금지와 억압에만 몰두하던 미국 주도의 약물정책에 부응하는 당시 삼 연구수준의 한계가 아닌가 하고 평가할 수 있다. 즉 우리나라 샤머니즘과 삼의 관계라든가, 전통적 민간요법이나 마자인 등을 약재로 사용하는 한의학(韓醫學, 이를 옛날에는 漢醫學이라고 불렀음), 그리고 농민들이 삼 지스러기를 태우면서 아이들은 접근하지 못하게 하고 삼 불 곁에서 피로를 풀던 용도의 관점 등과 같은 약물 개념이 아닌, 오로지 삼 금지주의를 당연시한 당시 서양과 미국 연방정부 위주의 양약학과 양의학에 편승한 시각에 서있었기 때문이다. 뿐만 아니라 이창기는 벌써 그 당시(1960년대와 1970년대)부터 이미 삼 비범죄화 내지는 합법화 운동이 미국과 유럽각국에서 본격화되고 있었으며, 소프트 약물과 하드 약물을 구분하면서 삼에 대해서는 분리정책이 시행되었고, 최근 삼에 대해서는 의학적 가치가 인정되고 있으며, 삼은 술 담배보다 덜 해롭다며 그 처벌도 술 담배보다 더 중하게 해서는 안 된다는 비범죄화론이나 합법화론이 크게 대두하고 있는 것과 함께, 실제로 세계적으로 삼을 비범죄화 내지는 합법화하는 나라나 지방자치단체들이 증가하고 있다는 점을 인식하지 못한 채 오로지 삼 금지정책의 관점에 철저하게 봉사하고 있었다고 봐야 한다.

오늘날 허위로 밝혀졌지만 황우석 교수의 맞춤형 줄기세포 연구를 통해 새로운 의학의 경지를 개척하려 했다면 삼약 분야 역시 우리나라가 현재 외면으로만 일관하고 있는 데에서 하루 빨리 벗어나 각국의 삼약 개발 경쟁에서 뒤처지지 않도록 해야 할 것이다. 물론 도취제로서 삼의 THC 성분이 문제가 되고 있으나, 약물 '중독' 문제도 침식을 잊고 바둑이나 각종 스포츠에 몰입하는 것과 같은 맥락에서 바라보며 해결책을 찾도록 해야 한다는 학습이론적 시각이 대두하고 있음을 상기할 필요도 있다.

3. 마약과 삼사용

우리나라도 인구 10만 명당 마약사범의 수를 나타내는 '마약류 범죄계수'가 확산의 비등점이라고 일컬어지는 20명 수준을 초과해 23명을 기록하게 되었다. 우리나라 마약사범은 연간 1만 명 수준이지만, 실제 마약 사용자는 적게는 20만 명 많게는 50만 명(혹자는 80만 명으로 추정하기도 함) 정도로 추산된다. 이중 상당수가 마약 상습 투약자들이다. 형사정책연구원 통계에 따르면 2004년 교도소에 수감된 마약사범 중 초범은 21.4%에 불과하나 나머지 80% 정도는 모두 재범 이상이었다. 우리나라는 마약 공급자나 사용자 모두 엄하게 처벌하는 '엄벌주의'를 채택하고 있으며, 공급사범과 사용사범을 분리해 처벌하는 세계적인 추세와 동떨어진 모습을 보이고 있다. 우리나라에서는 사회적 인식 자체가 마약중독자를 범죄자 취급하고 알코올중독자는 환자 취급하고 있다. 그러나 외국의 경우 알코올중독자나 마약중독자나 공히 같이 환자로 생각하고 인도적으로 치료를 하는 추세에 있다.

현재 우리나라 마약중독자들이 가장 많이 찾는 마약은 암페타민과 헤로인이다. 암페타민은 중추신경을 자극해 술 먹은 것 같은 기분을 유발한다. 따라서 암페타민의 경우엔 범죄를 일으킬 가능성이 많다. 그러나 헤로인은 암페타민과 반대로 중추신경을 억제하고 마약 중 중독성이 제일 강한 것으로 알려져 있다. 또 헤로인에 중독된 이들은 헤로인을 구하기 위한 돈을 마련하기 위한 범죄를 저지른다. 마약마다 성분에 따라 중독 되는 정도와 범죄 등의 차이가 있다. 삼과는 근본적으로 다르다.

우리나라는 1988년 치료보호제도를 도입하고 국내 유일의 전문 약물치료소인 국립 부곡정신병원이 문을 열었으며, 현재 23개 치료보호기관이 개설돼 있다. 그러나 삼 아닌 하드드럭 상습 투약자들도 검거된 이후 이렇다 할 중독치료나 재활교육을 받지 못한 채 다시 거리로 나오고 있다. 1998년부터 2003년까지 전국 23개 기관에서 치료 보호를 받은 중독자는 불과 1천21명에 불과하며 치료기관이 제 역할을 하지 못하고 있다. 겨우 연평균 1백70명 정도가 치료 보호를 받은 셈이다. 우리나라 마약정책이 구속처벌 위주이지 치료재활은 도외시하고 있음을 여실히 보여준다.

검거된 마약사범은 교도소에 수감돼 '교정처우'를 받거나 국립 부곡정신병원 등에서 '치료처우'를 받는다. 교도소에 수감된 마약사범은 전체 수용자의 약 6.2% 정도로 2004년 현재 전국 교도소에 3천여 명의 마약사범이 수감돼 있다. 교정처우의 경우 외부 강사를 초빙해 마약 관련 강연을 하는 것 외에는 이렇다 할 교정 프로그램이 없다. 정부 측은 예산문제로 인해 마약사범을 별도로 관리하는데 필요한 전담 교도소를 엄두도 내지 못한다. 치료감호를 전담하는 공주 치료감호소의 경우 5범 이상이 64%나 되지만, 전담 치료자가 부족하고 정신질환자와 함께 수용되면서 적지 않은 문제점을 노출하며 실효성도 없다고 한다.

한국의 마약사범에 대한 처우는 세계 주요 국가들에 비하면 한참 뒤떨어진다. 물론 재소자 인권 수준도 최근 언론의 문제제기를 통해 이제 관심 대상이 되고 있으며 걸음마 수준이라고 봐야 한다. 앞에서 본 것처럼 주요 국가들은 이미 오래 전부터 마약사범에 대해 처벌과 치료를 병행해왔다. 마약 문제로 골치를 앓고 있는 미국은 마약사범에 대한 엄격한 통제 및 처벌과 함께 다양한 약물 중독 치료 프로그램이나 재활 프로그램을 운영하고 있다. 구치소나 교도소에 수감될 경우에도 '치료 공동체'를 중심으로 마약 중독으로부터 벗어난 사람들이 다른 중독자에게 도움을 주는 방식을 채택해 큰 효과를 거두고 있다.

일본은 국가 기관과는 별도로 보호관찰 처분을 받은 중독자를 민간에 위탁하여 처우하는 '민간 프로그램'을 운영하고 있는 게 특징이다. 영국은 정부 예산으로 마약사범을 6개월에서 3년까지 치료하고 있고, 스위스는 한해 2천명이 넘는 마약 중독자를 치료할 수 있을 정도의 시설을 마련해 놓고 있으며, 직업 복귀 프로그램을 통해 사회에 복귀하는 길도 마련해 놓고 있다.

앞에서 본 것처럼 네덜란드 마약정책은 중독자들에게는 국가가 나서 마약을 배급해주면서 그 양을 조절해서 치료의 길로 들어서게 도와주며, 연성마약은 합법화하여 정부의 통제아래 연성마약 이용자들이 암시장을 통해 강성마약 중독자로 빠져드는 길을 차단토록 하고 있다. 마약합법화론 내지 비범죄화론은 마약이 안전한 것이기 때문이 아니라 위험한 것이기 때문에 더더욱 법의 테두리 안에 끌어들여 통제해야 한다고 본다. 반면 우리나라는 마약중독자가 당연히 범죄자인 것으로 인식한다. 모든 국가에서 삼을 우리나라처럼 처벌하는 것은 아니며, 삼은 녹내장 치료제로 쓰이며 유럽의 카페에서는 삼 흡연을 허용하기도 한다.

마약 중독자들이 교도소나 감호소에서 출소한 뒤 의지할 수 있는 기관은 거의 없다. 민간에서 운영하는 마약 중독 치료 기관도 얼마 되지 않는다. 한국마약퇴치운동본부 측의 '송천쉼터', 한국범죄학회 전경수 회장이 운영하는 '라파 의료교정교실', 인천 '소망을 나누는 사람들', 서울 공릉동의 마약 중독자 자조 모임 '우리들 공동체' 등 몇 곳에 불과하다. 이런 곳들은 교도소나 치료감호소와 달리 마약 중독자들의 자발성에 기초한다는 특징이 있다. 그러나 '송천쉼터'를 제외하면 정부 지원도 없이 민간의 힘만으로 얼마나 체계적이며 장기적으로 이를 운영할 수 있는지는 의문으로 남아있으며, 이 민간시설과 운영에 대한 정부지원 필요성에 대한 사회적 공감대 형성이 시급하다. 물론 마약 중독은 중독자 본인의 의지와 노력, 그리고 주변의 도움이 얼마나 적극적인가에 달려 있으며, 이들의 절대대수는 삼 사범은 아닌 것으로 되어있다.

〈표 2〉 우리나라 삼 사범수

(단위: 명)

년도	사범수	년도	사범수
1970	7	1988	245
1972	338	1989	1,025
1971	60	1990	1,450
1973	348	1991	1,138
1974	597	1992	1,054
1975	952	1993	1,509
1976	1,460	1994	1,499
1977	639	1995	1,516
1978	483	1996	1,272
1979	352	1997	1,301
1980	396	1998	1,606
1981	386	1999	2,187
1982	401	2000	2,284
1983	358	2001	1,482
1984	251	2002	1,997
1985	237	2003	1,644
1986	275	2004	1,276
1987	177	2005	1,032

출처: 1970~1981 이창기 마약이야기 부록
1982~1988 범죄백서 자료
1989~2005 마약류 범죄백서 자료

우리나라에서 마약사용은 1950,60년대 아편류, 메사돈 등이, 1970년대 삼, 1980년대 이후 메스암페타민이 주종을 이루고 있다. 마약류 단속사범 수를 보면 1999~2002년 연속 4년 동안 1만 명 돌파했으며, 2003년엔 7,546명으로 전년보다 29.3% 감소하였다. 당시 그 이유는 2002년 검찰 단속으로 국내외 공급조직이 와해되었으며 '사스' 여파로 해외여행도 크게 감소했기 때문이다. 2004년 7,747명(전년대비 2.7% 증가)의 마약사범 중 삼 사범 1,231명(15.9%), 향정 68.6%, 마약 15.5% 등이었다. 단속기관별로 보면 검찰 34.8%, 경찰 62.1%, 세관 3.1% 등이며, 연령층을 보면 20~40대 80% 이상을 차지하며, 과거 무직, 유흥업, 자영업 위주에서 최근 회사원, 학생, 가정주부, 의료인 등 건전계층으로 확산되고 있는 것으로 나타났다.

검찰 측은 전체적으로 우리나라 마약사범 추이는 마약류 남용계층의 확산, 신종마약류 압수량 증가(야바 도리도리 등 엑스터시), 공급선의 다변화(메타암페타민의 경우 중국 외에도 필리핀, 미국, 대만, 엑스터시의 경우 러시아, 해쉬쉬와 삼의 경우 네팔, 남아프리카공화국, 나이지리아, 인동 등), 조직폭력의 개입, 외국인 사범의 증가(이란, 필리핀, 미국-학원강사, 미군 등), 청소년 사범 증가 우려, 삼 유해성과 비범죄화 논란 등의 특성을 가지고 있는 것으로 분석하였다. 일본 야쿠자의 경우 수입의 50%가 마약판매수익으로 되어 있으며, 우리나라 범죄조직들도 장기간 경기침체로 인한 유흥가 불황 여파로 가장 돈벌기 쉬운 마약밀매에 손을 대 수입의 10% 정도가 마약판매 수익일 것으로 추정되고 있다. 1990년대까지 처벌위주였으나 치료와 재활 쪽으로 전환해야 한다는 요구가 크다. 그러나 우리나라 실정은 마약전문병원 하나 없는 것이 현실이다. 2004년 마약류 투약으로 검거돼 교도소에 수감된 총 7,747명 외에도 현재 전과자를 포함해 각종 마약유경험자는 모두 합쳐 추정하면 최소 70만 명에서 많게는 100만 명 선(통상 우리나라 마약 유경험자는 80만 명 수준)이라고 알려져 있다.

한편, 2004년 삼 사범의 직업별 현황을 보면 무직 322명, 농업 109명, 상업 66명, 유흥업종사자 71명, 노동 123명, 운전사 52명, 회사원 65명, 주부 13명, 학생 14명, 공업 28명, 연예인 2명, 선원 5명, 어업 5명 등으로 되어 있고, 남녀 비율은 90.3%(1,111명) 대 9.7%(120명)로 나타나

있다. 삼 사범 원인별로 보면, 유혹 28.8%, 중독 17.1%, 영리 12.5%, 치료 2.1%, 강압 0.2%, 기타 19.8% 등으로 되어 있다. 사용회수별로 부면 1일 1회 32.6%, 월 1회 18.2%, 주 1회 7.0%, 주 2회 5.6%, 1일 2회 이상 3.7% 등인 것으로 나타났다.

한편, 1957년 제정된 우리나라 당초 마약법에는 삼이 규제대상으로 포함돼 있지 않았다. 따라서 당시 삼은 일반 농가에서 삼베의 재료로 재배했고, 삼 역시 그리 어렵지 않게 구할 수 있었다. 그러다가 1961년 유엔은 미국 주도로 '마약에 관한 단일협약' 에서 삼을 마약으로 규정했고, 국내에서도 이를 근거로 삼에 대한 단속이 강화됐다. 하지만 우리나라가 삼을 본격적으로 금지한 것은 1976년 대마관리법이 제정되면서부터였다. 특히 1970년대 중후반 이른바 '대마초 파동'은 삼을 사회적 금기로 낙인찍는 결정적인 계기가 되었다. 당시 윤형주, 김세환, 신중현, 김추자, 이장희 등 대중가요 가수들이 구속됐다. 실제로 통계에 나타나는 삼 사범의 절대다수는 삼사용자이며 삼의 밀수, 밀거래, 밀경작 사범은 소수에 불과하다. 1968 / 69 발행된 우리나라 범죄백서 자료를 보더라도 생아편, 헤로인, 모르핀, 무표시 주사액(메사돈 포함) 등은 압수대상이었지만, 삼은 압수대상도 아니었으며 따라서 삼사용자도 체포대상이 아니었던 것으로 되어있다. 앞에서 언급한 이창기의 주장에 따르면 당시에도 법에는 인도삼이 금지 및 처벌 대상으로 되어 있었으나, 우리나라 삼은 문제가 되는 바로 그 인도삼과는 종류가 다르다는 것이 당시 우리나라 정부입장이자 유권해석이었다고 알려져 있다.

4. 검찰과 법원 입장

1970년 『검찰』 9월호에서 대전지검 안길수 천안지청장은 당시의 마약법

제2조 제3항은 "인도 대마에 한하여 처벌 규정이 있고 한국산 대마에 대해서는 처벌규정이 없다고 밝혔다. 이런 문제점을 시정하기 위하여 검찰은 대책을 강구하였으며 앞서 지적한 이창기 등의 노력과 협력으로 우리나라산 대마의 약물에 대한 금지와 단속 조치들도 취해지기에 이른다.

대검찰청은 삼이 우리나라에서 고대로부터 섬유용으로 널리 재배되었으나, 의료용으로 사용한 기록은 없으며, 우리나라에 삼이 전파된 것은 월남전이 한창이던 1965년 이후부터이고, 삼은 의약용도는 없으며, 환각제라고 기록하고 있다. 이에 따르면 적은 양을 사용하는 경우, 초조감, 흡족감, 이완감 등을 수반한 꿈꾸는 듯한 느낌, 공복감 등을 느끼며, 사고의 형성 및 표현의 예민한 변화와 함께 시각, 후각, 촉각, 미각 등도 오묘하게 변화하며, 반면 많은 양을 남용하는 경우, 공중에 뜨는 느낌과 함께 빠른 감정의 변화를 경험하며 집중력의 상실, 자아상실, 환각, 환청 등이 나타나며, 이는 제3자도 알아차릴 수 있는 정도로 뚜렷한 증상이라고 주장하고 있다. 삼수지(해쉬쉬)의 경우, 지속적 남용은 정신운동 및 내분비기능의 장애, 면역능력의 감소를 초래할 뿐만 아니라, 심하면 정신분열증 같은 중독성 정신병을 초래하며, 삼 남용이 위험한 것은 환각상태에서 강력범죄를 저지르고 삼보다 약효가 강력한 다른 마약류 사용으로 전이할 가능성이 크다는데 있다고 보고 있다(『2004 마약류 범죄백서』, 24~6쪽).

한편, 우리나라 마약실태는 일본과 유사함에도 불구하고, 마약단속제도는 오히려 엄청난 인력과 규모와 권한을 가지고 있는 미국과 유사하여, 국민혈세 낭비를 부추기고 있다. 경찰 아닌 검찰이 마약단속제도의 수장을 겸하는 나라는 세계적으로도 유례를 찾기 힘들다. 사실 우리나라 검찰이 마약과를 신설하고 경찰로부터 마약수사업무를 이전한 것은 그리 오래 전 일은 아니다. 마약으로 인해 커다란 피해를 보고 있는 중국조차도 검찰 아닌 경찰기관인 공안이 마약단속제도의 근간인 '국가금독위원회'의 장을 맡고 있다.

〈그림 1〉 국내마약단속체계도

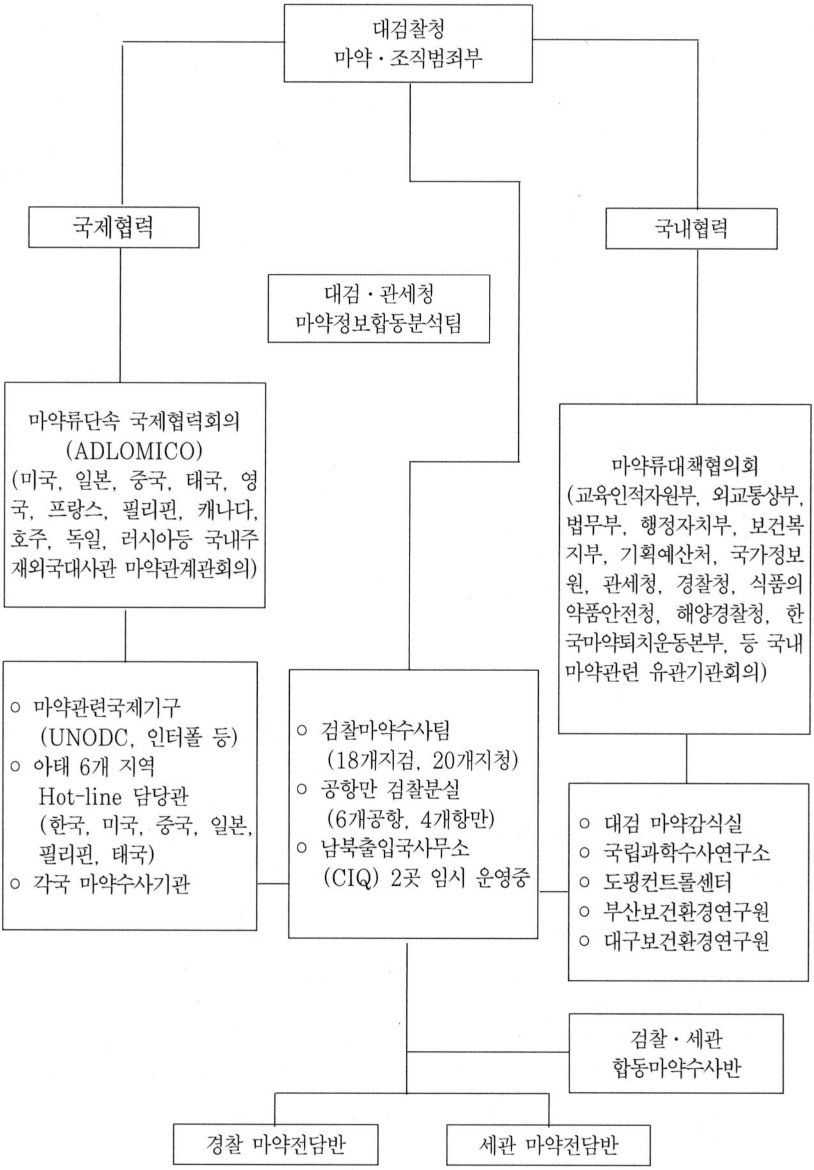

출처: 〈2004 마약류범죄백서〉 부록

즉 중국 공안부부장이 동기관의 위원장을 맡고 있는 것이다. 마약 오남용 실태가 우리나라와 유사한 일본의 경우 주된 마약단속기관은 국가공안위원회 즉 경찰로 되어 있다.

사실, 마약사용자는 범죄자 아닌 환자로서 이들은 치료를 해주어야지 교도소로 보내는 것이 능사는 아니다. 처음 마약에 손대기 전 이미 정신분열증, 우울증 등을 앓고 있는 환자들인 경우가 대부분이며, 이를 극복하지 못하고 마약에 잠시 의존하는 경우가 많다. 적절한 치료를 해주면 마약의 유혹에서 벗어날 수 있다. 이들은 집단으로 마약을 하진 않으며, 혼자서 투약하는 의존증 환자로서 정신병자에 가깝고 볼 수 있다. 이들이 교도소에 가면 나쁜 환경에 노출되며 출소하면 어쩔 수 없이 두부 대신 다시 주사를 맞는 경우가 많다. 출소자들은 범죄자로 낙인이 찍혀 직장도 거의 얻을 수 없다. 경검과 법원 및 교도소에서는 삼과 마약을 구분하지 않고 있다. 아니 단순 삼사용 사범을 무시무시한 마약사범으로 만드는 것이 우리나라 법집행제도라고 볼 수 있다.

검찰은 삼 합법화 논쟁이 한창이던 2005년 3월 처벌완화 및 재활치료 강화를 주내용으로 한 '대마사범 처리방안'을 마련해 전국 일선 지검과 지청에 하달 시행에 들어간 것은 이런 점을 감안한 것으로 볼 수 있다. 물론 하드드럭과 삼이 같다든가 삼이 하드드럭의 관문마약이라든가 하는 것을 떠나서도 이런 조치는 삼 및 마약정책의 한계를 드러낸 것으로 볼 수 있다. 시기적으로 민교협 등의 단체와 연예계 종사자들이 삼 비범죄화 내지는 삼 합법화를 요구하는 상황에서 검찰이 내부적으로 현행법 정비 필요성을 제기한 것은 논란을 불러일으킬 만했다.

대검찰청 내부문서는 마약류 사범에 대한 현행법이 법정형 체계에 있어서 균형을 상실한 예가 있는 등 여러 가지 문제점을 내포하고 있다면서 선진국에 비해 삼 사범에 대한 지나친 엄벌주의를 문제로 지적했다. 검찰은 점진적으로 삼 사범 형벌을 완화하고, 처벌보다 치료에 의해 문제를 해결하는 방향으로 법제 정비가 필요하며, 법개정에 앞서 적정한 삼 사범 처리 기준을 마련할 필요가 있다고 밝혔다.

〈표〉 검찰의 새로운 대마사범 처리기준 (대검찰청 자료)

범죄유형	처리기준	법정형
대마 수출 수입 수출입 목적 소지	구속수사원칙 (몰수 및 추징)	무기징역 또는 5년 이상 징역
매매목적 재배 미성년자에게 줄 경우	구속수사 (상습범은 3년 이상)	1년 이상 유기징역
단순 재배, 소지, 소유, 흡연	재범, 죄질불량, 히로뽕 등과 복합사범일 경우에는 구속수사	5년 이하 징역 또는 5천만원 이하

벌금(상습범은 가중) 단순흡연, 소량소지 사범은 불구속(치료조건부 기소유예적극 활용)

이에 따르면 단순 삼 흡연 사범과 적은 양의 소지사범 중 초범인 경우 불구속 수사를 원칙으로 하며, 재범이라도 자수자나 재활 의지가 있는 사범 등에 대해서도 실질적인 처벌이 아닌 치료보호 조건부 기소유예를 적극 활용토록 했다. 그러나 삼 제조 및 수입, 매매한 자, 미성년자에게 교부한자 등 죄질이 무거운 사범에 대해서는 기존대로 구속수사를 원칙으로 하고 몰수와 추징 등 불법수익 환수 조치를 철저히 병행키로 했다.

검찰의 처벌 완화 지침에 대해 삼 합법화를 주장해온 일부 인사들은 환영의 뜻을 나타냈으나, 마약퇴치 운동가 단체는 소극적 처벌이 삼 확산을 가져올 수 있다며 우려했다. 삼을 마약으로 규정한 것이 위헌이라는 위헌심판 신청을 낸 영화배우 김부선 씨 측은 “검찰이 처벌 완화 입장을 밝힌 것은 삼 합법화로 나아가기 위한 교두보로서의 의미가 있으며 삼는 중독성이 없기 때문에 재활치료가 필요 없다”고 주장했다. 반면, 검찰의 치료위주 정책 변화에 대해 치료기관이 제대로 없는 현실을 반영하지 않은 이상적인 정책이라는 비판도 있다. 한국마약퇴치운동본부 측은 “현재 정부가 정한 마약치료기관은 23곳이지만 실질적으로 운영되는 곳은 1곳밖에 없는 실정”이라며 “이런 실정을 무시하고 치료위주 정책으로 전환하는 것은 삼 확산의 우려가 있다"고 밝혔다.

한국마약퇴치운동본부 측은 KBS 추적60분(2004년 12월 15일)과 MBC 100분 토론 및 각종 신문을 통해 삼이 환각성이 있으므로 강력한 처벌을 해야 한다고 주장했다. 여러 신문에서 한국마약퇴치운동본부 측은 삼에 대한 강력한 처벌을 주장하였다. 2005년 1월 마약류대책협의회가 치료보호제도를 조금씩 언급하고 마약류대책협의회 홈페이지(www.drug.go.kr) 관리권이 국정원에서 보건복지부로 이관되면서부터 비로소 관변단체인 한국마약퇴치운동본부 측이 앵무새처럼 강력한 처벌보다 치료를 해야 하며 형량도 과도한 것 같다는 식의 액션을 취하고 있다는 지적이 일고 있는 실정이다..

이들은 우리나라처럼 마약에 대한 이해도가 낮고 재활시설이나 치료시설이 자리 잡지 않은 상황에서 삼을 합법화하는 것은 시기적으로 적절치 않다고 주장한다. 한편, 삼 합법화 논란이 불붙은 2005년 1월 검찰에 적발된 삼 사범은 105명으로 지난해 같은 기간 67명보다 57%나 증가했다. 또 삼 압수량도 2004년 1월 272g에서 다음 해 1월에는 912g으로 235%나 증가했다. 대검은 이 방안이 삼 합법화로 나가기 위한 전 단계는 절대 아니며, 삼은 중독성이 있는 엄연한 마약류이며, 치료 조건부 기소유예를 적극 활용한 치료를 통해 재범을 막자는 것이 주요 내용이라고 밝혔다.

한편 2005년 4월 18일 대전지법 서산지원은 삼 관련 위헌법률심판 제청 신청을 기각했다. 이것은 삼 관련 위헌심판 제청신청에 대한 기각결정이었다. 즉 신모 씨는 2004년 11월 삼 0.5g을 피운 혐의로 구속 기소되자 "대마초는 의존성이나 내성이 심하지 않아 삼을 마약으로 분류해 처벌하는 것은 헌법상 행복추구권을 침해하는 것이며 과잉금지 원칙에도 위반된다"고 위헌심판 제청신청을 냈으며, 징역 8월형을 선고받은 당사자의 위헌신청에 대해 재판부가 밝힌 기각사유는 다음과 같다.

대마초의 흡연은 순환기 계통 장애유발 등 신체적 사회적 폐해가 있음이 인정되고 있고 엄한 처벌에도 재범률이 다른 마약류에 못하지 않으며 대마초의 무분별한 허용이 국민보건과 국가경제에 위해를 끼칠 가능성이 높은 점 등을 감안할 때 국가적 규제는 필요하다. 대마에 관한 우리 정책은 적어도 제도상으로는 엄벌주의 일변도가 아니라 다양한 치료, 재활의 가능성과 방법도 함께 마련해 놓고 있고 규제의 연혁과 법정형 변천 등을 종합 검토해 볼 때 관련조항이 보충성, 비례성 원칙이나 법익균형성 최소침해성 요구에 어긋난다고 할 수 없다. 대마가 반드시 술 담배보다 해악이 덜하다고 단정하기 어려우며 국가적 규제 이전부터 널리 이용돼온 술 담배와 달리 1970년대부터 이용이 확산돼온 대마의 흡연 섭취를 강력히 억지함으로써 확산을 미연에 방지하는 것이 우리 사회의 건전한 사회풍속 유지를 위해 바람직하다. 대마초의 비범죄화는 흡연인구와 사용빈도의 증가 등으로 전체 국민보건과 사회풍속에 중대한 해악을 끼칠 수 있는 바 이같은 우려가 현실화할 가능성이 없음이 분명하지 않은 이상 전국민의 건강을 볼모로 실험해볼 만큼 국내 대마초 흡연자들의 추가적인 기호품 소비욕구 실현이 절박하지 않다.

5. 삼은 약이 아니다?

2000년 제정하여 시행하고 있는 '마약류관리에 대한 법률'은 종전 '마약법', '향정신성의약품 관리법' 그리고 '대마관리법'(1976제정)을 폐지하고 하나의 법률로 통합한 것이다. 이로 인해, '대마'가 법률상으로나마 '독립적인' 지위를 상실하고, 다른 약물과 같이 도매금으로 넘어갔다는 점에서 개악 측면이 없지 않았다. 이때부터 구치소 수의색깔이 삼사범과 히로뽕사범이 같아졌으며(2000년 이전 삼 사범은 흰색, 마약사범 초록색이었으나, 이후 모두 초록색), '삼=마약'이라는 사회적 오해를 더욱 더 확대시켰고, 무엇보다 형량자체가 단순 삼 흡연에 대해 향정과 같이 최고 5년 징역형 5천만 원 벌금형이라는 비극을 초래하기에 이르렀던 것이다.

나아가 마약법, 의료법, 약사법은 사실상 동일한 입법목적을 갖고 있다.

첫째, 궁극적으로 '국민보건 향상'이나 '국민의 건강을 보호 증진함'을 그 목적으로 하는 사회보장적 법률이지, 결코 '형사처벌'이 목적인 '사회규율유지법'은 아니다. 국민들을 위해 특히 국민들 건강을 위해 존재하는 것이지, 위반자 처벌이 목적은 아니다.

둘째, 적용범위에 있어서 마약법〈약사법〈의료법 형태라야 한다. 마약류는 약품에 해당하며, 이는 크게 보아 의료행위 속에 포함된다. 마약법은 마치 총기류관리법처럼 사회적 위험요소에 대해 강력 관리 처벌하는 법이 아니라, 국민건강 증진을 위해 국가가 친절하게 신경써주어야 하는 법률로서 약사법이나 의료법과 동일한 목적을 갖고 있다.

삼은 현행법상 '마약'이 아니라 '마약류'이다. 법조문상 '마약류=마약+향정+대마'이다. 사람이나 개나 소나 고래를 묶어서 '사람류'라고 하지 않고 '포유류'라고 한다. 마약류라는 이름은 '마약'과 비슷하다고 간주한 향정과 대마를 포함한 것인데 왜 향정과 대마가 마약은 아니지만 마약과 비슷한 또는 같은 성질을 갖고 있는가를 분명히 밝혀주어야 하는데 그렇게 하지 못하고 있다. 결국 향정과 대마는 마약으로 분류하기 어렵다는 것을 드러낸 것이다.

현행법 4조는 향정을 결국 '약물/물질/혼합물질/혼합제제'로 규정하여 애매함의 극치를 보여주고 있다. 그나마 향정은 '인간의 중추신경계에 작용하는 것으로서 이를 오용 또는 남용할 경우 인체에 현저한 위해가 있다고 인정되는'이라는 규정을 두고 있다. 반면 '마약'은 해독작용이 있다고 정의하고 있는 반면, 향정은 명백히 특수한 경우에 사용되는 '예민한 의약품'이라는 성질을 갖는다고 규정하고 있다. 그럼 대마는 어떤가?

제2조는 "'대마'라 함은 대마초(칸나비스사티바엘)와 그 수지 및 대마초 또는 그 수지를 원료로 하여 제조된 일체의 제품을 말한다. 다만, 대마초의 종자·뿌리 및 성숙한 대마초의 줄기와 그 제품을 제외한다." 라고 되어 있다. 이것이 전부이다. 아무런 부정적 형용어구나 약물적 성질에 대한 언급이 없다. 단지 '대마는 대마다'라는 동어반복만 되풀이하고 있다. 현행 마약

법상 관리대상은 마약이 아니라, 마약류이며, '마약류=마약(양귀비/아편/코카엽+그 혼합물질)+향정+대마'이다. 대마는 독약에 가까운 마약도 아니고, 위험한 의약물질인 향정도 아닌데, 왜 아무런 설명이나 전제 없이 대마가 여기에 자리 잡게 되었는지 이해할 수 없다. 물론 이러한 어색함은 실은 역사적 배경이 있다. 즉 현행 마약류관리법은 종전 마약법, 향정신성의약품관리법, 대마관리법(1976제정) 등을 폐지하고 하나의 새로운 법률로 통폐합한 법률이기 때문이다. 하지만 적어도 형식적으로 또한 의미상으로 보아 종전의 대마관리법은 대마를 마약으로 간주하진 않았다. 반면 네덜란드는 2003년 11월 1일 마리화나를 약으로 약국에서 조제약품으로 판매하기 시작했다.

유신독재의 절정인 1976년 사회규율 잡기 분위기 속에서 준비 없고 그리고 근거 없이 제정되어 악용되어 왔다. 물론 이 법률에 의하더라도 단순 삼 흡연자는 최고 5년 이하 징역/5천만 원 벌금에 처벌당하게 되어 있다. 그러나 대마관리법은 '대마 자체'에 대한 탄압이지, '마약의 일종인 대마'에 대한 탄압은 아니었다. 분명한 것은 대마를 마약류에 인위적으로 포함시킴으로써 근거 없고 부당하며 또한 시대착오적인 입법이 되고 말았다는 점이다. 이는 무작정 미국의 마약과의 전쟁 분위기 및 유엔마약범죄국이나 3대 유엔마약금지조약(1961, 1974, 1988년)에 발맞춘 것에 불과하다. 최근 유엔마약금지조약에 대해 선진각국은 문제를 제기하고 있으며, 이에 따라 UN은 오는 2008년 개정을 위한 총회를 가질 예정이다.

약사법상 양약/한약이 모두 약이며, 사람/동물 모두에 관계되는 것이 약이고, 동/식/광물에서 채취되어 원형대로 정제된 것도 약이며, 슈퍼에서 사는 것도 약이고, 종합병원 약국에서 받는 약도 약이다. '국민(애완동물까지 포함) 건강 보호와 증진'을 위한 전반적 의료행위에 필요한 약물전반이 약이며, 이러한 약은 그 자체 약물 위해성을 동시에 갖고 있다. 플라톤은 (마)약은 치료제인 동시에 독약(Pharmakon)이라고 지적했다. 예컨대 항암치료 과정에서 발생하는 치사사고는 결국 항암제의 자체독성에 의한 것이다. 항암제는 암세포를 죽이는 약인 동시에 다른 세포들도 동시에 죽이는 독약이다.

그럼 이른바 '의료용 삼사용'과 밀접한 관계가 있는 '의약마약'은 어떤가? 자격자를 갖춘 의료기관에서 투약목적의 마약류(법조문상 대마 제외)를 사용하며, 이를 기록하여 관리하게 되어 있다. TV나 잡지에 이러한 의약용 마약류가 쉽게 광고되어 알려진 적은 없다. 쉽게 제조되고 판매되는 것도 아니다. 해당 의료기관에서 쉽게 의약용 마약을 사용 처방하는 것도 아니다. 대단히 엄격하게 관리하도록 하고 있다. 하지만 병원에서 의약용 마약이 어렵게 사용되는 것은 전혀 아니다. 응급실 마취과나, 외과수술, 각종 중환자 등에게 필수적인 마취제야말로 바로 마약류일 뿐 아니라, 정신과 치료에 쓰는 많은 의약품들이 '향정신성의약품'이기 때문이다.

현행법상 '마약류' 중 마약과 향정은 의료용 약으로 쓰인다. 반면 '대마'는 의료용으로조차 쓰이지 못하게 되어있다. 단순하게 생각해도 삼보다 훨씬 더 센 진짜 마약인 아편계/코카계/향정은 의료용 약으로 쓰이는 반면, 훨씬 약하다고 당국이 인정한 삼은 '약'으로조차 인정하지 않고 있다. 즉 제2조 6항 '마약류취급자' 정의에서 대마가 빠져있다. 대마도 현행법상 마약류이면서도 의료적 사용에 대해선 아무런 언급이 없다. 단지 '대마재배자: 섬유 또는 종자를 채취할 목적으로 대마초를 재배하는 자를 말한다'는 규정이 있을 따름이다.

즉 삼이 '약'이 될 수 없는 이유를 전혀 밝히지 않고 있다. 물론 삼은 녹내장, 경화증 계통, 에이즈, 암 환자 등 수많은 의료적 효능이 있다. 한의학의 경우 이보다 훨씬 더 광범위하게 쓰인다. 공식 시판 중인 약품 속에 삼의 주성분인 THC가 주성분인 마리놀이나 사비텍스도 있으며, 향후 더욱 더 많은 삼 성분이 들어가는 약품들이 시판될 것이다. 왜 삼은 의료용이 될 수 없는가?

삼이 우선 의약용으로 쓰일 만한 효능이 있다면 국민건강 증진을 위해 존재하는 현행 마약법은 삼도 '의료용 마약류'에 포함시켜야 한다. 만약 삼이 위해성은 다른 진짜 마약이나 향정보다 턱없이 약하지만, 약효도 없으며 아무런 소용도 없는 풀일 뿐이라면, 당국은 이를 입증하는 약학적 의학적 근거를 제시할 필요가 있다.

한걸음 더 나아가 삼은 마약법 속에서 심한 '왕따'를 당하고 있다. 그 폐해는 너무 심각하다. 벌칙조항은 너무 가혹하게 되어 있다. 삼이 처벌은 정말 심한 마약이나 향정 사용자만큼 받으면서도 의료적 사용마저 박탈당하고 있는 것은 앞뒤가 맞지 않는다. 정부 측은 중립적이며 객관적인 '삼 전문가 위원회'를 구성하여 삼의 정확한 약리적 의학적 특성에 대한 공식보고서를 수립할 필요가 있다. 현행 삼 정책은 심한 인권침해 뿐 아니라, 삼의 의료적 효능으로 살릴 수 있는 환자들을 외면하고 만다는 반인간적 정책이라는 지탄을 피할 수 없다.

사실, 사회적으로 용인되지 않으며 법으로도 규제하는 것들이 많고, 사회적으로는 용인되지만 법으로 규제하는 것도 있으며, 사회적으로 용인되지 않으며 법으로도 규제하지 않는 것도 있다. 삼의 경우 사회적으로 용인되지 않으며 법으로도 규제하는 것에 속해 있지만, 이는 사회적으로 용인되지 않게 만든 것이 법이고, 법을 앞세워 국민들을 상대로 캠페인을 벌여 잘못된 정보를 매개로 잘못된 사회적 합의를 이끌어낸 것이므로 출발부터가 잘못이라고 보아야 한다. 담배의 경우 사회적으로 널리 용인되다가 사회적으로 용인되지 않는 분위기를 차츰 만들어가고, 이런 분위기는 담배에 대한 여러 실험과 연구를 통해 사회적 합의를 이끌어내는 과정을 거쳐 온 것으로서, 마침내 담배에 대한 온갖 규제들을 법규로 정해 시행해나가고 있다.

삼의 경우 담배와는 정반대로, 당초 사회적으로 널리 용인되다가 1976년 법률를 만들어 갑자기 연예인들 중심으로 단속하고 그때마다 신문과 방송에 널리 알려 사회적 망신을 준 뒤 사실과 다른 홍보동영상과 NGO도 아닌 NGO(예컨대 한국마약퇴치운동본부)를 만들어 국민들에게 왜곡된 정보를 알려 처벌과 단속을 위주로 마치 '선이 악을 징벌하듯' 순결주의 태도로 삼 사용자를 매장했다.

요컨대 담배가 사회적 통용→실험 연구→사회적 규제어론조성→법률입

법추진 등의 과정을 친 반면, 삼은 사회적 통용→법률제정→사회적 규제 여론조성→실험 연구 금지 등의 역사를 거쳐나왔다. 이는 법치주의 정신에 어긋나며 법의 합리성에도 어긋난다. 이제라도 삼이 제대로 된 연구와 실험 성과를 토대로 사회적 여론을 조성하고 법이 만들어지는 합리적 절차를 거치도록 만드는 것은 학계와 관련 전문가 및 시민단체 등의 몫이지만, 정부도 이를 지원토록 해야 한다.

6. 마약치료와 마약퇴치운동

우리나라에서 유일한 마약퇴치운동 민간단체라고 알려져 있는 (재)한국마약퇴치운동본부(약칭 '마퇴본' www.drugfree.or.kr)는 1992년 마약류 및 약물남용 예방 종합사업을 위한 국내 유일의 민간단체(보건복지부 법인 인가)로 설립되었으며, 2002년 마약류관리법 제51조의2에 따라 법정단체로 전환하였다. 활동은 청소년 중심의 대국민 홍보, 자료개발, 상담, 교육 등 예방 활동과 자원봉사 프로그램, 재활사업, 국제협력 등이다. 한편, 법에 설치가 명시된 한국마약퇴치운동본부는 NGO 아닌 GO로 보아야 하며 시민단체라고 할 수 없다는 지적도 있다. 한국마약퇴치운동본부가 말도 안 되는 공포캠페인을 주도하면서 매년 마약에 대해 아무 것도 모르는 어린이들에게 마약퇴치 홍보포스터와 문구를 만들어오게 하면서, 어른들의 잘못된 관념에 따라 아이들을 동원하는 것도 시정해야 한다는 지적도 있다. 어찌보면 청소년들의 본드나 가스흡입은 잘못된 마약캠페인 때문에 일어난다고까지 볼 수 있다는 것이다.

한국마약퇴치운동본부가 시민단체가 아니라 법률로 규정한 정부기구 혹은 관변단체라는 점을 아는 사람은 거의 없다. 신문과 방송도 이 단체를 시민단체라고 소개하고 있을 정도이다. 법률로 규정된 국가기구가 펴는 주장을 객관적 사실로 치부하는 것은 위험하다. 해당 법조항을 삭제하여 완전한 민간기구로 독립시키며 단체 운영비도 일반 NGO단체 지원기준에 맞게 형평성을 고려해서 지원할 필요가 있다. 따라서 정부기관이나 다름없으며 독립성도 의문시되는 우리나라 마약퇴치운동본부에 대해 예컨대 영국의 '독립적 약물감시단'과는 활동내용을 애당초 기대할 수 없으며, 향후 제대로 된 삼 내지 마약에 대한 시민운동과 시민단체가 싹트길 기대할 수밖에 없을 것이다.

그리고 정부행사인 '세계 마약퇴치의 날' 기념식은 식품의약품안전청 주최임에도 불구하고 행사의 대회사는 엉뚱하게 한국마약퇴치운동본부 이사장이 맡는다. 시민단체와 정부기구를 오락가락 하고 있는 것이다. 정부의 마약퇴치유공포상 역시 한국마약퇴치운동본부 관계자들이 독식하고 있으며, 경찰 검찰 법무부등 정부 관련업무 담당자들이 대부분이다. 오히려 치료재활을 위해 노력하는 민간 치료단체나 또는 마약관련연구를 하는 학회 쪽에서 이런 상을 시상하는 것이 바람직하다. 현재 상황은 마치 경찰관들에게 치안유지에 공헌이 크다며 '모범 시민상'('모범경찰상' 아닌)을 주는 격이다.

마약류관리법 개정안(발의 김춘진 의원)에 따르면 한국마약퇴치운동본부에게 지원하던 종래의 지원금을 마약퇴치운동을 전개하는 여타의 단체에 대해서도 지원할 수 있게 돼 있으나 현행 법률로 설치를 규정한 마약퇴치운동본부가 있는 한 여타의 단체들은 모두 들러리에 불과하다. 따라서 한국마약퇴치운동본부를 해체하고 자유로운 민간캠페인을 유도할 필요가 있다.

좋은 학벌에 대기업에 다니던 중 우연히 삼을 피웠다가 구속돼 1달 반 동안 교도소 생활을 어느 한 경험자는 우리나라 교도소는 마약학교나 다름없다고 지적한다. 교도소 안에서 마약사범들은 새로운 정보를 주고받게 되며, 사회와 격리된 것 외에는 마약치료를 위한 어떤 프로그램도 없고, 오히려 안에서 제2, 제3의 범죄를 공모한다. 경찰이나 검사들은 이런 이들을 낚시질하듯 돌아가며 체포하는 것이 현실이다. 그는 경찰이나 수사관의 모욕적인 언사 등의 수모는 말할 것도 없고 지금도 밤에 전화벨이 울리거나 초

인종이 울리면 움찔한다. 현재 우리나라는 이들에 대한 문제의식이 전혀 없으며 무조건 가두면 된다고 생각한다. 현재 30년 전 만들어진 마약정책이 지금까지 이어져오고 있으며, 여기에 인권이란 존재하지 않는다. 이대로 이들을 방치하면 더 큰 피해자만 양산하게 된다고 보아야 한다.

인천의 강모(40)씨의 경우 마약 전과 4범의 중증 마약 사용자였다. 그는 어차피 버린 몸이라고 한다. 중독상태에서 난동을 부리다 다리 한쪽을 못쓰게 된 그는 대구교도소에 수감돼 있었다. 20대 초반부터 히로뽕을 복용하기 시작해 감옥을 여러 차례 오가며 30대의 대부분을 보냈다. 그 와중에 빌딩 두어 채 정도의 재산을 날리고, 견디다 못해 아내도 떠났다. 교도소에서 출감되기가 무섭게 다시 히로뽕을 투약했다. 공주 치료감호소에서 나왔을 때도 그랬다. 그는 "살인이나 폭력을 저지른 것도 아닌데 억울하게 옥살이를 하고, 인간 이하의 취급을 받았다는 사실 때문에 다시 마약에 손을 댔다"고 한다. 그에게 수감 기간은 외부적 강제를 통해 단기간의 마약 투약을 '중단'했던 시기일 뿐이다.

마약전과 4범인 양모 씨는 삼 흡연으로 마약인생을 시작해 20~30대의 젊음을 마약과 함께 보낸 경우이다. 그가 히로뽕을 권해 중독에 이르게 한 사람만도 스무 명이 넘는 그는 "마약 중독자 한사람을 재활시키는 것은 청소년 1천명을 대상으로 마약 예방 교육을 시키는 것 이상의 효과가 있다"고 지적한다. 그를 통해 마약 중독에 빠진 사람 가운데는 지금도 다른 사람에게 '죽음의 백색가루'를 퍼뜨리는 사람이 있다고 한다.

서울 방배서 강력계 조형근 형사는 재범 이상 마약사범이 마약에서 손을 떼기 어렵다는 사실을 잘 안다. 조형사는 한번 수감됐던 마약사범이 다시 교도소 신세를 것을 많이 봤다. 그는 "또 다시 마약에 손대 체포될 사람들을 검거한다는 게 과연 무슨 의미가 있는가"라는 회의를 갖게 되었다. 그는 마약 중독자들을 검거하는 일보다 그들을 제대로 치료하고 중독에서 벗어나게 하는 게 더 중요하다는 것을 깨달았다. 과거 마약 중독자들을 만나면 '정보'를 얻어 한 명이라도 더 검거하려 했지만 이제는 생각이 달라졌다. 그는 마약범죄학회 전경수 회장과 함께 서울 방배동에 마약 중독자 치료재활기관인 '라파 의료교정교실'을 함께하고 있다. 그와 인연이 있는 마약 중독자들은 일주일에 두세 번 이곳에 모여 의사로부터 진단을 받거나 마약의 위해성에 대해 함께 공부하며 단약(斷藥) 의지를 다진다.

한국마약범죄학회 전경수 회장이 교도관과 마약 관련 재소자들을 상대로 한 설문조사에서 교도관들의 95%, 재소자의 86.2%가 교도소의 교정정책에 대해 "효과가 없다"고 대답했다. 부곡정신병원 등 병의원을 통한 마약 치료 · 교정 효과에 대해서도 의료인의 68.2%, 마약 관련 수용자의 94.6%가 "효과가 없다"고 대답했다. 교도소 '교정처우'나 병의원 '치료처우' 모두 실제 효과가 없다는 것이다. 반면 마약 중독자에게 약물 치료를 실시했을 경우 마약 사용이 40~60%가 줄어들고, 치료 공동체를 통한 치료의 경우 40% 이상 범죄가 줄어든다(형사정책연구원 보고서). 전경수 회장은 기존 교도소나 감호소와는 별개의 '대체의료' 필요성을 제기하면서 마약 중독자를 재활시키기 위해서는 세 가지 조건이 갖춰야 한다고 주장한다.

첫째, 의학적 치료다. 대부분의 마약 중독자가 오랜 마약 투약으로 인해 신체의 장기가 손상돼 있어 일차적으로 합병증의 진단과 치료가 절실하다는 것이다. 국립정신병원에서 마약 중독자를 담당한 바 있는 한 의사는 마약 중독자는 조기 치료를 하면 효과가 크지만 이들을 수감해 놓기만 하면 치료 시기를 놓친다고 지적한다.

둘째, 마약 의존증 치료이다. 전경수 회장은 이를 위해 중독자와의 오랜 신뢰 관계와 함께 지속적인 상담과 대화가 필요하다고 말한다. 하지만 이들을 상담·치료할 수 있는 전문가가 턱없이 부족하다. 외국의 경우처럼 마약 중독자를 치료하고 재활시켜 이들이 다른 중독자를 돕게 하는 방식을 도입할 필요가 있다.

셋째, 마약 중독자들의 사회복귀 프로그램이다. 이들이 직업을 갖고 생활에 복귀할 수 없다면 다시 중독자의 길로 빠져들 수밖에 없다. 마약 의존증 치료까지는 가능할지 몰라도 마약 중독자를 사회적으로 불필요한 존재이자 사회악으로 보는 풍토가 바뀌지 않는 한 이들의 정상적인 사회복귀는 어렵다.

어찌 보면 우리나라는 마약사범에 대한 접근이 형사사법적 접근만 있다. 사용사범이든 공급사범이든 모두 범죄자로 취급해 치료보다 처벌을 위주로 하기 때문이다. 마약사범의 치료보호 사업을 현재의 식품의약국안전청에서 보건복지부 산하 복지분야의 별도 부서나 기관을 만들어 이관토록 해야 하며, 이제는 형사정책이 아닌 복지정책으로 문제를 풀어가야 할 필요가 있다. 마약사범을 단속해 실적을 쌓고 이를 바탕으로 고속 승진해온 마약담당 검사들도 달라져야 하며 마약정책의 획기적인 전환이 절실하다. 마약사범에게 뭘 그리 많이 해주느냐는 국민들 정서도 없지 않지만 마약의 폐해는 중독자 본인들만의 문제는 아니며, 한사람의 중독자가 수명에서 많게는 수십 명을 중독 시키는 전염효과가 있다. 마약 중독자 한사람을 구제해야 하는 이유는 바로 여기에 있다.

아래 자료는 2005년 초 영화배우 김부선 씨가 법정투쟁과 언론을 통하여 삼 비범죄화 운동을 치열하게 전개하며 MBC 100분토론 등을 통하여 이 문제가 다뤄지고 사회적으로도 여기에 호응하는 모습을 보이는 단체 등이 속출하자 한국마약퇴치운동본부에서 이를 반박하는 성명을 낸 것을 소개한 것이다.

〈자료〉 한국마약퇴치운동본부 성명서

최근 국가보안법 사범에 대한 수사 활동량이 감소하여 경찰 검찰의 보안파트가 큰 폭으로 축소되며 국가정보원의 활동 방향이 바뀌면서 이 분야 종사자 내지는 전문가들이 반발을 하는 것과 유사한 움직임으로 볼 수 있다. 미국의 안슬링거가 연방마약청을 확립하여 유지 강화시키는 과정에서 보여줬던 이데올로기적 “생존투쟁”, 조직의 팽창 및 이로 인한 국내외적 온갖 부패상들은 우리에게도 잘 알려져 있다. 예컨대 1930년대 미국이 알코올 금지에서 삼 금지로 선회하며, 최근 우리나라 국가정보원이 산업스파이 분야를 개척하고, 사상 감정을 담당하던 경찰청 '공안문제연구소'가 '치안정책연구소'로 변신을 꾀하는 것처럼, 마약분야 법집행기관 내지는 관련 이해관계 집단은 삼 대신 대체 금지 대상이 되는 품목을 새로이 개발할 때까지는 삼 비범죄화에 대해 격렬하게 저항할 것으로 보아야 한다.

아래 자료는 한국마약퇴치운동본부가 2005년 3월 14일 '대마초 합법화 주장에 대한 우리의 입장'이라는 제목의 성명서 전문이다(한국마약퇴치운동본부, 『아름다운 젊음』 2005년 여름호). 당시 사회적으로 대마초 비범죄화 내지 합법화 운동이 여론의 주목을 받고 있던 상황에서 이 단체가 일정한 대응을 보이는 자신들의 입장을 표명한 것이다.

대마초는 유해한 물질로 결코 환각제나, 의료용으로 남용되어서는 안 된다. 이것은 UN의 마약류관련 협약의 기본정신이며 이를 비준한 모든 당사국들의 행동강령이다. 이런 방지노력을 통해 대마초 등 마약류의 폐해로부터 인류의 건강과 사회 안전을 담보할 수 있다고 본다.

이런 관점에서 대마초 합법화 주장은 우리의 법체제와 UN의 정신을 심히 훼손하는 비상식적인 언사일 뿐이다.

우리는 최근의 대마초 합법화 주장과 관련한 일련의 흐름을 주시하고 있다. 미국의 대마초 합법화 주장의 흐름과 맥을 같이하는 것으로 의심하고 있다. 미국에서는 지난 30여 년간 대마초 합법화 주장들이 지속적으로 제기되었으나 결국 받아들여지지 않자 90년대부터 대마초의 의료적 사용을 주장하는 우회전략을 사용하고 있다. 곧 대마초의 의료적 사용은 대마초 합법화를 위한 전략적인 전(前) 단계인 것이다. 이에 우리는 최근의 대마초 합법화 주장의 순수성을 의심한다.

다만 최근의 대마초 처벌 경감 주장에 대해서는 대마초가 분명 유해한 물질로 통제대상이 되는 것이 당연하다는 인식과 현행의 법체계 내에서 대마초에 대한 처벌 강도에 대한 다각도의 검토가 진행되어야 한다고 본다.

곧 대마초 한번 사용으로 인생이 파멸되는 억울한 사례가 발생해서도 안 되지만 대마초 사용을 부추기는 요소로 작용해서도 안 된다고 본다.

지난 주 한 방송에서 한 토론자는 심지어 "대마초의 독성은 카페인 수준으로 폐해는 실제 없다"고 주장하기까지 했다. 이 주장이 사실 그대로라면, 삼을 불법물질로 통제하고 있는 전 세계 거의 모든 국가들과 국민들은 바보라는 소리인가. 참으로 무책임하고 사람들이 잘못 인식하게 하는 발언이다. 무엇보다 우리가 우려하고 있는 것은, 이러한 주장이 결국 10대 청소년 및 젊은 층들로 하여금 삼에 호기심을 갖게 하여 사용을 증가시킬 뿐이라는 점이다.

대마초는 결코 안전한 물질이 아니다. 대마초는 정신분열증을 악화시키고, 인지기능을 왜곡시키며 일부 청소년에게 '무동기 증후군'을 야기하고 주의력과 단기기억 손상, 면역계통의 손상 및 호흡기계의 질병 등 사람의 정신과 육체 그리고 사회생활 전반에도 큰 영향을 준다. 다만 대마초가 헤로인, 코카인, 필로폰 등 경성(硬性) 약물에 비해 폐해가 낮은 것에는 의견일치를 보고 있다.

우리는 또한 대마초 합법화 주장이 최근 담배와 술에 대한 규제를 강화하는 추세와도 역행한다고 본다. 또한 최근 네덜란드, 덴마크 등의 대마초 통제강화정책으로의 방향 전환과 스위스 마약합법화 법안 거부 등의 추세와도 맞지 않는다. 우리 모두는 건강한 환경에서 살아갈 권리가 있다. 대마초는 건강을 위협하는 유해물질일 뿐이다.

우리는 지금 대마초가 널리 확산될 가능성이 높은 시점에 와 있다. 대마초에 대한 우리 일반국민들의 태도가 매우 중요하다고 본다. 최근 한 방송사에서 제시된 시청자의 의견에서 우리는 "마약류 안전국가"를 유지할 수 있다는 희망을 읽을 수 있었다.

우리는 요구한다. 대마초 사용자의 책임을 가장 적정하게 하면서 동시에 일반 국민 전체에게 대마초 사용으로 인한 영향을 최소화하여 건강하고 행복한 생활을 할 수 있는 환경을 만들기 위해 우리 모두 함께 손을 잡고 노력하자.

한국마약퇴치운동본부는 대마초 사용 확산 가능성을 차단하기 위해 계속 노력할 것이며, 이를 위하여 다음과 같이 주장한다.

1. 대마초의 의료적 사용과 합법화를 절대 반대한다.
2. 작금의 대마초 합법화 주장은 대마초의 확산 가능성을 부추길 수 있음을 크게 우려한다. 특히 대마초 처벌 완화정책은 대마초 사용의 급격한 증가를 불러 일으켰음을 인류의 역사는 보여주고 있다.
3. 대마초 사용으로 쾌락을 느끼고, 이것이 자신의 고유한 권리라고 주장하기 전에 자신과 사회에 어떻게 하면 보다 긍정적으로 이바지할 것인가 생각해 보았으면 하며, 사회에 봉사하는 수많은 활동을 통해 잔신의 권리를 발휘하는 것이 더욱 바람직하다고 본다.
4. 다만 대마초에 대한 보다 철저한 과학적 의학적 연구를 계속해서 실시할 것을 요구하면서 장기적으로 종합적인 대책을 수립해야 할 것을 요구한다.
5. 대책 중에는 대마초 공급자에게는 보다 더 엄한 처벌을, 단순 사용자에게는 단순한 처벌보다는 치료재활서비스와 교육프로그램을 제공하는 정책을 우선하는 방향으로 정책을 수립할 것을 요구한다.
6. 지금은 보다 건강한 활동을 위해 대마초의 폐해를 최소화하는 운동을 적극 전개해야 하며, 보다 많은 사람들이 대마초를 포함한 마약류의 폐해 예방운동에 동참해 주길 바란다.

7. 삶과 국가보안법

2004년 10월 영화배우 김부선씨는 '마약류관리에 관한 법률'에 대해 위헌법률심판을 제청했으며, 전인권 · 신해철 씨 등이 김부선씨에 대한 개인적 지지 표명했다. 같은 해 12월 9일 문화연대를 주축으로 하여 박찬욱 · 김동원씨 등 113명의 문화예술인이 동참한 '대마 합법화 및 문화적 권리 확대를 위한 문화예술인 선언'이 발표되었으며, 같은 해 12월 10일 김부선씨 항소심 담당 수원지검 강력부 측은 '맞불 간담회'를 갖고 삼의 유해성을 거듭 주장해야 했다. 2004년 12월 10일 한국마약범죄학회 주최의 마약정책 토론회에서 대마초에 대한 합리적 정책 대안이 필요하다는 지적이 있었다. 일련의 삼 합법화 내지는 비범죄화 운동에 대해 국가보안법 폐지투쟁과 같은 맥락으로 보는 적극적 가치부여 시각까지 제기된 바 있다.

MBC 100분 토론 등을 통해 삼 합법화 내지 비범죄화 논쟁이 치열했던 2005년 봄 네티즌 611명을 대상으로 삼비범죄화에 대한 여론조사를 실시(디지탈랩, 2005년 3월 11일)한 결과, 절대불가 40.3%, 시기상조 51%, 합법화 8.8% 등으로 나타났다. 여기서 알 수 있는 것처럼 삼 비범죄화를 반대하는 강력한 기득권 입장에 서있는 사람도 많다. 삼을 범죄로 규정한 법제도가 수십 년 운영되어왔기 때문에 이에 기득권을 가진 세력이 고착화되어 있다. 사실상 사문화된 국가보안법이 폐지되기 힘든 이유와 매우 유사한 것이다. 경검, 식약청 등 정부 측은 말할 것도 없지만 민간단체이면서도 공개적으로 삼 합법화 내지 비범죄화를 반대하는 한국마약퇴치운동본부도 여기에 속한다. 경검의 정보나 보안 파트 그리고 국정원 및 이른바 수구 기득권 세력이 국가보안법 철폐를 반대하는 것과 꼭 마찬가지로, 기본적으로는 경검의 마약수사파트, 한국마약퇴치운동본부, 악마화 대상으로서 삼이 꼭 있어야 한다고 고집하는 세력, 삼 금지에 토대를 둔 의약업계 분야 등이 삼 합법화 내지 비범죄화 반대세력의 축을 이룬다고 볼 수 있을 것이다. 그럼 구체적으로 누가 삼을 강력 반대하는가?

첫째, 기존 마약 밀거래상들이다. 삼은 자연 식물로서 산과 들에서 잘 자라며 강한 마약에 대한 방패로서 유용하기 때문에 기존 마약 밀거래상에게 가장 큰 타격을 가하기 때문이다. 세계적으로 가장 강력하게 삼 사범을 단속 처벌하는 미국에서는 이들이 정치인 및 법집행기관 측 요원들에게 막대한 정치자금 혹은 뇌물을 제공하면서 부패 고리를 형성하면서 자신들의 존립을 보장받고 있는 것으로 알려져 있으며, 동일한 현상은 금주법 시대에 그대로 되풀이된 바 있다.

둘째, 삼은 싼값으로 사람들에게 행복감을 주므로 행복이 물질에만 있다고 생각하는 사람이 적어지며, 자본의 논리를 따르지 않는 이들이 많아지므로, 자본가들은 삼 합법화 내지 비범죄화에 적극 반대할 수밖에 없다. 자본을 추종하여 밥벌이를 해야 하는 일부 악덕 언론인들의 경우에도 잘못된 진실을 퍼뜨려 기득권을 지키려고 애쓴다.

셋째, 현행 삼 금지법이 옳다고 믿는 일반인들이 있다. 하지만 이렇게 착한 보통 사람들도 주변사람이 현행법의 피해자가 될 때 비로소 삼 금지법의 정당성을 믿지 않고 부인하게 된다.

넷째, 술과 담매 판매상들은 삼이 싼 가격으로 팔리게 되면 이것이 알코올중독과 담배중독 치료, 술과 담배 대용 등으로 많이 쓰이게 되기 때문에 이들의 생존기반을 지키기 위해서라도 삼 합법화 내지 비범죄화에 기를 쓰고 반대할 것이다.

다섯째, 삼이 비범죄화되면 삼 흡연자 과잉처벌을 악용해온 일부 악덕경찰과 법조인들의 부조리를 없앨 수 있으며 역으로 이들은 합법화나 비범죄화를 반대한다.

여섯째, 섬유업자 및 제지업자가 큰 타격을 받게 될 것이다. 삼은 가장 저렴하면서도 뛰어난 품질의 섬유와 종이 원자재가 되기 때문이다.

일곱째, 극단적 종교관을 지닌 사람들은 아무도 말릴 수 없다.

여덟째, 싼 가격의 민간치료요법을 싫어하는 사람들이 적지 않다. 의사와 약사를 포함한 기존 의료계, 제약계 등이 여기에 해당한다.

예컨대 국가보안법 폐지에 앞서 우리나라 경찰이 산하에 공안문제연구소라는 기관을 두고 사상 감정을 벌여오던 잘못된 관행을 시정하는 데에는 실로 경찰의 사상 감정에 대한 문제가 처음 제기되고 나서도 국민의 정부나 참여정부 시대를 포함하여 10여년 이상의 세월이 소요되었다. 물론 2005년 7월 이 기관이 정식으로 폐지되면서 과거 사상 감정 업무에 종사하던 이들은 이른바 '치안정책연구소'에 옮겨 그대로 경찰청 소속 공무원으로 살아남는 치부를 드러낸 바 있다. 이른바 '사상감정' 전문가들이 '치안정책' 연구원 내지 전문가로 둔갑한 것이다. 아마도 삼 비범죄화 내지 합법화를 두고도 경검과 법원 혹은 이른바 마약퇴치업무 종사자 등의 인력들은 그 '전공'을 살짝 바꾸는 순발력이 필요할 것으로 예상해볼 수 있으며, 그러나 그런 상황이 되도록이면 오지 않도록 하기 위해 눈물겹도록 필사적인 '생존' 노력을 전개할 것이라고 보아야 한다.

마찬가지로 안슬링거를 비롯한 미국의 역대 연방마약청의 1930년대 및 1970년대 설립 및 강화 과정에서 이들이 삼 금지 및 범죄화를 위해 인종차별주의 및 악당의 설정과 그 정당화 전파 등을 위해 삼 금지주의 이데올로기를 체계화하며 이를 방어하며 삼 악당을 무찌르기 위한 연방마약청 기관의 존립과 팽창을 위해 어떻게 움직여 왔는가를 주목할 필요가 있다. 우리나라 역대 정부 및 미국 측이 '북괴' 혹은 '적'으로 설정한 북한에 대해 반공법 및 국가보안법과 중앙정보부(이후 국가안전기획부, 국가정보원 등으로 이름을 바꿔옴) 및 관련 경검(경찰의 정보보안 파트 및 검찰 공안파트) 등에 쏟아 부은 것 이상의 막대한 인력과 예산을, 미국은 삼 금압정책 유지 관철에 쏟아 부어왔다.

한편, 우리나라 학계 내에서도 삼 합법화 내지 비범죄화에 대해서는 견해차가 크다. 전경수 한국마약범죄학회장은 "대마초는 어디까지나 대마초일 뿐 진짜 마약에 비해 육체적 정신적으로 미치는 위험성에 대해 마약, 향정(히로뽕), 술, 담배와 더불어 차이점이 있으며, 대마초는 '마약류 관리에 관한 법률' 에서 분리시켜야 하고, 책임 있는 국가공인감정기관에서 마약, 향정, 알코올, 니코틴, 삼 어느 것이 사회적 신체적 정신적으로 더 나쁜 영향을 미치는지 논의하여 합리적으로 관리할 수 있는 법률 제정해야 한다"고 주장한다. 그는 "대마초 흡연에 대한 처벌이 무거우면 대마초 밀거래 등 일련의 과정에서 삼 사용자들이 범죄 집단의 덫에 걸려 공갈 협박 등 순수한 국민이 제2의 범죄에 시달릴 수 있다"고 지적한다.

반면 조성권(한성대 국제마약학과)은 개인적으로 삼 비범죄화를 지지하나, 초등학생까지 마약에 손을 대는 외국의 상황과 우리나라 상황을 비교해서는 안 되며, 우리나라에서 삼 비범죄화나 합법화를 논의하는 것은 시기상조라고 주장한다.

그리고 우리나라의 경우 삼 합법화 내지는 비범죄화 주장이 일반인들에게 알려진 것은 문화예술인들의 영향이 적지 않다. 예컨대 전인권씨가 삼 흡연자들을 너무 가혹하게 처벌하는 것에 대해 비판하는 발언을 꾸준히 해왔으며 영화배우 김부선씨가 위헌소송을 제기하면서 공론화됐다. 그러나 삼이 예술인들만의 문제로 국한되는 부작용도 없지 않았으며 삼이 정말 어떤 물질인가, 그리고 연예인 아닌 평범한 보통시민들의 삼 사용 문제와 이들의 인권의 문제점들에 대한 논의는 가려지는 문제점이 있었다. '삼 피운 것은 잘못이긴 한데 너무 처벌이 가혹하지 않느냐'는 식의 읍소형 운동이 되고만 측면도 없지 않았다. 삼은 술 담배처럼 나쁜 것이 아니므로 선처를 요구하는 시혜적 차원의 운동이 아닌, 인간의 기본권 차원에서 논의되어야 할 필요가 있다. 삼이 나쁘다는 인식은 언론의 무지함이 초래한 결과이다.

언론에서 네덜란드도 삼을 어쩔 수 없이 허용은 하지만 법으로는 금지하고 있으며, 삼을 팔아서 얻는 수익을 치료하는 데 쓴다는 잘못된 말들을 퍼뜨리고 있기 때문이다. 네덜란드에서 삼은 합법화된 것이 아니라 단지 소량의 판매행위나 흡연행위를 처벌하지 않을 뿐이다. 삼에 대해서 정확히 알려면 오랜 시간 연구해야 하고 직접 경험한 것들을 토대로 해야 하며, 오랜 시간 삼을 피운 사람들이 멀쩡하고 수많은 연구 보고서도 삼은 해롭지 않다고 증명해야 한다. 그런데 우리나라에서는 정작 삼에 대해서 연구해 본 적도 없고 잘 모르는 사람들이 판단자의 입장에 서있는 게 모순이다. 우리나라는 외국에서 그 흔한 정부의 삼연구위원회 하나 공식적으로 활동한 전례가 없다. 삼 경험자들을 포함하여 삼 식물학자, 의학, 약학 등의 전문가들이 공동으로 이 문제를 시급히 연구 조사할 수 있도록 정부위원회 구성을 서두를 필요가 있다. 물론 외국의 삼 비범죄화 정책 사례와 동향도 참고할 수 있도록 삼 비범죄화론 운동가나 전문가 참여도 보장해야 할 것이다.

삼이 반사회적인 물건은 아니므로 벌금형 정도로 처벌 수위를 낮추도록 하자거나 치료를 유도하는 치료명령제를 도입하자는 주장도 있으나, 이는 발상이 잘못되었다. 삼 피운다고 치료시설로 보내는 것은 담배 피우는 사람들을 감호시설로 보내자는 것과 마찬가지 처벌을 하는 것과 다름없다. 그리고 삼을 다른 마약과 분리 관리하는 법적근거를 마련하자는 주장 역시 예전으로 돌아가자는 것과 같다. 현행 마약관련법은 과거의 대마관리법, 향정신성 의약품 관리법, 마약류 관리법 등이 통합된 것으로서 과거처럼 따로 삼 규제법을 만들어 삼을 구제하자는 것은 잘못이다. 현행 마약관련법에서 삼을 마약류 범위에서 아예 제외하면 간단히 해결될 수 있기 때문이다. 그 후 주세법이나 담배세법처럼 삼도 세법 차원에서 다루면 된다.

삼은 술이나 담배보다 싸고 안전하고 효과는 더 좋다고 볼 수 있다. 담배는 내성이 굉장히 강해서 반 갑 피던 사람이 한 갑 피우고, 나중에는 두 갑 피워야 한다. 삼은 그렇지 않다. 금연운동이 효과를 거두지 못하는 것은 니코틴 중독자들은 항상 일정량의 니코틴을 필요로 하기 때문이다. 우리나라 흡연률이 40% 선인데 그 인구가 담배 대신 삼을 피운다면 국민경제와 건강측면에서 엄청난 장점이 있다. 담배가 인체에 해로운 것은 니코틴 자체보다도 많은 양의 담배를 피우면서 연기를 들이마시기 때문이다. 반면 삼은 담배보다 연기를 마시는 양이 훨씬 적다. 삼을 피우면 더 강한 효과의 마약을 찾는다는 관문이론이 널리 퍼져있으나 실제로는 오히려 거꾸로라는 것이 정설로 알려져 있다. 즉 다른 마약을 하던 사람이나 담배를 피우던 사람이 삼을 피우지, 삼을 한다는 사람이 강한 마약을 찾는다는 증거는 별로 없다. 그것은 필로폰 하는 사람들을 보면 담배나 술을 즐겨 하는 사람들이 많다는 것과 똑같은 논리다. 삼이 가격도 싼데다가 인체에 해도 없는데 왜 삼을 안 피우고 다른 마약을 찾겠는가? 이제부터라도 선진국들처럼 폐해감소 혹은 해악감소 정책과 관용정책을 써야 한다. 삼 사용자가 느는 만큼 담배를 피우는 사람은 줄게 되어있다.

우리나라의 경우 삼 합법화 논의가 대중화되기 힘든 이유는 현실적으로만 본다면, 우리나라는 아직 외국처럼 삼 흡연인구가 그다지 많지 않은데다가 '삼이 건강에 좋은 물질'은 아니라고 보기 때문인 것처럼 되어 있다. 현재 우리나라에서 단속되는 삼 사범 수는 한해 1천~2천 명 안팎에 불과할 정도로 매우 적다. 결국 표면적으로만 보면 삼 금지가 많은 국민들에게 영향을 미치지 않는다. 하지만, 중요한 문제는 따로 있다. 즉, 우리나라처럼 삼을 금지하고 강력 처벌함으로써 헤로인이나 필로폰 같은 하드드럭 사용자가 더 늘어난다는 점이다. 왜냐하면 삼 거래나 헤로인 거래나 똑같이 불법이고 똑같이 처벌받게 되어있기 때문에 위험비용을 고려하면 밀매자들은 헤로인을 팔지 삼을 팔지 않는다. 현실적으로 우리나라에서는 삼보다 필로폰 구하기가 훨씬 쉽다. 삼 사범보다 필로폰사범이 훨씬 더 많은 실정이다. 만일 삼을 자유롭게 피울 수 있다면 필로폰이나 헤로인을 할 필요가 없다.

운동 차원에서 보았을 때 우리나라 삼 비범죄화 내지 합법화 운동은 국가보안법 폐지 운동과 유사한 측면이 많다. 물론 북한을 적대세력으로 규정한 국가보안법은 우리나라에만 있으며 삼 금지 제도는 전세계적으로 모든 나라가 다 채택하고 있다는 근원적인 차이점이 없는 것은 아니다. 그러나 북한을 우리 사회의 적으로 규정한 것은 삼을 개인의 몸과 마음 그리고 우리 사회에 극히 해로우며, 의학적 가치조차 없다고 규정한 것과 유사하다.

북한은 우리와는 외세에 의하여 분단된 나라로서 한국전쟁을 통하여 서로 총을 겨눈 적대세력이지만 다른 한편 통일신라-발해에 이어 제2의 남북국 시대라고 일컬어질 만큼 북한 역시 우리 민족의 일부인 것처럼, 삼은 몸에 좋을 수도 있는 약 그리고 약물일 수 있으며, 중립적으로 보는 경우 술이나 담배보다는 훨씬 덜 해로운 기호품, 평화의 풀이라는 시각이 가능한 것이다. 개성공단이나 금강산 관광에서 보는 것처럼 때로 보는 견지에 따라서 우리에게 북한은 미국보다 덜 해로운 국가일 수도 있다.

뿐만 아니라 국가보안법 폐지운동을 수십 년을 두고 줄기차게 벌여도 폐지에 쉽사리 성공하지 못하고 있으며 오히려 국가보안법이 존속하더라도 사실상으로는 사문화되고 마는 쪽으로 나아가고 있는 것처럼, 서구에서는 삼 금지법이 비범죄화 내지는 합법화 쪽으로 진행하고 있어서 우리나라의 이 국가보안법과 같은 운명을 걷고 있다는 양자의 유사성은 매우 쉽게 알아볼 수 있다. 우리나라에서도 삼 금지법이 언젠가 유사한 경로를 밟게 될 것으로 예상해볼 수 있다.

마지막으로 국가보안법과 그 이전의 반공법 등 체제 하에서는 북한에 대한 실상은 예컨대 북한 사람들은 뿔 달린 사람인 양 왜곡되었으며 정보 자체가 차단되어 '비밀취급인가증' 같은 게 없으면 아예 북한 자료에 접근조차 할 수 없었다. 이제는 남북교류협력법이 시행중인 데다가 2000년 김대중 대통령과 김정일 국방위원장이 남북정상회담을 갖고 6.15 선언을 함께 발표한 상황에서 북한 공산주의가 우리나라와는 공존할 수 없는 체제라고 생각은 하지 않게 되었다. 매스컴이나 민간분야에서도 제약이 없진 않으나 북한과 교류나 정보전달이 나름대로 이루어지고 있다. 하지만 삼에 관한 한 아직도 연구나 정보전달 자체가 실정법상 사실상 차단당하고 있는 점은 국가보안법 체제보다 그 극복이 더욱 더 지난하며 도대체 어디서부터 시작해야 하는가 하는 어려운 상황에 처해 있음을 잘 보여주고 있다. 국제적으로도 삼 비범죄화 운동은 가장 먼저 각종 매체를 통하여 정보의 축적과 공유와 확산 노력에서부터 시작하고 있는 점을 명심할 필요가 있으며, 우리나라 삼 비범죄화 운동도 이 점을 유의해야 할 필요가 있다.

더욱이 우리나라 삼 비범죄화 내지 합법화 운동은 국가보안법 폐지운동 및 서구의 성숙한 삼 합법화 운동에 비하면 이제 그 맹아단계에 접어들었을 따름이다. 우리나라에서는 서구의 삼 합법화 운동이나 우리나라 국가보안법 폐지운동과는 달리, 아직은 삼 비범죄화 운동에 매진하는 개인이나 시민단체를 찾아보기조차 힘든 실정이다. 그래서 영화배우 김부선 씨처럼 내놓고 삼 비범죄화 운동을 하는 이들이 겪는 외로움과 고초는 이루다 말할 수 없이 컸던 것으로 알려져 있다.

〈국 내 자 료〉

도서

김보환, 『범죄생물학 :육체가 범죄의 원천인가?』, 동국대학교출판부, 2004.

김재완 허인회 주왕기, 『최신 약리학』, 수문사, 1973.

대검찰청, 『2005년 마약류범죄백서』, 2006.

데이빗 던칸/로버트 골드(김춘미 옮김), 『약과 인간 : 향정신성 약물의 역사와 작용』(David Duncan, Robert Gold), 이화여자대학교 출판부, 1991.

디오세지와 호판(V. Dioszegi and M. Hoppal 최길성 역), 『시베리아의 샤머니즘』(*Shamanism in Siberia*), 민음사, 1988.

마이크 해스킨스(이민아 옮김), 『마약 :사용설명서』, 뿌리와이파리, 2005.

마이클 폴란(이창신 옮김), 『욕망의 식물학』, 서울문화사, 2002.

마틴 부스(오희섭 옮김), 『아편 :그 황홀한 죽음의 기록』, 수막새, 2004.

멀치아 엘리아데(Mircea Eliade 이윤기 역), 『샤머니즘 고대의 접신술』, 까치, 1994.

모리시마 쓰네오(조성숙 역), 『마녀사냥』, 현민시스템, 1997.

박찬욱외, 『21세기 미국의 거버넌스, 서울대학교 미국학연구소 미래인력연구원 공편, 서울대학교출판부, 2004.

브라이언 레백(Brian P. Levack 김동순 역), 『유럽의 마녀사냥』, 소나무, 2003.

샤를 보들레르 / 발터 벤야민(조은섭 옮김), 『해시시클럽』, 싸이북스, 2005.

신의기, 『마약류 지정기준에 관한 연구』, 한국형사정책연구원, 2003.

양민종, 『샤먼이야기, 잃어버린 신화 샤먼세계를 찾아서』, 정신세계사, 2003.

오클리 레이/ 찰스 크시르(주왕기 주진형 옮김), 『약물과 사회 그리고 인간행동』(Oakley Ray, Charles Ksir), 라이프사이언스, 2003.

오오키 고오스케(박희준 역), 『마약 뇌 문명』, 정신세계사, 1991.

윌리엄 S. 버로스(전세재 옮김), 『네이키드 런치』, 책세상, 2005.

유현, 『대마를 위한 변명』, 실천문학사, 2004.
에우아르도 훅스(Eduardo Fuchs 이기웅 박종만 역), 『풍속의 역사 II 르네상스』, 까치, 2001.
이창기, 『마약이야기』, 서울대학교출판부, 2004.
임웅, 『비범죄화의 이론』, 법문사, 1999.
장미셸 살만(Jean-Michel Sallmann 은위영 역), 『사탄과 약혼한 마녀』, 시공사, 1995.
전경수, 『마약류 투약범죄 대체의료교정주의, 교정 이론과 실제』, 삼진프린트, 2005.
전경수, 『마약범죄학 1~5』, 삼진프린트, 2004.
전경수, 『마약과의 첫 만남 이렇게 시작되었습니다』. 삼진프린트, 2004.
전경수, 『내가 과연 옛날로 돌아갈 수 있을까요(한국의 마약퇴치 시민운동 NGO)』, 한국사이버시민마약감시단, 2003.
정현우, 『대마초는 죄가 없다』, 동방미디어, 2005.
정희선, 『생체시료에서의 마약류의 검사』, 신일상사, 2004.
조병인, 『마약조직의 생존행태 연구』, 한국형사정책연구원, 2003.
조흥윤, 『한민족의 기원과 샤머니즘』, 한국학술정보, 2002.
주왕기, 『약물남용』, 세계사, 1989.
주왕기, 『필로폰 이야기』, 강원대학교 출판부, 1997.
주왕기, 『본드, 마리화나, 필로폰』, 박영률출판사, 1995.
주왕기, 『약물남용』, 세계사, 1989.
주왕기외, 『청소년 약물상담』, 청소년대화의광장, 1996.
캐더린 케노트(Katherine Quenot 이재형 역), 『상대적이고 절대적인 마법의 백과사전』, 열린책들, 1997.
한국마약퇴치운동본부, 『약물법원 제도에 관한 연구』, 한국마약퇴치운동본부, 2004.
한국마약퇴치운동본부, 계간 『아름다운 젊음』.
황용승, 『간질의 예방, 진단 및 치료기술 개발』, 보건복지부, 2002.

논문

강근주외, 「'대중음악과 마약' 그 시작과 끝」, 『뉴스메이커 152』(경향신문사, 1995. 12. 7) pp.61~67.

강문구 조성권, 「멕시코의 마약부패와 정치개혁의 위기」, 『21세기정치학회보 제10권 제1호』(21세기정치학회, 2000. 6), pp.281~302.

강선경 윤현준, 「약물중독재활을 위한 프로그램이 마약관련 재소자들에게 미치는 영향에 대한 연구」, 『교정연구 제21호』(한국교정학회, 2003. 12) pp.85~115.

강은영 이성식, 「위험수준별 약물남용 실태와 예방전략」, 『범죄방지포럼. 통권 제18호』(한국범죄방지재단, 2006. 1), pp.46~74.

고재열, 「대마초에 노출된 '대마 동네 아이들' : 충남 서산시해미면 농가, 청소년'서리'에 속수무책. 학교·경찰은 덮기에 급급」, 『시사저널 604』(독립신문사, 2001. 5. 24) pp.46~48.

권도훈, 「마약 중독자 도대체 언제까지 처벌만 할 것인가」, 『SIDA. Vol.2』(식품의약품안전청, 2004), pp.14~16.

김경태, 「마약류범죄의 실태와 경찰의 대응방안에 관한 연구」, 『원광대학교대학원 논문집 제33호』(2004. 8), pp.99~124.

김기동, 「신종마약범죄수법 및 밀거래의 추적수사실태」, 『수사연구 제20권 4호 통권222호』(수사연구사, 2002. 4) pp.10~14

김기현, 「멕시코 : 마약과 주권의 문제」, 『라틴미주 Report 5』(한국외국어대학교 중남미연구소, 1997.3) pp.25~27.

김남현, 「19세기 후반 샌프란시스코 차이나타운의 경제활동」, 『서양사학연구 제10집』(한국서양문화사학회, 2004. 6), pp.111~126.

김대오 김진수, 「다음엔 누구냐…꼬리 무는 마약괴담 : 연예계 황수정·싸이 파문 일파만파…」, 『주간동아 통권311호』(동아일보사, 2001. 11. 29), pp.40~42.

김무진, 「대마초 급성중독증 1례」, 『인간과학 141』(한림대학교의료원, 1989.1), pp.41~45.

김범기, 「마약범죄의 실태와 현황」, 『보호관찰 제3호』(한국보호관찰학회, 2003.

12) pp.103~124

김상기, 「마약류 수형자의 수용실태 및 처우 개선방안 : 대전교도소를 중심으로」, 『교정 제49권 제12호 통권 제356호』(교정협회, 2005. 12), pp.88~105.

김상기, 「마약류 수형자의 수용실태 및 처우 개선방안 하 :대전교도소를 중심으로」, 『교정 제50권 제1호 통권 제357호』(교정협회, 2006. 1), pp.88~124.

김성진, 「대마초 마약 아니다 : 위헌법률심판재정신청서」, 『마약범죄학연구 제1호』 2004, 148~71쪽.

김선복, 「마약류 사용의 비범죄화」, 『형사정책연구소식』 제9호, 1992.

김순덕, 「콜롬비아의 마약전쟁」, 안전보장 229』(시사, 1990.1) pp.48~51.

김승열, 「병원처방 마약 중독까지 범죄취급 곤란」, 2005. 4. 13.

김용석 장정연, 「보호관찰 여성의 약물남용 재발예방을 위한 집단개입 프로그램의 개발 및 효과분석」, 『한국사회복지학 제57권 제2호』(청목, 2005. 5), pp.321~350.

김은경, 「한국 마약류 사용사범 특성 연구」, 『형사정책연구 제17권제1호 통권 제65호』(한국형사정책연구원, 2006.봄), pp.301~338.

김재환 조용탁, 「'출구' 없는 한국의 마약 중독자들 : 마약사범이 갱생할 수 있는 길 없어…'범죄자' 아닌 '환자'로 인식해야」, 『뉴스위크한국판 제14권 제44호 통권654호』 (중앙일보미디어인터내셔널, 2004. 11. 10), pp.46~49.

김진석, 「통제 및 치료 권력의 구조: 마약의 경우」, 『사회비평 2001년 여름호 제28호』

김진환, 「마약류사범 현황과 대책」, 『비교형사법연구 제7권 제2호 특집호』(한국비교형사법학회, 2005. 12), pp.243~256.

다니엘 벨(Daniel Bell 서규환 역), 「미국은 마약을 합법화할 것인가?」, 『2000년대의 신세계질서』, 디자인북스, 1991.

데이빗 제퍼슨(강태욱 차진우 옮김), 「미국 휩쓰는 필로폰 광풍 : 코카인·헤로인·마리화나보다 더 심각한 사회 문제로 대두되었다」(David J.

Jefferson), 『뉴스위크한국판 제15권 제33호 통권693호』2005. 8. 17, pp.54~62.

독일 녹색당 공약서, 「연합90/녹색당 새로운 다수당은 우리와 함께 : 1998~2002 새로운 정치적 출발을 위한 4년」.

로저 니콜/브래들리 알저(박정철 옮김), 「뇌 속의 마리화나」(Roger A. Nicoll ;Bradley E. Alger), 『사이언스 올제 제5권 제1호 통권45호』(과학과 문화, 2005. 1), pp.24~35.

류재화, 「'대마초 논쟁' 자욱한 프랑스 : 진보 진영 등 "흡연=범죄 규정은 부당"…신체 유해성 놓고도 옥신각신」, 『시사저널. 통권809호』 2005. 4. 26, pp.66~67

매전강, 「중국의 마약금지 입법에 대한 회고와 전망」, 『비교형사법연구 제7권 제2호 특집호』(한국비교형사법학회, 2005. 12), pp.227~241.

문성호, 「영국의 마약 비범죄화 논쟁」, 『Jurist 제383호』2002년 8월호, 49~54쪽.

문성호, 「네덜란드 경찰과 마약정책」, 『치안정책연구 제16호』, 2002, 211~37쪽.

문성호, 「영국의 마약합법화 로드맵: 시민단체 트랜스폼의 보고서를 중심으로」, 『마약범죄학연구 제2호』2005, 7~42쪽.

문윤호 외 공저, 「대마 저마약형 신품종 "청삼"의 육성경위 및 주요특성」, 『한국국제농업개발학회지 제14권 제2호』(한국국제농업개발학회, 2002. 6) pp.119~126.

박강, 「근대 중국의 아편·마약과 사회문제」, 『한중인문학연구 제14집』(한중인문학회, 2005. 4), pp.293~321.

박기륜, 「COLOMBIA :마약과 부패와의 전쟁」, 『수사연구 제20권 11호 통권229호』(수사연구사, 2002. 11) pp.123~127

박만오, 「마약중독의 치료재활에 관한 고찰 :신학적 치료접근방법을 중심으로」, 『마약연구 제2권』(한국국제마약학회, 2005), pp.39~65.

박영덕, 「마약의 한계와 한의사의 위치」, 『동양의약 1』(동약의학사, 1955. 4) pp.72~73.

박정규, 「대마초사범에 대한 소고」, 『정경연구 134』(정경연구소, 1976.3), pp.166~170.

박종연, 「약물중독과 내적치유」, 『마약연구 제2권』 (한국국제마약학회, 2005), pp.83~96.

변용욱, 「왜 대마초를 피우는가 : 사회문제화한 대마초흡연의 정신의학적 분석」, 『세대 151』(세대사, 1976. 2) pp.184~191.

보이그트(Voigt, V. 최길성 역), 「민속학적 시각에서 본 북유라시아의 샤머니즘」, 『시베리아의 샤머니즘』, 민음사, 1988.

신의기, 「해외 마약범죄 어떻게 수사하고 있나?」, 『수사연구 제20권 4호 통권 222호』(수사연구사, 2002. 4) pp.15~21

손석민, 「문턱 넘은 마약, 이것만은 알아두자」, 『주간한국 1823』(한국일보사, 2000. 6. 1), pp.14~14.

손정수, 「멕시코 마피아의 '국경 담치기' : 미국 밀입국 알선 사업 '활개'…불법 이민 잠입 루트로 각광」, 『시사저널 통권767호』(독립신문사, 2004-07-08), pp.70~71.

신의기, 「남용 마약류의 변화에 따른 대응」, 『범죄방지포럼 통권 제14호』(한국범죄방지재단, 2004. 4), pp.87~93.

신의기, 「외국 마약조직의 국내침투 실태와 차단방안」, 『국제범죄 대응정책 연구논총 제1호』 (국가정보원, 2005), pp.125~189.

신의기, 「마약사범에 대한 처리와 치료재활의 중요성」, 『마약연구 제2권』(한국구제마약학회, 2005), pp.23~38.

신현택, 「마약류사범 수사,2」, 『수사연구 제23권 11호 통권265호』 (수사연구사, 2005. 11), pp.128~134.

신호철, 「경찰의 '양귀비 마을 습격' 르포/재배 농민들, 배짱·오리발·읍소 : "양귀비? 소 배 째고 가져가"」, 『시사저널 통권713호』(독립신문사, 2003-06-26), pp.42~44

안길수, 「대마 사범의 실태와 그 단속방안」, 『검찰』 29호, 1970. 9월호.

안용현, 「과자 마약 '해시 브라우니' 비상 : 국내 첫 발견. 맛좋고 환각효과 3~4배에다 마약견도 알아채기 힘들어」, 『주간조선 통권1766호』(조선일보사,

2003. 8. 14), pp.58~59

에릭 파에프/아담 피오르, 「독자적인 마약 정책 펴는 네덜란드 : 의료용 대마초 프로그램에 미국이 분노하지만 다른 유럽 국가들은 뒤따를 태세」 (Eric Paep ;Adam Piore), 『뉴스위크한국판 제13권 제40호 통권 600호』2003. 10. 15., pp.38~40.

안영춘, 「사라지지 않는 마약, 테러리즘! : 불평등 환경 위에서 자라는 독버섯… 지구촌 전체가 증오할 테러는 없는가」, 『한겨레21 통권377호』(한겨레신문사, 2001-09-27), pp.54~57.

안은주 고재열, 「고독한 연예인 마약은 '뜨거운 유혹' : '백색 사범', 해마다 크게 증가… 무심코 빠져들어」, 『시사저널 통권631호』(2001. 11. 29), pp.92~94.

알 자렘보, 「멕시코의 부패 경찰 썩은 살을 도려낸다 : 제도혁명당 장기 집권 속에 권력의 시녀로 뇌물수수와 납치·마약 거래에까지 연루. 뿌리까지 썩어버린 악명 높은 공권력에 폭스 대통령이 개혁의 칼을 들었다」 (Zarembo,Al), 『뉴스위크한국판 457』(2000.12.6), pp.26~32.

여태영, 「대마관리법에 대한 새로운 입법론적 모색」, 『법률신문』 제2995호, 2001.

오동열, 「약물 중독」, 『복지동향 통권 제52호』(참여연대 사회복지위원회, 2003. 2) pp.16~19

왕길환, 「마약사각지대 내몰린 재외 한국인 정부 무관심이 빚은 대표적 사례 : 중국의 한국인 사형집행 사건 특종 취재파일」, 『내외저널 통권114호』 (연합뉴스 동북아시아정보문화센터, 2001. 12) pp.94~103 ·

유시민, 『유시민의 경제학 카페: 경제학을 통해 세상을 이해하는 곳』, 돌베개, 2002

유재현, 「약물은 진보의 쓰레기인가 가능성인가」, 『당대비평 통권28호』(생각의 나무, 2004 겨울), pp.282~289.

유지나, 「황홀경과 마약, 스타시스템의 두 얼굴」, 『문화예술 통권269호』(한국문화예술진흥원, 2001. 12), pp.63~66

육창수외저, 「대마초의 부견과 부작용」, 『마약범죄연구 통권 제13호』(한국마약

범죄학회, 2001. 9), pp.16~19

윤흥희, 「청소년 약물남용 원인 실태와 예방대책에 관한 연구」, 『마약연구 제2권 』(한국구제마약학회, 2005), pp.67~81.

이건호, 「마약문제의 해결을 위한 각국의 전략 비교분석」, 『한림법학 forum 제15권 』(한림대학교법학연구소, 2004. 12), pp.7~36.

이두식, 「마약과 환각제의 법률적 측면」, 『대한의사협회지』 제41권 제4호, 1998.

이명진, 「코드네임 '칠룡' 마약선을 잡아라! : 거물 마약 밀매조직 '김사장파' 추적에서 해상 결투 · 검거까지의 숨가빴던 순간들」, 『주간조선 1646』(조선일보사, 2001. 3. 29), pp.58~59

이민수, 「대마초 합법화 논란에 대한 연구」, 『마약연구 제2권』(한국국제마약학회, 2005), pp.97~112.

이민식 강은영, 「마약류 사범의 처리 및 양형 실태」, 『마약연구 제2권』(한국구제마약학회, 2005), pp.1~22.

이성란, 「한국 마약류 중독자들의 약물남용 실태에 관한 연구」, 『혜천대학 논문집 제27집 자연과학편』(2001. 12) pp.225~236

이성식 강은영, 「우리나라 성인 약물남용의 실태 및 처우에한 의식조사」, 『교정연구 제27호 (한국교정학회, 2005. 6), pp.97~115

이은모, 「대마의 성질과 그에 관한 현행법상의 규제」, 『형사정책 7』(한국형사정책학회, 1995.8) pp.309~332.

이인수 이철규, 「대마초 흡연의 자가실험」, 『신경정신의학 10,1』(대한신경정신의학회, 1971.3), pp.39~41.

이종세 박경숙, 「마약중독과 치료및 재활 실태에 관한 연구」, 『중앙간호논문집 제6권 제1호』(중앙대학교 간호확연구소, 2002. 6) pp.81~87

이종화, 「미국 마약수사국(DEA) 마약수사훈련 과정을 마치고」, 『경찰학연구 제7호』(경찰대학, 2004. 가을·겨울) pp.270~273.

이창기, 「한국산 대마의 성분에 관한 연구」, 『원광대학교대학원 학위논총 1』(1978.6), pp.89~94.

이창기, 「한국산 대마의 성분에 관한 연구」, 『약학회지 17,1』(대한약학회, 1973. 3), pp.21~26.

임윤규, 「대마초 어떻게 유해한가」, 『과학교육 246』(시청각교육사, 1985. 3), pp. 132~6.

임진모, 「그때 그들이 갇히지 않았다면… : 대중음악계, 대마초 파동 30년 맞아 '과거사 돌아보기' 활발」, 『시사저널 통권842호』2005. 12. 13, pp. 94~5

장영철, 「대마초흡연에 대한 처벌의 합헌성판단」, 『고시계 제50권 제5호 통권 579호』(2005. 5), pp. 32~40.

장학만, 「KT&G의 위기와 도전 : 금연 열기 확산으로 위상 추락, 마약소굴 인식엔 자괴감마저 : 바디오 산업 진출 등 사업 다변화, 해외 담배시장 개척도」, 『주간한국 통권1987호』(한국일보사, 2003. 9. 4), pp.28~9

전경수, 「대마초 규제정책의 합리적 방안」, 『마약범죄학연구 제1호』2004, 172~90쪽.

전대양 임창호, 「신종마약범죄의 실태분석 및 대응방안」, 『민생치안 제12권 제1호 통권53호』(민생치안연구소, 2003) pp.17~87.

전현권, 「마약의 생물사적 고찰과 규제 : 대마초를 중심으로」, 『강원교육 108』(강원도 교육위원회, 1976. 10), pp.141~146.

정기열, 「"민족자주 관점에 쓰는 미국이야기 : 제도화된 인종차별주의, 감옥산업복합체"」, home.hanmir.com/~engelsmarx/150.htm

정다원, 「러시아는 지금 마약 먹고 '맴맴' : 주요 도시 시민 8.5% '중독'… 보용자 85%가 미성년자」, 『시사저널 통권724호』2003-09-11·18 pp.106~108.

정대표, 「한국의 마약문제의 실태와 대응」, 『한림법학 forum 제15권』(한림대학교법학연구소, 2004. 12), pp.147~167.

정수경, 「약물남용 청소년의 가족중심치료 프로그램 연구에 관한 고찰」, 『정신보건과사회사업 제17집 』(한국정신보건사회사업학회지, 2004. 6),pp.104~132.

정용범, 「대마에 대한 법적 규제에 관한 연구」, 『마약연구』 제3권(한국국제마약학회), 2006, 59-71쪽.

정희상, 「"검찰이 나를 두 번 죽였다" : 서울지검 마약수사반이 석방을 약속한 뒤 재소자 서 아무개 씨를 '고용'해 8개월간 함정 수사를 폈다…」, 『시사저널 통권751호』(2004. 3. 18), pp.34~38

정희상, 「"교도소는 마약 박사 만드는 교육장" : 마약 밀매·중독 경험자 5명 '진솔한 방담'/"마약 끊는 것보다 팔 다리 자르는 게 편하다"」, 『시사저널 598』(2001.4.12), pp.32~35

정희선, 「마약과 테러리즘」, 『의학행동과학 제3권 제1호』(연세대학교의과대학 의학행동과학연구소, 2004. 2). pp.14~19.

조나단 알터, 「미국 마약과의 전쟁 실효성 논란 : 소수계가 즐기는 '크랙'은 5g만 소지해도 5년 징역형 마구잡이 단속 교도소 포화상태,재소 중 범죄 배워. "치료 프로그램이 처벌보다 범죄 예방에 더 큰 효과"」(Alter Jonathan), 『뉴스위크한국판 395』(1999. 9. 8), pp.42~47.

조병인, 「마약-테러리즘(narco-terrorism) 확산실태와 대응전략 연구」, 『한국공안행정학회보 제18호』 (2004. 10), pp.455~495.

조성권, 「콜롬비아 메데진 카르텔의 부상과 몰락의 원인분석 :범죄성 마약밀매에서 정치성 마약테러로의 전환에 초점」, 『이베로아메리카 제6권』(부산외국어대학교이베로아메리카연구소, 2004), pp.1~36.

조성권, 「마약과 권력 메커니즘 :원시종교에서 기독교까지」, 『한성인문학 제3집 』(한성대학교 인문과학연구원, 2005), pp.89~120.

조성권, 「미국 마약정책의 변화와 실패 :거버넌스의 이중성」, 『미국학 제25집』(서울대학교 미국학연구소, 2002. 12) pp.223~260

조성권, 「마녀사냥의 정치학 :마약관련 사례를 중심으로」, 『세계지역연구논총 제22집 2호』(한국세계지역학회, 2004. 12), pp.303~328.

조성권 장노순, 「미국의 대북 외교카드의 이중성 : 핵, 미사일, 테러, 마약 정책의 상관관계」, 『평화논총 4,2』(아태평화재단, 2000.12), pp.243~278

조성권, 「국내 마약정책의 이슈와 대안」, 『마약연구』 제3권(한국국제마약학회), 2006, 1-12쪽.

조성식, 「검찰 마약수사부 VS 국제마약조직」, 『신동아 502』(동아일보사, 2001.7), pp.246~255

조셉 콘트레라스, 「마약의 뿌리 말려 죽인다」, 『뉴스위크한국판 467』(중앙일보

미디어인터내셔널, 2001. 2. 21), pp.28~30
조형근 장미희 이건호, 「마약중독자 교정을 위한 라파의료교정교실 시범운영 사례 :마약류중독자 사회복귀 자립을 위한 사례 중심」, 『마약범죄학연구 통권 제1호』(한국마약범죄학회, 2004. 12), pp.1~4.
주왕기, 「청소년 약물남용 실태·예방대책」, 월간 『약국 279』(약국신문사, 1997. 12), pp.82~104.
주왕기, 「청소년 스트레스와 약물남용」, 『예체능교육연구 1』(춘천교육대학교예체능교육연구소, 1996. 6), pp.139~141.
주왕기, 「90년대 약물남용 문제의 전망과 대책 그리고 약물교육의 실제, 『약학연구 6』(강원대학교종합약학연구소, 1993. 2) pp.1~6.
주왕기, 「약물남용의 문제점과 대책」, 『정책연구 106』(국가문제조사연구소, 1992.7), pp.135~190.
주왕기, 「청소년의 약물남용실태와 대책」, 『약학연구소보 5』(강원대학교종합약학연구소, 1992. 12), pp.68~74.
주왕기, 「약물남용 문제점과 대책」, 『약학연구소보 5』(강원대학교종합약학연구소, 1992. 12), pp.7~67.
주왕기, 「청소년의 약물람용이 비행에 미치는영향」, 『약학연구소보 3』(강원대학교종합약학연구소, 1990. 12), pp.2~17.
주왕기, 「한국 청소년의 약물남용 실태와 예방대책」, 『청협 14,2』(한국청소년단체협의회, 1990. 6) pp.28~42
주왕기, 「약물남용과 한국의 마약류 사범실태」, 『사법행정 351』(1990. 3) pp.42~49
주왕기, 「약물과 「스포츠」, 『설악 4』(강원대학학생회, 1973. 8) pp.185~199
주왕기 김형춘, 「약물남용과 약사의 역할」, 『대한약사회지 1』(약사공론, 1990. 7), pp.142~150.
주왕기 조영제, 「청소년 약물남용 전국 실태조사」, 『청소년학연구 4,1』(한국청소년학회, 1997. 2), pp.169~181.
주왕기외, 「고등학교 3학년 학생들의 약물남용과 비행경험 실태」, 『사회과학연구 31』(강원대학교, 1991. 12), pp.144~167.

주왕기외, 「청소년의 약물남용이 비행에 미치는영향(I」), 『학생생활연구 9』(강원대학교학생생활연구소, 1990. 2). pp.63~84.

주왕기외, 「약물남용의 실태와 대책」, 『수사연구 155』(수사연구사 1996. 9) pp.23~48

주왕기외, 「마약류 범죄수사와 대책」, 『수사연구 175』(수사연구사, 1998. 5) pp.21~45

주왕기외, 「약물남용의 실태와 대책」, 『수사연구 155』(수사연구사, 1996. 9), pp.23~48.

주왕기외, 「유흥업소 종사자들의 약물남용과 비행경험 실태」, 『약학연구소보 5』(강원대학교종합약학연구소, 1992.12), pp.75~85.

최덕수, 「대마사용의 비범죄화 논쟁에 관한 연구」, 광운대 정보복지대학원 석사논문, 2004.

최성일 유계숙, 「남자청소년의 약물남용 실태 및 관련변인에 관한 연구 :고등학생과 소년원생을 대상으로」, 『한국가족관계학회지 제10권 제3호』(한국가족관계학회, 2005. 12), pp.47~78 .

최영신, 「비행청소년 약물남용 행태의 변화와 정책적 함의」, 『형사정책연구 제16권 제2호 통권 제62호』(한국형사정책연구원, 2005 여름), pp.45~73

최용민, 「대마초 인식 오류와 진실」, 『마약범죄학연구 제1호』, 2004.

칼라 파워, 「유럽에 마약이 불길처럼 번지고 있다 : 복용을 범죄시하지 않는 분위기 팽배, 파티선 필수품 돼버려 당국의 대응도 미지근, 일부 지역선 합법화 주장까지 대두」(Power,Carla), 『뉴스위크한국판 404』(1999.11.17), pp.40~48.

크리스천 카릴, 「이라크에 파고드는 '쾌락 산업' : 매춘·마약·음주·포르노 영화 등에 대한 통제가 풀리면서 이라크인들도… 마음껏 즐기고 있어」(Christian Caryl), 『뉴스위크한국판 제14권 제4호 통권614호』(2004-01-28), pp.62~63.

한창규 전경수, 「마약류투약 범죄자 교도소 분리, 대체의료교정주의 적용 선언!」, 『마약범죄학연구 통권제2호』(한국마약범죄학회, 2005. 3), pp.1~6.

허남주, 「매춘… 마약… AIDS… 연예가 시끄럽다 : 연예·방송가 진흙탕싸움 된 '매춘파동'의 숨겨진 진실」, 『뉴스피플 418』(대한매일신보사, 2000.5.18) pp.52~55

허성욱, 「청소년 약물남용에 관한 연구」, 『청소년학연구. 제13권제2호』(한국청소년학회, 2006.4), pp.1~28.
홍영선, 「한국 호스피스의 문제점」, webzine.cancerpain.co.kr/200203/column_2.html
홍윤기, 「약물담론의 두 성향: 전면금지론과 자율적 선택론」, 문명의 경계 약물과 쾌락의 정신(2부)」, 『인물과 사상』(개마고원 간) 32권
황일도, 「"엑스터시는 약 축에도 못 끼어요" : 환각 댄스파트의 현장 '테크노클럽'… 해외파 손님들 "중독 걱정되지만 죄의식은 별로"」, 『주간동아 297』(동아일보사, 2001.8.16), pp.34~35
훌트크란쯔(G Hultkrantz 최길성 역), 「샤머니즘의 생태학적 현상학적 측면」, 『시베리아의 샤머니즘』, 민음사, 1988.

세미나자료

검찰청, 『국가마약퇴치전략』, 검찰청, 1999.
보건복지부 식품의약품안전청 한국마약퇴치운동본부 한국국제마약학회, 『마약류 수요감축 심포지엄 2003』, 한국마약퇴치운동본부, 2003.
복지와 사람들 부설 청소년 약물남용예방센타 편, 『마약, 알코올의 이중장애에 대한 개입전략과 실천기법』, 복지와사람들, 2002.
식품의약품안전청 한국마약퇴치운동본부 한국국제마약학회, 『마약류 퇴치 심포지엄 2004』, 한국마약퇴치운동본부, 2004.
한국형사정책연구원 한림대학교 법학연구소, 『동북아시아 마약문제의 실태와 해결방안』, 한국형사정책연구원, 2004.
한국호스피스협회, 『호스피스 시민의 날』, 한국호스피스협회, 1999.
MBC 100분 토론 『대마초 합법화 논쟁』스크립트, www.imbc.com

비디오자료

MBC, 『MBC 100분토론: 대마초 논란』, 2005년 3월 10일 233회

MBC, 『시사매거진: 'SKY'를 향하여 태권도가 사는 길 대마초는 마약?』, 2004.
KBS, 『추적60분 30년 논쟁 대마초의 진실』, 2004.12.15.

웹사이트

□ 국내사이트

○ 국정원사이트 www.drug.go.kr/docs/current/domestic
○ 다음카페 해리부선 http://cafe.daum.net/heribusun
○ 한국사이버시민마약감시단 www.drugcci.or.kr
○ 손석희 100분토론 "대마초 합법화 논쟁" 스크립트, www.imbc.com
○ 디시인사이드 마약범죄 갤러리
kr.dcinside2.imagesearch.yahoo.com/zb40/zboard.php?id=narcotic
○ 마약류대책협의회 www.drug.go.kr
○ 헴프코리아 www.hempkorea.com
○ 한국마약퇴치운동본부 www.drugfree.or.kr
○ 식품의약품안전청 www.kfda.go.kr
○ 경찰청 www.police.go.kr
○ 검찰청 www.spo.go.kr

□ 미국

미국의 대표적인 삼 시민운동단체인 마리화나합법화전국연합 사이트(www.norml.org)는 유용한 수많은 링크모음집을 운영하고 있다. 여기에는 삼 역사, 삼 연구, 마약 및 마약범죄 관련 미국 정부기관, 미국의 통계, 동지관계에 있는 온갖 단체들과 적대관계에 있는 기관들 사이트를 모아놓고 있다. 동지관계에 있는 의료용 삼, 산업용 삼, 미국을 포함한 각국의 삼 운동단체, 삼과 건강, 삼과 언론, 약물치료, 청소년과 약물, 자유게시판, 삼운동 축제, 영적체험 약물, 각국의 삼 정당, 삼과 여행, 약물검사, 삼 재배정보, 삼 가격, 양형문제, 삼과 종교, 삼과 문화, 삼과 음악 등의 사이트들이 항목별로 소개되어 있다. 한편, 삼합법화 운동과 적대관계에 놓여있는 미국 정부기관, NGO, 법집행기관 등의 사이트도 제시하고 있다. 미국의 주요 삼 관련 사이트 일부를 소개하면 다음과 같다.

○ 마리화나정책프로젝트(Marijuana Policy Project: MPP) www.mpp.org
○ 마리화나합법화전국연합(NORML) www.norml.org
○ 마약정책연맹(Drug Policy Alliance: DPA) www.dpf.org
○ 금지주의에 반대하는 경찰관 모임(Law Enforcement against Prohibition: LEAP) www.leap.cc/about
○ 마약관련 활동가 뉴스 사이트 www.narconews.com
○ 전국 아프리카계 미국인 마약정책 연맹 www.naadpc.org
○ 국제금지반대경찰관연맹(LEAP) www.antiprohibitionist.org/
○ 미국 연방마약청(DEA) www.dea.gov.

□ 영국

○ 마약정책전환 시민단체 '트랜스폼' 사이트 www.tdpf.org.uk
○ 시민단체 '릴리즈'(Release: Drugs, the Law & Human Rights) www.release.org.uk
○ EU 영국사무소 www.cec.org.uk/index.htm
○ 영국 국무부연구국 마약분야 사이트(영국범죄서베이조사(BSC) 결과 및 분석자료를 비롯하여 약물관련 정부용역의 풍부한 연구조사자료 등을 제공하고 있음). www.homeoffice.gov.uk/rds/drugs1.html
○ '독립적 마약모니터링팀'(광범위한 마약 연구조사, 3백 명 가량의 사무변호사들이 활동하고 있음, Independent drug monitoring Unit) www. idmu.co.uk
○ 영국 '삼합법화당' 홈페이지 www.lca-uk.org
○ 영국 금연을 위한 시민단체 사이트 www.quit.org.uk
○ 영국 BBC '삼' 사이트 www.bbc.co.uk/science/hottopics/cannabis/index.shtml
○ GW제약 회사 홈페이지 www.gwpharm.com

○ 삼재배사용자 모임 www.uk420.com
○ '도시 75' 웹진 www.urban75.com
○ '삼제국' www.thehempire.com/index.php
○ 삼운동가인터넷연대 www.ukcia.org
○ 삼재배자모임 www.ukcultivator.biz
○ 해악감소연대 www.ukhra.org
○ 삼비범 반대 기독교인모임
www.christian.org.uk/html-publications/cannabis.htm
○ 드럭스콥(Drugscope: 마약관련 영국 전국 자원봉사협의회 조정기구(SCODA)와 영국 최대의 마약관련 자료실(ISDD)가 통합하여 만들어진 시민단체)
www.drugscope.org
○ 메들라인(Medline : 생물학분야 약물관련 연구논문 데이터베이스)
www.ncbi.nlm.nih.gov/entrez/query.fcgi?db=PubMed
○ '의식' 분야 미디어 프로젝트 : 전세계 약물 관련 10개 이상의 기사들 데이터베이스 www.mapinc.org
○ 영국 의회 : 정부와의 질의 답변을 통하여 마약관련 풍부한 자료와 통계 제공 www.parliament.uk
○ 치명적 중독약물을 반대하는 부모모임, www.palad.org.uk
○ 영국 의학협회 web.bma.org.uk/homepage.nsf
○ 약물 및 알코올 전문가협의회 www.fdap.org.uk
○ 보건개발청 www.hda-online.org.uk
○ 의사약물오남용관리협의회 www.smmgp.co.uk

□ 오스트레일리아
○ 오스트레일리아 마약재단 www.adf.org.au
○ 오스트레일리아 삼문화연대(Ozstoners: Uniting Australian Cannabis Culture) www.ozstoners.com

□ 캐나다

○ 캐나다 마약정책재단 www.cfdp.ca
○ 『삼잡지』(Cannabis Culture, CC) 홈페이지 www.cannabisculture.com
○ 캐나다 브리티시 콜롬비아주 마리화나 합법화당 www.bcmarijuanaparty.com

□ 프랑스
○ 프랑스 마약지정학 연구센터 www.geodrugs.net/gb/index.php3

□ 네덜란드
○ 커피숍 안내 사이트
www.amsterdam.info/coffeeshops 혹은 www.coffeeshop.freeuk.com
○ 마약연구센터(CEDRO) www.cedro-uva.org

□ 스위스
○ 스위스마약합법화위원회(DROLEG) www.droleg.ch/e_index.html

□ 아일랜드
○ 아일랜드 약물 제대로 알기 사이트 www.dap.ie

□ 일본
○ 삼 정보 사이트 www.taima-news.org

□ 유럽마약정책기구와 단체
○ 유럽 NGO 마약개발협의회 (ENCOD) www.encod.org
○ 비엔나 2003 www.vienna2003.org
○ 유럽 알코올 마약 중독 정보자료 사이트 www.elisad.uni-bremen.de
○ 유럽도시마약정책협의회 www.ecdp.net
○ 유럽약물과약물중독감시센터 www.emcdda.org
○ 유럽의회 www.europarl.eu.int

□ 국제 마약정책 단체

- 국제마약정책콘소시엄 www.idpc.info
- 국제해악감소협의회 www.ihra.net
- 국제마약정책저널 www.elsevier.com/locate/drugpo
- 보다 더 올바르며 관용적인 마약정책을 위한 종교지도자 모임 www.religiousleadersdrugpolicy.org
- 양식 있는 마약정책을 위한 학생연맹 www.ssdp.org
- 국제마약정책싱크탱크(The Senlis Council), www.drug-policy.org
- 마약과 민주주의를 위한 초국가프로젝트연합 www.tni.org/drugs

□ 유엔기관

- 유엔 www.un.org
- 3대 유엔마약금지조약 원문 www.incb.org/e/index.htm
- 음주약물포털 www.drinkanddrugs.net/index.html
- 유엔마약 및 마약범죄국(UNODC: United Nations Office on Drugs and Crime) www.unodc.org/unodc/index.html
- 유엔마약위원회(CND: Commission for Narcotic Drugs, UNDCP 감독기관) www.unodc.org/unodc/en/cnd.html
- 유엔마약통제프로그램(UNDCP: United Nations Drug Control Programme) www.unodc.org/unodc/en/undcp.html
- 국제마약통제위원회(INCB: International Narcotics Control Board) www.incb.org
- 세계보건기구(WHO: World Health Organisation, 본부 Geneva) www.who.int

□ 삼 정책 관련 중요정책보고서 인터넷 사이트

- NORML이 작성한 "2005 삼 진실백서"(Truth Report 2005) www.norml.org/index.cfm?Group_ID=5513
- 캐나다 브리티시 콜롬비아주 보건위원회, 마약통제에 대한 국민보건접근법

(2005)
www.keepingthedooropen.com/files/hoc_public_health_approach_to_drug_control.pdf
○ 영국 킹 카운티 법정변호사협회, 실효성 있는 마약통제: 새로운 법적 틀(2005) www.kcba.org/druglaw/
○ 캐나다 밴쿠버시, 약물해악예방(2005)
www.vancouver.ca/fourpillars/pdf/DrugPolicyFinalPreventionP.pdf
○ 미국 연방의회 불법마약정책에 대한 자료조사위원회, '우리가 몰라 다치게 하다니'(2001) newton.nap.edu/execsumm_pdf/10021.pdf
○ '오스트레일리아연구재단' 부회장 안드루 매킨토시의 의회 제출보고서, '국내마약시장과 금지정책'(2006)
www.tai.org.au/WhatsNew_Files/WhatsNew/Domestic%20drugs%20markets%20and%20prohibition%20_July%2006.pdf
○ 영국 시민단체 트랜스폼, '마약과의 전쟁 이후'(2004)
www.tdpf.org.uk/Policy_General_AftertheWaronDrugsReport.htm
○ 영국총리실 전략보고서(2003년 작성, 2005년 공개)
www.tdpf.org.uk/Policy_General_Strategy_Unit_Drugs_Report_phase_1.htm
○ 영국 의회 국내문제특위 제2차보고서(물린보고서) '정부의 마약정책, 제대로 작동하는가?'(2002)
○ 영국 '1971년 마약오남용금지법' 운영실태에 대한 경찰재단조사보고서(런시만보고서, 2000)
www.druglibrary.org/schaffer/Library/studies/runciman/default.htm
○ 외교정책센터(로웬나 영 작성), '전쟁에서 일터로: 마약치료, 사회적 포용, 기업'(2002) fpc.org.uk/fsblob/37.pdf
○ 클리브랜드자치경찰청(배리 쇼우 청장) 마약보고서(1997)
mysite.verizon.net/aahpat/uk/ukpol.htm
○ 드럭스콥(니콜라스 돈 / 알리스 자미손), 마약정책 조정의 여지(2000년 3월)

www.drugscope.org.uk/uploads/goodpractice/documents/rfmoverview.pdf

○ 아일랜드 삼 정책 보고서(2006)

www.oireachtas.ie/documents/committees29thdail/committeereport2006/Cannabis.pdf

저 자 약 력

◈ 문 성 호 ◈

cafe.daum.net/policereform
ilpyungdad@hanmail.net
전화 02) 994-7729

남성고 졸업
성균관대 정외과(정치학박사)
서울대 사회과학연구원 선임연구원
런던정치경제대학 연구교수(경찰학전공)
국회 경찰정책 보좌관
성대, 인하대, 동국대 강사
전국대학강사노조 사무처장
시민을 위한 경찰발전연구회(현재 한국경찰발전연구학회) 초대회장
사법개혁국민연대 상임대표
(현　재) 한국자치경찰연구소 소장
영국범죄학회, 한국정치학회, 한국지방자치학회 정회원
한국마약범죄학회 학술이사
(논　문) 「루소 정치철학의 재해석」
「플라톤 정치철학에 있어서의 중간자적 인간관」
「전태일사상과 휴머니즘」
「민주주의와 자치경찰」
「경찰활동에 대한 시민참여와 민주적 통제」
「경찰부패와 경찰옴부즈만」
「사법비리와 영국의 '법조 옴부즈만' 제도」 그 외 다수
(저역서) 『민중주의 정치사상』(한국학술정보, 2006)
『경찰대학 무엇이 문제인가?』(한울, 2004)
『경찰도 파업할 수 있다』(한국학술정보, 2004)
『경찰정치학』(좋은세상, 2002)
『현대정당정치론』(대왕사, 1990)
『남북한의 비교연구』(일월서각, 1988)

삶과 사람〔하〕

• 초판 인쇄	2006년 9월 10일
• 초판 발행	2006년 9월 10일
• 지 은 이	문성호
• 펴 낸 이	채종준
• 펴 낸 곳	한국학술정보㈜ 경기도 파주시 교하읍 문발리 526-2 파주출판문화정보산업단지 전화 031) 908-3181(대표) · 팩스 031) 908-3189 홈페이지 http://www.kstudy.com e-mail(출판사업팀사업부) publish@kstudy.com
• 등 록	제일산-115호(2000. 6. 19)
• 가 격	29,000원

ISBN 89-534-5622-3 94330 (Paper Book)
89-534-5623-1 98330 (e-Book)
89-534-5618-5 94330 (Paper Book set)
89-534-5619-3 98330 (e-Book set)